Die großen Heidelberger Fässer

Andreas Cser

Die großen Heidelberger Fässer

Fürstenprestige, wirtschaftliche
Unvernunft und Untertanenprotest

G. Braun Buchverlag

G. BRAUN BUCHVERLAG ℬℬ

G. Braun Buchverlag
Karlsruhe
www.gbraun-buchverlag.de

Einbandabbildung: Großes Fass, Peter Friedrich de Walpergen (1730–1809). – Nicht sicher ist, welches der Fässer (das zweite oder das dritte) die Zeichnung zeigt; wahrscheinlich zeigt es das unter Karl Philipp renovierte zweite Fass, das 1727 nach vierzigjährigem Leerstand zum ersten Mal wieder befüllt wurde, gezeichnet entweder kurz vor dessen Abriss oder aus dem Gedächtnis oder nach dem Vorbild älterer Kupferstiche.

© 1. Auflage 2009 DRW-Verlag Weinbrenner GmbH & Co. KG,
Leinfelden-Echterdingen
Lektorat: Isabella Eder
Satz: post scriptum, www.post-scriptum.biz
Druck: Offizin Chr. Scheufele, Stuttgart

Das Werk einschließlich aller seiner Teile ist urheberrechtlich geschützt. Jede Verwertung außerhalb der engen Grenzen des Urheberrechtsgesetzes (auch Fotokopie, Mikroverfilmung und Übersetzung) ist ohne Zustimmung des Verlags unzulässig und strafbar. Dies gilt auch ausdrücklich für die Einspeicherung und Verarbeitung in elektronischen Systemen jeder Art und von jedem Betreiber.

ISBN 978-3-7650-8519-2

Inhaltsverzeichnis

Vorwort 7

Einleitung 11

Die großen Heidelberger Fässer

Ein Fass voller Fragen: das erste große Fass von 1592 ... 19

Das zweite große Fass von 1659–1664 25
Reformen und Sparpolitik 25
Erste Planungen zum Bau eines neuen großen Fasses 32
›Tüchtiges Holz‹ für das Fass 37
›Größer‹ und ›weitläufiger‹ als gedacht 50
Finanzielle Schlussbilanz 55
Die Befüllung des Fasses 58

Nicht enden wollende Reparaturen:
das dritte große Fass von 1724–1728 67
›Schadhaft und mangelhaft‹ 67
Rundumerneuerung für das ›wunderschöne fass‹ 78
Die Befüllung des Fasses 85
Die Versteigerung des ›im großen Faß zu Heydelberg
liegenden weins‹ 98

Eine ›antiquität, welche fast in ganz Europa berühmt und
gepriesen werde‹: das vierte große Fass von 1750–1751 .. 105
Auß althertumb so merb 105
Die ›besten und tauglichsten Bäume‹ 109
Querelen über Querelen 115

Endlich soweit	129
Die Befüllung des Fasses	131
Neue ›Kalamitäten‹!	148
Durch ›Fäulung beschädigt‹	154
In ›irreparablen Umständen‹	162

Das Riesenfass auf der Festung Königstein

›Denckmahl des reichen Seegen Gottes‹: das große Fass auf der Festung Königstein von 1725–1818	175
Wohlbekanntes wiederholt sich	175
›Erbauung eines neuen großen weinfasses‹	182
Die Befüllung des Fasses	187
›Zerzogen‹ und ›schadhaft‹	192
›Gänzlich unbrauchbar‹	200
Literaturverzeichnis	207
Anhang	240
Anmerkungen	245
Abbildungsnachweis	336

Vorwort

Während der Arbeiten an diesem Buch wurde ich öfters mit skeptisch-ironischem Unterton gefragt, ob die Geschichte des großen Heidelberger Fasses und seiner Vorgänger eigentlich ein lohnendes Objekt für eine etwas ausführlichere historische Studie sei. Der Riesenbehälter in seinem dunklen Keller erfahre durch den Besucherstrom genügend touristisch-folkloristische Aufmerksamkeit, damit könne man es bewenden lassen. Nach einer kurzen Verunsicherungsphase und nach einer ersten Durchsicht des im Generallandesarchiv Karlsruhe vorhandenen Quellenmaterials wurde mir jedoch sehr schnell deutlich, dass eine Bearbeitung der Fassakten aus dem Bestand der Hofkammer, der obersten Wirtschaftsbehörde, eine ganze Reihe von Einsichten in die Sozial-, Wirtschafts- und Verwaltungsgeschichte des kurpfälzischen Absolutismus erlauben würden.

Die Arbeit an der Geschichte der großen Fässer erwies sich als ungemein spannend, aber auch nicht ohne Schwierigkeiten. Manchmal ließen sich die Entscheidungs- und Handlungsabläufe von der ersten Planung des jeweiligen Fasses über die Beschaffung und den Transport des dafür nötigen Holzes bis zum Bau des Fasses und dessen Füllung, Leerung und Reinigung einigermaßen quellennah rekonstruieren. Andererseits bricht an vielen Stellen die Aktenüberlieferung ab, so dass eine stringente Rekonstruktion des Geschehens um die Fässer nicht immer möglich ist. Auch erschweren die naturbedingten Unwägbarkeiten beim Einsammeln der Weinabgaben, die unterschiedlichen Besitzverhältnisse in den Wäldern, die Hinhaltetaktik der Untertanen bei den Arbeits- und Transportfronen und die Streitigkeiten und Prestigekämpfe innerhalb der Verwaltungshierarchie eine eindeutige, zielorientierte Darstellung. In den Abläufen zwischen dem Heidelberger Hofkeller, den lokalen Behörden, den Oberämtern, der Hofkammer, der Regierung und den Kurfürsten gab es zudem viel Leerlauf und Verzögerung, aber auch plötzliche Hektik und harsche Drohungen.

Der Wein für die großen Fässer kam aus unterschiedlichen Sammelstellen, den Rezepturen, zwischen Bacharach im Norden, Boxberg im Osten, Weingarten im Süden und Neustadt im Westen. Oft konnten die Forderungen aus Heidelberg nicht erfüllt werden, da zunächst die lokalen Abgabeverpflichtungen erfüllt werden mussten. Wenn der Wein endlich im Fass war, fing dieses an zu rinnen. Reparaturen wurden sehr schnell nötig. Dies war typisch für alle mit dem Fass zusammenhängenden Arbeiten. Ausruhen konnte niemand, ein permanentes Krisenmanagement war unbedingt erforderlich.

Es ist meine Hoffnung, etwas zum Verständnis der großen Fässer, ihrer Entstehung, ihrer Nutzung und weiteren Geschichte, aber auch zum Verständnis von Entscheidungsabläufen innerhalb des kurpfälzischen Absolutismus beigetragen zu haben.

Natürlich entsteht kein Buch ohne die Hilfe anderer. Ich bedanke mich bei Stefan Wiltschko, der das Projekt initiiert und hilfreich begleitet hat. Dr. Rüdiger Lenz, dem Leiter des Stadtarchivs Eberbach, sei für die zahlreichen Gespräche über die Verwaltungsgeschichte der Kurpfalz gedankt und für manch wertvollen, kritischen Hinweis. Während meiner Archivarbeiten in Dresden konnte ich auch die Gastfreundschaft von Fritz Ziegenbalg genießen, dessen Kenntnisse über die Festung Königstein dem Kapitel über das sächsische Konkurrenzfass zugute gekommen sind. Der Lektorin des G. Braun-Buchverlags Isabella Eder danke ich herzlich für die effektive Kooperation. Nicht nur ihre sprachliche Sorgfalt, sondern auch ihre Kenntnisse der Wald- und Forstgeschichte waren mir sehr hilfreich. Wie sehr eine qualitätvolle Bebilderung einen nüchtern-fachwissenschaftlichen Text nicht nur beleben, sondern auch inhaltlich bereichern kann, wurde mir während der Arbeiten an dem vorliegenden Buch zunehmend deutlich. Der Bildteil ist ihr zu verdanken.

Gewidmet sei das Buch meiner Frau Rotraut.

Heidelberg, im Juli 2009   Andreas Cser

Der Fassbau, 1591 für das erste große Fass errichtet. – Der Raum für das große Fass befindet sich hinter dem Löwenkopf, der an der Außenmauer in der Höhe des zweiten Geschosses angebracht ist. Der Löwenkopf selbst ist hohl und dient der Belüftung. Über dem Fassbau befand sich ein Anrichteraum, von dem aus das große Fass durch eine Öffnung im Boden befüllt wurde.

Einleitung

Seit die Römer die Rebenkultur im deutschen Südwesten eingeführt hatten, gab es hier den Weinanbau.[1] Wie viele andere Elemente der römischen Zivilisation überdauerte er den politischen Zusammenbruch des Imperiums und wurde zu einem wichtigen Bestandteil der mittelalterlichen Lebensordnung. Orte mit Rebenkulturen lassen sich auf dem Gebiete der späteren Kurpfalz schon im achten Jahrhundert nachweisen. Bis zum 15. Jahrhundert hatte sich hier eine Weinlandschaft entwickelt, die in ihren Grundzügen bis heute besteht. Schon damals gab es Weinorte wie Neustadt, Alzey und Bacharach im linksrheinischen Landesteil, während in der rechtsrheinischen Kurpfalz Heidelberg, Weinheim, Schriesheim oder Wiesloch hervorzuheben sind. Einen großen Anteil an der Förderung der Weinwirtschaft hatten die Klöster.[2]

Die Weinsteuern der Winzer, Händler und Wirte spielten eine wichtige Rolle in der Einnahmenbilanz der Landesherrn. Die Kurfürsten auf dem Heidelberger Schloss erzielten aus den pfälzischen Weinen jedoch nicht nur finanzielle Gewinne, sondern ihnen standen auch Naturalabgaben seitens der Untertanen in Form der Zehnten zu. Die Überprüfung und Lagerung dieser Lieferungen gehörte zum Zuständigkeitsbereich der Hofkellerei auf dem Schloss, die auch für den Bau und die Unterhaltung der Fässer verantwortlich war. Neben zahlreichen kleineren Weinbehältern dienten seit dem ersten großen Fass (127 794 Liter), das Kurfürst Johann Casimir 1591 errichten hatte lassen, drei weitere Riesenfässer der Sammlung des Rebensaftes.[3] Nachdem das erste Fass während des Dreißigjährigen Kriegs zerfallen war, bemühte sich Karl Ludwig (1649–1680) um den Bau eines neuen großen

Das Heidelberger Schloss vor seiner Zerstörung im Pfälzischen Erbfolgekrieg 1689 und 1693 von der Stadtseite mit dem Fassbau aus gesehen

Fasses (197 337 Liter), das 1664 fertig gestellt wurde. Wenn auch beschädigt, überstand es die Zerstörungen auf dem Schloss 1689 und 1693 während des Pfälzischen Erbfolgekrieges, musste aber in der Folgezeit immer wieder repariert werden. Eine Art Rundumerneuerung führte schließlich 1728 unter Karl Philipp (1716–1742) zum dritten großen Fass (202 000 Liter). Wie seine Vorgänger diente es nicht nur als Weinbehälter, sondern unterstützte auch das kurfürstliche Repräsentationsbedürfnis. Diese Doppelfunktion konnte nicht verhindern, dass auch das neue Fass zum Gegenstand ständiger Sorge der Hofverwaltung wurde. Sehr schnell erwies es sich als undicht, so dass dauernd Ausbesserungen vorgenommen werden mussten. Schon nach 1740 stellte sich einer kurfürstlichen Untersuchungskommission die Frage nach der Errichtung eines neuen Fasses. Eine Perspektive, die von dem damaligen Hofkeller Englert eifrigst unterstützt wurde, konnte er doch bei einem eventuellen Neubau seine Tüchtigkeit beweisen, zumal seit dem Abzug des Hofes nach Mannheim (1720) der Kompetenzbereich des Hofkellers auf dem Heidelberger Schloss beträchtlich geschrumpft war. 1751 war das neue Fass (228 000 Liter) fertig, wurde geeicht und seiner Bestimmung übergeben. Die Hoffnung, dass es konsistenter als die Vorgänger sein würde, erwies sich als trügerisch. Schon nach kurzer Zeit stand die Verwaltung vor den alten Problemen: Der Wein sickerte aus. Nach langwierigen Diskussionen und zahlreichen Gutachten erließ Kurfürst Karl Theodor (1743–1799) am 1. März 1769 ein Dekret, in dem befohlen wurde, die Nutzung des Fasses als Weinbehälter aufzugeben. Im Unterschied zu den drei Vorgängerfässern wurde es jedoch nicht zerschlagen, um Platz für einen Nachfolger zu machen. Vielmehr wurde es repariert, konserviert und für die Nachwelt erhalten. Bis heute gehört es zum Pflichtprogramm des Heidelberg-Tourismus.

Der Geschichte dieser vier Riesenfässer ist die vorliegende Untersuchung gewidmet. Dabei geht es nicht um kunst- und kulturgeschichtlichen Ausführungen, wie sie jüngst von July SJÖBERG vorgelegt wurden[4] und wie sie vor Längerem bereits von Klaus LANKHEIT[5] entwickelt wurden, sondern um die Bearbeitung sozial-, wirtschafts- und verwaltungsgeschichtlicher Aspekte, deren Klärung als Beitrag zum Verständnis des kurpfälzischen Absolutismus verstanden werden kann. Das letzte Kapitel beschäftigt sich nur indirekt mit den Heidelberger Großen Fässern. Hier steht das sächsisch-kurpfälzische Prestigeduell um das größte Weinfass im Mittelpunkt. Die Auseinandersetzung zwischen den beiden Fürstenhöfen ist nicht nur als Anekdote der an Wunderlichkeiten so reichen Geschichte des Weins zu sehen, sondern sie bietet auch Einblicke in die Hofkultur und Wirtschaftsverfassung des 18. Jahrhunderts.

Die großen
Heidelberger Fässer

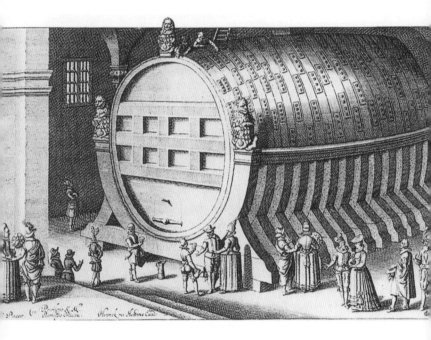

Das erste große Fass. – Das erste große Fass, das 1589 in Auftrag gegeben wurde, ist das früheste Riesenfass, von dem Schnitzverzierungen bekannt sind. Um die Fassböden saßen Löwen, in der antiken Mythologie Wächter der Quellen, als Schützer des Fassinhalts; sie halten zugleich das kurfürstliche Wappenschild.

Ein Fass voller Fragen:
das erste große Fass von 1592

Die Geschichte des ersten großen Heidelberger Fasses ist nicht annähernd so gründlich rekonstruierbar wie die seiner Nachfolgefässer. Die überlieferten Quellen sind derart gering, dass die Geschichte dieses Fasses nur äußerst lückenhaft nachvollzogen werden kann. Dennoch wird am Beispiel des Johann-Casimir-Fasses versucht, einige Fragestellungen aufzuzeigen, die für die Untersuchungen der großen Fässer des 17. und des 18. Jahrhunderts von Interesse sind. Der Ausgang dafür ist das lateinische Lobgedicht, das der reformierte Pfarrer Anton Praetorius (1560–1613) im Jahre 1594 anlässlich eines Besuches in Heidelberg über das so *wunderbar wie großartig erbaute* große Fass verfasst hat.[1]

Der Bau des Fasses – Praetorius beschreibt das Fass von 1592 als *riesiges bauwerk,* das kunstvoll zusammengesetzt worden sei. An der Fertigstellung seien folgende Handwerker beteiligt gewesen: ein Zimmermann, ein Schmied, einige Winzer, ein Steinmetz und ein Maler. Die Gesamtverantwortlichkeit habe in den Händen des aus Landau stammenden Küfermeisters Michael Werner gelegen. Weitere Informationen zur Herstellungsgeschichte finden sich bei Praetorius nicht. Da andere Quellen zum Bau des Fasses nicht vorliegen, können Fragen nach der Arbeitsorganisation, nach möglichen vertraglichen Vereinbarungen zwischen Verwaltung und Handwerkern, nach dem Verhältnis von Hofhandwerkern und städtisch-zünftischen Interessen, nach der Rolle der Hofverwaltung oder nach bautechnischen Abläufen nicht beantwortet werden. Dies ganz im Unterschied zu den späteren großen Fässern.

> *VAS HEIDELBERGENSE,*
> Anno Christi nati 1589, & tribus sequentibus mirificè
> non minus quàm magnificè constructum,
> IN
> **ILLVSTRISSIMO-**
> RVM PRINCIPVM ET DOMI-
> NORVM, DOMINI IOANNIS CASI-
> MIRI, ADMINISTRATORIS (BEATI,) ET
> Domini Friderici IIII, Electoris, Comi-
> tum Palatinorum ad Rhenum, vtri-
> usque Bauariæ Ducum &c. me-
> moriam & laudem sempiternã
> Carmine Elegiacọ tum ar-
> tificiosè, tum verè de-,
> scriptum per
> *ANTONIVM PRÆTO-*
> *rium Lippianum VVestphalum, Ec-*
> *clesiastem Tutelheimii,*
> Anno Virginei partus 1595. mense Octobri.
> 1. Pet. 2. 17.
> Deum time: Regem cole.
> HEIDELBERGAE,
> Apud hæredes Smesmanni.
> ANNO cIɔ. Iɔ. xcV.

Titelblatt des Lobgedichts von Anton Praetorius auf das erste Heidelberger große Fass. – In der Manier der Zeit bildet der Eingangstext sinnbildhaft zugleich sein Thema ab: Ein Weinpokal steht für das Fass, die »vas heidelbergense«, und dessen Inhalt.

Löhne und Kosten – Als besonderes Charakteristikum des Fasses von 1592 hebt Praetorius die umfangreiche Verwendung von Eisen für die Riegel und Reifen hervor. Der Lohn des Schmieds sei entsprechend hoch gewesen: 1400 Gulden habe er dafür erhalten. Eine beträchtliche Summe, die sich auf einer Quittung vom 12. September 1593 nicht wiederfinden lässt.[2] Dem entsprechenden Schriftstück aus der kurpfälzischen Kammermeisterei Heidelberg ist zu entnehmen, dass der Hofschmied nur 205 Gulden für seine Arbeiten am Fass erhalten hatte – eine Abweichung bei finanziellen Angaben, die oft zu finden ist und sich nicht auflösen lässt. Dergleichen Widersprüche bei den Abrechnungen gibt es viele, wenn auch in der Aktenführung des 17. und 18. Jahrhunderts eine zunehmende Genauigkeit festzustellen ist. Stellenweise lassen sich sogar in den Akten zu den Fässern von 1664 und 1752 ausgefeilte Gesamtabrechnungen finden.

Die Verwendung des Weins – Praetorius nahm an, dass sich im großen Fass nur Qualitätswein befinden würde, er spricht von *lauterem* und *bestgeeignetem* Wein. Dies legt nahe, dass der Wein damals bei Hofe getrunken wurde. Er dachte jedoch auch noch an eine andere Möglichkeit: Demzufolge hätte das Fass auch als ›Vorratsspeicher‹ für die Bevölkerung in Zeiten des Elends gedient. Eine gewisse Plausibilität kann dieser Annahme nicht abgesprochen werden, hat sich doch gerade Johann Casimir (Kuradministrator der Pfalz 1583–1592) um zahlreiche Vorsorgemaßnahmen zugunsten der Heidelberger Einwohnerschaft bemüht. Es sei hier nur an sein Notspeicherprogramm erinnert.[3] Dieser gleichsam sozialethische Blick findet in den Quellen jedoch keine Entsprechung. Es lässt sich weder nachweisen, dass der Kuradministrator oder sein Nachfolger diesbezügliche Absichten hegten, noch dass der Wein tatsächlich solchen karitativen Verwendungszwecken zugeführt wurde. Auch bei den späteren Fässern kann nur in wenigen Fällen ein exakter Nachweis über die Nutzung des Weines rekonstruiert werden. Es ist jedoch offensichtlich, dass es damit zu Versteigerungen, Verkauf, Verköstigung der Hofgesellschaft und herrschaftlicher Besucher sowie zu Besoldungen von Beamten gekommen ist. Systematisch und durchgängig geführte Listen aus den Quellenbeständen der Hofkammer liegen allerdings nicht vor. Eine zusammenhängende

Höfische Lustbarkeiten am nicht weit vom Heidelberger Schloss gelegenen Wolfsbrunnen; Kupferstich von Matthias Merian dem Älteren, Mitte 17. Jahrhundert

und planvoll gestaltete Aktenführung wäre auch angesichts der vielen Unwägbarkeiten bei den Weinernten, Transporten und Reparaturen schwerlich zu leisten gewesen.

Sinn und Zweck des großen Fasses – Das große Fass wurde von Praetorius in Verbindung mit der Lagerung anderer, kleinerer Fässer in den Weinkellern des Schlosses gesehen. Auch die Quellen zu den späteren großen Fässern erwähnen einige Male eine Ansammlung von weiteren Fässern. Kurz vor der Errichtung des ersten Fasses werden wir über den Weinkeller im Schloss genauer informiert.[4] Solche detaillierte Angaben finden sich bei Praetorius nicht. Er hatte ein anderes Anliegen: Er suchte nach einer ökonomisch-pragmatischen Begründung für den Fassbau. Er wollte nachweisen, dass ein großes Fass sparsamer und nützlicher sei, da bei der Umschüttung von Wein in kleinere Fässer jeweils eine beträchtliche Menge verloren ginge. Es überrascht, mit welch argumentativer Energie Praetorius sich diesem möglichen Einspareffekt widmete. Fast erscheint es so, als wollte der calvinistische Prediger die ökonomische Rationalität als zentrales Motiv für den Fassbau erzwingen – das große Fass also nicht so sehr als Prunksymbol herrschaftlicher Legitimität, sondern als Zeichen einer sparsamen Hofverwaltung erscheinen lassen. Da Praetorius so großen Wert auf die Nützlichkeit des großen Fasses legte, betonte er konsequenterweise die Qualität der Baukonstruktion, die für die Ewigkeit gedacht sei. Die leidigen Probleme, die mit der mangelnden Konsistenz des Fasses zusammenhingen und die ständige Reparaturen erforderten, spielten in seinen Überlegungen keine Rolle. Ob der Prediger solche nötigen Eingriffe bewusst übersah oder ob das Johann-Casimir-Fass in der Tat dichter war als seine Nachfolgerfässer, muss offen bleiben.

Herkunft des Bauholzes – Ein weiteres Thema, das für die Geschichte der Fässer von großer Bedeutung war, wurde von Praetorius nicht angeschnitten: die Herkunft des Bauholzes. Leider fehlen auch hierzu die Quellen. Gerade anhand von Fragen wie dem Waldeigentum, den *rechten Hau,* der Organisation des Holzfällens oder des Abtransports des geschlagenen Holzes als Teil von Fronleistungen lassen sich zahlreiche Einblicke in die Beziehungen zwischen feudalen gesellschaftlichen Strukturen und zunehmender staatlicher Regulierungsgewalt gewinnen. Aus der Absolutismusdiskussion ist bekannt, dass Befehle und Entscheidungen der zentralen Stellen oft auf hartnäckigen Widerspruch oder zumindest auf Verzögerungsstrategien untergeordneter Verwaltungsinstanzen oder regionaler bzw. kommunaler Verbände gestoßen sind – ein Faktum, das auch dadurch möglich wurde, dass die oberen Ebenen der Hofverwaltung und der staatlichen Bürokratie aufgrund ihrer Konkurrenz zueinander nicht immer geschlossen reagierten.

Herkunft des Weins – Ebenfalls mit keinem Wort geht Praetorius auf die Herkunftsorte des Weins ein. Weil es auch hierzu keine Quellen gibt, kann ein weiterer wichtiger Bereich zum Verständnis des Johann-Casimir-Fasses nicht untersucht werden. Hingegen vermerkt der Historiker dankbar, dass es gerade dazu seit dem Karl-Ludwig-Fass eine reiche Überlieferung gibt, so dass viele Fragen zur Herkunft der Weine, zur Weinwirtschaft, zur Bedeutung des Weins innerhalb der feudalen Abgabeordnung oder zu den Sammelstellen des Weins, den *Rezepturen,* genauer beantwortet werden können. Eine widerspruchsfreie Darstellung der komplexen Handlungsabläufe ist jedoch nicht immer möglich. Dafür waren die administrativ-politischen Verhältnisse zu kompliziert, die natürlichen Bedingungen des Weinbaus und die Wetterabhängigkeit der Weinlese schwer zu berechnen, die Interessen der weinabgebenden Stellen vor Ort und der Heidelberger Zentrale zu gegensätzlich und die Fuhren auf den schlechten Straßen mit zu vielen Widrigkeiten belastet.

Das zweite große Fass. – Gegenüber dem ersten großen Fass war das zweite große Fass deutlich aufwendiger gestaltet: Es verzierten volutenförmige Lagerkeile, eine Wappenkartousche am oberen Teil des Fassbodens und Figuren aus der traditionellen Weinmythologie. Neu war auch der Tanzboden, der dem Hofstaat für seine Feste vorbehalten war.

Das zweite große Fass
von 1659–1664

Reformen und Sparpolitik

1649 kehrten mit Karl Ludwig (1649–1680) die pfälzischen Wittelsbacher in die Kurpfalz zurück.[1] Zwar war der Sohn des 1623 vom Kaiser gebannten Friedrich V. (1592–1632), des »Winterkönigs«[2], durch die Bestimmungen des Westfälischen Friedens[3] wieder als legitimer Fürst in die Reichsordnung aufgenommen worden, bis zur inneren und äußeren Konsolidierung des Territoriums war es jedoch noch ein weiter Weg.[4] Den Verlust der Grafschaft Cham und der ganzen Oberpfalz mit dem städtischen Zentrum Amberg,[5] die bis 1623 zur Kurpfalz gehört hatten,[6] galt es durch die Wiederherstellung des Einflusses am Oberrhein zu kompensieren.[7] Dies war eine Orientierung, die zahlreiche Konflikte nach sich zog. Die Auseinandersetzungen mit den Nachbarterritorien um das von der Kurpfalz beanspruchte Wildfangrecht[8] und die Streitigkeiten mit Kurmainz um die Rheinschifffahrt und um die Bergstraße[9] waren genauso Folge dieser Restitutionsabsichten wie die Reibereien mit den Bischöfen von Worms und Speyer[10] und mit den beiden Reichsstädten.[11] Ein offensives Politikkonzept das dazu führte, dass die Kurpfalz während der sechziger und siebziger Jahre mehrfach in Kriege verwickelt wurde.[12] Durch den Ausbau des kurpfälzischen Festungssystems trug Karl Ludwig den abzusehenden Folgen seiner Territorialpolitik Rechnung.[13] Der Wiederaufbau der Wehranlagen, vor allem im zerstörten Mannheim, beanspruchte ungefähr die Hälfte aller Staatseinnahmen.[14]

Trug Karl Ludwigs Politik gegenüber den Anrainern teilweise »unnachgiebige« Züge, so legte er sich auf der reichspolitischen Ebene, sieht man von seinen Bemühungen um die Wiedergewinnung des Reichsvikariats ab[15], eher Zurückhaltung auf.[16] Die Kurpfalz hatte wahrlich genug Lehrgeld für den »calvinistischen Aktionismus und Internationalismus« seiner Vorgänger bezahlt. Insofern war die Einsicht des neuen Herrschers vernünftig, dass sein kleines, zerstückeltes und während des Dreißigjährigen Krieges schwer in Mitleidenschaft gezogene Land keine Basis für eine überterritoriale Machtpolitik im Sinne der Vorgänger bieten konnte, sondern sich eher um eine vorsichtige Positionierung zwischen Frankreich und Österreich bemühen musste.[17]

Verstärkt trat im Inneren der Staatsaufbau in den Blickpunkt des Landesherrn. Damit waren mannigfaltige Maßnahmen verbunden. So ging es um den Ausgleich der großen Bevölkerungsverluste[18], um die Rekultivierung der Landwirtschaft[19], um den Aufbau einer effektiven Verwaltung[20], um die Wiedererrichtung der Heidelberger Universität[21] und um die Durchsetzung einer entschärften und ausgleichenden Konfessionspolitik.[22] Schließlich stand auch die Erprobung des verfrühten, aber in die Zukunft weisenden Mannheimer Wirtschaftsexperiments[23] im Blick des Landesherrn.[24] Die Geschichte Mannheims wurde zum Lehrstück einer merkantilistisch motivierten Reformpolitik, die zur Auflockerung einer traditionalen kommunalen Gesellschaftsstruktur führte.[25] Vor allem aber kam es darauf an, wieder Ordnung in die staatlichen Finanzen zu bringen:[26] Erstens mussten die alten Steuern, die Bede[27], die Gülten[28] und der Zehnt wieder regelmäßig eingezogen werden. Zweitens galt es, die neue Einnahmeform der Akzise[29] neben dem alten, auf Wein und Bier erhobenen Umgeld durchzusetzen. Und drittens musste die Schatzung auf eine breitere Grundlage gestellt werden.[30] Maßnahmen, die zu Unmutsbekundungen der Untertanen führte, da sie teilweise mit überflüssigen Schikanen verbunden waren. Verärgert waren die Untertanen insbesondere wegen der Einführung einer Stempelsteuer, die als Bearbeitungsgebühr für Pässe, Patente und Bürgerbriefe sowie für individuelle Gesuche an Behörden entrichtet werden musste.[31]

Neben Pommern, Mecklenburg, Thüringen, Kurtrier und Württemberg gehörte die Kurpfalz zu den am meisten zerstörten Territorien. Alle Schritte, die sie aus ihrer Lage herausführen konnten, standen unter der Kontrolle der obersten Finanzbehörde, der Rechenkammer[32]; spätestens unter dem Nachfolger Karl Ludwigs, dem Kurfürsten Karl (1680–1685), setzte sich durchgängig der neue Terminus *Hofkammer*[33] durch. Die Rechenkammer, die in den Jahren nach 1648 eine Kompetenzerweiterung und eine striktere Organisation unter einem Kammerpräsidenten erhielt[34], steckte 1652 in einem Gutachten den Rahmen für die Entwicklung des Landes ab.[35] Die gründliche Ausschöpfung der Finanzressourcen und eine rigide Sparpolitik sollten im Mittelpunkt des staatlichen Handels stehen.[36] Begonnen wurde mit der Reduzierung der Beamtenbesoldungen. Auch war das Zusammenlegen von Stellen nicht selten. Neue Positionen wurden kaum geschaffen; vielmehr kam es auf lokalen und mittleren Verwaltungsebenen zu mehreren Stellenstreichungen. Die Zentralbehörden und die Rechenkammer dagegen blieben von Personaleinbußen verschont.

In Einzelfällen kam es sogar zu Personalaufstockungen. Dazu zählten zum Beispiel die Posten der Pförtner und Aufseher auf dem Schloss, die verhindern sollten, dass Unbefugte an den Mahlzeiten teilnahmen. Ebenso wurde das Überwachungspersonal des Heidelberger Bauhofs verstärkt. Zudem durfte dieser die gelagerten Materialien und Instrumente nur nach gezielten Anfragen und nach deren genauester Prüfung herausgeben. Natürlich fehlten auch Anordnungen zur Senkung von Lohn-, Spesen- und Reisekosten nicht. Auch bei der Verköstigung von Fronleuten wurde gespart. Die öffentlichen Baukosten verringerten sich beträchtlich. Im Oberamt Alzey gingen sie 1653 von 2695 auf 358 Gulden zurück, im Oberamt Heidelberg im gleichen Jahr von 584 auf 55 Gulden.[37]

Die Rechenkammer versuchte, die Kosten der Hofhaltung durch eine exakte Buchführung, durch Personaleinsparungen und Livreevereinheitlichungen zu senken. Auch wurden die teuren Wachs- durch billigere Pechfackeln ersetzt.[38] Ebenso bemühte man sich, die Versorgung des Hofes mit Milchprodukten, Fleisch und Geflügel von den meist in Teilpacht[39] ausgegebenen[40] Hofgütern zu gewährleisten und dadurch die Mittel für den Einkauf von Nahrungsmitteln zu verringern. Die Jagd galt nicht nur als höfische Lustbarkeit, sondern wurde überwiegend in ihrer Versorgungsfunktion für den Hof gesehen. Von der barocken Hofhaltung und von dem kostspieligen Aufwand für die *Churpfälzische Jägerei*[41] unter Karl Theodor war man zur Zeit Karl Ludwigs weit entfernt.

Die hier nur knapp skizzierten Einsparungsmaßnahmen müssen auf dem Hintergrund einer umfassenden finanzpolitischen Konzeption gesehen werden, wie sie unter Karl Ludwig zu greifen begann.[42] Hierzu bedurfte es geschulter Beamten, die einerseits das überlieferte Einnahmesystem rationalisieren konnten und zugleich in der Lage waren, neue Einnahmequellen zu erschließen. Eines der Mittel zur Erhöhung der Einnahmen war die Verpachtung brachliegender Feldgüter. Waren diese stark mit Abgaben belastet, wandten sich die potentiellen Pächter verständlicherweise anderen Grundstücken zu, die weniger an Bede, Gült und Zins zu tragen hatten. Erst als im Zuge von Einwanderungen und nachlassendem Bevölkerungsabzug die Konkurrenz um Grund und Boden zunahm, begannen die Einnahmen aus den Verpachtungen wieder zu steigen, ein Umstand, der auch mit der Förderung des Mais-, Hopfen- und Tabakanbaus zusammenhing. Von staatlicher Seite kamen bald Vorschläge zur besseren Vermarktung einheimischer Agrarprodukte. Angesichts der großen Menge Gerste, die in den Heidelberger Hofkasten[43] geliefert wurden, plante man die Errichtung eines kurfürstlichen Brauhauses, das Bier nicht nur für den Eigenbedarf, sondern auch für den Handel brauen sollte.[44] Überlegungen zur Vermarktung richteten sich auch auf die überschüssigen Einnahmen in Form von *Korn, Spelz* (Dinkel) und Wein.[45]

Auch wenn in der Literatur für die Folgezeit von steigenden Ausfuhren gesprochen wird,[46] liegen keine genaueren Untersuchungen über den pfälzischen Handel vor.[47] Lediglich die Weinvermarktung in einzelnen Städten wurde näher untersucht.[48] Angesichts der zahlreichen Wasserzölle und des Mainzer Stapels erwies sich der kurpfälzische Weinexport als wenig gewinnbringend.[49] An der Weiterexistenz des Mainzer Stapels hatte auch die französische Handelspolitik großes Interesse, da sie die Konkurrenz der kurpfälzischen Weine auf den niederländischen Märkten fürchtete.[50] Dies waren Belastungen, die den Weinexport bis weit in das 18. Jahrhundert hinein erschwerten,[51] dann aber teilweise dadurch aufgewogen wurden, dass Karl Theodor die Zollschranken für die Einfuhr des pfälzischen Weins nach Bayern aufhob.[52]

Die Abgaben an landwirtschaftlichen Produkten wie Wein, Früchten und Getreide wurden in den Rezepturen eingesammelt. Neben diesen von der staatlichen Rechenkammer geleiteten Stellen[53] verfügten auch die Geistliche Administration als die Vermögensverwaltung der Kirchen,[54] die Universität[55] und der einheimische Grundadel über solche Rezepturen.[56] Wie für alle dort einlaufenden Produkte galt auch für den Wein, dass aus der abgelieferten Menge zunächst die anstehenden Besoldungsanteile für die Beamten vor Ort abgezogen wurden,[57] bevor der Rest nach Heidelberg weitergeleitet wurde. Falls möglich wurde auch ein Quantum für den Verkauf, für Versteigerungen und für die Ausfuhr verwandt. Im Falle der *Landessperre*[58], die zeitweilig als restriktive Handelsmaßnahme gegen die benachbarten

Territorien angeordnet wurde, musste allerdings jeder Export unterbleiben.[59]

Während des Dreißigjährigen Krieges war die Weinwirtschaft des Landes beträchtlich in Mitleidenschaft gezogen worden. Wie im Mittelalter gehörte es auch nach 1618 zur bevorzugten Kriegstaktik, die Rebflächen des Gegners zu zerstören. Auch im kleinräumigen Südwesten schonten die unterschiedlichen Territorialkonkurrenten die Weinberge ihrer Feinde nicht.[60] Dass die Kurpfälzer in Leininger und Speyerisches Gebiet zerstörerisch eindrangen, war gar nicht so selten gewesen.[61] Während des Dreißigjährigen Krieges wurde jedoch eine neue, intensivere

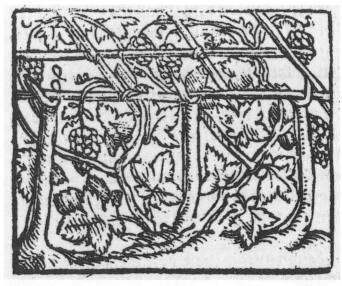

Weingarten, Holzschnitt aus dem 16. Jahrhundert aus der »Kosmographia« des Sebastian Münster. – Um den nachwachsenden jungen Reben Halt zu geben, wurden sie an eine stabile Pfahlkonstruktion mit Längs- und Querbalken festgebunden. Es entstanden so eigene geschlossene ›Kammern‹.

Stufe der Verwüstung erreicht, so dass das Weinbaugebiet später nicht mehr an seine frühere Ausdehnung herankam.[62] Die feindlichen Truppen hielten sich nicht nur an den Vorräten schadlos, sondern verbrannten vielerorten das Rebholz, zerstörten die Gerätschaften und verwüsteten zahlreiche Weinberge.[63] Nicht nur unter quantitativen Gesichtspunkten war eine Rückbildung des Weinbaus festzustellen, sondern auch in qualitativer Hinsicht hatte der Dreißigjährige Krieg negative Folgen. Das hing auch mit der früheren Auflösung der kurpfälzischen Klöster zusammen, deren »Qualitätskultur« verloren ging.[64] Auch gab es in der Kurpfalz kaum einen größeren Adel, der seine Güter zu wichtigen Komponenten der Weinwirtschaft ausgebaut hätte.

Zu Beginn der fünfziger Jahre lagen die nicht bebauten Weingärten im Verhältnis zu den kultivierten vier zu eins.[65] Der Wiederaufbau der Weinwirtschaft war eines der drängenden Probleme der Phase nach 1648.[66] Gleichwohl war es nicht leicht, Pächter für die Hofgüter des Kurfürsten[67] zu finden. Auch die eigenständigen Weinbauern[68] zögerten anfangs mit der Bebauung ihres Geländes.[69] Nur über die Gewährung von Abgabenerleichterungen[70] konnten sie wieder zur regelmäßigen Kultivierung ihres Besitzes gebracht werden.[71]

Dass auch die Rezepturen in verheerendem Zustand waren, kann nicht überraschen.[72] Zur Verbesserung des Sammel- und Abgabewesens schuf die Verwaltung den Posten eines *Herbstschreibers*.[73] Es dauerte jedoch noch einige Jahre, bis mit dem Bau des zweiten großen Heidelberger Fasses ein Zeichen für die Erholung der Weinwirtschaft gesetzt werden konnte. Ein weiterer Ausbau im Sinne eines ertragreichen Weinhandels erfolgte aufgrund der Handelsbeschränkungen durch die Zollpolitik der Rheinanlieger jedoch nur zaghaft.[74]

Das zweite große Fass von 1659–1664

Erste Planungen zum Bau eines neuen großen Fasses

Die ersten Hinweise auf den Bau eines neuen Fasses erscheinen für das Jahr 1659 in den Akten.[75] Der für die Beschaffung und Lagerung des Weins zuständige Hofkeller[76] beklagte sich darüber, dass er die aus dem Lande angelieferten Weine auf dem Schloss nicht mehr unterbringen könne. Selbst bei der zusätzlichen Bereitstellung eines neuen 50-Fuder-Fasses könnten die auf dem Schloss eintreffenden Weinlieferungen nicht aufgenommen werden.[77] Da das alte große Fass *in den verwichenen Kriegszeiten verdorben* sei, schlug er den Bau eines neuen Behälters mit einem Inhalt von 150 Fuder[78] vor.[79] Im Falle der Bewilligung dieses Vorschlags würde er sich um höchste Sparsamkeit bemühen. Wie knapp damals die Gelder waren, ist auch aus den nur notdürftig vorgenommenen Reparaturarbeiten an den Fenstern, Dächern und Öfen im Schloss zu erschließen.[80]

Im Februar 1659 brachte der Hofkeller[81] eine gemeinsam mit dem Hofzimmermann Hans Kleb und dem Schlossermeister[82] Hans Eberhard Liebler unterzeichnete Eingabe bei der Rechenkammer ein, die von einer Summe von 715 Reichstalern[83] für die notwendigen Arbeiten ausging. Im Detail wurden folgende Kosten angegeben: Für 130 Reichstaler sollte das Daubenholz – die Langhölzer, aus denen das Fass gebaut werden sollte – geschlagen werden, die Schlosserarbeiten wurden auf 160 Reichstaler angesetzt, während der Lohn für die Steinhauer, die das Material für die Lager, auf denen das Fass stehen sollte, aus dem Steinbruch holen sollten, auf 30 Reichstaler angesetzt wurde. Für Schreinerarbeiten wurden 30 Reichstaler veranschlagt. 35 Reichstaler wurden für die Anschaffung von *allerhand Küferwerkzeug* eingeplant, von einem Lohn für einen Küfermeister war jedoch nicht die Rede.[84] Vielmehr scheint dem Zimmermann so etwas wie eine Art Generalzuständigkeit für die Arbeiten vom Zuschneiden der Holzbretter zu Dauben[85] bis zur Aufstellung des Fas-

Erste Planungen zum Bau eines neuen großen Fasses 33

Küfer beim Festschlagen der Fassriemen,
im Hintergrund brennt ein weiterer Küfer ein Fass aus,
Kupferstich von 1730

ses im Schlosskeller zugekommen zu sein.[86] Dementsprechend war die für seine Leistungen vorgesehene Summe innerhalb des Gesamtbetrags von 715 Reichstalern bei weitem die höchste: Er konnte mit 330 Gulden rechnen. Da die Rechenkammer gegen die Abfolge der Arbeiten und gegen die veranschlagten 330 Gulden nichts einzuwenden hatte, ließ sie über die Tätigkeit des Zimmermanns einen Dingzettel[87] in dreifacher Kopie anfertigen. Jeweils ein Exemplar wurde bei der Rechenkammer, bei dem Hofkeller und bei Hans Kleb hinterlegt. In Abweichung zur früheren Absprache erhielt der Zimmermeister Kleb tatsächlich jedoch nur 300 Reichstaler. Zu dieser verringerten Summe kamen aber 2 Malter Korn und 2 Ohm Wein hinzu, *die ihm zum lohn gereicht werden* sollten.

Auch wenn sich in den überlieferten Unterlagen keine Hinweise auf das Mitwirken eines Küfers finden, so war dennoch von *allerhand Küferwerkzeug* die Rede, für dessen Anschaffung die vorhin erwähnten 35 Reichstaler veranschlagt wurden. Näher aufgeführt wurden die Küfergeräte nicht.[88] In der Regel gehörten hierzu Fasszirkel, Schnitzmesser und Dechsel[89], ein Beil mit querstehender Schneide[90], Werkzeuge, die seit der Römerzeit zur Ausrüstung des Küfers gehörten und bis in unsere Gegenwart noch gebräuchlich sind.[91] Obwohl es eine eigene Küferei auf dem Schloss gab, waren die für die Fassarbeiten eigens benötigten Werkzeuge wegen ihrer besonderen Größe dort nicht vorhanden. Sicherlich konnten sie auch nicht auf den jährlichen Märkten für Küferwerkzeug in Dürkheim oder in Edesheim erstanden werden.[92] Wo und wie sie hergestellt wurden, lassen die Quellen offen.

Wenn auch die genannten Dingzettel keine Küfer erwähnen, ist davon auszugehen, dass diese aber bei den Reparaturen des

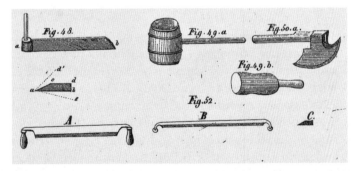

Wie bei allen alten Handwerken üblich, arbeiteten auch die Küfer mit zahlreichen Werkzeugen. Jeder Arbeitsgang hatte sein eigenes »Gerät«.

Fasses und bei der Lagerung und Konservierung des Weines herangezogen worden waren. Ihrer ansonsten »doppelten Aufgabenstellung«[93] konnten die Küfer im Umfeld des großen Heidelberger Fasses jedoch nicht im üblichen Maße gerecht werden: Bei den Arbeiten am Fass wurden sie wahrscheinlich zu Gehilfen der Zimmerleute, beim Umgang mit dem eingefüllten Wein standen sie unter Aufsicht des Hofkellers. Wie umfangreich ihre Tätigkeit normalerweise war, wird von HALFER/SEEBACH anschaulich beschrieben: »Neben der Herstellung von Holzgefäßen sowie Flick- und Reparaturarbeiten an Fässern umfaßt das Küferhandwerk auch die für die Pflege des Weines notwendigen Kellerarbeiten. Der Küfer eicht die Fässer, füllt im Herbst den Most in dieselben, läßt ihn im Brachmonat wieder ab, schwefelt und verbindet wieder, läßt nochmals ab, füllt um und bereitet den Wein vor zum Verkauf und Versand, schließlich reinigt und spült er die Fässer. Zu seinem Aufgabenbereich gehören also der Faßweinbezug, das Abstechen, Schönen und Verbessern der Weine sowie die Faßpflege.«[94] Auch die Herstellung von Traubenhütten und Lagerfässern im Rebstock zählte zu den traditionellen Küferarbeiten.[95]

Die Größe des Heidelberger Fasses legte es nahe, die Reifen, die die Dauben zu einem Gefäßrumpf zusammenhielten, im Unterschied zu den damaligen Normalfässern aus Eisen anzufertigen.[96] Eine Materialverwendung, welche die Herstellungskosten in die Höhe treiben musste, da Eisen in der »hölzernen Epoche« des vorindustriellen Zeitalters teuer war.[97] Zu den anstehenden Schlosserarbeiten wurde der bereits erwähnte Meister Hans Liebler herangezogen, der seinen Konkurrenten Schönette mit einem günstigeren Kostenvoranschlag ausbooten konnte.[98] Auf einem Dingzettel wurde Lieblers Arbeitsauftrag am *größesten Faß* im Schlosskeller beschrieben.[99] Danach war er für alle Schlosserarbeiten bei der Beschlagung des Fasses, beim Errichten der Lager, auf die das Fass gestellt werden musste, und bei dessen

Aufrichtung verantwortlich. Hinzu kamen das Beschlagen der Fugbank[100], die Herstellung von Ringen[101], Pfannen[102], Gargelkämmen[103] und von Hubeisen[104] – Arbeiten, die *auf dem Hammer,* das heißt in der Schlossschmiede, durchzuführen waren. Im Gesamtbetrag von 125 Reichstalern waren auch möglicherweise anfallende Reparaturen beschädigter Instrumente enthalten. All diese Arbeiten müsse Liebler – so der Schluss des Verdingzettels vom 24. März 1660 – *ohne fehl, mangel und klage* durchführen. Als Lohn erhielt dieser jedoch nicht die ursprünglich vorgesehenen 160 Gulden, sondern er musste sich statt dessen mit 120 Gulden zufrieden geben.

Der Dingzettel für Liebler enthielt aber noch weitere Details: So war ihm die Verwendung des Eisens von dem alten Fass erlaubt. Neues Eisen hatte er hingegen auf eigene Kosten zu beschaffen.[105] Ebenso wurde er verpflichtet, einige der benötigten Werkzeuge zur Verfügung zu stellen, die er nach Beendigung der Arbeit behalten könne. Dies waren Vertragsbedingungen, auf die sich nach dem Ableben Lieblers seine Erben berufen konnten, kam es doch wenige Jahre später zwischen dem Hofkeller und der Witwe Lieblers zu einer langwierigen Auseinandersetzung um die von dem Schlosser hergestellten Werkzeuge. Außerdem haftete Liebler mit seinen *liegenden und führenden, gegenwärtigen und zukünftigen gütern, hab und nahrung* für die Qualität seiner Arbeit. Andererseits jedoch enthielt der Dingzettel auch eine Bestimmung, die die Position Lieblers stärkte: So wurde festgehalten, dass er sich jederzeit auf die mit dem *jetzigen* Hofkeller getroffenen Vereinbarungen berufen könne.

Die Rechenkammer war mit diesen Planungen einverstanden, bestand jedoch auf einer Erweiterung des Fassungsvermögens auf 160 Fuder.[106] Zugleich beharrte sie auf einer Begrenzung der Gesamtausgaben auf 750 Reichstaler und unterstrich die Gesamtverantwortung des ihr direkt unterstellten Hofkellers[107]. Obwohl sie dessen Arbeit[108] mit zahlreichen Anordnungen und Kontrollen überzog, verfügte dieser – verglichen mit seinen Nachfolgern im 18. Jahrhundert – über größere Freiheiten. Vor allem beim Bau des letzten großen Fasses in den Jahren um 1750 musste sich der damalige Hofkeller bei jedem Schritt bei den höheren Instanzen rückversichern. Er wurde mit vielen Hinhaltemanövern, Widersprüchen und Verzögerungen konfrontiert. Gutachten über Gutachten hemmten damals einen zügigen Fortgang der Arbeiten. Viele redeten mit und meldeten ihre Bedenken an, sogar die Untertanen, wie sich bei den Holzlieferungen zum Karl-Theodor-Fass zu Beginn der fünfziger Jahre des 18. Jahrhunderts zeigen sollte.[109]

Tüchtiges Holz für das Fass

Nachdem die finanziellen und handwerklichen Voraussetzungen für den Bau des Fasses geklärt waren, galt es, Richtlinien für die Beschaffung des Bauholzes zu erlassen.[110] Seit dem 17. Jahrhundert wurde für den Fassbau vorzugsweise Eichenholz verwendet, das nicht nur härter und dichter als andere Holzarten ist, sondern mit seinem süßen und würzigen Tannin, natürlich vorkommende Polyphenole, auch das Aroma der Weine fördert. Zudem fand es auch bei einer ganzen Reihe von Winzerarbeiten Verwendung. Da Eichenholz jedoch aufgrund seiner hohen Qualität und seiner Langlebigkeit in der Wiederaufbauphase nach 1648 vielfach zu den unterschiedlichsten Zwecken verwendet wurde, wurde es bald knapp, zumal die Stämme erst nach mindestens 80 Jahren Wachstumszeit voll nutzholztauglich waren.[111] Die Verwaltung richtete deshalb ihr besonderes Augenmerk auf die Erhaltung der Eichenbestände.[112] So musste etwa der Einsatz von Eichenholz bei Hausbauten auf Schwellen, Türen und Gesimse beschränkt werden.[113] Die Gemeinden wurden aufgefordert, im Rahmen ihrer Fronleistungen unter Anleitung der herrschaftlichen Förster geschützte *Eichgärten* anzulegen.[114] Gleichermaßen häuften sich zur Zeit Karl Ludwigs Anordnungen zum Schutz der Eichenwälder[115] vor dem Vieheintrieb. Wenn es auch solche Restriktionen in allen Territorien gab,[116] fand bereits im 16. Jahrhundert in der Kurpfalz eine besonders intensive Beschäftigung mit den Fragen der Waldwirtschaft, des Forstrechts und der Forstpolizei statt.[117]

Eine entscheidende Rolle spielte dabei der Kurfürstliche Hofgerichtsrat Noe Meurer (1527–1583)[118], der von 1549 bis zu seinem Tode in Heidelberg gewirkt hatte.[119] Der in Memmingen geborene Meurer gehörte zu der zeitweilig am Heidelberger Hof einflussreichen Gruppe von Beamten reichsstädtischer Herkunft. Als Advokat am Speyerer Reichskammergericht[120] und als Autor von Büchern zum Reichsrecht war er weit über die Kurpfalz hinaus bekannt geworden.[121] Er war ein typischer Vertreter der Beamtenschaft, die im Zeitalter der Reformation für die Rationalisierung der staatlich-herrschaftlichen Organisation der Kurpfalz verantwortlich gewesen war. Mit großer Wahrscheinlichkeit kam ihm ein wichtiger Anteil am Entstehen der Landesordnung und des Landrechts von 1582 zu.[122] Mit dieser kodifikatorischen Leistung gelangte die im 13. Jahrhundert begonnene kurpfälzische Staatswerdung zu einem ersten Höhepunkt.[123] Der gleichen Zielsetzung dienten auch Meurers Schriften über das Forstwesen.[124] Sie hatten eine Schlüsselstellung beim Übergang von der mittelalterlichen, lokal geregelten Waldnutzung zur landesherrlich-zentralen Forstpolitik inne.[125] Ihr Einfluss auf die *Kurfürstliche Rheinpfälzer Forstordnung* von 1572 ist unbestritten.[126] Wie viele in dieser Phase entstandenen Regelwerke nahm diese das forstliche Wissen ihrer Zeit auf und versuchte,[127] praktische Vorschläge zu machen.[128] 1572 wurden unter anderem Bestimmungen über die Art des Holzschlagens, die Behandlung der unterschiedlichen Baumarten, die Aufforstung, den Viehtrieb oder über den Umgang mit Brenn- und Bauholz erlassen.[129] Zugleich zeigt sich in dieser Ordnung, dass der Staat die Kontrolle über alle innerhalb seines Territoriums gelegenen Wälder beanspruchte.[130] Dementsprechend lässt sich in den folgenden Jahren eine Ausweitung der Kompetenzen der Forstbeamten feststellen. So enthält zum Beispiel die Ernennungsurkunde für Johann Ebermann, der am 29. September 1596 in das Amt des *Forstmeisters diesseits des Rheins* eingewiesen wurde, einen differenzierten Aufgabenkatalog, der u. a. die Kontrolle der Amtsführung der Forstleute, die Überwachung des Holzschlags und der Brennholzentnahme sowie die Aufsicht über das Jagdwesen zum Inhalt hatte.[131]

Vergegenwärtigt man sich dieser Bemühungen des 16. Jahrhunderts, dann wird deutlich, dass die kurfürstliche Verwaltung in den Jahren nach 1648 nicht unvorbereitet mit dem Fassbau konfrontiert wurde. Dennoch verlief die Suche des Hofkellers nach *tüchtigem Holz* nicht unkompliziert.[132] Zunächst dachte er dabei in Abstimmung mit der Rechenkammer an Bestände aus Waldungen in unmittelbarer Nähe des Heidelberger Schlosses.[133] So war anfänglich vom Heidelberger Bürgerwald[134], von dem Wald unter dem Königstuhl und von dem östlich von Ziegelhausen im Bärenbachtal liegenden Forst die Rede.[135] In Betracht gezogen wurden auch Wälder bei Zwingenberg am Neckar, bei Langenzell, Lobenfeld, Schönau und Sandhausen.[136] Je nach dem Besitzstand der Wälder mussten unterschiedliche Erwerbungsverfahren eingeplant werden. Handelte es sich um *herrschaftliche* Wälder, also um Kameralwälder, konnte das Holz kostenlos entnommen werden.[137] Anders verhielt es sich jedoch mit Wäldern im Gemeindebesitz. Für das Holz aus diesen *fremden* Wäldern hatte die Rechenkammer einen Kaufpreis zu entrichten.[138] Pro Stamm bedeutete dies in der Zeit Karl Ludwigs meist einen halben Reichstaler.[139] Da die Wälder, in denen die Gemeinden als »Eigentumsherren«[140] galten, wegen des Hackwaldbetriebs[141], der Viehmast und der Brennholzentnahme eine unmittelbare Versorgungsfunktion für die Bevölkerung zu erfüllen hatten,[142] entwi-

Brennholzsammeln, Holzschnitt von Albrecht Dürer im Buch »Weisheit der alten Meister«, 1483

ckelte sich dort Hochwald mit Eichenbeständen seltener als in den *herrschaftlichen* Forsten.[143]

Die erwähnten Wälder lagen zum größten Teil auf dem Gebiet des Oberamtes Heidelberg.[144] Als größter rechtsrheinischer Verwaltungsbezirk[145] der Kurpfalz erstreckte sich das Oberamt über das Gebiet des Kirchheimer, Schriesheimer, Meckesheimer und Reichhartshäuser Zent sowie über mehrere Kellereien und über die beiden Unterämter Lindenfels und Dilsberg.[146] Zum Heidelberger Oberamt gehörten auch die Städte Wiesloch, Neckargemünd, Weinheim und Schönau.[147] Die Quellen zum Fassbau, vor allem zum Fällen der Eichen und zu deren Transport nach Heidelberg, ermöglichen zahlreiche Einblicke in die Arbeit des Heidelberger Oberamts.[148] Als »hoheitliches Organ der landesherrlichen Verwaltung« war es für die Organisation der Fron-

›Tüchtiges Holz‹ für das Fass 41

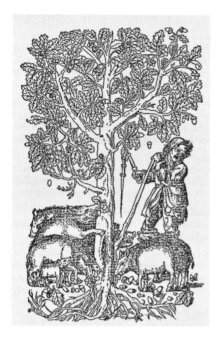

Schweinehirt mit seiner Herde bei der Eichelmast, Holzschnitt von 1577. – Neben der Holznutzung (als Bauholz und als Brennholz) war die Waldweide im Mittelalter und in der Frühen Neuzeit die wohl bedeutendste Waldnutzung. Der Herbst, wenn die Bäume ›Früchte‹ tragen, war die Zeit der Mast; der Hirt hat einen Stock in der Hand, mit der er noch mehr Eicheln vom Baum herunterschlägt.

dienste zuständig, die von den Untertanen als Waldarbeiten und Fuhrleistungen erbracht werden mussten.[149] In diesen Kompetenzbereich durfte der Hofkeller nicht eingreifen.[150] Er konnte lediglich die Bereitstellung von Arbeitskräften für die Durchführung des ihm von der Rechenkammer aufgetragenen Projekts fordern.[151] Da der Hofkeller unter Zeitdruck stand, scheute er sich nicht, darauf hinzuweisen, dass die Dringlichkeit seines Anliegens *evident* sei.[152]

Es war jedoch nicht einfach, die Planungen für den Fassbau in die Realität umzusetzen. Nachdem die Entscheidung in der Hofkammer gefallen war, einen Teil des Bauholzes aus dem *kurfürstlich-pfälzischen Kameralwald zu Ziegelhausen* holen zu lassen, begann eine vielschichtige Prozedur. Ein Vorteil für die Verwaltung lag darin, dass die Eigentumsverhältnisse in dem vorgesehenen Waldgebiet eindeutig waren.[153] Die lang dauernden Auseinandersetzungen zwischen zentgenossenschaftlichen und staatlich-herrschaftlichen Besitzansprüchen um den Bärenbachwald waren im 17. Jahrhundert längst zugunsten der Kurfürstlichen Hofkammer entschieden.[154] Insofern bedurfte es keiner langwierigen Absprachen mit der Schriesheimer Zent. Der Oberamtmann konnte zügig mit der Auswahl der Fronleute beginnen. Er griff dabei auf Untertanen der Kellerei Waldeck zurück,[155] die einen eigenen kurpfälzischen Verwaltungsbezirk bildete und direkt dem Heidelberger Oberamt unterstand.[156] Die Bewohner des in unmittelbarer Nähe gelegenen Dorfes Ziegelhausen wurden verschont.[157] Vielleicht deshalb, weil sie durch die Frondienstordnung von 1642 schon eng genug in das Leistungssystem für die Herrschaft eingebunden waren. So mussten sie für die Versorgung der Heidelberger Hofküche tätig sein, hatten Jagdfronen im Gebiet zwischen Eberbach und Schriesheim zu leisten, waren für die Weiterleitung kurfürstlicher Briefe zuständig und hatten sich jederzeit für *ungemessene Frondienste* bereitzuhalten.[158] Die Nähe zum Hof und zur Residenzstadt brachte noch weitere Belastungen für die Ziegelhäuser mit sich. Eine Passage aus der Dorfbeschreibung des Schriesheimer Zentbuches von 1692/93 kann dies erläutern; sie verdeutlicht aber auch, dass die Verwaltung bemüht war, eine übermäßige Beanspruchung durch Freistellung von anderen Diensten zu verhindern: *Jetzt aber ist mit ihnen dahin Verglichen, daß Sie holtz Zu der im gang Seyenden herrschaftlichen Pulvermühlen, daß Jahr durch schählen und beyführen, dargegen werden Sie So lang von allen anderen Vorfallenden Centfrohnden frey gelassen.*[159]

Zur Kellerei Waldeck gehörten die Weiler Lampenhain, Bärsbach, Hohenöd, Vorderheubach und die Dörfer Heiligkreuzsteinach, Eiterbach, Neudorf und Heddesbach.[160] Der zuständige Waldecker Keller, der ursprünglich seinen Sitz in Heiligkreuzsteinach und nach dem Dreißigjährigen Krieg in Schönau hatte, musste 20 Untertanen aus seinem Bezirk zur Verfügung stellen.

›Tüchtiges Holz‹ für das Fass

Eine hohe Zahl, wenn man bedenkt, dass in der Kellerei Waldeck im Jahre 1650 nach den großen Bevölkerungsverlusten des Dreißigjährigen Krieges nur 46 Familien lebten.[161] Trotz der großen Belastung gibt es in den Quellen keine Anzeichen von Empörung oder Widerstand. Es liegen auch keine widerstrebenden Stellungnahmen des Waldecker Kellers vor, der nicht nur als Befehlsempfänger der Obrigkeit fungierte, sondern sich gleichermaßen als »Wortführer der Untertanen« oder der einzelnen Gemeindeschultheißen verstand.[162] Über den Keller wurde den Fronleuten aufgetragen, sich mit *guten Äxten*[163] am 7. und 8. März 1660 beim Forstknecht[164] in Ziegelhausen einzufinden, der ihnen die zu fäl-

Auf einer Abbildung in einem Lehrbuch zur Harzgewinnung von 1679 ist ein Harzer zu sehen, der mit einer Axt die Rinde eines Nadelbaums abschlägt – die Axt war das Universalwerkzeug bei Wald- und Holzarbeiten schlechthin. Die Klinge war je nach Verwendungszweck geformt und der Stil lang oder kurz. Typisch ist auch der Sammelkorb für das so gewonnene Scharrharz, der auf dem Rücken getragen wird, denn die Frage des Abtransports in schwierigem, nicht befahrbaren Gelände war stets eine zentrale Frage.

lenden Bäume angeben würde.[165] Bei der befohlenen Arbeit handelte es sich um außerordentliche Handfronen, wie sie beim Bau von Straßen, Schlössern und von anderen Bauten in unterschiedlichem Maße und je nach konkreten Erfordernissen vom Staat in Anspruch genommen werden konnten. Gerade in der Wiederaufbauphase der Kurpfalz nach 1649 mussten solche »herrschaftliche Fronen« verstärkt geleistet werden.[166] Manchmal erhielten die *frohnbaren untertanen* eine geringe Entlohnung, in der Regel wurde ihnen aber während der Arbeitszeit nur Speis und Trank gereicht.[167] SCHOLTEN hat in seiner Studie über das Fronwesen der Kurpfalz festgestellt, dass bei größeren Arbeiten eine Art Obmann anwesend war, um die Untertanen vor Misshandlungen zu schützen.[168] Von der Präsenz einer solchen Überwachungsperson bei den Arbeiten im Bärenbachtal im Jahre 1660 lässt sich jedoch nichts berichten. Dies ist auch deshalb verständlich, weil umfangreichere Schutzbestimmungen für Waldarbeiten erst in die Wald- und Forstordnung von 1711 aufgenommen wurden.[169]

Beim Fällen des Holzes mussten genaue Vorschriften befolgt werden;[170] auch für das Herrichten der Dauben. Dabei handelte es sich um eine Arbeit, die nicht im Frondienst erledigt werden konnte, sondern Fachkenntnisse voraussetzte. Entgegen der ursprünglichen Vereinbarung mit dem Zimmermeister kamen jetzt doch noch Küfer zum Einsatz. Auf *Gutheißen* der Rechenkammer hatte der Hofkeller Hans Meyer am 5. April 1659[171] den beiden Küfermeistern Henrich Heuser und Martin Debrunner aus Wiesloch diese Aufgabe erteilt.[172] Man vereinbarte 130 Dauben mit einer jeweiligen Länge von 29 bis 30 Schuh und mit einem Umfang von acht Zoll. Kurz bevor die Rechenkammer diesen Vertrag endgültig billigte, erhöhte sie die Zahl der benötigten Dauben auf 150. Für ihre Arbeit wurden den Küfern vier Malter Korn zugesagt.[173]

Zusätzlich zu den Dauben mussten noch 20 Bodenbretter mit jeweils einem Umfang von 6 ½ Zoll bearbeitet werden. Der Auftrag ging zum Lohn von zehn Reichstalern an die beiden Daubenhauer Jacob Schilling und Georg Deutz aus Reichhartshausen, die sich als selbstbewusste Handwerker erwiesen. In Anwesenheit des Hofkellers beschwerten sie sich vor der Rechenkammer darüber, dass die von ihnen bearbeiteten Bäume *strähnig und stinkig* gewesen seien.[174] Sie forderten einen neuen Dingzettel und eine bezahlte Neuaufnahme ihrer Arbeit an besseren Stämmen. Dies ist nur *ein* Beispiel für die vielen bei dem Fassbau auftretenden Verzögerungen. So hatte sich im Oktober 1659 auch Holz aus dem Langenzeller, Schönauer und Lobenfelder Wald, das zum Abstützen der Lager gedacht war, als unbrauchbar erwiesen. Hingegen glaubte der Hofkeller, dass das Holz aus dem Forst am Bärenbach hervorragend für den *Ingebau*, die *Faßriegel* und für die Errichtung des für den Fassbau benötigten Gerüstes geeignet sei. Zwölf Stämme sollten aus diesem *herrschaftlichen Wald* geholt werden. Wegen der *hohen Berge* stellte sich das Unternehmen jedoch als undurchführbar heraus. Als Alternative bot sich der Sandhäuser Forst an. Nach Meinung des Hofkellers konnte von dort das Holz *ohne Schaden* herausgeführt werden. Bliebe noch etwas Holz übrig, wäre es für ein kleineres, 50-fudriges Fass zu verwenden. Da der Sandhäuser Wald der Gemeinde gehörte, musste die Verwaltung Verhandlungen um den Preis der Bäume führen. Die Sandhäuser verzichteten jedoch auf die Bezahlung und erbaten sich dafür die Lieferung von Brennholz[175] – eine Bitte, die jedoch erst nach einer Entscheidung des *Forstmeisters diesseits des Rheins* erfüllt werden konnte.[176] Diese Vorgänge sind als ein Hinweis auf das wachsende Eingreifen des Staates in die Verwaltung der Gemeindewaldungen zu verstehen.[177] Gerade ein Jahr zuvor, 1658, war ein entsprechendes kurfürstliches Edikt erlassen worden.[178] Einzelne seiner Bestimmungen, wie zum Beispiel die, dass der Forstknecht jeden einzelnen Stamm anweisen müsse, waren auf *lebhaften Widerstand* der Gemeinden gestoßen und wurden wieder zurückgenommen. Öfters erhielten Proteste der Gemeinden Unterstützung durch die Oberämter – eine Koalition zwischen Verwaltung und Untertanen, die im 18. Jahrhundert mehrmals festzustellen ist. Ein solcher Fall, der hundert Jahre später im Heidelberger Oberamt virulent wurde, ist im Kapitel über den Bau des Karl-Theodor-Fasses beschrieben.[179]

So dringlich es auch dem Hofkeller und der Rechenkammer mit den Lieferungen war, Verzögerungen konnten nicht verhindert werden. Das hing nicht nur mit dem schwierigen Gelände zusammen, sondern auch damit, dass es von Anfang an keine klaren Vorstellungen über die Menge des benötigten Holzes gegeben hatte. Immer wieder mussten Nachlieferungen gefordert werden: Für die Felgen, die Lager, das Ausbrennen des neuen Fasses, für zusätzliche Dauben oder das Erstellen einer Fügbank bestand vielfältiger Bedarf. Auch Holz für das Baugerüst musste mehrmals nachgeliefert werden. Meistens konnte das Holz nicht sofort benutzt werden, sondern musste zum Trocknen im Bauhof auf einem Gestell gelagert werden.[180] Hierzu wurden 16 Bretter, 35 Kahnschenkel und 50 Latten verarbeitet, alles Materialien, die genauso aus der herrschaftlichen Bauschreiberei besorgt werden mussten wie verschiedene Stricke oder ein Radstuhl. Alle Vorgänge wurden genauestens protokolliert. Nur wenn genaue Aufzeichnungen vorlagen, konnte die Bauschreiberei nach deren Erledigung die Materialien wieder zurückfordern.

Als im Herbst 1659 noch einige Stämme für die Fassböden benötigt wurden, erhielt der Keller zu Minneburg den Auftrag, diese aus dem *Jungen Wald* bei Schwarzach zu besorgen.[181] Da es sich dabei um herrschaftlichen Waldbesitz handelte, entfielen die Kaufkosten.[182] Der Keller, der von dem Heidelberger Hofkeller mit *Guter Freund* angesprochen wurde, erhielt den Auftrag, mit Fronleuten die Hölzer an den Neckar bringen zu lassen.[183] Für den Weitertransport[184] auf dem Wasserweg gab es zwei Möglichkeiten:[185] Einmal die Beladung eines der üblichen eigens für den Transport von Brennholz eingesetzten Flöße oder die Be-

›Tüchtiges Holz‹ für das Fass 47

nutzung einiger Humpelnachen.[186] Zur Begleichung der Kosten konnte auf die Kasse des örtlichen Kellers und auf Gelder aus dem Budget des Hofkellers zurückgegriffen werden.[187] In Heidelberg standen für die Entladung des Holzes Kranenschiffe zur Verfügung.[188] Das Holz, das nicht zum Fassbau verwendet wurde, kam in den *Holzgarten,* dessen Funktion als Versorgungsstätte für den Hof und als Verkaufsplatz in der Holzordnung von 1557 geregelt worden war.[189]

Wie sparsam die Verwaltung mit den im *Jungen Wald* übrig gebliebenem Nutzholz umging, wird aus einem Auftrag deutlich, den der Keller zu Minneburg im Juni 1660 erhielt:[190] Das aus den Holzschlägen für die Fassböden übrig gebliebene Kleinholz sollte er ein Jahr später mit zehn Holzwagen mittels Frondienst an den Neckar nach Guttenbach bringen lassen. Vier Wochen später konnte er den Vollzug melden. Jetzt müsse nur noch der Schiffstransport nach Heidelberg organisiert werden. Wegen ei-

Getreidelter Humpelnachen, Radierung aus dem 19. Jahrhundert. – Aufmerksam beobachtet der Halfreiter, der das flache Schiff gegen die Strömung zieht, Schiff und Fluss, um bei Gefahr eingreifen zu können.

nes drohenden Hochwassers trieb er zur Eile an.[191] Zu Recht, denn die Wasserverhältnisse auf dem Neckar waren so schwierig, dass eine Fahrt von Mannheim bis nach Heilbronn noch in der zweiten Hälfte des 18. Jahrhunderts zwei bis drei Wochen dauern konnte.[192]

Auch im Neckargeracher Gemeindewald[193], der für das Dorf die wichtigste ökonomische Grundlage war,[194] wurde Holz für den Fassbau geschlagen. In Neckargerach, das zum Oberamt Mosbach[195] und zur Zent und Kellerei Eberbach[196] gehörte, lagen alle Herrschaftsrechte bei der Kurpfalz.[197] Niederadelige Besitz- und Herrschaftsansprüche existierten nicht.[198] Im Juni 1659 beauftragte der Heidelberger Hofkeller den Neckargeracher Schultheißen und das dortige Dorfgericht,[199] beim Eberbacher Keller einen *Humpelnachen*[200] zu besorgen.[201] Dies ist deshalb so merkwürdig, weil in der Regel die Neckargeracher Schiffer selbst für ihre Transporte im Rahmen von Fronfuhren sorgen konnten.[202] Nicht in allen Jahren waren dort jedoch Schiffer ansässig. So übte 1678 keiner der insgesamt 34 Neckarschiffer in Neckargerach seinen Beruf aus.[203] 1681 hieß es im dortigen Dorfrecht: *Weilen aber sich iezmal einiger schiffer oder hümpler selbst da nicht befindet, wird solcher frohn durch die Eberbacher hümpler so lang, biß wieder ein schiffer oder hümpler dahin kommen tut, allein verrichtet.*[204] Es kann davon ausgegangen werden, dass es auch 1659 in Neckargerach keine Transportschiffe gegeben hatte, so dass die Kellerei Eberbach[205] als übergeordnete Instanz eingeschaltet werden musste. Eine Aufgabe, die dem dortigen Keller sicher nicht ungelegen kam, konnte er doch dadurch seine Position in der Stadt Eberbach und in ihrem Umfeld ausbauen.[206] Es wird ihm sicherlich keine Mühe bereitet haben, in Eberbach, dessen Wirtschaftsstruktur durch den Holzhandel[207], die Flößerei[208] sowie durch die Schifffahrt geprägt war, eine Transportmöglichkeit zu finden.[209]

Um die Beladung der flachen Schiffe mit den geschlagenen Bäumen allerdings kamen die Neckargeracher nicht herum. In ihrem Wald wurden 31 Stämme gefällt, die für die Herstellung von 62 Dauben gedacht waren. Pro Stamm wurde ein Preis von 45 Kreuzer ausgehandelt. Ein geringer Betrag, auf den die Gemeinde aber angewiesen war, da sie bei den Kellereien Minneburg, Zwingenberg[210] und Eberbach nicht nur Brennholzschulden hatte, sondern auch noch rückständige Weidegelder zu zahlen hatte. Einen ähnlichen Preis hatte die Rechenkammer pro Stamm an die Gemeinde zu entrichten: Für die 16 Stämme, die die Gemeinde Wiesenbach auf Anweisung der Rechenkammer vom 23. Januar 1660 *hergegeben* hat, musste der Hofkeller acht Reichstaler, das heißt pro Stamm einen halben Reichstaler zahlen.[211]

Dass die Hofkammer die Ausgaben der untergeordneten Stellen genau kontrollierte, hatte der Hofkeller auch bei seinen Verhandlungen mit dem Müller von Schlierbach zu berücksichtigen.[212] Mit diesem hatte er vereinbart, dass der Müller 50 Eichenstämme[213] vom Königstuhl und aus dem darunter liegenden Bürgerwald für 30 Gulden an den Neckar bringen sollte. Der Müller legte jedoch mit seinen Forderungen nach, bestand auf 70 Gulden und begründete die Erhöhung mit der Gefährlich-

Verunglückte Holzfäller, Ausschnitt aus einem Flugblatt der Wickiana, 1574. – Das Fällen der Bäume mit einer Axt war im Mittelalter eine der besonders gefährlichen Arbeiten, wie die Arbeiten rund um den Holzschlag überhaupt höchst gefährlich waren.

keit des Vorhabens. So hätte sich vor kurzem in Zwingenberg ein *großer Schaden* ereignet. Dem Hofkeller blieb nichts anderes übrig, als den Wunsch des Müllers an die Rechenkammer weiterzugeben. Dass diese ohne Begründung ablehnte, kann nicht überraschen. Der Müller hatte überreizt und musste sich mit der ursprünglich vereinbarten Summe zufrieden geben. In anderen Fällen, in denen es sich um geringere Nachforderungen handelte, hatte sich die Rechenkammer dagegen als durchaus entgegenkommend gezeigt. Während die Holzfuhren vom Berg bis zum Neckar herunter von dem Müller als einem selbständigen Vertragspartner der Verwaltung durchgeführt wurden, übernahm mit dem Wagenmeister ein Dienstmann des Hofes den weiteren Teil des Transports von Schlierbach bis nach Heidelberg.[214]

›Größer‹ und ›weitläufiger‹ als gedacht

Viel Mühe wurde auf die Lagerung der Dauben verwandt. Es bedurfte besonderer Sorgfalt, da diese trocknen mussten. Auch dabei hielt der Hofkeller den Dienstweg ein. So richtete er am 5. November 1660 ein *Memorial* an die Rechenkammer, in dem er diese bat, die Lieferung von Brettern und Latten durch das Bauamt zu veranlassen. Diese Materialien wurden zu einem Gerüstturm aufgebaut, auf dem die Dauben trocknen konnten. Wie viele Wochen, wohl Monate, dieser Vorgang dauerte, ist den Quellen freilich nicht zu entnehmen.

Über den Bau des Fasses schweigen die Quellen.[215] Sicher aber ist, dass es im Frühjahr des Jahres 1663 seiner Vollendung entgegenging. Am 25. April 1663 stellte der Hofkeller den Antrag auf das Abbrechen des alten Fasses. In einem eigenhändig unterschriebenen Dekret vom 21. Mai 1663 willigte Karl Ludwig ein und drängte auf eine schnelle Herstellung des neuen Fasses. Kein Wunder, dass die Hektik des Hofkellers zunahm. Er bemühte sich um die schnelle Lieferung von noch ausstehenden Rüsthölzern und traf Vorbereitungen für die *Wärmung* des Fasses. Dafür forderte er von der Hofkammer 25 Leute an. Da Karl Ludwig seine Ruhe haben wollte und jedes *gebolder* im Schlosshof untersagte, durfte deren Verpflegung durch die Hofküche nicht auf dem Schlosse erfolgen, sondern musste im nahe gelegenen Wald vorgenommen werden.[216] Erst im Oktober 1663 kam es zum Ausbrennen des neuen Fasses.[217] Daran waren der Zimmermannmeister Kleb mit fünf und der Schlossermeister mit einem

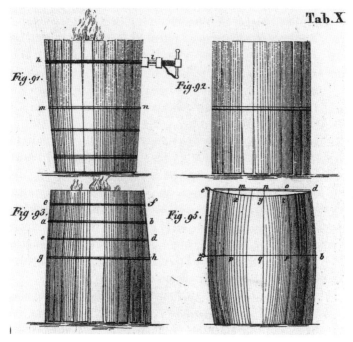

Damit ein Fass seine typische abgerundete Form bekam, war es nötig, die Dauben, nachdem sie zusammengesetzt waren, zu biegen. Um das Holz für diesen Arbeitsgang entsprechend weich zu bekommen, wurde es gewärmt, gleichzeitig wurden mit einem oder mehreren provisorischen Fassreifen die Dauben zusammengezogen.

Gesellen beteiligt. Auch vierzehn Küfer wurden eingesetzt. Zwei von ihnen kamen aus Handschuhsheim. Die Beteiligten hatten Holz und Wasser herbeizutragen, das Feuer zu schüren, ein Gerüst zu errichten, die Felgen anzuziehen und eine Winde anzubringen.[218] Die zum Wärmen benötigten Reben lieferte ein Heidelberger Weingärtner, der dafür einen *karch gemein brennholz*[219] forderte. Selbst diese Detailentscheidung konnte der Hofkeller nur in Absprache und mit Genehmigung der Rechenkammer treffen. Die Rechenkammer beauftragte den Kranenmeister[220] mit der Lieferung des Brennholzes an den Weingärtner.

Beim mehrtägigen Ausbrennen des Fasses wurde entdeckt, dass noch zwei Bodenbretter fehlten. Es mag dem heutigen Leser schwer verständlich sein, dass der Hofkeller auch jetzt wieder vor einem Beschaffungsproblem stand. Die Bretter durften auf keinen Fall aus frischem, *grünen* Holz bestehen, da sich ein solches Holz im Lauf seines Trocknungsprozesses unweigerlich verziehen würde. Da brauchbares, das heißt ›trockenes‹ Holz im Bauhof nicht vorhanden war, schlug der Hofkeller vor, das Material einem *abgebrochenen Mühlgang* aus dem Besitz der Pflege Schönau zu entnehmen. Auf Anfrage trat diese das Holz ab, aber nur im Tausch gegen zwei frische Baumstämme. Bald musste der Hofkeller Johann Mayer eingestehen, dass die Arbeiten *größer und weitläufiger geworden* seien, als er es ursprünglich eingeschätzt hatte. Am 3. April 1665 stellte die Hofkammerkanzlei endlich fest, dass nach Aussage des Hofkellers die Arbeit am Fass beendet worden sei. Dennoch gab es noch einiges zu tun.

Auf den überlieferten Abbildungen des Fasses ist zu sehen, dass das zweite Fass auf massiven Lagersteinen stand. Es waren insgesamt zwanzig. Noch im Frühjahr 1664 sah es so aus, als könnten zwölf der alten Lagersteine wieder verwendet werden. Eine Überprüfung ergab aber, dass sie wegen Erosionserscheinungen nicht mehr benutzbar waren. Deshalb musste Material für neue Steine in den Steingruben hinter dem Schloss gebrochen werden. Obwohl der Maurermeister Isaiac Geinet für überhöhte Lohnforderungen bekannt war, erhielt er von der Rechenkammer einen entsprechenden Auftrag. Pro Stein handelte Geinet die Bearbeitungssumme von 16 Gulden aus. Wahrscheinlich konnte er deshalb so viel verlangen, weil er sich auch verpflichtet hatte, den unbehauenen Stein selbst aus der Grube zu holen. Man schien mit seiner Arbeit zufrieden gewesen zu sein, da ihm der Hofkeller im Anschluss daran weitere Aufgaben übertrug. Für 50 Gulden sollte er die Fenster des Fasskellers vergrößern. Nur mit einer direkten Intervention konnte Karl Ludwig dieses Vorhaben verhindern. Der Kurfürst befürchtete wohl, dass eine solche Vergrößerung den Wein zu stark aufwärmen würde und dadurch verderben ließe.[221]

Im Zuge dieser Vorbereitungen wurde auch geplant, neben dem Fasskeller noch drei weitere Gewölbe durch einen Tüncher ausweißeln zu lassen. Den benötigten Kalk sollte nach den Vorstellungen des Kellers das Bauamt zur Verfügung stellen. Auch jetzt intervenierte die Rechenkammer. Sie lehnte die Renovierung von gleich drei Kellern ab, da dies mit zu viel Aufwand ver-

Eichmeister beim Feststellen der Füllmenge eines Fasses,
Holzschnitt, 16. Jahrhundert

bunden wäre. So wurde nur der Fasskeller geweißelt, wofür der Tüncher 18 Gulden Lohn erhielt. Auch dies war Ausdruck der Sparsamkeit des Kurfürsten, der sich *unter ängstlicher Abwägung der knappen Mittel* nur *auf das Allernotwendigste beschränkte.*[222]

Nachdem das Fass aufgestellt war, musste es geeicht werden.[223] Dabei handelte es sich um einen hochoffiziellen Vorgang, der vom Mannheimer Zollzeichenverwahrer[224], der für das kurpfälzische Zoll- und Eichwesen zuständig war, protokolliert wurde. Vier Tage dauerte die Amtshandlung, jeweils von morgens um halb sechs bis abends um halb sieben oder halb acht. Beteiligt waren ein Vertreter der Rechenkammer, die beiden Heidelberger Gemeindebürgermeister, zwei städtische Küfermeister in ihrer Eigenschaft als geschworene Fasseicher zu Heidelberg[225] und der Oberknecht der Hofkellerei. Schließlich kam man auf eine Gesamtmenge von 204 Fuder 3 Ohm 4 Viertel als Füllkapazität.[226]

1664 wurde nach der erfolgten Wiederinstandsetzung des Heidelberger Schlosses nach dem Dreißigjährigen Krieg und der gleichzeitigen Wiederherstellung des großen Fasses eine repräsentative Gedenkmedaille wohl auf Veranlassung des Kurfürsten geprägt. Die Vorderseite zeigt das Schloss mit einem Teil des Hortus Palatinus, die Rückseite das Karl-Ludwig-Fass im Fasskeller; die Medaille stammt wohl von dem Hofgoldschmied Nicolaus Linck.

Finanzielle Schlussbilanz

Nach der Eichung stellte sich noch einmal die Kostenfrage. Der Hofzimmermeister Kleb richtete am 1. November 1664 ein *flehentliches Schreiben* an die Rechenkammer. Im Unterschied zu früheren Forderungen müsse er jetzt, nach Abschluss aller Arbeiten, einen höheren Betrag fordern. Es handele sich um die Summe von 423 Gulden und 30 Kreuzer. Der höhere Betrag erkläre sich aus einer Veränderung in den Lebensumständen seiner beiden Gesellen Heinrich Gätz und Hans Würker, die beide ihre Arbeit *sauber und beständig* ausgeführt hätten. Einer von beiden habe geheiratet. Auch müsse er, Kleb, angesichts des bevorstehenden Winters an sich und seine Familie denken. Zum Kauf von Brot benötige er zusätzliches Geld. Ebenso habe er Gläubiger, die ihn *pressen* würden, zu *befriedigen*. Sollte ihm diese höhere Summe nicht gewährt werden, müsse er sich überlegen, ob er noch länger seine Stelle am Hof als Zimmermann einnehmen könne. Seinem Antrag an die Rechenkammer legte er ein Unterstützungsschreiben des Hofkellers bei. Zu welchem Ergebnis die Forderung des Zimmermanns geführt hat, lässt sich anhand der Quellen nicht rekonstruieren. Wahrscheinlich hielt die Rechenkammer am ursprünglichen Vertrag mit den 300 Reichstalern und den 2 Ohm Getreide, 2 Ohm Wein und 2 Malter Getreide fest. Danach aber zeigte sie sich großzügig und bewilligte dem Zimmermann eine Nachzahlung für die Anfertigung einiger Fassriegel und der Schneckenverzierungen.

Neben Kleb hatte ein weiterer Zimmermann, der Heidelberger Bürger Hans Heinrich Hotz, am Fassbau mitgearbeitet.[227] Er teilte der Rechenkammer am 7. Februar 1665 mit, dass er mit seinen Gesellen fast zwei Jahre an dem Fass gearbeitet habe und dass er durchaus gemäß des getroffenen *Accords richtig* entlohnt worden sei, wofür er sich auch höflich bedanke. Dennoch müsse er darauf hinweisen, dass sich seine Kosten wegen der nicht vorhersehbaren Arbeitsdauer erhöht hätten. Dadurch habe er weder *Wasser noch Brot* verdienen können. Auch in diesem Fall schloss sich der Hofkeller der Bitte um höhere Entlohnung an; seiner Ansicht nach könnten zumindest dem Hotz aber ein paar Malter Korn zusätzlich übergeben werden, zumal dieser noch Anfänger sei und dennoch sehr gute Arbeit geleistet habe. Die Rechenkammer blieb jedoch hart. Hingegen zeigte sie sich angesichts der Rechnung des Hofschreiners Christoph Wachter, der an der Herstellung der Winden gearbeitet hatte, großzügiger und machte an dessen Forderungen von 150 Gulden und drei Viertel Wein keine Abstriche.

Es sind solche nachträglich eingebrachten Forderungen, die dem Hofkeller die Aufstellung einer Schlussbilanz erschwerten. So kamen neben Malerarbeiten noch eine *Öltränkung* zum Schutz des Holzes hinzu. Zwei Zentner Leinöl, gewonnen aus Flachssamen, wurden hierzu benötigt. Da diese Menge im Bauamt nicht vorrätig war, musste sie gekauft werden. Ein Händler aus Weingarten bot sich an, *unverfälschtes Leinöl zu billigem Preiß zu besorgen*.[228] Am 28. Juli 1665 legte der Hofkeller Johann Mayer eine Bilanz vor.[229] Danach hat das große Fass 1732 Gulden 57 Kreuzer und 6 Heller gekostet. In der Schlussrechnung erscheinen noch einmal folgende Handwerker: Schreiner, Holzschneider, Tüncher, Bildhauer, Daubenhauer, Tagelöhner, Zimmerleute, Schlosser, Steinhauer, Schiffer, Büchsenmacher, Dreher und Eicher.[230] Wie sparsam kalkuliert worden war, wird beim Vergleich mit dem Kostenvoranschlag für eine Reparatur aus dem Jahr 1610 deutlich. Damals hatten die Kosten 3549 Gulden betragen.[231]

Mit der Bilanz vom 28. Juli 1665 war aber das letzte Wort über die Kosten noch nicht gesprochen. Noch Jahre nach dem Tode des Schlossermeisters Liebler führte dessen Witwe einen Streit mit der Verwaltung. Hartnäckig forderte sie für die von ihrem Mann im Jahre 1660 zur Verfügung gestellten Werkzeuge

100 Gulden. Der Hofkeller habe diesem die *Vertröstung* gegeben, dass diese Instrumente bezahlen würden. Zusätzlich bestand sie auf 80 Gulden für die von ihm gelieferten Winden. Diese Summe von insgesamt 180 Gulden sei für sie in dieser *geltklemmen Zeit,* in der sie als Witwe ihre Kinder nicht mehr ernähren könne, lebenswichtig. Eine Rechnung über die Anfertigung der vier Winden konnte sie vorlegen. Der Hofkeller bestätigte am 16. Dezember 1668, dass drei von den vier Winden bei der Hofkellerei vorhanden seien, während eine in der Mannheimer Friedrichsburg benötigt werde. Auch weitere Werkzeuge und Schrauben aus der Anfertigung des Schlossers, die in Zukunft wahrscheinlich gebraucht werden könnten, seien noch im Lager der Hofkellerei. Zudem befänden sich im Zeughaus acht von Liebler produzierte Pfannen. Während dieses Streits kam auch ein Verzeichnis zutage, das der Schlossermeister 1664 nachträglich über die Kosten seiner Arbeiten bei der Herstellung von Werkzeugen angefertigt hatte. Er war dabei auf eine Summe von 155 Gulden 40 Kreuzer gekommen.[232]

Es dauerte eine ganze Weile, bis der Streit beigelegt werden konnte. Nach dem Tod der Witwe führte ihr *Tochtermann* die Auseinandersetzung in den siebziger Jahren weiter. Er bestand weiterhin auf der Herausgabe der Werkzeuge. Sein Schwager Philipp Friedrich Liebler, der gerade sein Meisterstück als Schlosser verfertige, könne diese gut gebrauchen. Selbst im Jahre 1677 war der Vorgang noch nicht abgeschlossen. Der Hofkeller weigerte sich, die Werkzeuge und die Fasswinden herauszugeben. Er bestand darauf, dass die erwähnten Instrumente, *hochnötig* gebraucht würden, da man sonst kein *lager oder ander schwer faß* bewegen könne. Er drängte die Rechenkammer zu einer endgültigen Entscheidung. Die Familie Liebler bestand inzwischen auf einer Zahlung von 170 Gulden. Zugesagt wurden ihr schließlich 150 Gulden. Anstelle dieser Summe erhielten die Lieblers jedoch ein Fass Bacharacher Weins[233] mit 5 Ohm, 6 Viertel und

2 Maaß.[234] Damit war das Verfahren zwölf Jahre nach der Errichtung des großen Fasses an sein Ende gekommen.

Die Befüllung des Fasses

Mit dem Beginn der Regentschaft Kurfürst Karl Ludwigs (1649–1680) setzte auch der Wiederaufbau des Hofwesens ein.[235] Es erwies sich als günstig, dass die Ökonomiegebäude auf dem Schloss während des Dreißigjährigen Krieges keinen Zerstörungen ausgesetzt gewesen waren.[236] Die Richtlinien für das Leben am Hof legten allen Beteiligten äußerste Sparsamkeit auf.[237] Eine genaue Buchführung hielt alle Nahrungsvorräte fest.[238] Eine Kommission, die aus dem Haushofmeister von Bettendorf[239], dem Kämmerer von Stubenzoll, den beiden Rechenräten Apiarius[240] und Jordan[241] sowie dem Hofkeller Hans Mayer bestand, hatte im Frühjahr 1664 die Aufgabe erhalten, über die im Schloss gelagerte Weinmenge zu informieren. Sie stellte fest, dass im großen Keller, im Kirchen-, Schenk-, Backhaus- und im Bierkeller[242] 412 Fuder und zwei Maaß Wein in zahlreichen Fässern unterschiedlichster Größe lagen.[243] Geht man von dem damaligen Preis von 30 Gulden je Fuder aus, hätte sich der Verkaufswert dieser Menge auf 12 360 Gulden belaufen. Folgt man dem Bericht weiter, bestand dieser Reichtum zum größten Teil aus Neckarwein:[244] Insgesamt 340 Fuder 2 Ohm 5 Viertel und 2 Maaß waren aus Heidelberg[245] Weinheim[246], Dossenheim[247], Schriesheim[248], Leimen[249], Boxberg und Umstatt eingeliefert worden. Der weitaus geringere Teil kam aus dem im Brettener Oberamt gelegenen Weingarten[250] und aus linksrheinischen Weinorten wie Neustadt[251], Wachenheim[252], Bacharach[253] und Kaub sowie von der Mosel. Dabei waren die Jahrgänge von 1657 bis 1663 vertreten. Die weit verstreuten Lieferorte sind ein Zeichen dafür, dass die kurpfälzischen Weinbergslagen[254] bald nach dem Dreißigjährigen Krieg wieder in starkem Maße für den Verbrauch am Hofe oder für die Besoldung der Beamten genutzt wurden.[255] Im Unterschied zum großen Fass bedeutete die Lagerung in zahlreichen kleineren Fässern in den Schlosskellern, dass es zu keiner Sortenmischung kommen konnte. Dies entsprach den Prinzipien des gängigen Weinhandels, der schon im späten Mittelalter gegen Mixturen geschützt werden sollte.[256]

Bereits kurz nach der Eichung am 17. September 1664 bot der Hofkeller Hans Mayer der Rechenkammer die Füllung des Fasses zum *gegenwärtigem, gottlob, reich ansehendem Herbst* an. Dabei zählte er die Mengen auf, die in den letzten Jahren an die Hofkellerei geliefert worden waren: 1656, 1657, 1659 und 1660 waren es jeweils 143, 145, 124 und 138 Fuder gewesen, 1658 und 1662 bedeutend weniger. Nur für das Jahr 1661 konstatierte Mayer eine Liefermenge, die mit 220 Fuder über dem Inhalt des neuen großen Fasses gelegen hatte. Für den gegenwärtigen Herbst des Jahres 1664 rechnete er mit einer Menge von 124 Fuder. Wenn diese vorgesehene Summe nicht erreicht werden könnte, wäre es möglich, zusätzlich auf Vorräte der Kellereien in Weinheim, Weingarten, Neckarelz oder Boxberg zurückzugreifen. Mit einer Ungewissheit müsse man jedoch rechnen: Es sei zurzeit nicht auszumachen, inwieweit die dortigen Weine bereits für Beamtenbesoldungen eingeplant waren. Damit war ein Problem angeschnitten, das auch bei allen späteren Fassfüllungen virulent wurde.

Wie kein anderer landwirtschaftlicher Produktionsbereich unterlag der Weinanbau schon seit dem Mittelalter obrigkeitlicher Kontrolle.[257] Zahlreiche Verordnungen versuchten die Arbeiten in den Weinbergen, die über das ganze Jahr verteilt waren, zu regulieren.[258] Es gab Bestimmungen über die Mauern, die Neubestockung, das Düngen, das Schneiden der Reben, die Verwendung der Werkzeuge sowie über das Pfropfen und über die Ausführung der Erdarbeiten.[259] Kontrollen erstreckten sich in allen Territorien auch auf die Lagerung der Weine und auf die Ein-

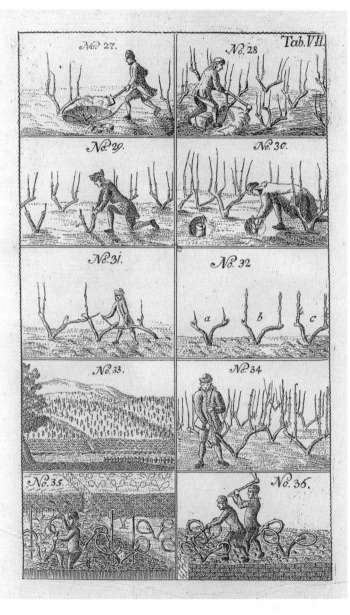

Arbeiten am Weinberg im Jahreslauf

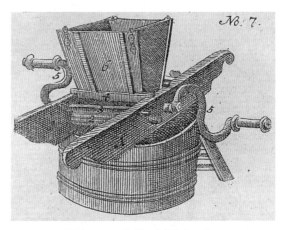

Weinpresse, Ende 18. Jahrhundert

haltung hygienischer Grundsätze. Zudem existierten viele Vorschriften gegen Weinfälschereien mit oft rigorosen Sanktionen. So drohte etwa das Reinheitsgesetz, das der Markgraf von Baden 1752 für seinen unterhalb der Rippburg gelegenen Flecken Roth erließ, allen Fälschern an, dass *sie ohne jede Gnade mit dem Strange von dem Leben zum Tode gebracht* werden sollten.[260] In der Kurpfalz achteten die Kontrolleure der Oberämter u. a. darauf, dass auf dem Weingelände keine Obstbäume standen, da in diesem Fall ein Ertrags- und Qualitätsverlust des Weins befürchtet wurde. Auch zur Schädlingsbekämpfung wurde bereits im 17. und 18. Jahrhundert aufgefordert[261] – Aufgaben, deren Befolgung im Eigeninteresse der Winzer lagen. Soweit an den Weinbauorten[262] wie in Neustadt dementsprechende Zünfte oder Rebleutbruderschaften[263] vorhanden waren, wirkten diese an der obrigkeitlichen Aufsicht mit.[264]

Die besondere Stellung des Weinbaus zeigte sich darin, dass das Weinberggelände aus der allgemeinen Flurverfassung herausgenommen war.[265] Vor allem während der Lese[266] kamen

Die Befüllung des Fasses

vielfältige Vorschriften[267] zum Tragen, auf deren Einhaltung die *Herbstschreiber*[268] achteten. So war das Betreten der Weinberge vier Wochen vor der Ernte verboten und besondere *Teilwärter* wurden als Aufsichtsbeamte bestellt.[269] Nach der Ernte waren an den Wegen, auf denen die Trauben zur Kelter gebracht wurden, so genannte *Sämmler* postiert, die darauf achteten, dass von den Früchten nichts abgezweigt wurde. Jeder Weinort verfügte mindestens über eine herrschaftliche Kelter. Von dieser wurde der Wein zu den unterschiedlichen Rezepturen gebracht, die unter der Aufsicht der Kellereien standen.[270] Trotz der erwähnten Maßnahmen kann für die Kurpfalz im 17. und 18. Jahrhundert noch nicht von einer systematischen Erzeugung von Qualitätsweinen gesprochen werden, wie sie erst für das 19. Jahrhundert durch die dominierenden Weindynastien der Jordans, der Bassermanns, der Buhls und der Deinhards charakteristisch wurde.[271]

Alle Regelungen und Vorsichtsmaßnahmen konnten nichts daran ändern, dass es schwierig blieb, die Weinabgaben vor Ort und die Lieferungen nach Heidelberg genau zu kalkulieren. Dies zeigte sich auch im Jahre 1664: Mehrmals musste der Hofkeller auf die schnelle Füllung des gebrühten Fasses drängen, da dieses bei anhaltender Leere Schaden nehmen würde. Das Fass war in den Augen des Hofkellers *gänzlich zugerüstet*. Dementsprechend erhöhte er den Druck auf die lokalen Sammelstellen und forderte in kurzen Abständen immer wieder Berichte ein, *ob und wieviel und wie bald* Wein geliefert werden könne. Zugleich forderte er die Kellereien auf, *die benöthigte fuhrfaß zugerichtet, in bereitschaft zu halten*.[272] Der Neckarelzer Keller Philipp Georg Schifferdecker[273] reagierte prompt und bot Ende September an, nach Ablauf einer Frist von 14 Tagen 18 Fuder *zu Churpfalz Keller* zu senden. Das war eine, am Wingertbestand der zuständigen Kellerei bemessen, recht große Menge.[274] Nach Schifferdecker handelte es sich um Fronwein, der nach Abzug der *ordinari besoldung* übrig geblieben sei. Schifferdecker wies jedoch zugleich darauf hin, dass er nicht genügend Fässer zur Lieferung parat habe.[275] Oft löste ein solcher Mangel zwischen den beteiligten Stellen ein zeitraubendes Hin- und Hergeschiebe der Verantwortung aus. Im vorliegenden Fall erstickte die Rechenkammer jedoch ein langwieriges Geplänkel und befahl dem Hofkeller, die *Fuhrfässer* bereitzustellen. Die Verschiffung auf dem Neckar konnte ohne größere Schwierigkeiten erfolgen. Im Unterschied zu den Landfuhren waren keine *Hand- und Spannfröhner* beteiligt,[276] die unter der Aufsicht eines *Wagenmeisters* ihre Dienste ableisten mussten. Nach ihrem Eintreffen in Heidelberg wurde die Ladung mit Pferdefuhrwerken zum Schloss hochgebracht. Als sie dort angekommen waren, mischte sich Kurfürst Karl Ludwig höchstpersönlich ein. Er verbot, dass ein von Pferden gezogener Wagen durch den großen Saal geführt werde, um dann den Wein durch ein Loch im Boden in das im Stockwerk darunter liegende große Fass *einzuschleichen*. Pferde und Wagen würden einen zu großen Schaden anrichten. Deshalb wurden die Pferde am Eingang ausgespannt und die Wagen vorsichtig über eine Bretterbrücke bis zum Einfüllstutzen gebracht. Die Füllung erfolgte wahrscheinlich mit Hilfe von Holzschläuchen.[277]

Bereits früh begannen die Überlegungen zum Ablauf der nächsten Füllung im Herbst des folgenden Jahres. Schon im Februar 1665 schlug der Hofkeller vor, dieses Mal nur auf *rheinischen Wein*,[278] wie Neustadter[279], Wachenheimer[280], Friedelsheimer[281], Pfeddersheimer[282] und Dirmsteiner[283] zurückzugreifen. Die Rechenkammer stimmte zu. Am 6. März 1665 wurden die für diese Orte zuständigen Beamten wie der Keller zu Neustadt[284], der Landschreiber zu Oppenheim[285], der Burgvogt zu Friedelsheim[286], der Amtskeller zu Dirmstein[287] und der Amtmann zu Pfeddersheim[288] zu Berichten aufgefordert, wieviel sie voraussichtlich nach Abzug der *nötigen Abgaben,* wie zum Beispiel des Kompetenz- oder Deputatswein, übrig hätten. Nachdem Einigkeit über die Menge erzielt war, mussten die Transporte zusammengestellt werden. Zur besseren Kontrolle der Fuhren wurde kurfüstliches Personal zu Verfügung gestellt.[289] Nicht nur die Fuhren nach Heidelberg wurden überwacht. In den sechziger und siebziger Jahren veranlasste Kurfürst Karl Ludwig eine permanente Beaufsichtigung aller Weinfuhren in seinem Lande.[290]

Diese Angaben sind die letzten Hinweise zur Füllung des Karl-Ludwig-Fasses. In den Quellen der Hofkammer erscheint das Fass erst wieder im Sommer des Jahres 1680.[291] Damals war es offenbar gefüllt, da der Wein wegen einer anstehenden Fassreparatur abgelassen werden musste. Zugleich wird deutlich, dass es in dem verzweigten Kellersystem des Heidelberger Schlosses noch zahlreiche weitere Weinlagerungen in kleineren Fässern gegeben haben muss. Der Hofkeller erwähnt, dass wegen des neuen Weins der alte Wein aus diesen Behältern abgelassen werden müsse. Auch ist von drei *herrschaftlichen* Fässern im Kommissariatshaus[292] in der Stadt die Rede. Diese könnten aber wegen ihres schlechten Zustandes nicht benützt werden. Von fünf weiteren Fässern im Kommissariatshaus sei ein vierfudriges *bindlos* und liege deshalb leer. Der Hofkeller erwähnte auch, dass der Haushofmeister von Bettendorf[293] seit 1674 in diesem staatlichen Gebäude ebenfalls mehrere Fässer zu privater Verwendung gelagert habe – ein Privileg, das sich auch der Junker Christoph Andreas von Wollzogen[294] seit 1676 herausgenommen habe. Der Hofkeller schlug vor, dass diese beiden *Privatleute* ihren Wein in Zukunft an anderer Stelle lagern sollten. Das war mutig, zumal Bettendorf eine zentrale Position im Heidelberger Hofleben innehatte und dem Hofkeller das Leben hätte schwer machen können. Auf jeden Fall mussten die *herrschaftlichen Fässer* im Kommissariatshaus wieder ausgebessert werden. Sie sollten den im großen Fass vorhandenen Wein aufnehmen, damit dessen Reparierung erfolgen könne. Im nächsten Jahr wäre es dann wieder möglich, neuen Wein in das große Fass zu füllen, dessen *mangelhafte böden* auszubessern seien.[295]

Das dritte große Fass. – Der vordere Fassboden des dritten großen Fasses war ähnlich gestaltet wie der des zweiten großen Fasses, auch hier triumphiert Bacchus, begleitet von Satyrn. Unterhalb des kurfürstlichen Wappens, das zentral unterhalb des Weingottes angebracht ist, ist Medusa mit einem Schlangenhaupt zu sehen.

Nicht enden wollende Reparaturen: das dritte große Fass von 1724–1728

›Schadhaft und mangelhaft‹

Bald nach der Aufstellung des Fasses im Jahre 1664 zeigte sich, dass es wegen der schlechten Bausubstanz des darüber befindlichen Kleinen Altans bedroht war. Dieser war undicht geworden, so dass Regenwasser in den Fasskeller floss. Mit den Maurermeistern Pierre Ginuel und Oswald Hornberger wurde deshalb am 16. März 1669 ein *accord* getroffen, der sie dazu verpflichtete, die durchlässigen Stellen mit neuen Steinen *dauerhaft* abzudichten und auszukitten.[1] Da die *herrschaftliche Steingrube* hinter dem Schloss jedoch mit *Kummer*,[2] das heißt mit Abfall, zugeschüttet war, konnten die Steine nicht aus der unmittelbaren Nähe genommen werden.[3] Zum Transport nahm der Hofkeller die Dienste der Bewohner des Schlossbergs in Anspruch, die zu Arbeiten auf dem Schloss verpflichtet waren.[4] Die Arbeiten stagnierten. Die beiden Maurermeister hatten zeitweise kein Material, mit dem sie an der Ausbesserung des Altans hätten arbeiten können. Um es kaufen zu können, erbaten sie sich einen finanziellen Vorschuss von der Rechenkammer. Noch 1670, ein Jahr später, musste der Hofkeller den schadhaften Zustand des Altans beklagen. Die Gefahr für das Fass werde deshalb von Tag zu Tag größer.[5]

Der damalige Hofkeller Johann Martin Hügel argumentierte selbstsicher und kompetent. Zur Veranschaulichung seiner Position sei auf die Bestallungsurkunde vom 16. September 1665 eingegangen.[6] Seine Zuständigkeit erstreckte sich weit über die Bestandserhaltung und Nutzung des großen Fasses hinaus. Ihm wurde die Kontrolle über den in den Schlosskellern gelagerten Getränke- und Speisevorrat übertragen. Tag und Nacht musste er zur Verfügung stehen. Mit Hilfe von Luftlöchern hatte er die jahreszeitliche angemessene Temperatur zu berücksichtigen und das Betreten der Keller nur dem Unterkeller und den wenigen Knechten zu erlauben. Jede Woche hatte er die Rechenkammer über den Ausgang und Eingang der Lebensmittel zu informieren. Für die Weinlagerung existierten besonders präzise Vorschriften. *Trüber, matter oder verrochener Wein* musste ausgesondert werden, bevor er auf den Tisch der Hofgesellschaft kommen hätte können. Verboten war es, bei Umschüttungen des Weines in ein an-

Eingang im Innenhof der Schlossanlage zum Fassbau; der Weg führt hier nach links in den Fasskeller. Dahinter befindet sich – rechts an dem offenen Arkadengang zu erkennen – der Altan. Weiter rechts schließen sich der gesprengte Glockenturm und der Ottheinrichbau an.

›Schadhaft und mangelhaft‹ 69

Küfer bei der Kontrolle der Weinqualität,
Holzschnitt aus dem 16. Jahrhundert

deres Fass das Getränk zu mischen. Reichte der Vorrat auf dem
Heidelberger Schloss nicht, musste Wein auf dem Markt gekauft
werden oder aus einem anderen staatlichen Keller hergeführt
werden. Der Austausch zwischen der Mannheimer Friedrichsburg und dem Heidelberger Schloss spielte in der Weinversor-
gung eine besondere Rolle. Der Hofkeller musste darauf vorbereitet sein, dass bei einer großen Gästezahl, die sowohl auf dem
Schloss als auch in der Stadt untergebracht sein konnte, schnelle
Fuhren von Mannheim aus nach Heidelberg erfolgen konnten.
Vom Hofkeller wurde eine hohes Maß an Flexibilität erwartet,
die er jedoch nicht zum Aufbau einer *eigenen Handlung und Ge-
werb* nutzen durfte. Gab es in bestimmten Jahren Überschüsse,
war es Aufgabe des Hofkellers, den Wein so günstig wie möglich

zu verkaufen und den Ertrag dem Heidelberger Kastenmeister zu überweisen. Dass der Hofkeller auch über detailliertes Wissen über den Weinanbau verfügen musste, wird an den Ausführungen über die in der Nähe Heidelbergs liegenden herrschaftlichen Weingüter ersichtlich. Am ertragreichsten war der Schriesheimer Kellersberg, zu dessen Pflege ein eigener herrschaftlicher *Wingerter* eingestellt wurde.[7]

Zehn Jahre später, im Januar 1680, zeigte sich, dass einer der Fassböden löchrig geworden war. Um zu einer sachgemäßen Einschätzung der nötigen Ausbesserungsarbeiten gelangen zu können, bestand der Hofkeller Hans Jacob Blauel[8] auf der Erstellung eines fachmännischen Gutachtens durch einen Zimmermann. Zugleich wandte er sich an die Hofkammer, damit sie das nötige Holz für die Reparatur besorgen lasse.[9] Die Zeit dränge, da die Vorbereitungen für die Füllung im kommenden Herbst bald beginnen müssten. Bei der Suche nach geeigneten Daubenhauern wollte der Hofkeller auf Handwerker zurückgreifen, die bereits beim Bau des Fasses mitgearbeitet hatten, musste aber feststellen, dass von den damals Beteiligten niemand mehr am Leben war. Als schließlich zwei Spezialisten gefunden waren, forderten sie für ihre Arbeit 68 Gulden. Das Holz für die anstehende Reparatur wurde im *Jungen Wald* in Schwarzach geschlagen, nachdem der Forstknecht aus Neunkirchen verwertbare Stämme ausgesucht hatte.

Die Maßnahmen des Jahres 1680 erwiesen sich bald als ungenügend. Schon im Oktober 1681 – ein Jahr nachdem Kurfürst Karl II. (1681–1685) die Nachfolge seines Vaters angetreten hatte –, musste der Hofkeller feststellen, dass das *Fass schadhaft und mangelhaft* sei. Selbst im Juli 1682 war noch nicht klar, ob das Fass wegen seiner Mängel im kommenden Herbst gefüllt werden könnte. Auch 1687 forderte die Rechenkammer von dem Hofkeller wieder einen Bericht an, *ob das große faß in dem stande seye, dass es gefüllt werden könne, oder ob es repariert werden müsse und könne,*

›Schadhaft und mangelhaft‹ 71

Küfer beim Reinigen eines Fasses: Neben dem Fassbau zählten Reparaturen des Fasses und Kontrollarbeiten bei der Lagerung und Konservierung des Weines zu den selbstverständlichen Aufgaben seines Berufsstands, Holzschnitt aus dem 16. Jahrhundert.

auch was es kosten werde.[10] Eine Reaktion auf diese Forderung lässt sich nicht belegen.

Erst einige Jahre später gibt es wieder Nachrichten über den Zustand des Fasses. Am 27. März 1693 (also zu einer Zeit, als die Zerstörung des Schlosses bevorstand) erinnerte der Hofkeller daran, dass das Fass seit längerem nicht mehr zu besichtigen gewesen sei. Es sei im Inneren *ganz grün* verfärbt gewesen. Nur mit großer Mühe habe man es säubern können. Gemeinsam mit drei Küfern stellte der Hofkeller damals fest, dass der Zimmermann bei der letzten Reparatur der beiden Böden schwerwiegende Fehler gemacht habe. So seien die Spindeln falsch gesetzt worden, was zur Bildung von Hefe in den Zwischenräumen geführt habe. Auch sei das Fass so mit Weinstein überzogen, dass die darunter liegenden feuchten Stellen nicht einmal durch einen *Einbrand* hätten beseitigt werden können. Es überrascht, dass die Gutachter trotz dieser Mängel für eine Füllung des Fasses eintraten. Sein Geruch und Allgemeinzustand stünden einer weiteren Nutzung nicht entgegen.

Erstaunlicherweise ist das Fass den Zerstörungen während der Schlossverwüstung im Jahre 1693 nicht zum Opfer gefallen.[11] Eine interessante Erklärung für diese Verschonung findet sich im Nachlass von Friedrich Peter Wundt (1745–1808).[12] Der Wieblinger Pfarrer und Heidelberger Geschichtsprofessor stützte sich dabei auf die zeitgenössische Autobiographie des reformierten Pfarrers Johann Daniel Schmidtmann. Danach hatte das französische Militär die Absicht, das Fass *mit dem keller und dem ganzen schloß* in die Luft zu sprengen. Schmidtmann, der als Feldprediger bei einem im französischen Dienst stehenden Schweizer Regiment wirkte,[13] habe bei dem Schlosskommandanten durchsetzen können, die Zerstörung des Fasses so lange aufzuschieben, bis ein nach Versailles zu sendender Bote einen neuen Befehl über das Schicksal des Fasses bringen würde.[14] Der König habe der Bitte um Nichtzerstörung entsprochen. Diese Nachricht sei noch rechtzeitig in Heidelberg eingetroffen. Wundt fährt in der Wiedergabe des Berichts fort: *und so wäre Heidelberg seiner zierrad vor immer beraubt gewesen, das doch jetzo manch curiosen mann nach heidelberg ziehet, wodurch die stadt auch nahrung hat.*[15] Vergleicht man die Ausführungen von Wundt mit dem Text der 1905 veröffentlichten Autobiographie von Schmidtmann, lassen sich weitere Details zu den Ereignissen von 1693 herausarbeiten.[16] So war es der Initiative Schmidtmanns und seinen guten Kontakten zu französischen Offizieren zu verdanken, dass sich ein Teil der Heidelberger Bevölkerung aus der brennenden Heiliggeistkirche

›Schadhaft und mangelhaft‹ 73

in das Kapuzinerkloster retten konnte. Der reformierte Prediger sammelte auch die Gebeine aus den erbrochenen Gräbern der Kurfürsten und setzte sie wieder bei.

Es mag überraschen, dass Kurfürst Johann Wilhelm (1690–1716) schon unmittelbar nach der Zerstörung des Schlosses im September 1693 von der Hofkammer einen Vorschlag zur Nutzung des Fasses forderte.[17] Dies schien ihm um so nötiger, als durch die Beschädigung des Altans das Wasser weiter in die Keller sickere und neben dem großen Fass auch andere *kostbare Fässer* beschädige. Deshalb wurde der in Heidelberg lebende Bildhauer und Architekt Heinrich Charrasky[18] gemeinsam mit einem Zimmermann beauftragt, ein Notdach über dem Fass zu errichten.[19] Am 18. Oktober 1693 empfahl der Hofkeller angesichts des schlechten Zustandes des Schlosses und insbesondere des einsturzgefährdeten Altans, das große Fass zu zerlegen und in Einzelteilen nach Eberbach zu transportieren, das für die Tüchtigkeit seiner Küfer bekannt war.[20] Schon am 27. Oktober 1693 befahl Johann Wilhelm, diesem Vorschlag Folge zu leisten.[21] Es ist jedoch nichts davon bekannt, ob ein solcher Transport stattgefunden hat.

1696 stand das große Fass unterm *freien Himmel*. Ein Giebel des Englischen Baus war während eines Sturms auf den Altan über dem großen Fass gestürzt und hatte ihn *totaliter ruiniert*.[22] Dabei wurden einige Menschen getötet und andere schwer verletzt. Der Hofkeller empfahl darauf, das Fass in ein anderes Schlossgewölbe zu verlegen, da es nur dann *conserviert* werden könne. Leider sei der frühere Hofkeller, der sicherlich mit Rat und Tat bei der Wiederherstellung geholfen hätte, inzwischen in Kassel verstorben, so dass man sich mit Unterstützung des Heidelberger Stadtrats um so dringlicher nach einem fähigen Küfer umsehen müsse.

Zu einer Verlegung des Fasses in ein anderes Gewölbe ist es nicht gekommen, wohl aber zu genaueren Plänen zu seiner

Rettung. In den Jahren um 1700 geriet das Fass im Kontext der Wiederaufbaupläne für das Schloss[23] wieder verstärkt in das Blickfeld der Verwaltung. Das hing auch mit dem Ehrgeiz des neuen Hofkellers Franz Carl Arnsberg zusammen, der bereits am 23. September 1697 eine Art Notruf an den Kurfürsten geschickt hatte. Er könne die nötigen Arbeiten zur Rettung des Fasses nicht vornehmen, da *kein geld zur bestreitung der arbeitsunkosten bey der Hofkellerei* vorhanden sei. Zur Finanzierung schaltete nun die Hofkammer im nächsten Jahr die Heidelberger Gefällverweserei ein, die auf der Ebene des Oberamtes für die Einsammlung der herrschaftlichen Abgaben zuständig war. Ein Verfahren, das davon ausging, dass eine regionale Behörde für die Reparaturen des Fasses zuständig sein sollte und nicht die zentrale staatliche Finanzverwaltung, die die Kosten auf das ganze Territorium hätte umlegen können. Hier deutete sich ein Problem an, das später beim Bau des Karl-Theodor-Fasses virulent werden sollte. Zu Beginn der fünfziger Jahre des 18. Jahrhunderts ging es nämlich darum, wie die Lasten für das neue große Fass auf die einzelnen Gemeinden und die Oberämter verteilt werden sollten. 1698 löste die Anordnung der Hofkammer, dass die Heidelberger Gefällverweserei dem Hofkeller in allen mit dem Fass zusammenhängenden Fragen, d. h. auch und gerade in finanziellen, *anhand zu gehen*[24] habe, keine Reaktion aus – dies nicht nur deshalb, weil es sich damals um geringere Beträge handelte, sondern auch deshalb, weil in den unmittelbar auf die Verwüstung der Pfalz folgenden Aufbaujahren eine breitere, organisierte Kritik an den Maßnahmen der Regierung schwer möglich war.

Wenige Wochen später informierte der Hofkeller als *untertänigster gehorsamster Knecht* den Landesherrn über den Zustand des Fasses. Er hielt fest, dass sowohl der hintere als auch der vordere Boden zum Teil verfault seien. Zwar würde ein solchermaßen in Mitleidenschaft gezogenes Fass eine Anfüllung mit Wasser ohne weiteres aushalten, gärender Wein aber würde es *hin- und herwerfen* und in der Mitte entzweischlagen. Die Ausbesserung des großen Fasses, die ein Küfer vornehmen könne, der noch Erfahrungen mit dem alten Fass habe, sollte mit dem Bau einiger anderer Fässer im Keller des Schlosses verbunden werden. Arnsberg empfahl die Errichtung eines zwanzigfudrigen Fasses, das anstelle dessen stehen könnte, das *durch die Franzosen ruiniert* worden sei. Zugleich drang er auf den Bau von sieben weiteren Fässern, die jeweils fünf Fuder Wein aufnehmen könnten. All dies bedürfe intensiver Vorbereitungen, da neu angefertigte Fässer drei Jahre lang trocknen müssten – eine Zeitspanne, die bei der Nutzung der großen Fässer nicht berücksichtigt wurde. Ganz im Gegenteil, so wurde insbesondere beim Karl-Theodor-Fass auf eine schnelle Füllung gedrängt, da ansonsten das Fass Schaden nehmen würde.

Eine im Dezember 1698 vom Kurfürsten eingesetzte Kommission kam zum Beschluss, dass man sich mit kleineren Reparaturen nicht mehr zufrieden geben dürfe, sondern das große Fass umfassend zu erneuern sei. Hierzu bedürfe es einer großen Menge Holz. Der Hofkeller nahm deshalb Kontakte nach Eppingen auf.[25] Rat und Bürgermeister der Kraichgaustadt erklärten sich zur Lieferung der Baumstämme bereit. Am 26. April 1700 berichteten sie, dass fünfzig Hauptstämme für das große Heidelberger Fass und für einige kleinere Fässer gefällt worden seien. Sie baten den Kurfürsten, pro Stamm 3 Gulden fordern zu dürfen. Nur so könne die mittellose Stadt ihre im Krieg gemachten Schulden begleichen. Der Hofkeller ging auf das Eppinger Begehren ein, forderte jedoch am 27. Mai 1700 noch genauere Informationen.

Es ist davon auszugehen, dass die Eppinger Stämme geliefert wurden, was jedoch nicht bedeutet, dass sofort mit den Arbeiten begonnen wurde. Noch im September 1702 fehlten die nötigen Werkzeuge, für deren Beschaffung der Hofkeller 1000 Gulden beantragte. Die Hofkammer bewilligte aber nur 500 Gulden.

Dennoch setzte sie den Hofkeller unter Druck und bestand – allerdings vergeblich – auf einer Füllung des Fasses noch im laufenden Herbst. Wie mühsam das alles verlaufen ist, zeigt sich daran, dass der Hofkeller noch im Jahre 1704 um die Gelder für den Kauf der Arbeitsgeräte kämpfen musste. Ein Teil der Arbeiten war damals jedoch bereits durchgeführt worden, wie einer Rechnung entnommen werden kann, die einen *Liedlohn* von 800 Gulden für einige Küferknechte auswies.[26] Die weiteren Arbeiten schienen zu stagnieren. Zumindest tritt in der Aktenüberlieferung zur Geschichte des großen Fasses jetzt eine größere Lücke auf. Dies hängt sicherlich auch damit zusammen, dass die Düsseldorfer Regierung und der meist am Niederrhein residierende Kurfürst Johann Wilhelm wenig Interesse an einem Heidelberger Hofleben hatten.[27]

Erst im Jahre 1717, ein Jahr nach dem Regierungsantritt von Kurfürst Karl Philipp (1716–1742),[28] der seit 1707 in Innsbruck als kaiserlicher *gubernator* ein prunkvolles Hofleben geführt hatte, häufen sich wieder die Nachrichten um das große Fass.[29] Wieder einmal forderte die Hofkammer von dem Hofkeller einen Kostenvoranschlag für die Ausbesserungen am alten Fass, das in schlechtem Zustand sei. Ein Wunsch, dem der Hofkeller nicht von heute auf morgen nachkommen konnte. Schreiner, Zimmerleute und Schlosser müssten zunächst die benötigten Holzmengen und ihre Lohnkosten benennen. Nur wenn alles gründlich bedacht sei, könne er billiger arbeiten als seine Vorgänger. Während diese in der Regel von 1000 Gulden als Reparaturkosten ausgegangen seien, einer habe sogar 1000 Reichstaler angegeben, wolle er auf jeden Fall unter 650 Gulden bleiben. Trotz dieser kostengünstigeren Berechnung wurden keine Renovierungsmaßnahmen eingeleitet.

Wenn auch die Erneuerung des großen Fasses nach 1700 etwas in den Hintergrund des Interesses der Hofkammer getreten war, spielte es für die höfische Festkultur immer noch eine wichtige

Rolle. Vor allem in den ersten Monaten nach dem Regierungsantritt von Karl Philipp im Jahre 1718. Freiherr von Pöllnitz, ein durch Europa reisender Experte in Sachen Hofkultur, war voller Lob über den neuen kurpfälzischen Landesherrn, der *großmütig, gelassen, guttätig und freimütig* gewesen sei und trotz ernsthafter Charakterzüge eine Fülle von *Lustbarkeiten auf dem Schloss* durchgeführt habe. *Vornehmlich war er ein großer Liebhaber von Tänzen, und er tanzte selbst für einen Fürsten ganz gut.* Er habe einen *ungemein schmackhaften Wein* getrunken. Pöllnitz erhoffte sich auf dem Heidelberger Schloss eine Hofstelle, denn hier hatte er eine sehr *vergnügliche* Zeit erlebt, obwohl er die Spuren der Zerstörung noch deutlich sehen konnte. Das wegen *seiner ungemeinen Größe berühmte Fass* aber sei intakt gewesen. Auf seiner Fläche hätten öfters größere Gelage stattgefunden, wobei *brav gesoffen worden* sei. Dennoch fragte er sich, wieso man an solchen Gelagen Vergnügen finden könne, da man beim Tanzen dauernd mit dem Kopf an dem Deckengewölbe anstoße und der Keller einen ungemütlich dunklen Eindruck vermittle.[30]

Auch nach 1720 spielte das Fass als Attraktion für die Ausflüge der Hofgesellschaft – 1720 wurde mit der Grundsteinlegung des Mannheimer Schlosses der Residenzwechsel eingeleitet – weiterhin eine Rolle.[31] Das Fass blieb zwar leer, was die adeligen Herrschaften jedoch nicht daran hinderte, es zu besichtigen und dort Feste zu feiern. Der dabei getrunkene Wein wurde aus anderen Fässern gezapft. Der Hofkammer wurde das zuviel. Im Frühjahr 1721 forderte sie einen Bericht darüber an, wer an solchen Festivitäten beteiligt gewesen sei und wie viel Wein die Feiernden getrunken hätten. Um alle Auswüchse zu beseitigen, wurde am 31. April 1721 verordnet, dass nur die von *zeit zu zeit erscheinenden Herrschaften und deren Gesandte und Deputierte* bewirtet werden dürften. Nicht *alle und jede Person* dürfte auf dem Heidelberger Schloss in den Genuss des Weins kommen. Trotz solcher Ermahnungen stieg die Zahl der Besucher im Heidelberger Fasskeller an, so dass ihre Verköstigung für den Hofkeller zum Problem wurde. 1724 erinnerte er die Hofkammer daran, dass er durchschnittlich 5 Ohm und 6 Viertel Wein zur Labung der Gäste bereitgehalten habe. Aufreibend sei vor allem das Jahr 1718 gewesen, als besonders viele Besucher von Mannheim und Schwetzingen gekommen wären. Damals habe er sogar seinen eigenen Wein zur Verfügung stellen müssen. Außerdem habe er Brot und andere Nahrungsmittel aus seinem persönlichen Haushalt zusetzen müssen. Einmal sei auch der Kurfürst selbst mit *Trompetern, Baucken und Laquein und anderen zugehenden personen* zu Besuch gewesen. Selbst diese Visite habe er aus eigener Tasche bezahlen müssen. Einen finanziellen Ausgleich habe er nie erhalten. Deshalb hoffe er auf die Gewährung einer *zulag*.[32]

Rundumerneuerung für das ›wunderschöne fass‹

Im April 1724 ergriff der Hofkeller Englert wieder die Initiative zur Erneuerung des Fasses. Er erinnerte an die bereits 1702 von oben angeordnete Ausbesserung. In der Zwischenzeit sei das Fass *noch mehr ruiniert* worden. Verharre man weiter im Zustand der Passivität, würde das *wunderschöne fass* in wenigen Jahren über den *Haufen fallen*. Der Schaden wäre dann *ohnersetzlich*. Im Innern sei das *Gebäu* schon ganz *verfault und zusammengefallen*. Auch deshalb, weil man in den Wäldern der Kurpfalz keine tauglichen Bäume mehr bekomme. Obwohl er schon 1717 für die Herstellung der beiden Böden und für sonstige Zimmerarbeiten 750 Gulden gefordert habe, sei von der Hofkammer bis heute keine *Resolution* erlassen worden. Falls demnächst keine Direktive käme, müsse er in Zukunft alle Verantwortung für den Zustand des Fasses ablehnen. Mit diesem dramatischen Appell versuchte der Hofkeller das Interesse der Hofkammer wieder auf den Erhalt des Fasses zu lenken. Er war erfolgreich. Dies umso mehr, da auch Kurfürst Karl Philipp sich dementsprechend geäußert hatte. Kaum hatte der Landesherr sein Interesse gezeigt, bestand die Hofkammer auch schon auf der Vorlage eines Kostenvoranschlags.

Aufgrund einer Reihe von Instruktionen war den Verwaltungen in Neuburg an der Donau, in Düsseldorf und in Heidelberg klar, dass der neue Herrscher Karl Philipp seine Regierungszeit mit einem Sparkonzept beginnen wollte. Nur an wichtigen kirchlichen Bauten wollte er festhalten. Hierzu gehörten in Heidelberg die Errichtung der Jesuiten- und der Karmeliterkirche, deren Finanzierung zum Teil aus den Straßengeldern des Oberamtes bestritten wurde.[33] Wie viele absolutistische Herrscher hatte auch Kurfürst Karl Philipp zur Beseitigung von Missständen seine Regierungszeit mit Reformmaßnahmen begonnen. Dazu gehörte die Zurücknahme einiger Adjunktionen.[34] Bald wurde jedoch deutlich, dass der Ämterverkauf eine sichere Einnahmequelle war, auf die der neue Herrscher nicht verzichten wollte. Offensichtlich strengte sich die Beamtenschaft an, den finanziellen Aufwand bei neuen Vorhaben so gering wie möglich zu halten, zumal Karl Philipp für sein aufbrausendes Temperament bekannt war, wenn größere Beträge ohne sein Wissen ausgegeben wurden.[35] Deshalb ging auch der Hofkeller behutsam vor, als er im Mai 1724 der Hofkammer seine Veranschlagung über die Renovierung des großen Fasses vorlegte: Ausgangspunkt war für ihn eine Summe von 849 Gulden, zu der noch Naturalentlohnungen von 1 Fuder und 5 Ohm Wein hinzugerechnet werden müssten. Den Holzverbrauch berechnete er mit 16 Stämmen Eichenholz von jeweils 30 Schuh Länge. Für die Erstellung des Baugerüsts plante er 50 Bretter ein. Der Zimmermann sollte für seine Arbeit 300 Gulden, der Bildhauer 60 und die drei Schreiner für das Erstellen der Galerien 30 Gulden erhalten. Die Küferarbeit wurde mit 360 Gulden 1 Fuder und 5 Ohm Wein angesetzt. Erstaunlich gering war die Summe von 10 Gulden für die Produktion der Zirkel, Reifen und Ringe. Dem Schlosser dachte der Hofkeller 129 Gulden zu.[36]

Der Heidelberger Zimmermann Englert – ob er mit dem gleichnamigen Hofkeller verwandt war, muss offen bleiben – legte im Mai 1724 einen Arbeitsplan vor. Danach hatte er die beiden Böden einzusetzen, das Fass mit Winden und Hebegeschirr in die Höhe zu hieven, ein Gerüst zu errichten, die Bildhauerarbeiten abzunehmen, das ganze *Ingebäu* abzubrechen, die Küferarbeiten mit einem Flaschenzug und mit einem Gerüst zu unterstützen und schließlich zwei neue Ringfelgen um das Fass zu legen. Während der Zimmermannmeister bereits in direkten Verhandlungen mit dem Hofkeller stand, wurden für spezielle Arbeiten noch mehrere Küfer gesucht. Die Hofkammer hatte sich in diesem Fall nicht direkt an einzelne, in Heidelberg ansässige Küfermeister gewandt, sondern ersuchte um Vermittlung der Stadt. Nach einem Bericht des Zunftmeisters der Küfer aus dem Jahre 1724 war der Stadtdirektor, dem in der Heidelberger Kommunalverfassung als Vertreter des Kurfürsten das letzte Wort bei allen Entscheidungen zukam,[37] während einer Zunftversammlung erschienen und hatte die anwesenden Meister aufgefordert, sich umgehend bei ihm zu melden. Diese wollten sich aber zunächst nähere Informationen beim Hofkeller holen. Zudem seien sie zurzeit mit dem Überschlag für die hiesige *herrschaftliche Neckarmühle* beschäftigt. Eine hinhaltende Reaktion, die überraschen mag, vielleicht aber darauf schließen lässt, dass das Heidelberger Schloss nach der Verlagerung der Residenz nach Mannheim vieles von seiner früheren Attraktivität verloren hatte. Insofern konnte es auch im Heidelberg des 18. Jahrhunderts kaum zu den in Residenzstädten üblichen Konfrontationen zwischen offiziell bestallten Hofhandwerkern und zünftig organisierten Stadthandwerkern kommen.[38]

Die Verwaltung suchte in Heidelberg nicht nur nach Küfern, sondern nahm auch wegen des Gemeindewaldes, in dem der

Hofkeller geeignete Bäume entdeckt hatte, Kontakte mit der Kommune auf. Der Stadtrat wollte, wie er in einer Eingabe vom 8. Februar 1725 an die Hofkammer erklärte, kein Holz aus dem Besitz der Gemeinde abgeben, da der *Stadtwald ohnedem arm sei*. Man benötige das Holz für die Versorgung der Einwohner. Außerdem seien in den herrschaftlichen Wäldern genügend geeignete Bäume vorhanden – eine Auseinandersetzung um die Nutzung des Waldes, wie sie für die frühe Neuzeit, vor allem für das 18. Jahrhundert, typisch war.[39] Holz war als die in »der vorindustriellen Zeit alternativlose Zentralressource«[40] knapp geworden. Die Wälder waren vielfältigen Nutzungsansprüchen ausgesetzt.[41] Nicht nur die Holzproduktion, sondern auch Landwirtschaft und Jagd bestimmten die Waldentwicklung. Dabei standen sich herrschaftliche Obrigkeit und Gemeinden nicht immer nur als Vertreter gegensätzlicher Interessen gegenüber.[42] Gerade im 18. Jahrhundert kam es im Zuge einer intensiveren Forstgesetzgebung – in der Kurpfalz war 1711 die *Chur-Fürstliche Pfaltz Forst- und Wald- Auch Weid-Wercks-Jagd- und Fischerey-Ordnung*[43] erlassen worden[44] – zu vielfältigen Kooperationsformen zwischen Gemeinden und staatlicher Verwaltung.[45]

Wie die erwähnte Auseinandersetzung in Heidelberg weiter verlaufen ist, lässt sich nicht rekonstruieren. Es sieht aber danach aus, dass der Hofkeller kein Interesse an einer Zuspitzung des Konflikts mit der Stadt hatte.[46] Deshalb wurde das Jägermeisteramt am 13. März 1725 beauftragt, anderenorts nach Bauholz zu suchen. Bald gerieten die Waldungen des Oberamtes Lautern[47] in den Gesichtskreis der Planungen. Vor allem die südöstlichen Teile des Oberamtes waren wegen ihres Waldreichtums bekannt. Der Lauterer Landschreiber[48] schien stolz darauf zu sein, dass das Holz für die Dauben aus dem Lauterer Wald besorgt werden sollte. Es gebe hier geeignete Bäume, *daß bei menschen gedenken dergleichen in hießigen landen nicht gesehen worden*. Er versprach, sich um *schnellste Erledigung* der Angelegenheit zu bemühen. Englert,

Mit einer ansteigenden Bevölkerungszahl und fortschreitenden Industrialisierung gewann das Holz immer mehr an Bedeutung und wurde zugleich als universales Baumaterial aller Art etwa für Häuser, Schiffe, Wagen, Räder, als Brenn- und Heizstoff und vieles andere mehr immer kostbarer; Ausschnitt aus einem Monatsbild für den Dezember, lombardisches oder böhmisches Fresko, Ende 14. Jahrhundert.

der aufgrund seiner Erfahrungen wahrscheinlich schon auf allerlei Hinhaltetaktiken gefasst war, reagierte auf dieses Angebot umgehend. Er schickte einen *expressen mann, welcher an dem grossen fass arbeiten hilft* zur Bearbeitung der Dauben nach Lautern. Zur Bestreitung der Kosten sagte die Hofkammer dem Hofkeller eine Summe von 600 Gulden aus den Hilsbacher Weingeldern zu. Gleichfalls wurde daran gedacht, Wieslocher Weine zu diesem Zweck zu versteigern.

1726 wurden die im herrschaftlichen Wald um Lautern angefertigten Dauben nach Heidelberg geliefert. Der Hofkeller war um das Gelingen des Transports besorgt. Auf keinen Fall dürfe Holz *fahrlässigerweise* verloren gehen. Die Bewältigung der ersten Wegstrecke, die über die alte Königstraße nach Mannheim führte, lag im Aufgabenbereich des Oberamtes Lautern.[49] Dieses hatte Fronbauern aufzubieten, die die Dauben bis nach Karbach ins Amt Freinsheim zu bringen hatten. Wie der weitere Verlauf dieses Transports ablief, ist unklar. Dass alles reibungslos verlaufen ist, kann man sich schwer vorstellen. Beschreibungen über zahlreiche Verzögerungen bei anderen Lieferungen legen die Annahme nahe, dass auch dieser Daubentransport mit Schwierigkeiten verbunden war. Selbst wenn Fuhren auf dem Schiffsweg in Heidelberg angekommen waren, konnte es für die letzte Wegstrecke vom Neckarufer auf den Berg noch zu Hemmnissen kommen. Nach einem Bericht des Hofkellers vom 27. Mai 1727 lagen am Kranenplatz westlich des Marstalls zwölf Eichenstämme zur weiteren Beförderung auf das Schloss bereit. Englert bemühte sich zunächst vergeblich, mit Heidelberger Ressourcen das Holz auf den Berg schaffen zu lassen. Als dies nicht gelang, forderte er aus Mannheim zwei Wagen *mit herrschaftlichen Pferden* an.[50] Er erhielt jedoch eine abschlägige Antwort. Wie eng der Entscheidungsspielraum des Hofkellers war, wird daran deutlich, dass er auf das schriftliche Plazet der Hofkammer zu warten hatte, um sich auf dem freien städtischen Dienstleistungsmarkt bei einem privaten Unternehmer um eine Transportmöglichkeit zum Schloss zu bemühen. Als er schließlich die Erlaubnis erhielt, geschah dies nur unter der Bedingung, dass er mit größter Sparsamkeit vorzugehen habe. Woher aber die Gelder für die Bezahlung der Fuhre vom Neckarlauer hoch zum Schloss nehmen? Dem Hofkeller war klar, dass *ex cassa* nichts zu bekommen wäre und er schlug deshalb vor, auf den Weinvorrat der Amtskellerei in Hilsbach zurückzugreifen. Dort lagen noch elf Fuder. Angesichts der fallenden Preise sei der dortige Wein so schnell wie möglich zu verkaufen. Geschehe dies nicht umgehend, könne man binnen kurzem nur noch 30 Gulden pro Fuder bekommen.

Ebenfalls im Jahre 1727 legte der Hofkeller einen Zwischenbericht vor, der eine Liste der aufgelaufenen Arbeitskosten enthielt. Die Summe für den Schlosser, den Tagelöhner und die Fuhrleute belief sich auf 432 Gulden. Englert hoffte, noch 1727 mit den Bauten am Fass fertig zu werden. Trotz der nun zügigen Fortschritte war das Fass selbst im Jahre 1728 noch nicht vollständig hergestellt, wie sich einer Meldung des Hofkellers vom 28. Juli 1728 entnehmen lässt. Danach hatte eine Überprüfung ergeben, dass es mehr Fehler aufgewiesen hätte, als von außen hätten festgestellt werden können. Es müssten die beiden Böden und 14 neue Dauben eingesetzt werden. Obwohl das aufbewahrte Holz schon im Winter gehauen worden sei, benötige es noch weitere Zeit zum Trocknen. Mindestens eineinhalb Jahre müsse es noch liegen. Wenn man sich nicht an diese Zeit halte, könnte später durchaus ein Unglück geschehen – womöglich gerade während eines Besuchs der *Herrschaft*.

Noch bevor das Fass wieder seiner Bestimmung zugeführt werden konnte, empfahl der Heidelberger Bürger Ammann, der zugleich die Position des Hoftünchers innehatte, den Fasskeller und die anderen Gewölbe streichen zu lassen. Auch schlug er am 30. April 1728 vor, die Lagersteine, die Ornamente auf dem Boden und auf den Sparrbalken weiß anzumalen. Die Umgänge am Boden und die um das Fass laufenden Stege sollten mit Leinsteinfarben gestrichen werden. Adam verpflichtete sich, die Farben zu liefern, während er von der *Herrschaft* den nötigen Kalk zu erhalten hoffte. Auch der Eingang, an dem das Vikariatsfass liege, bedürfe einer Verschönerung. Für seine geplanten Bemühungen forderte Ammann 252 Gulden. Damit unterbot er den Kostenvoranschlag eines anderen Heidelberger Mitbewerbers, der 275 Gulden für Renovierungsarbeiten im Fasskeller veranschlagt hatte. Ein drittes Angebot wurde von dem Maler Wilderholt mit 268 Gulden eingereicht, während der Malermeister Dietrich Lahr drei spezifizierte Kostenvoranschläge für weitere Arbeiten von 200, 250 und 170 Gulden einbrachte. Man entschied sich für den Letzten.[51] Kurz vor Beendigung der Arbeiten bestand der Hofkeller noch auf der Lieferung von drei bis vier *Stämmlein* zum Bau einer Pumpe. Das Holz hierzu hatte der *Forstmeister aus der Haardt zu* besorgen.

Am 10. März 1731 schließlich gab die Hofkammer, die im Jahr zuvor ihre endgültige organisatorische Form erhalten hatte,[52] bekannt, dass die seit 1724 dauernden Reparaturen am großen Fass nach den Angaben des Hofkellers 1492 Gulden 21 Kreuzer gekostet hätten (siehe Anhang 1).

Die Befüllung des Fasses

Die ständigen, oft wenig konsequenten Reparaturen erlaubten über längere Zeit hinweg offensichtlich keine Füllung des großen Fasses. Obwohl Kurfürst Johann Wilhelm (1690–1716) selbst auf die Wiederherstellung des Fasses gedrängt hatte, blieb es über viele Jahre leer. Dies hing sicher auch mit den Folgen des Pfälzischen Erbfolgekrieges zusammen.[53] So sei aus einem Hambacher Hausbuch von 1696 zitiert: *Die Wingert abgerissen zu Hambach, das Holz verbrent und anderen Orthen mehr Die drauben haben sie alle abge-*

fressen und auch wein darauß gemacht und ist in Hambach nicht drey fuder Wein gemacht worden.[54] Es verwundert nicht, dass es in diesen Jahren, in denen der katholische Kurfürst zudem eine verstärkte Konfessionalisierungspolitik betrieb, zu einer wachsenden Auswanderung gekommen ist.[55] Der wirtschaftliche Wiederaufbau erfolgte nur langsam.[56] So konnte auch der kurpfälzische Weinbau erst seit dem zweiten Jahrzehnt des 18. Jahrhunderts wieder das Niveau der Aufbaujahre nach dem Dreißigjährigen Krieg erreichen.[57]

In den Jahren nach 1700 häuften sich die Hinweise darauf, dass der Hofkeller wieder an die Füllung des Fasses dachte. Zeitweilig ging er davon aus, dass ein Fuder Wein 15 bis 16 Gulden erbringen könnte. Das war eher zu niedrig berechnet, da zwischen 1709 und 1718 der durchschnittliche Preis pro Fuder 40 Gulden betrug.[58] Mit dem Gewinn hätte ein Teil der anstehenden Besoldungen bezahlt werden können. Dabei stellte der Hofkeller an die Qualität des Weins keine besonderen Ansprüche. Er dachte zu diesem Zweck an die Einbringung von *schlechten herrschaftlichen Weinen* aus dem Gebiet der Bergstraße und des Bruhrheins. 1725 drängte er darauf, das Fass trotz dessen Mängel zu füllen. In seinen Augen konnte es als kurzfristig benutzbare Umschlagstelle für den Weinverkauf und für die Naturalbesoldungen dienen. Mindestens drei Monate könne es trotz des fragilen Zustandes seine *Last* tragen.[59] Zu einer Füllung ist es jedoch in den nächsten Jahren nicht gekommen. Sicherlich sehr zum Bedauern des Hofkellers, zumal 1727 und 1728 ausgesprochen ertragreiche Weinjahre waren.[60]

Erst im Jahre 1730 wurde die Füllung des 1728 hergestellten Fasses wieder aktuell. Der Hofkeller Englert bat die Hofkammer um Erlaubnis, entsprechende Schritte einleiten zu dürfen. Es sei auf Dauer *nichtprofitabel,* das Fass leer zu lassen. Allerdings gab er zu bedenken, dass zurzeit reichlich Wein auf dem Markt sei, so dass man ihn nicht gewinnbringend verkaufen könne.[61] Sollte sich die Hofkammer jedoch für eine Füllung entscheiden, dann würde er eine *melange* aus den *weichen* Weinen aus Alzey, Weingarten und Wiesloch mit den *harten* Wein aus Pfeddersheim empfehlen. Auch an Weine aus der Heidelberger Kelter oder an einen *beyschuß* aus anderen Rezepturen dachte er. Dringlich erbat er eine Entscheidung, damit die Weine von den entsprechenden Rezepturen noch vor Ostern nach Heidelberg gebracht werden könnten. Da die alten Weine zudem überall abgelassen würden, entstünden keine zusätzlichen Kosten. Zu einer Füllung zu Ostern ist es aber nicht gekommen, da die Rezepturen ihren Wein bereits versteigert oder verkauft hatten, wie der Hofkammerrat Freiherr von Dalberg den Hofkeller belehrte.[62] Englert wollte die Zeit nutzen und das Fass außen mit *bley-weiß* anstreichen lassen. Dadurch könne es vor dem Verfaulen bewahrt werden. Es sei *disreputierlich,* wenn das große Fass, das zu des Kurfürsten *glorie und nachruhm* repariert worden wäre, nicht gefüllt werden könnte.

Im Herbst 1730 ist es dann doch noch zu einer Füllung des Fasses gekommen, wenn auch nicht zu einer vollständigen. Zunächst waren Fuhren auf dem Schloss angekommen, die sich auf 70 Fuder beliefen. Im Vorfeld waren die üblichen Schwierigkeiten aufgetreten. Bei einigen Rezepturen hatte es nicht genügend Fuhrfässer gegeben, die Oberämter hatten die Ausschreibungen der Fronfuhren nicht zügig genug vorgenommen und ein großer Teil des Weins war bereits als Besoldungswein verrechnet worden.

Im November 1730 beschwerte sich Englert bei den Oberämtern Germersheim und Alzey[63], da diese ihren Lieferverpflichtungen nicht nachgekommen wären.[64] Der Ton war allerdings zurückhaltend, da er sich nicht sicher war, ob die Anordnungen der Hofkammer bei den entsprechenden Stellen angekommen waren. Ein Vorgang, der zeigt, wie wenig er an die Zielstrebigkeit seiner vorgesetzten Behörde glaubte. Das Fass sei inzwischen

erst *halb voll,* was dem Wein gar nicht gut tue. Ein Zustand, der kaum verändert werden konnte, da weder bei den Rezepturen noch in der Heidelberger Hofkellerei genügend Fuhrfässer vorrätig waren.

Da bis Mitte Januar 1731 aus dem Oberamt Alzey[65] immer noch keine Antwort eingetroffen war, beschwerte Englert sich über die Verzögerungen der mittleren Verwaltungsbehörden bei der Hofkammer.[66] Selbst wiederholtes Mahnen und sogar die Entsendung eines Expressboten nach Alzey hätten nichts gefruchtet. Als die Alzeyer Kellerei schließlich reagierte, schickte sie nur einen kleinen Teil der zugesagten Menge und vertröstete den Hofkeller mit dem Hinweis, es sei mit einem weiteren Transport aus Alzey zu rechnen.[67] Zwanzig Fässer würden demnächst im Mannheimer Schütthaus eintreffen. Auf den Vollzug dieser Zusage wartete man in Heidelberg vergeblich. Selbst die Drohung von Hofkammerrat Reisach,[68] dass der Alzeyer Keller bei weiterer Verzögerung mit *schwerer Bestrafung* rechnen müsse, blieb ohne Konsequenzen.

Die Befüllung des Fasses

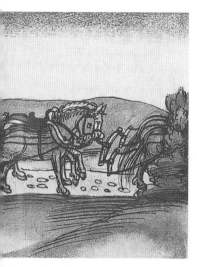

Ein Kutscher entrichtet am Stadttor den Zoll für seinen mit Wein beladenen Wagen, Miniatur aus der Würzburger Bischofschronik des Lorenz Fries, 1546.

Es gab aber nicht nur Probleme mit den linksrheinischen, sondern auch mit den rechtsrheinischen Rezepturen. So musste der Hofkammerrat Reisach den Keller von Weingarten auffordern, endlich den zugesagten Wein zu liefern. Durch den Hinweis, dass zuvor die *Besoldungen und ständigen Abgaben* abgezogen werden müssten, schwächte Reisach jedoch seinen Befehl ab. Mit der Organisation der nötigen *Frohnfuhren* wurde der Oberamtmann von Bretten beauftragt. Er hatte dafür zu sorgen, dass den Fässern *durch schädliches Bohren* oder durch anderen *unterschleif* der Wein nicht entzogen würde. Nicht für alle Mängel und Verzögerungen konnte der zuständige Oberamtmann verantwortlich gemacht werden.[69] Hatte er es endlich geschafft, einen Transport bis an die Grenze seines Bezirkes bringen zu lassen, kam es oft vor, dass die Weiterführung stagnierte.

In solchen Fällen hatte es entweder Koordinationsfehler mit dem Hofkeller oder mit dem benachbarten Oberamt gegeben. Sehr oft ist es aber einfach nicht gelungen, die fronverpflichteten Untertanen schnell genug zu mobilisieren. Zur Vermeidung solcher Schwierigkeiten wäre es auch möglich gewesen, einen Teil der Fuhren an private Unternehmer zu vergeben, wie es zum Beispiel öfter im kurtrierischen Raum geschehen ist.[70]

In den nächsten Monaten schlossen die Reparaturarbeiten eine Füllung des großen Fasses aus. Dies lässt sich einem Bericht des Hofkellers vom 11. August 1733 entnehmen.[71] Der Wein, den damals die Handfröner vom Schlossberg oder zum Beispiel Untertanen erhielten, die beim *Eismachen* geholfen hatten, wurde kleineren Fässern entnommen. Ebenso die Entlohnungen für andere Personen wie im Jahre 1731 für den Burgvogt[72], den Kastenmeister, den Werkschreiber, den Holzverwalter, den Bauschreiber, den Schlosspförtner, den Haushofmeister, den Küchenschreiber, den Bäckermeister oder den Baumeister.[73] Durchschnittlich gab die Heidelberger Hofkellerei in den Jahren 1724 bis 1733 14 Fuder Wein für Entlohnungen aus. Eine Menge, die dazu führte, dass man den Versuch unternahm, diese Naturalleistungen durch Geldzahlungen zu ersetzen. Nicht immer waren die Empfänger mit dieser Alternative zufrieden. Noch mehr wehrten sie sich aber, wenn die Verwaltung Wein durch Bier ersetzen wollte.

In einem Bericht des Hofkellers an die Hofkammer erinnert er am 11. August 1733 daran, dass das Fass schon seit längerem in einem irreparablen Zustand sei. Je länger es nicht angefüllt werde, um so schwerer könne es *conserviert* werden, *allermaßen es mit diesem gegen kleinere Fässer, die man hin und her legen kann, ein ganz anderes Bewandnis habe*. Spätestens im kommenden Herbst müsse es wieder angefüllt werden. Hierfür sollten Weine aus Heidelberg und aus Wiesloch verwendet werden. Es sei sinnvoll, den Wieslocher Wein nach Heidelberg zu bringen, da er dort günstiger verkauft werden könnte. Eine Kalkulation, der sich die Hofkammer anschloss, weshalb sie Druck auf den Wieslocher Stadtschultheißen machte. Es ging der Verwaltung also nicht in erster Linie darum, das Fass komplett zu füllen, sondern sie wollte den Wein in Heidelberg haben, um ihn so schnell wie möglich preisgünstig zu verkaufen.

Schließlich konnte der Hofkeller am 23. Oktober 1733 melden, dass auf dem Schloss 115 Fuder 4 Ohm und 11 Viertel eingegangen seien.[74] Der größte Teil war aus Wiesloch gekommen. Zu den anderen Lieferorten zählten in diesem Herbst Heidelberg, Neuenheim, Handschuhsheim[75], Dossenheim, Schriesheim, Sachsenheim, Rohrbach, Leimen[76], Nußloch und Rohrbach. Dennoch konnte das Fass wie zwei Jahre zuvor nur zur Hälfte gefüllt werden. Hatte der Hofkeller bis jetzt darauf gedrängt, es so schnell wie möglich zu füllen, bestand er nun auf einer schnellen Entleerung, da es für die *weitere Conservation* mit Weinbrandwein ausgebrannt werden müsse. Nur so könne es vor Fäulnis bewahrt werden. Er schlug vor, den Fasswein in ein 50- und in ein 40-fudriges Fass umzulagern. Die Hofkammer stimmte diesem Vorschlag nach kurzem Zögern zu.

Erst 1736 wurde wieder an die Füllung des Fasses gedacht. Inzwischen war das Fass wieder hergestellt worden. Geplant war die Lieferung von Weinen *geringerer Gattung* aus Heidelberg, Wiesloch, Weinheim, Pfeddersheim und Neckarelz. Da ein Teil der Weine aber unter Admodiation (Verpachtung) stand, konnte die gewünschte Menge nicht geliefert werden. Mit den anderen konnte Karl Philipp, der sich persönlich einschaltete, nach Gutdünken *schalten und walten*. Insgesamt erscheinen als Orte, aus denen in diesem Jahr Wein nach Heidelberg gefahren wurde, Bacharach, Nierstein[77], Wachenheim, Umstatt, Kreuznach[78], Hemsbach, Lauterbach, Heidelberg, Wiesloch, Weinheim, Freinsheim[79], Neckarelz und Siebeldingen[80]. Damit waren alle Teile des kurpfälzischen Weinbaugebietes abgedeckt. Vorzügliche Reborte der späteren bayerischen Rheinpfalz wie zum Beispiel Deidesheim, Forst und Ruppertsberg gehörten vor 1800 zum Territorium des Fürstbistums Speyer. Andere herausragende Weingemeinden wie Ungstein und Kallstadt waren im Besitz der Leininger

Fürsten. Bedenkt man, dass die spätere bayerische Rheinpfalz in 44 Landesherrschaften und 15 Kondominien zersplittert war, wird der Nachteil dieser Weinregion im Vergleich zu anderen, territorial geschlosseneren Rebgebieten wie zum Beispiel Württemberg, Baden oder den geistlichen Territorien Mainz und Trier in der frühen Neuzeit offensichtlich.

Da die Weinernte im Jahre 1736 spärlich ausfiel, wurden die Weinbesoldungen der Beamten verringert. Die Hofkammer befahl dem Hofkeller sogar, die Beamten auf das nächste Jahr zu vertrösten. Vorerst sollten sie sich mit der *Cammertax,* das heißt dem Geldanteil ihres Gehaltes begnügen und auf den Wein verzichten. Angesichts der Weinverknappung wandte sich die Hofkammer auf persönlichen Druck des Kurfürsten Karl Philipp[81] direkt an die verantwortlichen Stellen vor Ort und schrieb folgende Amtsträger an: den Landschreiber zu Freinsheim Brenck, den Landschreiber zu Ladenburg Döring, den Burgvogt zu Wachenheim Eckardt, den Truchsesserei-Keller zu Kreuznach, den Amtskeller Hecht zu Stahlecken, den Amtskellereiverweser und den Schaffner zu Böckelheim. Eindringlich forderte sie Lieferungen an. Erst nach diesen Anordnungen von oben meldete sich der Hofkeller bei den Amtsstellen, um mit ihnen die näheren Modalitäten zu erörtern. Im Zuge dieser Verhandlungen erstellte der Hofkeller am 3. Dezember 1736 einen Überblick über die Weinmengen in den einzelnen Rezepturen, von denen teilweise schon Lieferungen nach Heidelberg abgegangen waren. Demnach lagen dort folgende Mengen: in Pfeddersheim 6 Fuder 10 Viertel, in Wiesloch 25 Fuder, in Weinheim 15 Fuder 4 Ohm, in Freinsheim 26 Fuder 4 Ohm, in Neckarelz 7 Fuder 4 Ohm, in Stahlecken 24 Fuder 7 Ohm, in Kreuznach 4 Fuder 5 Ohm, in Böckelheim 4 Fuder, in Germersheim 24 Fuder 7 Ohm, in Hilsbach 10 Fuder, in Hemsbach 14 Fuder. In der Heidelberger Kellerei befand sich damals die größte Menge von insgesamt 40 Fuder. Nach dieser Aufzählung des Hofkellers handelte es sich um eine Gesamtsumme von rund 218 Fuder Wein.

Natürlich waren auch die im Jahr 1736 durchgeführten Transporte nicht zügig erfolgt. Diesmal mussten hauptsächlich die Landschreiber von Ladenburg und Freinsheim wegen Verzögerungen ermahnt werden. Am 14. Dezember wurde ihnen nachdrücklich befohlen, ihren Wein *ohne Zeitverlust* nach Heidelberg bringen zu lassen. Bei der Überprüfung der inzwischen aus den anderen Orten eingegangenen Mengen stellte der Hofkeller fest, dass sowohl die Oberschultheißerei Pfeddersheim als auch die Kreuznacher und Weinheimer Kellerei weniger geliefert hätten, als sie zugesagt hatten.

Man kann den Akten insbesondere aus der zweiten Hälfte der dreißiger Jahre interessante Aspekte von der Arbeit der einzelnen Rezepturen abgewinnen. So berichtete zum Beispiel der Wachenheimer Burgvogt Eckardt am 17. Dezember 1736, dass von den dortigen 39 Fudern vorhandenen Weins 27 Fuder für die Weinbesoldungen abgezogen werden mussten.[82] Nach der Einlösung anderer, geringerer Verpflichtungen blieben nur noch 8 Fuder 4 Ohm für die Lieferung nach Heidelberg übrig. Da aber in der Wachenheimer Rezeptur keine Fässer zur Verfügung standen, stockte der Transport auf das Schloss. Auch aus Kreuznach wurde gemeldet, dass von den im Herbst 1737 dort vorhandenen acht Fuder der Frau *Oberamtmännin Freyfrau von Metternich* drei Fuder zur Besoldung gereicht wurden. Im gleichen Jahr erhielt der bei der Kanzlei angestellte Doktor der Medizin, der Physikus Zechner, ungefähr die Hälfte der in Pfeddersheim gelagerten Menge. 1737 wollte der Pfeddersheimer Keller Frank die Erwartungen der Hofkammer und des Hofkellers gleich von vornherein niedrig halten. Heidelberg könne von den Weingefällen kaum etwas erwarten. Deshalb bat er um die Entsendung eines Herbstschreibers, dessen Bericht ihm dann unnötige Rechtfertigungsschreiben ersparen würde.[83] Ein solcher Herbstschreiber würde nach seinem Eintreffen sicherlich bestätigen, dass in diesem Jahr der Weinertrag infolge der Sauerfäule besonders gering ausgefallen sei. Diese habe so weit geführt, dass in Pfeddersheim nur der Zehntwein zur Verfügung stehe, an dem zudem noch das Domstift zu Worms zur Hälfte beteiligt sei. Konkret wurde auch der Weinheimer Keller Cloßmann: Er berichtete am 29. Dezember 1736, dass die Kellerei Weinheim nicht, wie ursprünglich vereinbart worden war, 15 Fuder Wein nach Heidelberg schicken könne, sondern zwei weniger, da das Fräulein von Berding entgolten werden müsse.

In einer ganzen Reihe von Fällen wollte der Hofkeller den lokalen Abgabeverpflichtungen der Rezepturen zugunsten der Lieferungen nach Heidelberg zuvorkommen. Manchmal übte er offenen Druck aus. Dementsprechende Anordnungen gingen im September 1737 an den Stadtschultheißen zu Wiesloch Göbel, an den Amtskeller zu Weingarten Riedt, an den Keller zu Weinheim Cloßmann, an den Keller zu Neckarelz Gimpel und an den Amtskeller zu Hilsbach Vollmar. Dem Hofkeller schienen die sonstigen Rezepturverpflichtungen gleichgültig zu sein, selbst auf die Gefahr hin, dass er eine Zurechtweisung durch die Hofkammer erfahren würde. Andererseits versuchten die Rezepturen die Anordnungen des Hofkellers zu unterlaufen, da sie im Notfall auf die Unterstützung der Hofkammer rechnen konnten. Nur so lässt sich die Vielfalt von Anordnungen aus der Hand des Heidelberger Hofkellers erklären, die meist im Sand verlaufen sind. Oft war es umstritten, wer die Fässer für den Transport bereitstellen musste. Dass in jedem Fall die Untertanen die Fässer zu stellen hatten, wie Scholten vermerkt, lässt sich in dieser Allgemeinheit nicht halten.[84] Oft mussten der Hofkeller oder die Oberämter auf ihre Lager zurückgreifen, gerade dann, wenn es sich um kurzfristig anberaumte Transporte handelte.

Solche kurzfristigen Lieferungen schienen im Herbst 1737 nötig geworden zu sein. Wiederholt wurden die Weinheimer und die Neckarelzer Rezeptur bedrängt, da dem Hofkeller noch 55 Fuder fehlten. Die größte Menge war in diesem Jahr mit 25 Fuder aus Wiesloch gekommen, nur knapp weniger aus der Amtskellerei Weingarten, der Amtskellerei Hilsbach und der Kellerei Weinheim. Eigens wurde vermerkt, dass 4 Fuder Zinswein und 29 Fuder Beetwein hinzugenommen wurden.[85] Wahrscheinlich war in diesem Jahr geplant, nur rechtsrheinische Rezepturen in Anspruch zu nehmen. Diese Annahme wird durch ein gleichlautendes Formular bestätigt, das im Oktober 1737 an den Stadtschultheißen Göbel in Wiesloch, den Amtskeller Riest zu Weingarten, den Keller Cloßmann zu Weinheim, an den Keller zu Neckarelz Gimpel und an den Amtskeller zu Hilsbach geschickt wurde.[86]

Am 6. November 1737 sah sich der Hofkeller jedoch dazu gezwungen, auch von dem Keller zu Germersheim, von dem Keller zu Alzey, von dem Oberschultheißen zu Stahleck und von dem Amtskeller Bögen zu Neustadt Weinlieferungen einzufordern. Nun scheint der Hofkeller erfolgreich agiert zu haben. Ende November befanden sich 206 Fuder 3 Ohm 10 Viertel und 3 Maaß im großen Fass. Am 9. Dezember 1737 konnte er der Hofkammer sogar melden, dass das Fass gefüllt sei. Nur noch der Zapfspund müsse gesetzt werden. Er bat die Hofkammer, diesem Abschluss durch die Anwesenheit eines ihrer Repräsentanten die angemessene Bedeutung zu verleihen. Schon einen Tag später wurde der *Hofkammerrat und Fiscus* Weiler, der ohnehin zu Amtsgeschäften in Heidelberg war, mit der Setzung des Spundes beauftragt. Zugleich sollte er den Wein probieren und über dessen Qualität *ad Carmeram* referieren. Wahrscheinlich wurde dem Fass sehr schnell Wein entnommen, denn schon zu Anfang Januar 1738 sollte der *sembtliche Weinheimer Wein Vorrath* zur Füllung des großen Fasses nach Heidelberg *transferiert* werden. Eine Anforderung von oben, die wieder einmal ins Leere verlief. Der Keller Cloßmann verwies lapidar darauf, dass es in Weinheim nach Abzug der *Besoldung und sonstiger Notdurft* keinen Weinvorrat mehr gebe.

Nicht nur beim Wein traten solche Schwierigkeiten auf. Auch bei den anderen Naturalabgaben kam es regelmäßig zu Interessenkonflikten zwischen den unterschiedlichen Verwaltungsebenen. Oft versuchten die beteiligten Instanzen mittels Absprachen zu einvernehmlichen Lösungen zu gelangen. Erwähnt sei nur, dass die Oberämter öfter die angeforderten Lieferungen von Heu, Hafer und Stroh für das Schwetzinger Sommerlager unter sich regelten, ohne auf Anordnungen der Hofkammer zu warten.

In vielen Fällen waren die Grenzen für selbständiges Handeln des Hofkellers und der örtlichen Verwaltungsstellen eng markiert. Überaus kleinlich verhielt sich die Hofkammer gegenüber dem Amtmann Wrede auf dem Dilsberg. Der Beamte hatte noch eine geringe Menge von 3 Ohm Zehntwein übrig und gab diesen zur Versteigerung frei. Da sich aber keine Steigerer einfanden, erklärte sich der Mannheimer Wirt Andreas Eidel zum Kauf des Weines bereit.[87] Wrede konnte diesen Verkauf aber nicht auf eigene Verantwortung tätigen, sondern musste bei der Hofkammer nachfragen. Die vorgesetzte Behörde verbot diesen Verkauf und befahl der Dilsberger Gefällverweserei, die 3 Ohm zur Hofkellerei bringen zu lassen.[88]

Schon im Frühjahr 1738 machte sich der Hofkeller Gedanken über die Neufüllung im kommenden Herbst. Hierzu musste der alte Wein *abgestochen,* das heißt abgelassen werden. Eine Arbeit, die zwei *ordinairen Kieferknechten* übertragen wurde, denen der Hofkeller einen Tagelöhner für 24 Kreuzer und 3 Schoppen Wein pro Tag zur Seite stellte. Dessen Einstellung wurde zeitlich befristet. Selbst darüber musste die Hofkammer informiert werden. Sie stimmte zwar dieser Entscheidung zu, ordnete aber zugleich an, dass der Hofkeller den Lohn des Tagelöhners drücken müsse. Ob es zur Füllung im Jahre 1738 gekommen ist, kann nicht mit Sicherheit gesagt werden. Sicher aber ist, dass die von der Weinheimer Kellerei geforderten Weine nicht geliefert wurden. Nach einem Bericht des Kellers Cloßmann war ihm von der Hofkammer befohlen worden, den gesamten Weinheimer Weinvorrat zur Füllung des großen Fasses *zu transferieren und gegen quittung selbiger Hofkellerei* einzuliefern. Nach Abzug der Besoldungsweine und *sonstiger Notdurft* war jedoch der ganze Wein aufgebraucht. Eine lapidare Feststellung, die von Seiten des Weinheimer Kellers keiner Begründung mehr bedurfte.[89]

Hingegen ist das Fass im November 1739 wieder voll gewesen. Auch dieses Mal fiel dem Hofkammerrat und Fiskalus (Rechenrat) Weiler die Aufgabe zu, den Spund zu setzen und den Wein zu probieren. 1740 spielte der Hofkammerrat Reisach, wie in den vorherigen Jahren, wieder eine wichtige Rolle im Umfeld des Heidelberger Fasses. Damals wies er darauf hin, dass es für die Untertanen sehr beschwerlich sei, 200 Fuder Wein d*en hohen Berg hinauff in Frohn* zu schaffen. Dies lohne sich auch deshalb nicht, weil der Wein des Jahres 1740 von besonders schlechter Qualität sei. Noch im November 1740 wollte Reisach den im großen Fass gelagerten Wein versteigern lassen. Im Anschluss daran sei es wünschenswert, das Fass *zu dessen Conservation mit Wasser* zu füllen. Selbstbewusst wehrte sich der Hofkeller gegen diesen Plan, da das Fass dadurch innerhalb von drei Wochen *einen üblen* Geruch bekäme und zudem durch die Auflösung des Weinsteins noch *baufälliger* würde. Er empfahl, das Fass nach seiner *evacuierung,* das heißt Leerung, zunächst mit Schwefel auszustreichen. Ein Vorschlag, der auf die Zustimmung der Hofkammer stieß, die sich gegen die Vorstellung ihres eigenen Mitglieds entschied. Dies bedeutete jedoch nicht, dass es dem Hofkeller auch in der Folgezeit gelungen wäre, die Hofkammerräte gegeneinander auszuspielen. Im Gegenteil: Die Anordnungen von oben wurden gegenüber dem Hofkeller in einem zunehmend härteren Ton formuliert. Seine Entscheidungsspielräume schienen enger zu werden. Als er zum Beispiel versuchte, die Weinbestände bei der Rezeptur Hemsbach zu überprüfen, erhielt er einen strengen Verweis von oben. Er solle sich nicht um solche Details kümmern, *sondern nur für dasjenige, was dir Ambts halber zu thun oblieget, oder sonsten dir gnädigst befohlen wird.*

*Die Versteigerung des
›im großen Faß zu Heydelberg liegenden weins‹*

Aus den Akten des auslaufenden Jahres 1740 sind wir nicht nur über diesen inneradministrativen Streit informiert, sondern erhalten auch Aufschluss darüber, was damals mit dem Wein im großen Fass geschehen ist. Da es ansonsten wenig Nachweise über die Verwendung des Fassweins gibt, sei auf diese Vorgänge näher eingegangen, die mit einer Verordnung aus dem Kabinett des Kurfürsten am 17. November 1740 beginnen.[90] An diesem Tag wurde der Hofkammer aufgetragen, den im *großen Faß zu Heydelberg dermahlen liegenden wein* öffentlich *gegen baare Zahlung zu* versteigern. Das Geld sollte für die *quartal erfordernus*[91] verwandt werden. Nach der Versteigerung sei das Fass zur *conservation mit wasser* anzufüllen. Diese Anordnung wurde an den Hofkeller weitergereicht, dem inzwischen mitgeteilt worden war, dass am 5. Dezember 1740 ein von der Hofkammer beauftragter Versteigerungskomissar auf dem Heidelberger Schloss eintreffen werde. Englert rechnete mit einem Erlös von 40 bis höchstens 50 Gulden pro Fuder, empfahl aber zugleich, das geleerte Fass zu dessen *conservierung* nicht mit Wasser anzufüllen, sondern es wie jedes andere Fass mit Schwefel auszubrennen. Die Wasserbehandlung sei eine *schädliche sache,* weil sich dann der *um das faß befindliche weinstein* auflösen würde, was wiederum die Baufälligkeit förderte. Die Hartnäckigkeit des Hofkellers, der sich zu dem Widerspruch wegen seiner *treu geleisteten Eidespflichten* verpflichtet sah, wurde belohnt: Die Hofkammer versprach, seinem Vorschlag zu folgen. Zugleich befahl sie dem in Fassangelegenheiten erfahrenen Hofkammerrat Theodor von Weiler, der kurz vorher auch zum Regierungsrat ernannt worden war,[92] sich am 5. Dezember 1740 zur Leitung der Versteigerung auf dem Heidelberger Schloss einzufinden.

Laut Protokoll vom 5. Dezember 1740 sollte an diesem Tag der *in den großen faß dahier dermahlen befindliche 1739er Wein offentlich versteigt werden*. Dabei handelte es sich um eine Menge von 200 Fuder. Die Aktion musste unter folgenden Bedingungen ablaufen: Erstens stand es jedem Bieter offen, den ganzen Wein oder auch nur einen Teil zu erwerben. Zweitens sollte es den eventuellen *particularsteigerer(n)* erlaubt sein, falls sie sich einig wären, den Inhalt des Fasses bis zum nächsten Februar *ohnzerteilt* aufbewahren zu lassen. Drittens musste die Zahlung noch in der laufenden Woche erfolgen. Viertens durfte nach Abschluss der Versteigerung kein Nachgebot mehr angenommen werden. Fünftens wurde festgelegt, dass von jeweils 100 Gulden Versteigerungsgewinn 20 Kreuzer für die Kanzlei und für *die gewöhnliche Fürstengebühr* abgezweigt werden sollten. Sechs Kreuzer wurden von jeweils 100 Gulden für den Notspeicher reserviert.

An diesem Tag traten insgesamt 14 Bieter auf, die ganz unterschiedliche Mengen erwerben wollten. Die Angebote zielten auf Teilmengen von 10, 20 und 50 Fuder ab. Nur der Amtsrat Wilhelmi und der Wirt des Gasthaus zum Riesen in Mannheim Philippi[93] mit *Consorten* wollten die ganze Menge von 200 Fuder kaufen und boten 38 Gulden pro Fuder an. Das wäre eine Summe von circa 7700 Gulden gewesen. Obwohl die öffentliche Kasse das Geld sehr nötig hatte, wie Weiler bemerkte, schlug er vor, mit dem Verkauf noch zu warten. In wenigen Wochen werde der Preis sicher ansteigen. Dann könne der Hofkeller den Wein für 40 oder für noch mehr Gulden losschlagen. Deshalb wurde der Hofkeller beauftragt, den Wein in Heidelberg und in den *umliegenden Orten* anzubieten und den Preis *so hoch nur immer möglich zu treiben*. Mindestens aber müsse er 50 Gulden dafür verlangen. Den Erlös habe er komplett an die Zahlmeisterei der Hofkammer abzugeben. Mit diesem Vorschlag fand Weiler die Zustimmung seiner Kammerkollegen.

Der Hofkeller geriet in eine schwierige Lage. Er musste, wie er schon nach wenigen Tagen eifrigster Bemühungen dem Kurfürsten am 14. Dezember 1740 mitteilte, feststellen, dass das Fuder Wein *bei dieser gelt Klemm* höchstens für 40 Gulden loszuschlagen sei. Wolle man einen höheren Preis erzielen, müsse man mindestens vier Monate warten. Da er nicht wisse, wie er sich verhalten solle, bitte er um Anweisungen von oben. Die Reaktion erfolgte schnell. Schon am 15. Dezember 1740 ließ die Regierung mitteilen, dass der Hofkeller den Preis von 50 Gulden reduzieren dürfe, aber nur bis auf 45 Gulden. Die Hofkammer musste aber sehr schnell einsehen, dass auch diese Verringerung noch unrealistisch war, da in diesen Tagen in Dossenheim und an der Bergstraße das Fuder für 42 Gulden verkauft wurde. Am 19. Dezember empfahl die Hofkammer, dass, wenn ein höherer Preis erzielt werden sollte, es sinnvoll sei, dem Rat des Hofkellers zu folgen und den Wein noch vier Monate liegen zu lassen. Dann könne man wahrscheinlich mit mehr als 50 Gulden rechnen. Das wäre sicher dem *Cameral aerario ersprießlich*. Allerdings stelle sich die Frage, ob das Geld nicht kurzfristig für das *Hofmarschallenamt*[94] benötigt werde. Wenn dem so sei, dann sei es sinnvoll, den Wein für 40 Gulden pro Fuder zu verkaufen. Mit den 7000 Gulden wäre fast ein Drittel der Kosten dieses Hofamtes mit seinen damals 67 Bediensteten bezahlt gewesen.[95] Zur Beurteilung des Wertes des im Fass gelagerten Weines können weitere Angaben dienen: So betrugen 1744 die Ausgaben in der Hofverwaltung, um nur einige Zahlen zu nennen, für Fleisch 15 809 Gulden, für die Beleuchtung 8304 Gulden, für Brot und Mehl 4963 Gulden, für die Hofkonditorei 5887 Gulden, für zahmes Geflügel 4555, für

Die Versteigerung des Weins

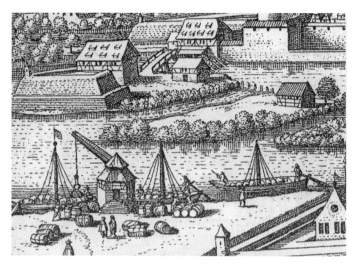

Verladung von Weinfässern, Ausschnitt aus der Stadtansicht von Heilbronn von Matthäus Merian dem Älteren, 1643. – Ähnlich wie hier mag auch ein Teil des verkauften Weins aus dem großen Fass in nunmehr ›kleinen‹ Fässern auf flache Boote verladen worden sein, um so auf dem Neckar den neuen Eigentümern entgegenzureisen. Auch beim Heidelberger Marstall gab es einen Kran, der das Verladen erleichterte.

Kohlen 2847 Gulden, für Bier 520 Gulden und für ausländischen Wein (mit sonstigen Notwendigkeiten der Hofkellerei) 2390 Gulden. Die Ausgaben für *inländischen Wein* schlugen dem gegenüber mit 15 822 Gulden zu Buche.[96]

Es kann nicht überraschen, dass der Kurfürst der Hofkammer am 29. Dezember 1740 die Erlaubnis erteilte, den Wein für 40 Gulden pro Fuder zu verkaufen. Was dann geschah, liegt im Dunkeln. Für den Hofkeller müssen wieder hektische Tage angebrochen sein. Innerhalb weniger Tage war er gezwungen, um 10 Gulden pro Fuder herunterzugehen. Dafür konnte er nun aber als aussichtsreicher Konkurrent zu den privaten Weinverkäufern auftreten. Auch dieser Vorgang versickert in den Akten.

Was die Verkaufsaktionen des Hofkellers wahrscheinlich erschwert hat, ist das Fehlen eines in Heidelberg ansässigen größeren Weinhandels mit einem besonderen Weinmarkt. Eine Infrastruktur für das Weingeschäft, wie sie zum Beispiel in Trier[97] oder Mainz[98] vorhanden war, gab es in Heidelberg nur in Ansätzen. Als Weinstadt wird man Heidelberg deshalb wohl kaum bezeichnen können. Auch existierte in der alten Residenzstadt keine planvolle Unterkellerung der Stadt zur Weinaufbewahrung wie in Speyer, deren Ausmaße und Architektur im Jahre 1689 den französischen Kriegsberichterstatter Du Mont so in Erstaunen gesetzt hatte.[99] Ebenso konnte Heidelberg auf keine Tradition klösterlicher Weinwirtschaft zurückblicken. Auch die Weineinnahmen der Universität beeinflussten das Wirtschaftsleben der Stadt nicht. Von den 10 bis 15 Fuder, die der Hochschule aus ihren Einkünften zuflossen, wurde ein großer Teil für Besoldungen ausgegeben und in Einzelfällen verkauft. Nur ein kleinerer Teil wurde in Heidelberg zum Verkauf gebracht.[100]

Vom großen Fass auf dem Heidelberger Schloss ist kein Impuls auf die Heidelberger, hauptsächlich auf den Eigenverbrauch und auf das nähere Umfeld ausgerichtete Weinwirtschaft ausgegangen. Das Fass blieb vielmehr ein Element des überlieferten feudalen Abgabesystems und ein Ausdruck kurfürstlicher Herrschaftssymbolik. Vom Mannheimer Hofleben und von der Staatsverwaltung isoliert, konnte sich um das Fass herum auch kein institutioneller Aufbau entwickeln, der im Sinne einer obrigkeitlichen Aufsicht über die Weinwirtschaft hätte wirken können. Funktionen, die sich zum Beispiel um das große Fass im Hamburger Ratskeller, dem so genannten *Heiligtum* im 17. und 18. Jahrhundert angelagert hatten.[101] Hier wurde ein Teil des eingeführten Weins aufbewahrt, hier fielen die Entscheidungen über Verkaufsrechte, Hygienekontrollen, Preise und Ausschankrechte. Die im Ratskeller tagenden *Weinherren oder Weinmeister* bildeten so etwas wie ein Ministerium für Weinangelegenheiten.[102] Ein öffentlicher Funktionsbereich, der im Umfeld des Heidelberger Fasses niemals entstanden ist.

Erst im September 1743 fingen wieder die Planungen zur Füllung des Fasses an. Dabei kam es zu harten Auseinandersetzungen zwischen der Hofkammer und dem inzwischen wieder selbstbewussteren Hofkeller. Auch dieses Mal wies die Hofkammer den Hofkeller in seine Schranken. Ihm wurde *bei Straf* befohlen, sich zu mäßigen. Ohne seine Vorgesetzten zu fragen, hatte Englert das Fass mit Wasser anfüllen lassen, um dessen Konsistenz zu überprüfen. In den Augen der Hofkammerräte war dies ein schweres Vergehen, da die Hierarchie der Befehlsabläufe nicht berücksichtigt worden sei. Englert hatte seine Maßnahme damit begründet, dass das Fass wegen längeren Leerstehens von der Fäule angegriffen worden sei. Hingegen warfen ihm die Hofkammerräte Ignoranz vor. Er habe übersehen, dass es mit einer *solchen maschine* eine andere *Beschaffenheit habe als mit einem anderen Lagerfass*. Erst nach einer Reparatur könne das Fass, *so Gott wolle*, wieder gefüllt werden.[103]

Das vierte große Fass. – Ganz anders, nämlich ohne jede Verzierungen, zeigt sich das vierte große Fass. Lediglich eine Kartusche mit den Initialen Kurfürst Karl Theodors und der Kurhut mit Reichsapfel schmücken den Fassboden. Nachdem das Fass nicht mehr befüllt wurde, wurde es zu einer Attraktion für die Besucher des Heidelberger Schlosses. Links an der Wand hängt ein Fasszirkel, der angeblich für den Bau des großen Fasses verwendet wurde, darunter steht eine Figur des Zwergs Perkeo, der das gefüllte Karl-Theodor-Fass bewacht hatte; Postkarte Anfang 20. Jahrhundert.

Eine ›antiquität, welche fast in ganz Europa berühmt und gepriesen werde‹: das vierte große Fass von 1750–1751

›Auß althertumb so merb‹

Schon bald nach der Generalerneuerung von 1724 bis 1728 befand sich das Fass wieder in schlechtem Zustand. Auch die Pumpe war weitgehend verfallen, so dass der Heidelberger Pumpenmacher Nebel für einen Lohn von 15 Gulden mit ihrer Ausbesserung beauftragt wurde.[1] Nach wie vor lag die Überwachung dieser Arbeiten in den Händen des Hofkellers. Sein Wirkungskreis überschnitt sich teilweise mit dem des Burggrafen, dem die Gesamtverantwortung für die Erhaltung des Schlosses und für das dort nur noch spärlich vorhandene *herrschaftliche Personal* und für den Schlossberg zukam.[2] Wie überall wurde auch auf dem Heidelberger Schloss gespart. In den vierziger Jahren des 18. Jahrhunderts waren im Anschluss an den österreichischen Erbfolgekrieg die Einkünfte beträchtlich gesunken, was sich an den zurückgehenden Aufwendungen für die Mannheimer und Schwetzinger Hofhaltungen zeigte. Karl Philipp hatte sogar die Mittel für die Mannheimer Hofkirche eingeschränkt, bevor er 1742 verstarb.

Nachdem im November 1743 zwanzig Fuder Wein eingelassen worden waren, fing das Fass gleich *ganz unten ahn dem grund* zu rinnen an. Ein halber *felgen oder reif* war morsch geworden, ebenso eine der Dauben, so dass man sie mit den Händen *verriblen* konnte. Der Hofkeller konnte *tag und nacht* keine Ruhe mehr finden. Alle drei Stunden musste ein Auffanggeschirr von

4 Ohm geleert werden. Englert bat um die Aussetzung der Weinlieferungen und schlug eine Pause von 14 Tagen zur Reparatur des Fasses vor.[3] Dafür musste er schweren Tadel einstecken. Die Hofkammer warf ihm vor, beträchtliche Mängel am Fass übersehen zu haben. Zudem sei das Vikariatsfass in mangelhaftem Zustand.

Englert sah sich in seiner Ehre angegriffen und wies alle Vorwürfe zurück. Gleich nach seinem Amtsantritt im Jahre 1736 habe er zehn Dauben flicken lassen. Schon sein Vorgänger habe vergeblich gewarnt, das Fass leer zu lassen. Da man die Mahnungen nicht gehört habe, sei die *machine* durch die Feuchtigkeit dem Verfall nahe gebracht worden. Auch seine eigenen Interventionen seien vergeblich gewesen. Ferner habe er die Anschaffung neuer Fässer für den Schlosskeller nicht erreichen können.

Noch im Oktober 1743 bemühten sich das kurpfälzische Oberjägermeisteramt, der Heidelberger Hofkeller und die Mannheimer Hofkammer für die Reparatur des alten Fasses Eichenstämme in den nahe gelegenen *herrschaftlichen waldungen* zu finden. Den Forstbedienten wurde befohlen, die Bäume *ohne schaden des waldes und der wildfuhr* anzuweisen und den Vorgang an das Forstregister zu melden.[4] Zwischen diesen Berichten findet sich unvermittelt eine notizartige Wiedergabe bestimmter Abläufe aus dem Jahre 1659, die an den Bau des Karl-Ludwig-Fasses erinnern. So werden der erste Kostenvoranschlag für ein Fass über 150 Fuder, die Frondienste für die Transporte, die Verantwortlichkeit des Hofkellers, die Vereinbarungen mit den Küfern und Daubenhauern und die Beschaffung des Holzes aus dem Neckargeracher und dem Sandhäuser Wald als Probleme aufgezählt. Der Grund liegt wohl darin, dass sich in der Verwaltung Vorstellungen breit machten, die angesichts der dauernden Schwierigkeiten mit dem alten Fass auf den Bau eines neuen Behälters hinausliefen. Hierzu konnte es nützlich sein, auf die Erfahrungen bei der Errichtung des alten Fasses zurückzugreifen. Bevor es zu konkreten Planungsschritten zum Bau eines neuen Fasses kam, fasste der Hofkeller noch einmal die Misere des alten Fasses zusammen.

Am 25. Februar 1744 wandte er sich mit einer Bestandsaufnahme an den Kurfürsten. Er habe das Fass nach einer Leerung, bei der 160 Fuder Wein entnommen worden waren, gründlich untersucht. Die Böden und zahlreiche Dauben seien *auß althertumb so merb* geworden, dass man sie mit den Händen *verribeln* könne. Würden sie ersetzt werden, kämen 500 bis 600 Gulden Kosten auf die Hofkammer zu. Bald jedoch würde es zu weiteren Fäulungsprozessen kommen, da die Feuchtigkeit inzwischen das ganze Fass durchdrungen habe. Übrigens habe er schon 1736, beim Antritt seines Amtes, mit dem Herumflicken an den Dauben und an den Böden beginnen müssen, um das Fass intakt zu halten. Kurzum, der Hofkeller legte nahe, da das *faß zu alt* sei, ein *ganz Neues* mit Hilfe der an der Hofkellerei tätigen Küferknechte zu errichten. Das benötigte Holz glaubte er in den *herrschaftlichen Waldungen* finden zu können. Illusorisch waren seine Vorstellungen von den Kosten, die seiner Ansicht nach 600 Gulden nicht überschreiten würden. Es ist verständlich, dass Englert an einem Neubau interessiert war, mussten doch die Arbeiten an diesem Projekt seine Rolle und sein Prestige innerhalb der Verwaltung aufwerten.[5] Zugleich konnte das Heidelberger Schloss aus dem Schatten des Mannheimer und Schwetzinger Hoflebens etwas hervortreten. Wahrscheinlich stand das Vorhaben auch deshalb unter günstigen Vorzeichen, weil Karl Theodor (1743–1799) gerade seine Regentschaft mit vielfältigen Reformvorhaben angetreten hatte.[6]

Die Initiative des Hofkellers wurde von der Hofkammer aufgegriffen. Schon wenige Tage später wandte sie sich an den Kurfürsten.[7] Mit zusätzlichen Argumenten befürwortete sie einen Neubau. Im Fass dürfe man nicht nur einen Weinbehälter sehen, sondern es sei eine *antiquität, welche fast in ganz Europa berühmt und*

108   Das vierte große Fass von 1750–1751

Gestaltungsentwurf für den vorderen Fassboden, unbekannter Künstler. – Für die Gestaltung des Fassbodens hatten mehrere Künstler, u. a. Matthaeus van den Branden und Peter Anton Verschaffelt, Zeichnungen für eine Schnitzverzierung eingereicht, von denen Karl Theodor den hier gezeigten ›Riss‹ auswählte.

gepriesen werde. An den Kurfürsten gewandt, betonte sie, dass das Fass auch das Wappen des neuen Herrschers tragen werde. Kurz darauf forderte die Hofkammer von Englert einen Kostenvoranschlag, der einkalkulieren müsse, dass das neue Fass um *etliche Fuder* größer werden sollte als das alte.[8]

Die ›besten und tauglichsten Bäume‹

Englert schien mit der Genehmigung zum Bau des Fasses zu rechnen, das 30 Fuder größer werden sollte als das alte. Schon bevor er das endgültige Plazet für die Verwirklichung seines Plans erhielt, sah er sich nach geeigneten Daubenhauern um. Zugleich suchte er nach dem Wald, in dem das dazu benötigte Holz geschlagen werden könnte. Im Unterschied zu seinem ersten Vorschlag und zu seinen Vorgängern richtete Englert seine Aufmerksamkeit nicht in erster Linie auf die Wälder im nahe gelegenen Odenwald, in denen damals die früheren Eichenholzwaldungen durch Raubbau und übermäßige Nutzung stark abgenommen hatten.[9] Er zeigte großes Interesse an dem zur Geistlichen Güteradministration[10] gehörenden *Stift- und Pflegerei Wald*[11] im Oberamt Kaiserslautern[12], das zu den waldreichsten der Kurpfalz gehörte.[13] Dort vor allem sah Englert geeignetes Holz, nach dem man in den *herrschaftlichen Wäldern* vergeblich suchen würde.[14] Von einem Angebot, wie es der Lautererer Landschreiber noch während der Reparaturarbeiten am Vorgängerfass 1724 gemacht hatte, als er die Qualität der Wälder im Oberamt gelobt hatte, hörte die Hofkellerei diesmal nichts. Ganz im Gegenteil, Englert stieß mit seinen Plänen auf große Schwierigkeiten. An die Hofkammer berichtete er, dass holländische Holzhändler[15] bereits die *besten und tauglichsten Bäume* für ihre Zwecke markiert hätten.[16] Deshalb empfahl er, ehe die Holländer[17] einen dieser Bäume fällen könnten, 75 bis 80 Stämme, die von einem Daubenhauer auszusuchen seien, holen zu lassen.[18] Vor dem Anlaufen dieser Aktion bemühte er sich um eine Rückversicherung bei der Hofkammer und empfahl, zunächst zwei Stämme aus dem erwähnten Wald mittels Fronfuhren nach Mannheim bringen zu lassen, um sie einer Qualitätsprüfung zu unterziehen.[19]

Dies war ein Verfahren, das, wenn es schon keine Rücksicht auf die Rechtslage nahm und zu Lasten der Geistlichen Administration ging, in seiner Brüskierung holländischer Handelsinteressen erstaunlich war.[20] Die Kurpfalz war auf die guten Kontakte mit den Niederlanden angewiesen, zumal sich Mannheim um 1750 neben Köln, Mainz und Frankfurt zu einem bedeutenden *Distributionszentrum für den rheinaufwärts gerichteten Handel«*[21] entwickelt hatte. Holz spielte dabei eine wichtige Rolle. Im Stromsystem des Rheins gehörte der Pfälzer Wald neben dem Unterlauf der Lippe, dem Spessart, dem Frankenwald, den Vogesen und dem nördlichen Schwarzwald zu den wichtigsten Liefergebieten für den Bauholzhandel mit den Niederlanden.[22] Bemerkenswert war das Verhalten der Hofkammer auch deshalb, weil sich normalerweise in den für den Holländerholzhandel erschlossenen Wäldern eine Nutzungshierarchie ausgebildet hatte, an deren erstem Platz die Schläge für die Holländerstämme standen. Dann kamen die Hölzer, die für Transporteinrichtungen verwendet wurden. Erst danach durfte Bau- und Sägeholz geschlagen werden, während Brenn- und Kohlholz am Ende der Stufenleiter stand.[23] Es sei auch festgehalten, dass in den benachbarten Territorien Baden und Württemberg der Holländerholzhandel gerade im 18. Jahrhundert vom Staat besonders sorgfältig gepflegt und privilegiert wurde.[24]

Die Hofkammer schloss sich der Eile des Hofkellers an. Die Verwaltung konnte deshalb so entschieden vorgehen, weil ihr in dieser Angelegenheit keine erfahrene, einflussreiche Holzhandelsgesellschaft gegenüberstand, die die gesamte Arbeit des Holzfällens, des Transports und des Verkaufs organisiert hätte.[25] Zudem war die Hofkammer gewohnt, mit dem Rückhalt durch die Regierung in die Belange der Geistlichen Güteradministration einzugreifen, zu der sie in einer Art wirtschaftlichem Konkurrenzverhältnis stand.[26] Dabei litt die Kirchengüterverwaltung unter einem Wettbewerbsnachteil gegenüber der Hofkammer: Ihr stand nicht das Recht zur selbständigen Eintreibung der fälligen Einkünfte zu. Bei Säumnissen und Weigerungen musste

Die ›besten und tauglichsten Bäume‹

sie zahlreiche und langwierige Prozesse durchstehen. Allein im Jahre 1731 waren es 43 Prozesse mit Privatpersonen und mit staatlichen Institutionen.[27]

Zwar hatte die Kurpfalz auf ihrem Territorium die Forsthoheit, aufgrund derer sie über die Wälder der Geistlichen Administration, von Privatbesitzern und von Gemeinden ihre landesherrliche Aufsicht ausübte.[28] Damit war aber kein Zugriffsrecht auf das Waldeigentum der anderen Besitzer verbunden. In der Realität überschritt der Staat jedoch in einer ganzen Reihe von Fällen die Grenzen der Legalität. Zahlreiche Prozesse wurden

Die größte Herausforderung war der Abtransport des geschlagenen Holzes; gerade in unwegsamen und gebirgigen Regionen bedeutete dies schier unlösbare Probleme. Es wurden daher aufwendige ›Rutschbahnen‹, sog. Holzriesen, gebaut, die selbst bei einem geringen Gefälle eingesetzt werden konnten. Auf ihnen rutschten die gefällten Baumstämme ins Tal.

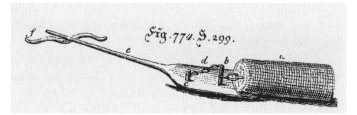

Lottbaum zum Schleifen schwerer Langholzstämme. – Vergleichsweise ›einfach‹ war der Abtransport mit einem Lottbaum, der von Zugtieren gezogen wurde. Er wurde dann eingesetzt, wenn es keine brauchbaren Wege gab oder die Berghänge zu steil waren.

deshalb vor dem Mannheimer Oberappellationsgericht[29] ausgetragen. Um die Jahrhundertmitte trug die Hofkammer elf Prozent dieser Streitfälle mit der Geistlichen Administration aus.[30] Solche Konflikte zwischen unterschiedlichen Waldeigentümern und der Hofkammer hatte es schon in den ersten Jahrzehnten der Jahrhundertwende gegeben. Die 1711 erlassene neue *Churfürstliche Pfalz Forst und Wald auch Weid-Wercks-Jagd- und Fischerei-Ordnung* stärkte die Hofkammer.[31] Im rechtsrheinischen Teil hatte diese zum Beispiel zwischen 1717 und 1740 alle Nutzungsrechte aus dem Münchelwald eingezogen,[32] der zwischen dem Schafbach und dem Bärenbachwald liegt und als Allmendwald zur Schriesheimer Zent gehörte. Es kam daraufhin zu Prozessen, die nach drei Jahrzehnten zugunsten der Zentgenossenschaft ausgingen, aber an den realen Machtverhältnissen schließlich doch nichts änderten.[33]

Unverzüglich schaltete die Hofkammer im Jahre 1744 das Oberjägermeisteramt, dem die Verwaltung des kurpfälzischen Jagd-, Forst- und Fischereiwesens unterstand,[34] zum Aussuchen der Bäume ein. In einer Phase zunehmender Rationalisierung der Waldwirtschaft[35] und ihrer langsam beginnenden Beforchung, das heißt kartenmäßigen Erfassung, war ein solches Verfahren nötig.[36] Der Forstmeister zu Lautern[37] Konrad Theodor Rettig[38], der bereits in mehreren Streitfällen mit der Stadt Kaiserslautern die Interessen der Verwaltung um deren Waldnutzungsrechte im alten Reichswald vertreten hatte,[39] wurde zum Fällen der Bäume ermächtigt, während das dortige Oberamt mit der Ausschreibung der Fronfuhren beauftragt wurde. Alles geschah ohne Vereinbarung mit der Geistlichen Administration.[40] Ein Hauruckverfahren, über das sich deren Vertreter Paravicini[41] am 3. Juli 1744 beschwerte. Man könne *nicht glauben oder begreifen,* dass die Hofkammer ohne vorherige Absprache mit dem im Besitz der Geistlichen Güterbestand befindlichen Waldbestand disponiere, zumal die Holländer die bezeichneten Bäume bereits bezahlt hätten.[42] Jetzt stünden beträchtliche *inconveniencen* bevor.[43] Die Empörung der Beamten der Geistlichen Administration war verständlich, waren doch die Holländereichen[44] ein echter Exportschlager. Die kurpfälzischen Holländereichen, die auch im Heidelberger Stadtwald zu den wertvollsten Hölzern gehörten,[45] erlebten von 1659 bis 1800 einen Preisanstieg um 350 Prozent.[46] Für die Geistliche Güteradministration war das vom Staat durchgeführte Verfahren umso schmerzhafter, da sie ihre Wälder primär als Produktionswälder nutzte und auf den Holzexport angewiesen war.[47] Die ganze Aktion sei umso überflüssiger, so Paravicini, als doch auch in den Kameralwäldern eine genügende Menge des benötigten Stammholzes zur Verfügung stehe. Der Einspruch Paravicinis blieb ohne Wirkung. Noch drei Jahre später musste die Geistliche Administration um die Bezahlung der aus ihren Waldungen entnommenen Stämme bitten[48] – vergeblich. Wieder einmal hatte sich das Machtgefälle zwischen staatlicher Verwaltung und kirchlicher Güterverwaltung als unüberbrückbar erwiesen.[49]

Die Hofkammer, aus deren Reihen die Geistliche Administration[50] nun verstärkt mit dem Vorwurf der Ineffektivität und der Schlamperei überzogen wurde,[51] zeigte sich von dieser Kritik nicht berührt; sie kümmerte sich nicht einmal um die Bezahlung der Stämme.[52] Noch am 14. März 1745 musste die Geistliche Administration, die nach dem Brand von 1728 in Heidelberg in einem Gebäude am Hexenturm untergebracht wurde, auf die finanzielle Entschädigung für die *80 Stamm holländer baum*[53] drängen.[54] Sicher hat die Hofkammer damals genauso wenig bezahlt, wie sie auch späteren Forderungen aus dem Weg gegangen ist.[55] Damit setzte sich im 18. Jahrhundert ein Verhalten der staatlichen Verwaltung fort, das sich bald nach der Gründung der Geistlichen Administration im Jahre 1705 gezeigt hatte, aber schon im Zeitalter der Reformation und der Konfessionalisierung sichtbar geworden war.[56] So wurden von den Einnahmen der kirchlichen Vermögensverwaltung um 1600 fast 40 Prozent auf staatliche Ausgaben umgelenkt. Ein Teil davon diente militärischen Zwecken.[57]

Querelen über Querelen

Es sollte sich erweisen, dass das Fällen der Bäume im Administrationswald mit großen Schwierigkeiten verbunden war. Als schließlich 90 Stämme geschlagen wurden, fielen 25 in die falsche Richtung. Dabei wurden sie so schwer beschädigt, dass sie für den Fassbau nicht mehr verwendbar waren. Sie wurden der Geistlichen Administration überlassen. Die nun neu zu fällenden Bäume wurden unter Beteiligung der Hofkammer ausgesucht. Aus letztlich 65 Stämmen wurden 102 Daubenstücke gemacht. In der Zwischenzeit hatte die Hofkammer gemeinsam mit dem Oberjägermeisteramt[58] überlegt, ob weitere Bäume doch aus den Kameralwaldungen geholt werden sollten. Wie die Dinge weitergingen, ist unklar. Es bleiben daher viele Fragen über den Transport offen, bei dem das Holz getriftet, geflöst oder auf dem

Bortfloß mit Brettern als Oblast, anonymer Straßburger Zeichner, um 1600. – Die vergleichsweise schmalen Floße bestanden aus mehreren mit Wieden (gedrehte Zweige, die sehr belastbar sind) verbundenen Gestören (›Teilflöße‹), die sehr beweglich waren, zugleich aber auch ein hohes Geschick bei der Lenkung auf unruhigem Wasser erforderten. Gut zu erkennen ist auf dem Bild links der schmalere ›Vorspitz‹ mit dem Steuerruder.

Landweg befördert werden musste.[59] Die Verwaltung stand auf jeden Fall vor einem Riesenproblem.

Trotz dieser langen Vorlaufzeit, in der es in erster Linie um die Beschaffung des Holzes ging, gab es im November 1747 immer noch keine endgültige Klarheit darüber, wer am Bau des Fasses beteiligt sein sollte. Zumindest machte sich damals noch der Mannheimer Küfermeister Daniel Wolf Hoffnung, mit den Arbeiten beauftragt zu werden. Er zeigte sich darüber enttäuscht, dass einige Meister aus Württemberg mit der Verfertigung des Fasses *beschrieben* worden seien. Dies sei unverständlich, da er als Landesbewohner in der Lage sei, das Fass zu bauen. In einem Schreiben an die Hofkammer betonte er, dass er gutachterlich nachweisen könne, für den Herrn Regierungsratspräsidenten bereits ein 30-fudriges Fass verfertigt zu haben. Als treuer Untertan hoffe er, mit dem Bau des Fasses beauftragt zu werden. Würde dies nicht geschehen, sei es für die *ganze Kieferzunft* des Landes eine Schande, wenn man diese nicht für *capabel* hielte und *ausländische Meister* heranzöge. Da er außerdem alle anstehenden Nebenarbeiten erledigen könne, erübrige sich die Anstellung weiterer Leute. Auf dieses Angebot aus Mannheim reagierte der Hofkeller mit einer heftigen Abweisung. Der besagte Küfer gelte zwar als tüchtig, käme aber für eine Arbeit dieses Ausmaßes nicht in Frage, da *seine größte force im Trinken* bestehe. Im Übrigen verbat sich der Hofkeller jede weitere Störung.

Im Februar 1749 standen immer noch Holzlieferungen für den Fassbau an. Jetzt kamen näher gelegene Forste, wie zum Beispiel der Wimmersbacher und der Neunkirchener Wald, ins Blickfeld von Hofkammer und Hofkeller. Der für diese Wälder zuständige Forstknecht bewies jedoch gutachterlich, dass dort kein geeignetes Holz vorhanden sei. Man müsse sich deshalb schleunigst um Holz aus anderen Wäldern kümmern, damit der *Hofkeller in seiner Arbeit nicht aufgehalten werde*. Das Oberjägermeisteramt befahl daraufhin, das erforderliche Holz aus den unter der Aufsicht des auf dem Dilsberg residierenden Oberförsters Wolf stehenden *herrschaftlichen Wäldern* zu beschaffen. Auch der Heidelberger Stadtwald war für die Lieferung einiger Stämme zur Herstellung von Reifenstangen vorgesehen, wobei die Beamten der Kommune ohne Widerstreben eine finanzielle Entschädigung zugestanden haben. Ein rücksichtsloses Verhalten wie gegenüber der Geistlichen Administration hätte sich die Verwaltung gegenüber Heidelberg nicht leisten können. Es galt die Stadt zu *bonificieren*. Da damit der Bedarf nicht abgedeckt werden konnte, musste sich der Forstmeister zu Heidelberg noch um die Sendung von sechs zusätzlichen Stämmen aus der Haardt bemühen.[60]

Bei einer Bestandsaufnahme im September 1749 fehlte noch Holz für die Reifen, das Gerüst, die Schleifborde, die Felgenstücke und die Spangen. Mit Fronfuhren aus den Hohenecker Waldungen des Oberamts Lautern wurde diese Lücke geschlossen.[61] Für die Strecke bis Mannheim war das Oberamt in Lautern zuständig, während die Organisation des weiteren Transports dem Oberamt Heidelberg aufgetragen wurde.[62] Wie stark die konkrete Belastung der Untertanen auf diesen Strecken war, muss offen bleiben. In der Regel war die tägliche Fronleistung nach einem Bericht des Heidelberger Hofkellers vom Jahre 1739 auf acht Stunden beschränkt.[63]

Es sollten in den Jahren des Fassbaus noch viele Querelen auf den Hofkeller zukommen. So forderte die Ehefrau des Mechanikus Nebel nach einem Bericht Englerts *frech und unverschambt* 35 Gulden, die ihrem verstorbenen Mann von der Hofkellerei noch geschuldet würden.[64] Englert verwies im Gegenzug darauf, dass man Nebel bereits zu dessen Lebzeiten 5 Gulden bezahlt habe. Zudem liege der Vorgang 13 Jahre zurück. In der ganzen Zeit habe sich die Witwe niemals gerührt. Er legte der Hofkammer nahe, ihr *ewiges Stillschweigen* zu befehlen. Die Klägerin ließ von ihren Forderungen nicht ab, verwies weiter auf ihr und ihrer vier Kinder Elend und legte eine Rechnung ihres Mannes vom

27. April 1737 vor. Ihr Mann habe das Geld für den Erwerb von Holz und Kitt ausgelegt. Damals habe er als Hofmechanikus drei Stücke am hinteren Boden des Fasses eingesetzt. Bis heute sei kein Gulden davon erstattet worden. Die Hofkammer schloss sich der Ablehnung des Hofkellers an. Am 12. November 1749 wurde die Witwe wegen ihrer *ohnstatthaften forderung ein für allemal ab- und zur ruhe verwiesen*.

Mit einer anderen Empfehlung, die Englert gemeinsam mit der Baukommission, die als Unterabteilung der Hofkammer fungierte, unterschrieben hatte, kam der Hofkeller jedoch höheren Orts nicht durch: Er scheiterte mit seinem Vorschlag, das alte Fass als *antiquität für die Nachwelt* an seinem bisherigen Standort zu belassen und das neue Fass zum *Höheren Ruhm des Fürsten* in einem anderen Gewölbe aufzustellen. Die Hofkammer ließ sich auch nicht durch den Hinweis überzeugen, dass zwischen beiden Fässern die *schönste communication* entstehen würde. Im damals üblichen Amtsdeutsch erließ die Hofkammer am 15. Dezember 1749 an den Hofkeller eine Anordnung, welche die Existenz zweier großer Fässer in unmittelbarer Nähe zueinander unmöglich machte. Sie befahl, dass das neue Fass *in dasjenige gewölb darin das alte sich bis dahin befindet eingelegt werden solle*.

Im Februar 1750 fehlten noch 15 Stämme. Es wurde daran gedacht, sie aus dem Kameralforst bei Schönau[65] holen zu lassen. Ein Vorhaben, das sich nur mühsam umsetzen ließ und Auswirkungen weit über das Steinachtal hinaus hatte. Nun entwickelte sich ein vielschichtiger Konflikt, an dem zahlreiche Zentgemeinden, das Heidelberger Oberamt, der Hofkeller, die Hofkammer, der Amtmann auf dem Dilsberg und die so genannten *vogteilichen* Gemeinden in der Meckesheimer Zent beteiligt waren. Es ging dabei in erster Linie um einen Protest gegen die aus dem Fassprojekt auf die Untertanen zukommenden Belastungen. Von den gleichsam klassischen Waldkonflikten zwischen Untertanen und Obrigkeit, die sich um gegensätzliche Nutzungs- und Eigentumsvorstellungen drehten, war dieser Streit von 1750 weit entfernt.[66] Auch wäre es falsch, die Kontroverse als Reflex auf die im 18. Jahrhundert zunehmende Holzknappheit zu verstehen.[67] Ebenso wäre es vorschnell, diese Auseinandersetzungen im Zusammenhang mit den im Vorfeld der Französischen Revolution entstehenden südwestdeutschen Forstunruhen zu sehen.[68] Den Beteiligten stand kein Konzept zur Verfügung, das auf wachsende Partizipation, Kommunikation oder Publizität in einem veränderten politischen Umfeld ausgerichtet gewesen wäre.[69]

Dennoch geben die Ereignisse des Jahres 1750 einen aufschlussreichen Einblick in den Verlauf von Entscheidungsprozessen im Rahmen der politischen Ordnung des 18. Jahrhunderts. Diese sind oft viel widersprüchlicher und langwieriger verlaufen, als die gängige Vorstellung des Absolutismus vermuten lässt, der ein einheitliches politisches Entscheidungssystem zu charakterisieren scheint.[70] Von einem stringenten, von oben nach unten hierarchisch verlaufenden Befehlsstrang kann auch am Beispiel der beschriebenen Auseinandersetzungen nicht die Rede sein. Zahlreiche Gemeinden wehrten sich gegen ihre von der Verwaltung beabsichtigte Inanspruchnahme bei den Lieferungen des Holzes aus dem Steinachtal auf das Heidelberger Schloss. Zugute kam ihnen dabei die Existenz der Zentverfassung, innerhalb derer sie agieren konnten. Die Breite und Intensität dieses Widerspruchs überrascht, da die Forschung von der staatlich-herrschaftlichen Durchdringung der Zenten und von der zunehmenden Minimierung ihres Gestaltungsraumes im 17. und 18. Jahrhundert ausgeht. Vor allem für das Gerichtswesen gilt bis heute die Feststellung KOLLNIGS, dass in der *kurpfälzischen Justizverwaltung durch das vordringen der Ämter die Zenten zu völliger Bedeutungslosigkeit herabgesunken«* sind. Eine These, die von der sorgfältigen und aufschlussreichen rechtsgeschichtlichen Studie Melanie HÄGERMANNS trotz einiger Modifikationen in der Tendenz jüngst bestätigt wurde.[71]

Das Jahr 1750 brachte eine bemerkenswerte Mobilisierung der Untertanen der Schriesheimer Zent mit sich. Ein großer Teil von ihnen versammelte sich am 4. und 5. Mai gemeinsam mit sämtlichen Beamten des Oberamtes, mit allen Kameral-, Administrations-, Land- und Forstbedienten, mit dem Stadtrat und der Bürgerschaft von Heidelberg, mit den Untertanen der Stadt Schönau und der Kellerei Waldeck, mit den Geistlichen, Kirchen- und Schuldienern sowie mit allen Juden in Weinheim zur Erbhuldigung für Karl Theodor.[72] Die Untertanen legten nach einer alten Formel den Treueid ab, während der Kurfürst durch seinen Vertreter, den Regierungsrat Wrede[73], versprechen ließ, die Rechte und Privilegien des Landes zu achten.[74] An der Versammlung nahmen fast 2000 Personen teil. Wahrscheinlich kam es in diesem Umfeld auch zu Kommunikationsformen mit politischen Akzenten, zumal damals die Belastung durch Frondienste anstieg, die oft überraschend, ungeregelt und ungerecht auf die Untertanen verteilt wurden. Es ist auf jeden Fall auffallend, dass im Umfeld der Weinheimer Versammlung ein bemerkenswerter Aktivismus entstand, der auch im Streit um die Holzlieferungen aus dem Schönauer Kameralwald zum Ausdruck kam.

Die Auseinandersetzung um die 15 Eichenstämme begann mit einer nicht befolgten Anordnung des Hofkellers im Februar 1750.[75] Der Waldecker Keller wies dessen Befehl zurück, das Holz von Waldecker Untertanen *in der frohn* zur Hofkellerei auf das Schloss bringen zu lassen.[76] Er bediente sich dabei nicht des gängigen Arguments, dass die Belastungen durch die üblichen Fronleistungen in einem Maße angestiegen seien, dass die Untertanen keine zusätzlichen, *ungemessenen dienste* mehr leisten könnten, sondern er betonte, dass die für den Transport notwendigen Werkzeuge nicht zur Verfügung stünden. Insbesondere fehlten *Holländer Wagen*.[77] Dabei handelte es sich um einachsige Wagen mit langer Deichsel, die wegen ihrer Beweglichkeit speziell bei Forstarbeiten eingesetzt wurden.[78] Diese Wagen waren zusätzlich

Halbwagen oder »Halber Wagen«, Zeichnung von Th. Schuler, um 1850.
– Halbwagen wurden besonders gerne zum Abtransport aus Gebieten mit starkem Gefälle eingesetzt. Der mit einem Ende auf dem Boden schleifende Stamm bremste das Fahrtempo ab.

mit Winden versehen, mit deren Hilfe die Stämme aufgeladen werden konnten.[79] Der Hofkeller sah in dieser Forderung keine unziemliche Widerrede, sondern gab die Weigerung des Waldecker Kellers, der zugleich Schultheiß in Heiligkreuzsteinach war, an die Hofkammer weiter und erkundigte sich bei seinen Vorgesetzten, ob die Holländer Wagen nicht aus dem Zeughaus *gegen gute und ohnmangelhafte restitution* den Waldecker Untertanen zur Verfügung gestellt werden könnten. Übrigens seien solche Forderungen, die Holzlieferungen mit technischen Mitteln zu erleichtern, nicht nur von den Waldeckern gekommen, sondern auch schon aus der Haardt.

Der Hofkeller bot der Mannheimer Hofkammer an, für das Herbeischaffen dieser Wagen aus Heidelberg zu sorgen und sich auch um die Finanzierung des Vorhabens durch das Einziehen von Frongeldern zu kümmern. Fest steht, dass die Hofkammer im Laufe der nächsten Wochen zwei Holländer Wagen in den Schönauer Kameralwald bringen ließ und dass das Aufladen der Stämme erfolgt ist. Es ist anzunehmen, dass die Stämme die Steinach hinunter geflößt wurden. Im Juli 1750 lagen die Stämme am Heidelberger Neckarufer. Ein Neckarhäuser Schiffsmann hatte mit Zustimmung der Hofkammer den Transport aus dem Steinachtal[80] nach Neckarsteinach und von dort nach Heidelberg übernommen. Mit ihm war schon am 27. Mai 1750 ein Liefervertrag geschlossen worden. Ihm wurden 554 Gulden zugesagt,[81] deren Bezahlung von den Untertanen übernommen werden sollten.

Es war offensichtlich, dass die Untertanen der Kellerei Waldeck allein für diese hohe Summe nicht aufkommen konnten.[82] Deshalb schlug die Hofkammer vor, die 554 Gulden auf die Untertanen der Oberämter Heidelberg, Lindenfels[83] und Ladenburg zu verteilen. Die Oberämter jenseits des Rheins wurden von dieser Belastung befreit, da sie in letzter Zeit übermäßig durch *andere ohnumgängliche Frohnden occupiert* gewesen seien. Solche Ad-hoc-Umlagen, so genannte *Repartitionen,* standen im Alltag der Finanzverwaltung sehr oft an und gerieten meist zu Auseinandersetzungen zwischen den beteiligten Instanzen.[84] Im vorliegenden Fall machte der Heidelberger Oberamtmann den ersten Zug.

Er hatte zwar nichts gegen die Belastung der Untertanen der Oberämter Lindenfels und Ladenburg, wohl aber etwas gegen die Beanspruchung der Untertanen seines eigenen Verwaltungsbezirks. Gerade die *Communen hiesigen Oberamts* seien mehr als die Gemeinden in anderen Oberämtern wegen der Beiträge zur Schwetzinger Hofhaltung bereits seit längerer Zeit einer überaus starken Belastung ausgesetzt. Deshalb müssten ihnen dieses Mal *ein soulagement vor anderen Oberämtern* gewährt werden. Dementsprechend seien die 554 Gulden gerechter zu verteilen. Auch wenn die Gesamtlösung der Kostenfrage noch nicht gefunden wurde, einigte man sich darauf, dass der Heiligkreuzsteinacher Schultheiß gleichsam als Privatunternehmer den Transport einer kleinen Menge von Kleinholz nach Schönau für 25 Gulden und 30 Kreuzer übernehmen sollte. Ob diese Summe von der Verwaltung direkt bezahlt wurde oder ob sie auf die 554 Gulden geschlagen wurde, wurde nicht vermerkt.

Der Oberamtmann bekam die Unterstützung der Gemeinden seines Bezirks.[85] Dabei war bemerkenswert, dass sich aus dem Heidelberger Oberamt zahlreiche Stimmen zu Wort meldeten, die unterschiedliche Vorschläge zur Lösung des Problems einbrachten. Inwieweit diese Aktion mit dem Oberamtmann koordiniert war, lässt sich nicht ermitteln. So hatten sich zum Beispiel die Schultheißen der Kirchheimer Zent[86] mit der Belastung durch das Heidelberger Oberamt abgefunden, forderten aber zugleich, dass die *frohnbaren und mit Zugvieh angesessenen untertanen* der Oberämter Ladenburg und Lindenfels auch an den Lasten beteiligt würden. Dies sei deshalb gerecht; weil die *verfertigimg und befrohnung dieses neuen großen Fasses das ganze land angehet*.[87] Niemand dürfe sich eines Beitrags entziehen. Zu den Unterzeichnern dieser Resolution gehörten die meisten Bürgermeister der Gemeinden der Kirchheimer Zent. Auch der Zentgraf hatte seine Unterschrift unter diese Entschließung gesetzt.[88]

Die Reaktionen aus der Schriesheimer Zent waren umfangreicher.[89] Man sieht, dass der Heidelberger Oberamtmann, der bei der Hofkammer mit seinem Vorschlag zur Befreiung seines Bezirks von Frondiensten und finanziellen Abgaben nicht durchgekommen war, gegenüber der Zent vorsichtig taktierte. Er fragte an, wie man dort die Sache beurteile, ob die Untertanen die Eichenbäume *in natura* führen sollten oder ob der Transport um *Geld veraccordiert* werden sollte. Der Zentschreiber fasste daraufhin die Reaktionen der einzelnen Kommunen zusammen. Meist sei dort die Meinung vertreten worden, dass die Zentgenossen nicht in der Lage seien, solche großen Hölzer aufzuladen. Sie hätten *davon keine wissenschaft* und seien zudem genügend mit Fronleistungen beladen.

Ähnlich argumentierte die Gemeinde Feudenheim. Sie lehnte für ihre Einwohner jede Art von Fronfuhr ab. Wenn die Feudenheimer aber unbedingt in die Angelegenheit einbezogen werden müssten, dann sollte dies, da die Feudenheimer an Fuhren aus den Bergen nicht gewöhnt seien, höchstens durch einen finanziellen Beitrag geschehen. Auch für die Heddesheimer stellte sich die Alternative, *ob solche fuhren in natura versehen oder für geld veraccordiert* werden müssen. Sie entschieden sich wie die Feudenheimer. Die Schultheißen von Rippenweier und Oberflockenbach lehnten jede Beteiligung an den Fronfuhren ab. Zum einen gebe es unter ihren Einwohnern keine Fronbauern, die sich auf solche Arbeiten verstünden. Zum anderen sei ein finanzieller Beitrag ungerechtfertigt, weil beide Gemeinden bereits zu sehr belastet wären. Aus Großsachsen kam eine ähnliche Stellungnahme, die aber durch die Forderung verschärft wurde, das ganze Land an dieser sehr teuren Fron zu beteiligen.[90] Abweichend davon erklärten sich die Handschuhsheimer bereit, das Geld zu zahlen. Auf keinen Fall könnten sie jedoch Vieh für den Transport aus dem Schönauer Kameralwald abstellen. Genauso argumentieren die Neuenheimer. Hingegen schlugen die Ziegelhäuser ein völlig anderes Verfahren vor: Sie empfahlen dem Zentgrafen[91], einen *tüchtigen* Mann zu bestimmen, der die Bäume besichtigen und dann Vorschläge machen sollte, wie die einzelnen Gemeinden zu beteiligen seien. Dieser Empfehlung müssten dann die Orte Folge leisten und das ihnen auferlegte Quantum an Geld zahlen.

Eine weitere Möglichkeit wurde vom Heidelberger Oberamtmann Wrede am 5. Juni 1750 vorgeschlagen. Er hatte es inzwischen aufgegeben, die Befreiung seines Bezirkes von allen Leistungen anzustreben. Nun trat er für eine Umlage auf die drei Oberämter Heidelberg, Ladenburg und Lindenfels ein.[92] Die jeweiligen Zahlungen sollten sich an der Schatzungssumme[93] der Orte orientieren. Genaueres könne er jedoch nicht sagen, da er die Leistungen der einzelnen Orte nicht kenne. Deshalb sei allein die Hofkammer in der Lage, eine Regelung zu treffen. Diese gab dann auch am 18. Juni 1750 folgende Lastenverteilung bekannt: Auf das Oberamt Heidelberg kamen 477 Gulden 20 Kreuzer zu, das Oberamt Ladenburg musste 56 Gulden 20 Kreuzer und das Oberamt Lindenfels 26 Gulden 13 Kreuzer zahlen. Dies machte eine Summe von 559 Gulden 53 Kreuzer aus. An eine Beteiligung weiterer Oberämter dachte die Hofkammer nicht. Insofern fehlte auch jeder Hinweis auf die linksrheinischen Gebiete. Da es in den westlichen Oberämtern wie zum Beispiel in Kaiserslautern, Neustadt oder Alzey keine Centen als Rahmen für kooperative Aktionsformen der einzelnen Gemeinden gab, wäre dort ein möglicher Streit um finanzielle Abgaben zugunsten des Fassbaus anders verlaufen. Amtleute oder Kommunen hätten ohne die durch die Existenz der Zentverfassung begründete institutionelle Vernetzung agieren müssen. In diesem Zusammenhang hat man von *der Spaltung der Verwaltungsräume in einen linksrheinischen und rechtsrheinischen Raum* gesprochen.[94]

Dass die Repartitionsfrage selbst im Oktober 1750 noch nicht gelöst war, belegt ein Bericht des Landschreibers Wrede vom 9. Oktober.[95] So fing im Amt Dilsberg[96], das von den 477 Gulden 20 Kreuzer des Oberamtes Heidelberg 128 Gulden und 20 Kreuzer übernehmen sollte, ein Streit um die finanzielle Verpflichtung der so genannten *vogteylichen Orte* an. Dabei handelte es sich um Orte, die zwar in die staatliche Ämterorganisation und Verwaltung eingebunden waren, in denen aber noch im 18. Jahrhundert die örtliche Niedergerichtsbarkeit des ritterschaftlichen Adels von den so genannten Vogtsjunkern ausgeübt wurde.[97] Adel und Landesherr – eine Konkurrenz mit mittelalterlichen Wurzeln.[98] Trotz der Verlagerung des Gewichts auf die territorialen Hoheitsrechte der Kurfürsten existierten noch bis an die Schwelle des 19. Jahrhunderts ritterschaftliche Sonderrechte.[99] Ein Mittel zur Verstärkung der kurpfälzischen Landeshoheit war die staatlich-herrschaftliche Umformung der Zenten gewesen, die aus genossenschaftlichen Gemeindezusammenschlüssen tendenziell zu staatlich regulierten Verwaltungs- und Gerichtsbezirken wurden.[100] Im Geflecht zwischen den Selbstverwaltungstraditionen der Gemeinden, den niederadeligen Besitz- und Herrschaftsrechten und dem staatlichen Anspruch auf Souveränität erwies sich die letztere Komponente als die entscheidende historische Kraft.[101] Dennoch wehrten sich die adeligen Dorfherrschaften bis weit in das 18. Jahrhundert hinein gegen diese Entwicklung.[102] Sie konnten sich dabei auf vertragliche Vereinbarungen stützen. So beriefen sie sich noch im Jahre 1728 auf den Zentvertrag von 1560, in dem die einzelnen Hoheitsbefugnisse zwischen dem Niederadel und der Kurpfalz in der Reichhartshauser[103] und in der Meckesheimer Zent festgelegt worden waren.[104] 1728 übergaben die adligen Vogteiherren im Kraichgau dem Kurfürsten eine Zusammenstellung ihrer Beschwerden über die Eingriffe der kurpfälzischen Beamten.[105] Im Mittelpunkt ihrer Unzufriedenheit stand der Vorwurf, dass die Kurpfalz die Zenthoheit, die nur zu einer *Malefizobrigkeit,* das heißt obersten Gerichtsherrschaft, legitimiere, zielstrebig zu einer geschlossenen Territorialherrschaft ausbaue.[106] Das war aus der Sicht derer, die mit dem Rücken zur Wand standen, zweifellos eine klarsichtige Beschreibung der unaufhaltsamen Tendenz zur Souveränitätsbildung des Landesherrn. Wie kompliziert die Gemengelage von Rechten in den einzelnen Orten sein konnte, hat Meinhold LURZ in seiner detaillierten und quellennahen Studie über den Besitz der Freiherren von Venningen erarbeitet.[107]

In der Auseinandersetzung um die Beiträge für den Bau des neuen großen Fasses hatten die zum Adel gehörigen Gemeinden[108] ein Interesse daran, ihre Fronfreiheit gegenüber der Kurpfalz als Ausdruck des traditionellen Rechts aufrechtzuerhalten.[109]

Hingegen nahm der Dilsberger Keller, der Sohn des Oberamtmanns Wrede, die Streitfrage zum Anlass, die Herrschaftsrechte des Kurfürsten in den betroffenen Kraichgaugemeinden endgültig und zielstrebig durchzusetzen. Er trat deshalb offensiver als seine Vorgänger auf.[110] Dies war für seine *extensive Rechtsauffassung* symptomatisch. *Er verfolgte mitunter dabei eine recht rigorose Politik, jene undefinierbaren althergebrachten Rechte und Gewohnheiten, wo er nur konnte, zurückzudrängen und ihren Einbau in die Amtsverfassung zu erzwingen.*[111] Auch im unruhigen Jahr 1750 blieb dies weiter seine Handlungsmaxime. Die Frage *der Repartition* wollte er als Vehikel zum Ausbau der Landeshoheit lösen. Konsequent verlangte er deshalb, die *vogteylichen Orte*[112] in Zukunft bei Leistungen für das Fass *zu gravieren*.

Die erörterten Streitigkeiten führten zu einer Aufstellung, die einen Überblick über die *rechtliche* und *ökonomische* Stellung der Gemeinden im Unteramt Dilsberg ermöglicht. Danach teilten sich die Ortschaften des Amtes Dilsberg in solche auf, die *in Cameralfrohnden und Cameralgeld* zu *concurrieren schuldig* waren, und andere, die sich hieran nicht beteiligen mussten. Beide lagen sowohl in der Meckesheimer[113] als auch in der Stüber Zent[114]. Die Gemeinden, die zu Zahlungen und Leistungen herangezogen wurden, wurden unter dem Begriff *eigentümliche Orte*, das heißt allein unter der Herrschaft der Kurpfalz stehenden Orte, zusammengefasst.

Zusätzlich zu diesen Orten werden in der vorliegenden Liste von 1750 noch die Gemeinden Dilsberg mit 5670 und Mückenloch mit 3530 Gulden aufgeführt. Ihr Status unterschied sich von den anderen Orten dadurch, dass sie zwar als der Pfalz *eigentümliche Orte* bezeichnet wurden, zugleich aber als so genannte *freye* Gemeinden von Fronarbeit und Geldleistungen befreit waren. Den gleichen *freyen* Status nahmen in dieser Frage die zur Geistlichen Administration gehörigen Besitzkomplexe Kloster Lobenfeld, Langenthaler und Langenzeller Hof ein, die jeweils mit einer Schatzungssumme von 735, 785 und 265 Gulden angesetzt worden waren. Insgesamt wurde von der Hofkammer für die zum Amt Dilsberg gehörenden Orte eine Schatzungssumme von 21 021 Gulden berechnet. Obwohl die vogteyfreien Gemeinden dabei auf eine Summe von fast 8000 Gulden kamen, verzichtete die Hofkammer im Jahr 1751 entgegen den Wünschen des Dilsberger Amtskellers darauf, sie in die Repartitionen aufzunehmen. Somit hatte sich im Umfeld der Beitragsleistungen für den Bau des neuen Fasses am Status quo nichts verändert. Die *fronfreien Gemeinden* blieben in dieser Hinsicht privilegiert. Nach den Vorstellungen der Hofkammer sollte dieser Status der *fronfreien Gemeinden* in Zukunft jedoch aufgehoben werden. Für das laufende Verfahren im Jahr 1750 entschied die Hofkammer, dass die vom Unteramt Dilsberg nicht eingenommenen Gelder auf die anderen Gemeinden des Heidelberger Oberamtes zu übertragen wären. Auch hier lässt sich dieser Vorgang in den Akten nicht weiter verfolgen.

Es handelte sich bei diesem Streit nicht wie bei vielen Waldkonflikten des 18. Jahrhunderts um eine Auseinandersetzung um die Waldnutzung, um den Schweinetrieb oder um die Beschaffung von Viehnahrung oder Dünger, es ging nicht um den Dauerstreit zwischen bäuerlichen oder bürgerlichen Nutzugsinteressen und langfristig angelegter fürstenstaatlichen Dauerplanung, sondern es ging ganz konkret um die Abschöpfung finanzieller Ressourcen unterschiedlicher Kommunen und Oberämter. Hierbei bedienten sich die Beteiligten der langwierigen und oft sehr erfolgreichen Methode des »Aushandelns«, an der das absolutistische Entscheidungssystem an seine Grenzen stieß.[115]

Während dieser Auseinandersetzungen gingen die Arbeiten am Fass voran. Die Hofkammer ordnete die Lieferung von 70 Felgen und 12 Spangen aus dem Oberamt Lautern an. Auch jetzt kam es zu Verzögerungen. Zunächst behauptete der dortige Oberamtmann, dass ihn diese Anordnung nicht erreicht hätte. Außerdem sei im Lauterer Oberamt kein geeignetes Holz vorhanden. Hingegen befinde sich solches in den Wäldern bei Weidenthal und bei Elmstein, die zum Oberamt Neustadt gehörten.[116] Es sei deshalb klar, dass dieses für den Transport zuständig sei. Das sei nur gerecht, da die Untertanen des Lauterer Oberamts in letzter Zeit durch die *Schlossreparationsfronden*, schon über Gebühr in Anspruch genommen worden seien. Sie hätten zurzeit weder *fuder noch das liebe tägliche Brot*. Der Hofkeller ging von seinen Forderungen an das Lauterer Oberamt zunächst nicht ab. Schließlich verzichtete er aber auf Fronfuhren und übertrug den Transport einem privaten Unternehmer in Lambrecht.

Endlich soweit

Wie die letzte Bauphase des Fasses im Detail ablief, ist nicht zu rekonstruieren. Die Quellen sind zu heterogen. Es sei aber zum Schluss dieses Kapitels nicht darauf verzichtet, den Leser über einzelne Arbeitsschritte zu informieren, die einen Eindruck über die Hektik der Jahre 1750/51 vermitteln können. Beispielsweise wurde im Juni 1750 das Brennen und das Wärmen des fast fertig gestellten Fasses vorbereitet. Hierzu bedurfte man eines Kupferkessels, zu dessen Einmauerung man 2000 Backsteine benötigte, die in *herrschaftlichen brennöfen* produziert worden waren. Dabei wurden 30 Gulden für die Fronfuhren angesetzt, deren Organisation in der Verantwortung des Schwetzinger Schlossvogts lagen. Des Weiteren versuchte der Hofkeller zusätzlich Bretter und Stämme auf das Schloss bringen zu lassen. Vor allem hielt er Ausschau nach acht Föhren (Kiefern) und vier Eichen. Hierzu schaltete er den Neckargemünder Zoll[117] und das Oberjägermeisteramt ein. Von der Hofkammer erreichte er im Sommer 1750 für mehrere Monate die Einstellung von zwei Küferknechten als Tagelöhnern.

Trotz der großen Eile blieb die Buchführung über die einzelnen Entlohnungen exakt: Der Zimmermeister Johann Bernauer reichte für Arbeiten vom 22. Februar bis zum 1. Mai 1751 eine Rechnung von 91 Gulden 42 Kreuzer ein. Interessant dabei ist, dass der Meister für einen Tag 40 Kreuzer erhielt, während seine drei Gesellen mit 38, 36 und 28 Kreuzer entlohnt wurden. Die Schlossermeister Liebler und Esser erhielten pro Tag 45 Kreuzer, ihre Gesellen 24 Kreuzer. Sie stellten am 30. April 1751 eine Gesamtsumme von 83 Gulden 7 ½ Kreuzer aus. Bereits zwei Tage später wurden sie vom Hofkeller ausgezahlt.[118] Die Abrechnungsvorgänge wurden in diesen Monaten etwas komplizierter, da zwischen Hofkammer und Hofkeller immer öfter die Heidelberger Gefällverweserei[119], die auch für die Einsammlung der Juden- und Mennonitenschutzgelder zuständig war,[120] eingeschaltet wurde.

Am 23. August 1751 meldete Englert, dass das große Fass *bis auf die Lager fertig* sei. Es müsste nur noch viermal mit Brühwasser begossen werden. Dafür seien 1 ½ Malter Wacholderbeeren notwendig, die von der Schwarzacher Kellerei zu liefern seien. Postwendend reagierte der angeschriebene Keller. Die benötigten Beeren könne er in seiner Kellerei nicht auftreiben. Sie seien aber im Bezirk des Zwingenberger Amtsvogtes vorhanden.[121] Der Schwarzacher Keller ließ sich seinen ablehnenden Bescheid von einem Forstbeamten bestätigen. Schließlich erging am 3. September 1751 der Befehl zum Einsammeln von Wacholderbeeren und zur Lieferung an den Amtskeller von Lohrbach. Wenige Tage später erfolgte der letzte Eintrag bezüglich von Materiallieferungen zum Bau des großen Fasses. Am 18. September 1751 verlangte die Hofkammer vom kurfürstlichen Oberjägermeisteramt die Bereitstellung von zwei kurzen Eichenstämmen, die zusammen 38 Schuh lang sein müssten. Der genauere Verwendungszweck wurde nicht angegeben. Nur so viel wurde vermerkt, dass sie nicht von bester Qualität sein müssten. Im Gegenteil, es sei wünschenswert, wenn das Holz von *abgängig und unfruchtbaren stämmen* komme. Zeichen unverminderter Sparsamkeit war die Bestimmung, dass das *abfallende gipfelholz* einer öffentlichen Versteigerung zugeführt werden sollte.[122]

Die Befüllung des Fasses

Schon bald nach der Fertigstellung des Fasses im Jahre 1752 bemühte sich der Hofkeller um seine Füllung. Zuvor musste jedoch der Holzgeschmack neutralisiert werden. Englert schlug vor, das Fass mit Wasser aus sämtlichen Brunnen des Schlosses voll laufen zu lassen. Nach einigen Tagen würde die dann vorzunehmende Entleerung den Geruch beseitigen. Diese *evacuierung* sollte zugleich dazu dienen, mit *geeichtem Geschirr* die Anzahl der Fuder festzustellen.[123] Durch die Anwesenheit eines Hofkammerrates wollte der Hofkeller die Prozedur aufgewertet sehen. Vor allem aber sollten durch seinen Bericht die spöttischen Stimmen aus den Reihen der Hofkammer, die vorausgesagt hatten, dass das Fass nicht halten würde, zum Verstummen gebracht werden.[124]

Am 9. Oktober 1752 stimmte die Hofkammer den Vorschlägen des Hofkellers zu. Er hatte daran gedacht, Weingartner, Weinheimer, Wieslocher und Hilsbacher Weine für die erste Füllung des neuen Fasses zu verwenden. Hinzu sollte noch Heidelberger Wein kommen. Die für die Kontrolle der Weinabgaben vor Ort zuständigen *Herbstinspektoren* wurden informiert und zugleich ermahnt, über die Lieferungen nach Heidelberg die lokalen Weinentlohnungen nicht zu vergessen. Der Hofkeller hatte inzwischen die beiden zuständigen Oberämter in Heidelberg und in Bretten daran erinnert, dass es ihre Aufgabe sei, die für den Transport nötigen Fronden zu *beschreiben* und den Wein *successive an die Hofkellerey Heydelberg* überbringen zu lassen.

Natürlich ging auch dieses Mal nicht alles glatt. Das übliche Maß an Schwierigkeiten wurde sogar übertroffen, da die Weinernte, wie der Hofkeller in einem Bericht an den Kurfürsten vom 6. November 1752 beglaubigt hatte, geringer als erwartet ausgefallen war. Interessant ist, aus diesem Bericht zu erfahren, dass die Heidelberger Hofkellerei 40 Fuder Wein für Besoldungen abzustellen hatte.[125] Schließlich konnte Englert den Eingang von 236 Fuder 1 Ohm und 8 Viertel melden. Die größten Mengen waren von der Amtskellerei Weingarten mit 80 Fudern und von der Stadtschultheißerei Wiesloch mit 35 Fudern geschickt worden. Zusätzlich wurden von der Amtskellerei Neustadt 36 Fuder 4 Ohm und 6 Viertel[126] und von Freinsheim 12 Fuder eingeliefert. Von sich aus machte die Hofkammer zunächst keine Vorgaben zur Durchführung der Weinfuhren, erinnerte aber daran, dass das Oberamt Heidelberg zurzeit von einem Teil der Frondienste befreit sei.

Dem Hofkeller schien damals eine Art Vorschlagsrecht für die Durchführung der Weinfuhren zuzustehen. Zumindest legte er dem Kurfürsten im November 1752 einen detaillierten Plan für die Transporte von Neustadt bis auf das Heidelberger Schloss vor. Er empfahl, dass die Untertanen des Oberamts Neustadt[127] und des Unteramts Freinsheim[128] die Weine unter Begleitung eines *herrschaftlichen Kiefers* bis nach Mannheim bringen sollten.[129] Dafür seien sie von anderen Frondiensten zu befreien. Am Mannheimer Rheinzoll müsse ihnen *freie passierung* garantiert werden.[130] Die Reststrecke von Mannheim nach Heidelberg sei *am wohlfeilsten* durch Heidelberger Schiffsleute zu bewältigen. Zugleich bat der Hofkeller darum, den Kranenmeister am Heidelberger Neckarlauer[131] anzuweisen, den eintreffenden Wein bevorzugt zu behandeln. Da in Heidelberg keine private Fuhrmöglichkeit bestehe, müssten in Verantwortung des Wagenmeisters zwei *herrschaftliche Fuhren* auf das Schloss organisiert werden. Englert bat darum, jenem mitzuteilen, dass er die Anordnungen des Hofkellers zu befolgen habe und kein Geld für irgendwelche Leistungen im Zusammenhang mit den Transporten verlangen dürfe. Generell war diese Befreiung von Kosten nicht. So wurde in den die Transporte regelnden Dokumenten jeweils ad hoc eine Befreiung ausgesprochen, wie sie auch am 9. November dem Mannheimer Zollschreiber für die Schiffe befohlen wurde, mit denen der Wein nach Heidelberg geliefert wurde. Die Hofkammer nahm die Vorschläge des Hofkellers an und bereitete ihre Durchsetzung durch die entsprechenden Reskripte[132] an die beteiligten Stellen vor. Der bürokratische Aufwand war beträchtlich. So informierte sie den Mannheimer Stadtrat, den Mannheimer Zollschreiber und den kurfürstlichen Kammerstall, der die Pferde am Heidelberger Neckarlauer bereitzustellen hatte.

Schließlich meldet der Hofkeller Englert am 28. November 1752, dass das neue große Fass *gestern abends spunten voll* geworden sei. Er hoffte, dass dies höheren Orts entsprechend gewürdigt werde. So habe man es schon 1737 gehandhabt, als der Hofkommissar Weiler[133] *auf das abgängige große Faß* den Spund aufgesetzt habe. Damals seien sogar alle *hiesiege Cameralbeamte* anwesend gewesen. Da das jetzige Fass 27 Fuder mehr als das frühere enthalte, müsse die Aufsetzung des Spunds entsprechend gefeiert werden. Die Hofkammer kam seiner Bitte nach und befahl den Hofkammerrat Volckmann zum zeremonialen Abschluss auf das Heidelberger Schloss. Dieser eröffnete am 7. Dezember 1752 *in gegenwarth deren sambtlichen sowohl Jurisdictional alß Cameral Beambten und Bedienten* die Festivitäten um die erste Füllung. In einer Rede erinnerte er an das zweite Fass von 1664 und an die Renovierungen von 1727. Natürlich blieb die Lobpreisung Karl Theodors nicht aus. Dass der Lieblingswein des Kurfürsten der *Schloß Kautzenberger* aus der Nähe von Kreuznach war, blieb verständlicherweise ungesagt.[134]

Volckmann hob hervor, dass das neue das vorhergehende Fass *in der Größe und Zierde* bei weitem übertreffe. In seinem Bericht an die Hofkammer führte er aus, dass mit dem Aufsetzen des *außgezierten Spundes der Actus unter vielen Vivatrufen beschlossen worden* sei. Das Fass sei ohne den *allermindesten Mangel*. Kein einziger Tropfen rinne aus den Fugen, wie es doch ansonsten bei neuen Fässern üblich sei. Es handle sich um ein in Europa einzigartiges Monument, an dem lediglich noch die Bildhauerarbeiten fehlten. Es enthalte 231 Fuder 6 Ohm 8 Viertel. Seinen Bericht an die *Hochlöbliche Hofkammer* schloss er mit den Worten, dass man zur Feier des Tages *dapfer getrunken* habe.[135]

Abermals ist anhand der Quellen nicht rekonstruierbar, was anschließend mit der riesigen Weinmenge geschah. Es ist anzunehmen, dass ein Teil für den Eigenverbrauch der Schlossverwaltung und für die Bezahlung von Besoldungen verwendet worden ist. Ein bestimmtes Quantum ist sicherlich versteigert worden. Eindeutig steht jedoch fest, dass ein Teil des Weines, wie auch bei kleineren Fässern, vor der nächsten Füllung abgelassen werden musste. Der Hofkeller wollte damit schon im Frühjahr 1753 beginnen, musste sein Vorhaben jedoch auf Anordnung der Hofkammer verschieben. Für die erneute Füllung sah der Hofkeller, wie er ordnungsgemäß der Hofkammer am 23. September 1753 mitteilte, die Rezepturen Wiesloch, Hilsbach und Weingarten vor. Es ist ein Zeichen für die Komplizierung von Verwaltungsvorgängen, dass die Hofkammer über die Vorstellungen des Hofkellers nicht selbst entschied, sondern sein Konzept bereits am 26. September 1753 an die neu gegründete Weinkommission[136] *zur gutachterlichen Anhandtgebung* weitergab. Diese scheint ihr Plazet bald darauf gegeben zu haben, denn schon Anfang Oktober zeichneten sich die üblichen Aktivitäten ab. Der Wieslocher Herbstschreiber Galina wollte am 3. Oktober 1753 wissen, ob er mit den Vorbereitungen für die Weinlieferungen beginnen könne. Er sei verunsichert, da weder das Oberamt mit der Ausschreibung der Fronen begonnen habe, noch die *darzu bestimmten Ortschaften communiciert* worden seien. Fragen wie die Ordnung

Weinlese, Zeichnung im Hausbuch des Daniel Pfisterer,
Pfarrer zu Köngen, 1716–1727

auf den Weinbergen, die Kontrollen der Weinleser oder die Benutzung der *großen Keltermaschinen,* für deren Herstellung man damals bis zu neun Eichen benötigte,[137] wurden in den Akten des Jahres 1753 allerdings nicht aufgeworfen.

Ungeduldig wandte sich der Hofkeller am 8. Oktober 1753 an die Hofkammer. Er wolle endlich Klarheit darüber, ob das Fass in diesem Jahr gefüllt werden solle oder ob man es dem *ruin* überlasse wolle. Das Aufzeigen dieser Alternative erzielte Wirkung. Bereits einen Tag später befahl die Weinkommission dem Hofkeller, den Rezepturen Wiesloch, Hilsbach und Weingarten die Transportfässer zur Verfügung zu stellen. Zugleich ordnete die Hofkammer die Bewachung der Rezepturen bei Nacht an und verwies diese auf die erforderliche Kooperation mit dem Hofkel-

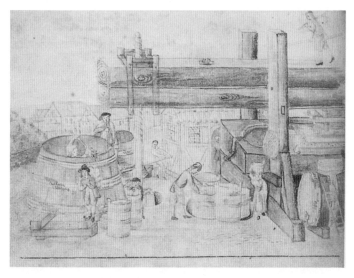

Beim Keltern, Zeichnung im Hausbuch des Daniel Pfisterer,
1716–1727

ler, der die *Weinabfuhr nach Gewohnheit* zu besorgen hatte. Alles schien bestens vorbereitet zu sein.

Trotz dieser Planung und der Abstimmung zwischen den beteiligten Instanzen kam es gleich zu Stockungen. Der Grund dafür lag jedoch nicht in innerpfälzischen Querelen, sondern in der komplizierten Territorialordnung des deutschen Südwestens. Der Weintransport von Weingarten[138] nach Heidelberg ging über den rechtsrheinischen Teil des Territoriums des Bischofs von Speyer.[139] Das konnte zu zahlreichen Verzögerungen und Schikanen führen. Nach Auskunft des Weingartners Keller Ponz vom 13. Oktober 1753 bereitete das bischöfliche Oberamt Bruchsal[140] wegen *Passierung des veranstalteten Weintransports* Probleme.[141] Dies mag überraschen, denn der Streit zwischen Speyer und der Kurpfalz um die Wasserzölle war damals gerade im

Abklingen.[142] Ebenso hatten ihre Konflikte um die Herrschaftsrechte in einzelnen Gemeinden längst an Brisanz verloren.[143] Andererseits gab es damals einen wachsenden Konkurrenzdruck zwischen kurfürstlicher und bischöflicher Weinwirtschaft. In beiden Territorien zeichnete sich ein bemerkenswerter weinwirtschaftlicher Aufschwung ab.[144] Möglicherweise lassen sich die Probleme an der Grenze auch mit den *grossen Misshelligkeiten* erklären, die Ende Juli 1753 zwischen den beiden Nachbarn entstanden sind. Damals hatte ein kurpfälzischer Untertan ohne Erlaubnis auf speyerischem Territorium ein Wirtshaus errichtet, das die bischöfliche Verwaltung wieder abreißen ließ. Laut einer Bruchsaler Chronik fiel darauf *am 29. Juli mehrere Tausend bewehrte Kriegsmannschaft in die Ämter Deidesheim und Kirrweiler ein* und handelte *feindlich*.[145]

Das waren zweifellos weit übertriebene Angaben. Sie verweisen jedoch auf eine auch noch im 18. Jahrhundert bestehende Instabilität der kleinräumigen Territorialstruktur im deutschen Südwesten.

Nicht nur der Weingartner Keller beschwerte sich über die Schikanen an der Grenze, sondern auch der Wieslocher Stadtschultheiß Pfeffer, der allerdings zugestehen musste, dass die Begleitmannschaft ein verlangtes *Certificat* an der Grenze nicht vorlegen konnte. Somit lag ein formaler Grund für die *Difficultierung* des Weingartner Transports vor. Dennoch zeigte sich Pfeffer verärgert, da er bereits alles für die Aufnahme der Fässer in Wiesloch vorbereitet hatte. Er habe den Hofkeller informiert, Wachen bereitgestellt, und die benötigten Fässer, in die der Wein in Wiesloch umgefüllt werden musste, seien bereits eingetroffen. Wenn sich der Transport verzögere, liege der Grund eindeutig bei der *bischöflichen Verweigerung*.[146]

Trotz der Verzögerungen an der Grenze war der Transport spätestens am 24. Oktober 1753 auf dem Schloss angelangt. Bei der Überprüfung stellte der Hofkeller fest, dass die Weingartner

Rezeptur viel zu wenig Wein geliefert hatte. Es fehlte die nicht unbeträchtliche Summe von 55 Fuder. Auch aus Wiesloch seien nur 45 Fuder statt der erwarteten, von Stadtschultheiß Pfeffer angebotenen 70 Fuder eingetroffen. Somit brauchte der Hofkeller noch 80 Fuder *zu Vollfüllung des großen Fasses*. Da die Reserven in Wiesloch und in Weingarten offensichtlich ausgeschöpft waren, blieb dem Hofkeller nichts anderes übrig, als von der Hofkammer die Angabe neuer Ressourcen zu erbitten. Kurzfristig reagierte die Hofkammer am 27. Oktober 1753 mit der Auflage, dass sich Englert bei der Rezeptur in Schriesheim erkundigen müsse, wie viel von dem dortigen Bergwein nach Abzug der Besoldungen übrig sei. Normalerweise beliefen sich Abgaben im Rahmen der Weinbede in Schriesheim auf 26 Fuder. Dies war eine beträchtliche Menge, auf deren kompletten Lieferung die Hofkammer aber nicht in jedem Jahr bestand. Neben der Weinbede hatten die Schriesheimer Bürger noch ihren Beitrag zum Weinzehnten zu leisten. Dieser Anteil wurde während der Lesezeit unter der Überwachung eines Zehntschreibers eingesammelt, der dafür von der Hofkammer eigens nach Schriesheim geschickt wurde.[147]

Schon wenige Tage vorher, am 24. Oktober 1753, hatte die Hofkammer den Keller zu Weinheim, Clossmann, aufgefordert, nach Abzug der Besoldungsgelder den übrigen Wein nach Heidelberg zu schicken. Die gleiche Aufforderung erhielt der Amtskeller Blum bezüglich der Rezeptur Gleißweiler und der Amtskellereiverwalter Merckel in Neustadt,[148] der zur Verschickung des Überrests der Haardter Weine verpflichtet wurde. Dem Heidelberger Hofkeller wurde befohlen, sofort nach dem Eintreffen der Weine aus den genannten Rezepturen einen Vollzugsbericht an die Hofkammer zu schicken. Dabei wurde ihm nahe gelegt zu berücksichtigen, dass die jeweiligen Herbstschreiber nicht wissen könnten, wie viel an Wein man auf dem Heidelberger Schloss genau brauche.

Englert war darauf vorbereitet und legte umgehend eine *Spezifikation* vor, in der er nachweisen konnte, dass bis jetzt nur 151 Fuder und 1 ½ Ohm Wein im Fass vorhanden waren. Interessant ist dabei der Hinweis, dass auch aus der *herrschaftlichen Kelter* in Heidelberg 17 Fuder geliefert worden seien, nachdem man dort vorher bereits 34 Fuder für Besoldungen abgezogen habe. Eigens werden auch 27 Fuder Zins- und Beetwein aufgeführt. Das heißt, dass zur Füllung des Fasses noch 80 Fuder und 5 Ohm erforderlich waren. Englert schickte diese Aufstellung nicht nur an die Hofkammer, sondern auch an die Weinkommission.

Binnen weniger Tage hatte sich gezeigt, dass es auch bei der neuerlichen Füllung zur Häufung von Kommunikations- und Entscheidungsproblemen kommen würde. Zeitverzögernd wirkte sich aus, dass die Hofkammer die Rezepturen anschrieb und diese jeweils aufforderte, den Kontakt mit dem Hofkeller und dem Oberamt aufzunehmen. Die Rezepturen reagierten meist unterschiedlich. Ihre Schreiben kamen in verschiedenen Abständen bei den mittleren Instanzen an. Eine planvolle Abstimmung aller Aktivitäten war deshalb unmöglich. Der heutige Interpret des inneradministrativen Schriftverkehrs zwischen den Rezepturen, den Lokalverwaltungen, dem Hofkeller, der Hofkammer und einzelnen Hofkammerräten wird sich zwar bemühen, eine gewisse Stringenz aus den Entscheidungsabläufen abzulesen, wird aber immer wieder durch widersprüchliche Informationen daran gehindert. Vor allem dann, wenn es um quantitative Angaben geht. So schoben sich im November 1753 Hofkeller, Weinkommission und Hofkammer immer wieder unterschiedliche Zahlen über die noch benötigte Fehlmenge zu.

Kaum hatte der Hofkeller im November 1753 einkalkuliert, dass das Oberamt Neustadt[149] auf Befehl der Hofkammer eine bestimmte Zahl von Fuhren auf seine Untertanen umlegen würde, teilte ihm der Amtskellereiverwalter Merckel in Neustadt mit, dass sich der Hörfaut[150] Miller geweigert habe, solche zu *beschreiben*. Weinlieferungen für das Fass seien wegen der *alltäglichen* Fuhren nach Oggersheim unmöglich.[151] Eine Antwort, mit der sich Englert nicht zufrieden gab. Er befürchtete das Zusammenbrechen seiner Kalkulation und behauptete, dass die Einwände des Hörfauts unbegründet seien und dass Fuhren nach Heidelberg kaum als zusätzliche Belastung angesehen werden könnten. Sollte es jedoch bei dieser Ablehnung bleiben, müsse er jede weitere Verantwortung für das Füllen des Fasses ablehnen. Der Entscheidungszwang lag damit bei der Hofkammer.

Der Hofkammer standen in diesem Fall drei Handlungsstrategien zur Verfügung: Erstens hätte sie die Reaktion des Hofkellers als unziemliche Trotzreaktion zurückweisen und darauf bestehen können, dass er trotz zeitweiligen Widerstands weiterhin für die Lösung des Problems zuständig sei. Zweitens hätte sie dem Oberamt eine massive Rüge erteilen können. Sie entschied sich für eine dritte Möglichkeit und erhöhte ihren Druck auf den Amtskellereiverwalter Merckel. Sie befahl ihm, die Lieferungen selbst in die Hand zu nehmen.

Natürlich kam auch jetzt von Merckel keine beflissen-gehorsame Reaktion, sondern eine rechtfertigende Erklärung seiner bisherigen Verhaltensweise. Am 22. November 1753 erläuterte er, dass er zwar ursprünglich zugesagt habe, von 70 Fuder Wein insgesamt 50 liefern zu können. Nach einer weiteren Kalkulation der Besoldungen und sonstiger Ausgaben habe er aber seine Zusage auf 40 Fuder reduzieren müssen. Diese könne er aber relativ schnell zur Ablieferung nach Heidelberg bereitstellen. Seinem Schreiben an die Hofkammer legte er einen *Extractus der bei der Kellerei Neustadt eingegangenen 1753er Weine* bei.[152] Ihm zufolge hatte die Kellerei im Berichtsjahr 76 Fuder 2 Ohm eingenommen. Von dieser Summe seien für Lohn und Besoldung 27 Fuder, zu Fronzwecken 5 Fuder 8 Ohm und *insgemein zu Hefen* 3 Fuder 2 Ohm ausgegeben worden. Somit kam er auf eine Summe von

36 Fuder. Nach deren Abzug blieben für den Transport nach Heidelberg 40 Fuder 22 Ohm übrig.

Die Hofkammer war mit diesem Angebot zufrieden und befahl dem Hofkelleramt am 23. November 1753, diese 40 Fuder in Empfang zu nehmen und sie exakt zu *verrechnen*. Die Zuständigkeit für den Landtransport bis Mannheim wurde dem Oberamt Neustadt übertragen. Die Abwicklung des weiteren Transports auf dem Schiffsweg fiel in die Zuständigkeit des Hofkellers. Beide Instanzen wurden zu einer Terminabsprache verpflichtet. Trotz dieser Anordnungen von oben lief nicht alles nach Wunsch ab. Das Oberamt Neustadt teilte dem *Hofkeller Herr Englert zu Heidelberg* Ende November 1753 mit, dass zwar schon 10 Fuder Wein zum Transport bereitstünden, diese aber in den nächsten Tagen wegen Beanspruchung der Untertanen nicht weitergeleitet werden könnten. Diese hätten für die kurfürstlichen Saujagden bereits 240 Pferde zu stellen und *alltäglich* für den sehr *pressierten Bau zu Oggersheim* 40 Wagen abzugeben.[153] Da am kommenden Samstag ohnehin Feiertag sei, könnte von den Untertanen in dieser Woche nichts mehr verlangt werden. Zudem befände sich der Weg in so schlimmen Zustand, *daß der Unterthan mit seinem abgematten Vieh* kaum leere Wagen *voranbringen* könne.

Jetzt musste der Hofkeller, der sich gerne aus der Verantwortung gezogen hätte, wieder reagieren. Es ist interessant, wie der Hofkeller dieses Schreiben am 11. Dezember 1753 an die Hofkammer weitervermittelte: Er gab die ihm aus Neustadt angegebenen Entschuldigungsgründe an die Hofkammer korrekt wieder. Dabei hob er besonders die Bemerkungen über die Belastung der Untertanen bei den herrschaftlichen Jagdvergnügungen und die Beschwerden über die *Befröhnung des Oggersheimer Baus* hervor. Von Neustadt sei ihm mitgeteilt worden, dass die dortige Amtskellerei nach dem *Abjagen* noch einmal mit ihm über die *verabgeredeten Weintransporte communiciren* wolle. Bis dahin aber unterblieben die zugesagten Transporte. Insofern könne er als

Hofkeller nicht für das Defizit verantwortlich gemacht werden. Auch habe er sich in letzter Zeit mehrmals vergeblich an das Oberamt in Neustadt gewandt. Er habe nur erreichen können, dass dieses *große Oberamt* 10 Fuder geliefert hätte. Weitere Lieferungen könnten bald nicht mehr in Heidelberg eintreffen, da sich der Neckar bald *mit Eys stellen* werde. Deshalb müssten die *Untertanen den Wein immediate anhero zu fuhren genötiget werden.*

Die Hofkammer reagierte unverzüglich und ordnete am 12. Dezember 1753 an, die *herrschaftlichen Weine ohne ferneren Verzug in der Frohnd anhero* bringen zu lassen. Dies sei deshalb dringend, weil das Fass, wenn es nicht sofort gefüllt würde, dem Verderben anheim fiele. Deshalb müsse das Oberamt nach *geendigtem Saujagen die bey besseren Wetter ohneingestellte Verfügung tun,* den Wein zu liefern. Am 1. Januar 1754 kann der Hofkeller melden, dass nach der Auskunft des Hörfauten Miller ein Transport mit Neustadter Wein aus der Oberamtsstadt abgehen werde. Wegen des anhaltend kalten Wetters, *wo der Neckar bis dahin stark mit Grundeys gehen wird,* sei der Transport des Weins auf dem Wasser *impracticable*. Er bat um Verhaltensmaßregeln. Einen Tag später sagte die Hofkammer die Aktion ab: Die Mannheimer Rheinbrücke sei durch den Eisgang *abgeführt* worden. Das Oberamt müsse deshalb mit den Fuhren bis zur Wiederherstellung der Brücke warten.

Nach wenigen Tagen scheint sich das Wetter wieder gebessert zu haben. Wahrscheinlich war auch die Mannheimer Schiffsbrücke binnen kurzer Zeit wiederhergestellt worden. Der Hofkeller teilte am 10. Januar 1754 mit, dass die von dem Amtskellereiverwalter[154] von Neustadt versprochenen Weine immer noch nicht in Mannheim eingetroffen seien. Das von Heidelberg nach Mannheim geschickte Schiff habe vergeblich gewartet. Es sei nun von dem kalten Wetter bedroht, der *Schiffmann* würde mit *seinem Geschirr* einfrieren. Zudem werde er mit Sicherheit ein hohes *Wartegeld* fordern. Auch für diesen Fall möchte sich der Hofkeller *auß aller verantwortung* setzen. Eine Beurteilung, der sich die Hofkammer am 12. Januar 1754 anschloss. Auch sie erkannte, dass das *eingefallene Frostwetter und darauf folgender Eysgang die Behinderung gemacht hette*. Ihr blieb nichts anderes übrig, als dem Amtskeller in Neustadt zu befehlen, nach der Wetterbesserung die Weine so schnell wie möglich nach Mannheim zu bringen. Wie bereits vor einigen Wochen wurden Hof- und Amtskeller aufgefordert, in dieser Frage miteinander zu *communicieren*.

Im Gefolge der Auseinandersetzungen im Winter 1753/54, die zeigen, dass das große Fass nicht nur mit frischem Herbstwein gefüllt wurde, ist es nicht mehr zu einer Füllung des Fasses gekommen. Zwar lagen nach einem Bericht des Weininspektors Dörn an die *gnädigst verordnete Weinkommission* vom 12. Januar 1754 im Mannheimer Schütthauskeller[155] 135 Fuder Wein, die jedoch nicht weiter aufgestockt und die auch nicht nach Heidelberg weitergeleitet wurden. Dörn wollte die Aufmerksamkeit der Weinkommission nicht so sehr auf das große Fass lenken, sondern darauf, dass man einen Vorrat guten Weins in Mannheim von jährlich 60 bis 70 Fuder anlegen müsse. Dieser so genannte *Officianten Wein* war für die Besoldung der Beamten gedacht.[156] Ein Vorschlag, der allerdings auf Widerspruch der Hofkammer stieß, die den Wein für das große Fass verwendet haben wollte.

Mit dieser Aussage über den *Officianten Wein* vom 12. Januar 1754 bricht die Aktenüberlieferung zum Inhalt des großen Fasses für 13 Jahre ab. Mit großer Wahrscheinlichkeit ist es in den folgenden Jahren (die Füllung von 1762 ist nur schwach mit Quellen belegt) zu keiner Füllung gekommen. Da für das Hofleben in Mannheim die Weinbevorratung des großen Fasses auf dem Heidelberger Schloss keine Rolle spielte, hielt sich das Interesse der Hofverwaltung in Grenzen. Auch im Mannheimer Schloss gab es große Keller mit dem dazugehörigen Verwaltungspersonal, wie den Kurpfälzischen Hof- und Staatskalendern entnommen werden kann.[157] Dem Hofkellermeister unterstanden Schreiber,

Aufseher und Knechte. Sie sorgten für die Verwahrung – und auch Mischung – der in verschiedenen riesigen Kellern gelagerten Weine. Zu einem großen Teil kamen auch sie von der kurfürstlichen Domäne. Jahr um Jahr besuchten kurfürstliche Bedienstete die Weinrezepturen und wählten die besten Tropfen für den Hof aus. Der übrige Wein wurde verkauft. Aus dem Erlös wurden weitere Weine – darunter kostbare ausländische Sorten wie Burgunder, Champagner und ungarischer Wein in Flaschen – für die fürstliche Tafel besorgt.[158]

Erst im Sommer 1767 kam es wieder zu Überlegungen, die an die Bemühungen des Jahres 1753 anschlossen. Die Hofkammer verhandelte am 7. September 1667 über die Rezepturweine, die *zu Füllung des Heydelberger großen Faßes abgefasst werden könnten*. Im Protokoll dieser Sitzung[159] wurde vermerkt, dass die Rezepturen Alzey, Germersheim, Heidelberg, Hilsbach, Weingarten und Wiesloch in Anspruch genommen werden sollten. Zur Berichterstattung waren die beiden Keller Bieth und Dörn vor die Hofkammer gebeten worden. Sie gaben an, dass bei den Rezepturen 221 Fuder Wein *vorrätig* waren. Da aber das *herrschaftliche große Faß* 236 Fuder umfasste, fehlten noch 15 Fuder. Eine Lücke, die daraus entstanden war, dass auf die Boxberger Weine verzichtet wurde. Der Aufwand für deren Transport wurde als zu hoch eingeschätzt. Das Bedauern über den Ausfall des Weines aus dem Bauland hielt sich jedoch in Grenzen, da *diese Weingattung auch bekanntlich sehr schlecht sei*. Das habe man auch schon früher gewusst und deshalb sei davon niemals etwas *in herrschaftlichem eigenen Behuff* nach Heidelberg geliefert worden. Die Hofkammer gab den Boxberger Wein zur Versteigerung frei. Die restlichen 15 Fuder sollten aus den bei der Rezeptur Neustadt *vorrätig liegenden 1765er herrschaftlichen schatzungsweinen* genommen werden.

Anhand des ausführlichen Protokolls ist ersichtlich, wie groß der organisatorische Aufwand war im Fall, dass das Fass gefüllt werden sollte. Kompliziert wurden die Vorbereitungen auch deshalb, weil das *diesjährige wachstum* unergiebiger war als in guten Weinjahren. Insofern musste man auf Vorräte aus früheren Jahrgängen zurückgreifen. Die Rezepturen verhielten sich zögerlich, Rückmeldungen liefen nur langsam und stockend ein. Die Hofkammer wurde ungeduldig. Sie befürchtete, dass *bei längerem Verzug das große Faß dem Verderben oder wenigstens einigem schaden ausgesetzt werde.* Deshalb gelte es, die Fronfuhren zu beschleunigen, zumal die Untertanen inzwischen die Ernte eingebracht hätten und *in ihrer Feldarbeit* nicht mehr behindert würden.[160]

Gerade angesichts solcher Schwierigkeiten entwickelten Hofkammer und Hofkeller einen Plan, der sich nicht mit generellen Vorschriften zufrieden gab, sondern auf die konkrete Lage in den einzelnen Rezepturen einging. So wurde vorgesehen, die in der Kellerei Alzey vorrätigen 31 Fuder *herrschaftlicher Weine* mit Hilfe von Fronfuhren, die vom Alzeyer Oberamt[161] zu beschreiben waren, nach Rhein-Dürkheim zu bringen.[162] Von dort sollten sie von dem *herrschaftlichen Schiffmann Dörzenbach* nach Heidelberg gebracht werden. Da nach Aussagen des Alzeyer Kellers bei der dortigen Rezeptur nicht genügend Fässer vorhanden waren, mussten welche aus dem Schütthauskeller in Mannheim bereitgestellt werden. Dörzenbach erhielt den Auftrag, sie von dort an die *Rhein-Dürckheimer Fahrdt,* die vierte große kurpfälzische Entladestelle neben Mannheim, Heidelberg und Oppenheim, zu bringen. Von dort war vorgesehen, sie über den Landweg nach Alzey zu bringen, der zur Umgehung des Mainzer Stapels in diesen Jahren bis nach Koblenz ausgebaut wurde. Nach ihrer Füllung sollten sie dann unter Begleitung eines bei der Hofkellerei *in Pflicht stehenden* Küferknechts nach Heidelberg transportiert werden. Dieser hatte darauf zu achten, dass von den Weinen nichts *entkommen möge.* Auch für die Kontrolle der Lieferungen aus der Kellerei Germersheim (31 Fuder) war die Begleitung eines Küferknechts vorgesehen. Offen blieb in diesem Fall, ob die Weine direkt mit dem Schiff bis zum Heidelberger Neckarkran oder zunächst auf dem Landweg bis nach Mannheim zu bringen waren. Für die Transporte von Hilsbach (29 Fuder) und von Weingarten (40 Fuder) konnte es nur den Landtransport geben. Auch dabei wurde an die Begleitung eines amtlichen Küfers gedacht. Dem Hofkeller Dörn wurde aufgetragen, die *specificierten weine in Heidelberg in Empfang zu nehmen* und permanent über deren Eingang zu berichten.

Wahrscheinlich fingen einige der Transporte an. Aus einer Aufstellung vom 20. August 1767 lässt sich nämlich ersehen, dass sich die Weinmenge in den vorgesehenen Rezepturen vermindert hatte.[163] Die Angaben beziehen sich auf den 1766er Wein. Anstatt 164 Fuder waren in den oben erwähnten Rezepturen nur noch 129 Fuder vorhanden. Die dort noch vor wenigen Wochen vorhandenen 56 Fuder 1765er Wein werden zumindest nicht mehr aufgeführt. Ob sie als Deputatswein abgegeben wurden oder aufs Schloss in Heidelberg gebracht wurden, lässt sich aufgrund der Quellenlage nicht feststellen. Nach dem Protokoll über die erwähnte Sitzung der Hofkammer vom 7. September 1767 bricht die Aktenüberlieferung zur Weingeschichte des Heidelberger großen Fasses ab. Es liegen nur die Anordnungen der Hofkammer vor. Stellungnahmen des Hofkellers, der Oberamtmänner oder der lokalen Keller lassen sich unter den Dokumenten nicht auffinden. Auch die von Dörn erwünschten Bestätigungen über den Eingang der Fuhren auf dem Schloss gibt es nicht in dem Aktenbestand der Hofkammer. Kleinere Mengen müssen aber noch geliefert worden sein, denn aus den Reparaturakten geht hervor, dass im November 1767 noch 20 Fuder im großen Fass gelagert waren. Zu einer Gesamtfüllung ist es aber entgegen der Vorstellung der Hofkammer im Herbst 1767 mit großer Wahrscheinlichkeit nicht mehr gekommen. Eine Hypothese, die auch deshalb als plausibel erscheint, weil es damals bereits eine intensive Diskussion über den desolaten Zustand des Fasses gab.

Die Befüllung des Fasses

Das Ende des Fasses als Weinbehälter bedeutete jedoch nicht, dass in die Keller des Heidelberger Schlosses keine Weine mehr gekommen sind. Die dortige Hofkellerei war weiterhin für die Lagerung von Weinen zuständig. Dies genauer zu erforschen, wäre ein weiterer Beitrag zur Nutzung des Heidelberger Schlosses im 18. Jahrhundert. Für unseren Zusammenhang ist interessant zu sehen, dass der Aktenbestand über die *Anfüllung des Grossen Fass zu Heydelberg, und diesfalß von denen Recepturen dahien gebrachten werdende Weine betreffend* mit einer Anordnung des Hofkammerrats Stengel vom 2. Oktober 1777 ausläuft. Darin wurde dem Hofkeller Friedrich befohlen, Fässer für den Transport von Wein aus dem im Oberamt Alzey liegenden Mölsheim zur Verfügung zu stellen. Er könne auf die aus Germersheim und Freinsheim in der Heidelberger Hofkellerei eingetroffenen Behälter zurückgreifen, die inzwischen geleert worden seien. Mölsheim war insofern ein wichtiger Ort, als es der Kurpfalz dort erst im Jahre 1768 gelungen war, ihre Territorialhoheit durchzusetzen.[164] Die Weinabgabe nach Heidelberg war also nach wie vor – neben allen ökonomischen Aspekten – ein Zeichen für die Durchsetzung des kurpfälzischen Souveränitätsanspruchs. Unübersehbar ist damit auch, dass es der Hof- und Schlossverwaltung in Mannheim daran gelegen war, die wirtschaftliche Nutzung der Heidelberger Fasskeller und Weindepots im Schloss Heidelberg so lange wie möglich aufrechtzuerhalten. Als aber dann in der zweiten Hälfte des 19. Jahrhunderts der letzte Hofkeller und Küfer seine Arbeit auf dem Schloss einstellen und gehen musste, blieb von der über Jahrhunderte funktionsfähigen Weinverwaltung auf dem Heidelberger Schloss nur noch das große Fass zurück – für die badische Regierung und für sämtliche Nachfolger ein unantastbares Monument der vergangenen kurpfälzischen Herrlichkeit.

Neue ›Kalamitäten‹!

Zeitgleich mit den Schwierigkeiten, die für die Verwaltung bei der Organisation und Durchführung der Weinlieferungen auftraten, zeigten sich sehr schnell Probleme mit der Konsistenz des Fasses.[165] [166] Schon wenige Monate nach dessen Fertigstellung wurde dem Hofkeller klar, dass auch das neue Fass von dauernden Reparaturen nicht verschont bleiben würde. Zu Beginn der sechziger Jahre häuften sich dann die schlechten Nachrichten. Bald musste ein beträchtlicher *Abgang* festgestellt werden. Der Hofkeller vermutete, dass das Holz durch das *Schwitzen* der Poren den Zusammenhalt verloren hätte. Eine *Kalamität,* die dadurch entstanden sei, dass man beim Bau des Fasses zu alte Eichen verwendet habe. Um in Zukunft weitere Verluste zu vermeiden, müsse man das im Augenblick leer liegende Fass zur *besseren conservierung* mit einem dreifachen Anstrich versehen. Ein dafür vorgesehener Tüncher stehe bereit. Zusätzlich sollte diesem aufgetragen werden, die Lager mit grauer und die Stiegen mit hellblauer Ölfarbe anzustreichen. Auch der schwarz gewordene Keller müsse *behörend ausgeweis* werden. Arbeiten, für die der Heidelberger Tünchermeister Daniel Beck 135 Gulden forderte. Der Vorgang wurde der Weinkommission zur Entscheidung vorgelegt, welche die Arbeit nicht dem von dem Hofkeller favorisierten Beck, sondern dem Hoftünchermeister Clostermeyer übertrug. Dieser hatte am 2. Mai 1763 angeboten, die Arbeiten am Fass für 110 Gulden zu erledigen. Für diesen Betrag hatte er vor, das Fass mit *warmem gekochtem Öl zu tränken* und die 18 eisernen Reifen, von denen jeder zwei Schuh breit und 60 Schuh lang war, mit schwarzem Öl zu streichen. Ebenso sagte er zu, die vier Riegel des vorderen und hinteren Lagers, die Köpfe der sechs mittleren Lager und die großen Hauptgesimse der beiden Lager mit eichenfarbigem Öl zu streichen. Außerdem beabsichtigte er, die Galerie und den Keller auszuweißeln. Nachdem der Weininspektor sein Einverständnis hierzu erklärt hatte, ordnete die Hofkammer am 3. Mai 1763 an, den Auftrag an Clostermeyer zur *Tränkung des großen Fasses mit Öl und dessen Anstreichung wie auch des Geländers, Stiegen und Lagern* zu übergeben.

Nicht nur den Reparaturen am großen Fass wandte man in diesen Jahren die Aufmerksamkeit zu, sondern auch anderen Teilen des Schlosses. Es bedurfte dauernder Ausbesserungen, um den alten Herrschersitz vor dem Verfall zu retten. Schon am 26. Mai 1752 hatte der Burgvogt[167] Garnier geklagt, dass die Eingangstür zum Ottheinrichsbau eingefallen sei, so dass *mutwillige Buben einschlüpfen* würden.[168]

Am 25. Januar 1755 forderte der Hofbaumeister Franz Wilhelm Rabaliatti[169] die Erstellung eines Verzeichnisses aller Dächer und Kandel, um die Gebäude vor weiteren Zerstörungen bewahren zu können. Aufgrund dieses Verzeichnisses beauftragte die Hofkammer im August 1755 den Schieferdecker Johann Peter Reysling aus Heidelberg, die vorhandenen Dächer *gut und dauerhaft ohne den mindesten schaden zu bewahren*. In einem für zwölf Jahre gültigen *Accord* wurde er beauftragt, zweimal im Jahr die Dächer, Schornsteine, Türme und Mauern zwecks Kontrolle zu besteigen. Zudem sollte er auf Veranlassung des Burgvogts nach Stürmen und Regenwetter alles untersuchen. Besonders musste er darauf achten, ob das *blei oder blech* verfault sei. Im Winter hatte er die Kandeln vom Schnee freizuhalten. Der Gefällverwalter hatte ihm für diese Arbeiten pro Jahr siebzig Gulden zu zahlen.[170] Es erwies sich jedoch als illusorisch, durch kleinere Flickarbeiten die Dächer auf dem Schloss instand zu halten. Schon 1758 kam es zur Gesamtreparatur, für die eine Summe von 2666 Gulden angesetzt wurde.[171]

Ein Dauerproblem war auch die Instandhaltung der Schlosskapelle. Schon 1727 war sie in so schlechtem Zustand gewesen, dass dort *Mäuse nisteten*. 1757 waren nicht nur die Fenster *veraltet und zerfallen,* sondern auch ein ganzer Flügel war zerstört, so dass die Kapelle geschlossen werden musste. 1762 mussten Altar und Kanzel, die von Holzwürmern *durchfressen* waren, von Schreinern und Malern wieder in Ordnung gebracht werden. Die Hofkammer drang auf die Durchführung dieser Arbeiten, da die Hofkapelle ansonsten in wenigen Jahren zerfallen würde. Zurzeit wäre es noch möglich, sie für 580 Gulden auszubessern. Für die Restauration der Kapelle brauche man Maurer, Tüncher, Steinhauer und Glaser.[172]

Nach den Zerstörungen durch einen Blitzschlag im Jahre 1764, der vor allem den Gläsernen Saalbau, den Glockenturm, den Ottheinrichs-, den Ludwigs- und den Friedrichsbau in Mitleidenschaft gezogen hatte, standen zahlreiche Reparaturen an.[173] Insbesondere das Dach über dem Friedrichsbau war schadhaft geworden. Die darunter liegenden Keller und die Wohnungen für den Gärtner und den Küferknecht waren dadurch in Gefahr

Das zerstörte Schloss, aufgenommen um 1973

geraten. Der Baumeister Rabaliatti[174] wurde mit der Wiederherstellung beauftragt. Auch er wurde zu äußerst sparsamem Umgang mit den Materialien verpflichtet.[175] Kupfer-, Eisen- und Bleireste wurden systematisch katalogisiert, teilweise verkauft, an den Heidelberger Materialhof geliefert oder nach Mannheim gebracht.[176] Nicht mehr verwendete Bauteile wie Türen und Fenster blieben unter der Verwaltung des Burggrafen Carnieri auf dem Schloss. 1765 ging es um die verwahrloste Eingangszone zum Schloss. Der Heidelberger Stadtkommandant war sogar der Meinung, dass die Zugänge zum Wolfsbrunnen und zum Kohlhof nicht mehr repariert werden könnten.[177]

Natürlich geriet in einer solchen Phase baulicher Betriebsamkeit auch das Fass ins Blickfeld der Restauratoren. Im Sommer 1765 gab es eine ganze Reihe von Stellungnahmen über dessen *Verderbnuß*. Der Hofkeller Dörn machte seine Besorgnis aktenkundig. Dabei richtete er sein Augenmerk auf die in Mannheim und Heidelberg liegenden Holzreserven, die für die Reparaturen benötigt werden könnten. Er schlug eine umfassende Renovierung vor. Sein Adjunkt Friedrich, der die Anwartschaft auf den Posten von Dörn erworben hatte,[178] sei mit Hilfe von zwei Knechten in der Lage, diese Aufgabe gegen eine Entlohnung von 100 Reichstalern zu übernehmen. Dörn ging von 1000 Gulden aus, die für das Herausreißen der schadhaften Dauben, für das Abreißen der Galerie und für die Erneuerung der Lager durch Rollen benötigt würden. Zur Durchführung dieser Arbeiten müsse das ganze Fass umgedreht werden.

Vorstellungen, die nicht leicht umzusetzen waren – nicht nur aus technischen Gründen. Dörn musste nicht nur die Hofkammer und die Weinkommission überzeugen, sondern hatte es mit einem neuen Gegenspieler zu tun. Es handelte sich um den Schwetzinger Hofkeller Bieth, dessen Wirkungskreis im Unterschied zu dem des Heidelbergers in den letzten Jahren stark angewachsen war. Zu Bieths ursprünglichen Aufgaben, wie dem Einzug der kurfürstlichen Gefälle in den Ortschaften Schwetzingen, Oftersheim und Brühl, der Verwaltung der großen Herrengüter und der Aufsicht über Wälder, Bäche und Fischereien im Umfeld des Schwetzinger Schlosses, war die immer umfangreicher werdende Ökonomieverwaltung des Schwetzinger Hoflebens gekommen. Architektonisch schlug sich dieser zunehmende Aufgabenbereich in der Errichtung eines neuen Kellergebäudes auf den Fundamenten der alten Schlossmühle nieder.[179] Zudem hatte Bieth im Januar 1766 einen beträchtlichen Erfolg während der Feierlichkeiten zum 25. Hochzeitstag von Karl Theodor und Elisabeth Augusta erzielt. Ausgerechnet auf dem Gebiet des Fassbaus: Unter seiner Leitung wurde am 17. Januar 1766 auf dem zugefrorenen Rhein vor dem Mannheimer Schloss ein großes Fass zum Jubiläum zusammengesetzt. Das schnelle Errichten von Fässern galt in der frühen Neuzeit als Ausweis hoher küferlicher Kunst und bedurfte exakter Vor- und Nacharbeiten, zu denen die Bereifung und das Einsetzen der Böden gehörte.[180] Im Umfang konnte sich das Mannheimer Winter- und Jubiläumsfass von 1766, das noch heute im Speyerer Weinmuseum zu besichtigen ist, jedoch nicht mit dem großen Heidelberger Fass messen: Sein Inhalt betrug nur 5660 Liter.[181]

Bieth erhob gegen die Aktivitäten Dörns Einspruch. Dieser dürfe sich weder um die *Conservierung* des Fasses kümmern, noch sei es dessen Aufgabe, sich um das Holz für die Ausbesserungen bemühen. All diese liege in seiner, in Bieths Kompetenz. Ein Anspruch, der wahrscheinlich damit zusammenhängt, dass er sich als Repräsentant einer funktionierenden Hofhaltung legitimiert sah, seinen Aufgabenbereich auch auf das alte Schloss auszuweiten. Seinen Ehrgeiz verband er mit einer Kritik an einer angeblichen schlampigen Arbeitsweise Dörns.[182] So wies er zum Beispiel darauf hin, dass das von diesem in vollkommene Unordnung gebrachte Mannheimer Schütthaus[183] gründlich aufgeräumt werden müsse. Da man nicht sofort mit den Arbeiten am

Neue ›Kalamitäten‹!

Das Mannheimer »Eisfass«, heute zu sehen im Weinmuseum Speyer. – Das Prunkfass, das ein Fassungsvermögen von 5 Fuder hat (5660 Liter), ist am Fassboden mit einer wertvollen Goldauflage geschmückt und besitzt kunstvolle Schnitzereien.

Fass beginnen könne, würden auch dem *aerario* (der Staatskasse) die 100 Reichstaler für den Holkelleradjunkten erspart werden. Bezeichnend für die Komplizierung der Verwaltungsvorgänge war auch der Hinweis des Schwetzinger Hofkellers, dass neben Weinkommission und Hofkammer auch das Obristenhofmarschallamt[184] informiert werden müsste. Es sah für eine kurze Zeit danach aus, als habe sich die Hofkammer im Kompetenzkonflikt zwischen Dörn und Bieth für den Schwetzinger entschieden. Eine offizielle Festlegung und Abgrenzung der Befugnisse der beiden Keller gab es jedoch nicht. Der Hofkalender des Jahres 1765 rechnete weiterhin beide zu den insgesamt 21 *Cameral-Land-Bedienten,* die im Bereich des Oberamts Heidelberg tätig waren. Dabei werden die Positionen aufgezählt, ohne hierarchische Kriterien sichtbar zu machen.[185]

Durch ›Fäulung beschädigt‹

Schließlich wurden die Probleme jedoch so dringend, dass die Hofkammer auf schnelle Eingriffe am Fass drängte. Sie informierte den Hofkammerrat Babel[186] am 7. November 1767 darüber, dass das Fass rinne und dass verschiedene Dauben durch *Fäulung beschädigt* seien. Mit Hilfe eines Küfermeisters sollten die nötigen Reparaturen angegangen werden. Zunächst müsse jedoch das Fass geleert werden. Obwohl die Hofkammer die Dringlichkeit von Maßnahmen betonte, wurde nicht zügig gehandelt. Vielmehr wurde noch im November 1767 eine Kommission eingesetzt. Ein Verfahren zur Lösung von Schwierigkeiten, wie es im 18. Jahrhundert verstärkt, wenn auch oft ohne Erfolg und mit der Vermehrung von Zuständigkeitskonflikten, angewendet wurde.[187] Die Mitglieder dieses Gremiums waren Babel, der vorher mit Zollfreveln[188] beschäftigt war, ein namentlich nicht aufgeführter Küfermeister, der Hofkeller Dörn, dessen Adjunkt Franz Friedrich und die beiden Heidelberger Küfermeister und Ratsverwandten Josef Alexander und Johann Martin Schweinfurth.[189]

Die Kommission suchte zunächst nach einer Erklärung dafür, warum das Fass so schnell von Fäulung befallen worden war. Sie einigte sich auf die Erklärung, dass das für die Dauben und Bodenstücke verwendete Holz zu alt gewesen sei. Jüngeres Holz wäre nicht so schnell porös geworden. Zudem sei das Holz fälschlicherweise in Sommerbergen gefällt und damit einem Boden entnommen worden, der im Unterschied zu den Winterbergen durch seine *Fettigkeit* geprägt sei. Die dadurch bedingte Feuchtigkeit lasse das Holz sehr schnell mürbe werden. Auch habe man entgegen der üblichen Bauweise die falsche Seite des Holzes nach außen gesetzt. Angesichts solcher Fehler hätten auch die Schwefelungen die Fäulnis nicht aufhalten können. Die Kommission stellte die Mängel fest, enthielt sich aber jeder persönlichen Kritik an den am Bau des großen Fasses beteiligten Personen. Allerdings bekam Dörn für seine Tätigkeit im Jahr 1767 einen Seitenhieb ab. Trotz des schlechten Zustandes des Fasses habe er damals die letzte Füllung durchgeführt. Wie stark damals jedoch der Druck der Weinkommission und der Hofkammer auf den untergeordneten Dörn gewesen war, wurde nicht erwähnt.

Von kleineren Reparaturen hielt das neu eingesetzte Gremium nichts. Man wollte eine Art Rundumerneuerung, die sich nach einer vorläufigen Berechnung des Hofkelleradjunkten auf 1800 Gulden belaufen würde. Wichtigster Schritt sei die Besorgung von 50 Dauben und von 12 Bodenstücken. Das Holz hierzu dürfe nicht aus *entlegenen Wäldern* stammen, sondern müsse aus benachbarten Forsten entnommen werden. Trotz dieser Vorschläge haftete dem Gutachten ein skeptischer Unterton an. Die Kommission schien an der praktischen Umsetzung ihrer Verbesserungsvorschläge zu zweifeln. Sie gab zu bedenken, ob nicht nach wenigen Jahren ein umfassend wiederhergestelltes Fass nicht wieder den *gleichen Schaden* aufweisen würde. Zu den Zweifeln an der technischen Durchführbarkeit des Projektes kamen weitere

Bedenken. So wurde die Frage aufgeworfen, ob die Weintransporte sich nicht als zu teuer erwiesen hätten und ob die durch die Lieferungen aufgetretene *Belästigung der frohnbaren Untertanen* noch zu rechtfertigen sei. Auch die schlechte Qualität des Weines wurde angesprochen. Durch die Vermischung unterschiedlicher Gewächse habe der Wein durchgängig einen starken *Abbruch* erleiden müssen. Trotz dieser tief sitzenden Unsicherheit wurde der Hofkellermeister Bieth beauftragt, unter Hinzuziehung *geschickter Küfermeister* zu überlegen, ob das Fass wiederherzustellen sei.[190]

Zeitgleich mit diesen Beratungen wurde 1767 eine weitere Kommission eingesetzt. Sie bestand aus den beiden Heidelberger Handwerkern Johann Martin Schweinfurth und Johann Christoph Junker, dem Heidelberger Stadtdirektor und Regierungsrat Esleben und dem Küfermeister Joseph Alexander. Der Vorsitz lag in den Händen des Hofkammerrats Babel, der den Heidelberger Hofkeller regelrecht zum Rapport zitierte. Am 12. November 1767 legte diese zweite mit dem Fass befasste Kommission ihre Einsichten in einem langen Bericht nieder.

Ein genauer Blick auf dieses Dokuments erlaubt die Rekonstruktion folgender Vorgänge: Der Hofkeller hatte am 27. Oktober des laufenden Jahres unter der Aufsicht des Hofkammerrats Deichmann mit der Leerung des Fasses begonnen. Obwohl Deichmann den Hofkeller angehalten hatte, einen Bericht an die Hofkammer zu schicken, war dies unterblieben. Der Hofkeller entschuldigte dieses schwerwiegende Versäumnis mit dem Hinweis, er habe die Worte Deichmanns wegen des Lärms beim Ablassen nicht verstanden. Alles sei sehr hektisch verlaufen, mehrere Kübel hätten zum Auffangen des Weines unter das Fass gestellt werden müssen. Dem Hofkeller blieb jedoch nichts anderes übrig, als sein Versäumnis einzugestehen. Auch einen weiteren Fehler musste er zugeben: Schon bei der Füllung des Fasses mit Wieslocher, Hilsbacher und Alzeyer Weinen habe er das sofort einsetzende Ausrinnen nicht in seinem vollen Ausmaß

Durch ›Fäulung beschädigt‹ 157

eingeschätzt. Allerdings bitte er um Nachsicht, da bei früheren Versuchen das Ausrinnen des Fasses bald zum Stillstand gekommen sei.

Aus dem erhaltenen Protokoll vom 12. November 1767 ist zu erfahren, dass zur Zeit der Befragung des Hofkellers das Fass noch 20 Fuder Wein enthielt. Seit Beginn der Leerung am 27. Oktober seien ungefähr anderthalb Fuder verloren gegangen, also nicht durch Gefäße aufgefangen worden. Die Kommission rechnete damit, dass am nächsten Tag, am 13. November, das Fass vollständig leer gelaufen sein werde. Erst dann sah sie weitere Schritte zu seiner Untersuchung vor. Die vereidigten Küfermeister standen parat, mussten jedoch warten, bis sich der *allzu große Schwefeldunst* verzogen hatte. Nach Beendigung ihrer Inspektion mussten sie vor der *Spezial-Commission* Rede und Antwort stehen. Mit Schuldzuweisungen an den Hofkeller hielten sie sich zurück. Nicht schlechte Pflege sei der Grund für das Ausrinnen des Fasses gewesen. Man habe schon in der Anfangsphase einen Fehler gemacht, da die Dauben und die Bodenstücke nicht aus jungen, sondern aus alten Bäumen geschlagen worden seien. Somit bestätigten sie die früheren Untersuchungsergebnisse. Sie führten weiter aus, dass das Holz von alten Bäumen weite Poren habe, so dass das Fass sowohl von innen als auch von außen stärker an Feuchtigkeit leide. Auch schlossen sie sich der Annahme an, dass das fettige Holz von den Sommerbergen leicht von Fäulnis befallen werde. Ihre Argumentation ging jedoch noch weiter: Im Rückblick kritisierten sie, dass die Bäume auf eine falsche Art gefällt worden seien, da man sich damals am Hauen des *gemeinen Holzes* orientiert habe. Es sei deshalb dazu gekommen, dass das Herz außen, die Splintseite innen gelegen sei. Auch seien die Bearbeitungsspuren an der Innenseite so stark, dass sich der Weinstein dort aufgrund der angesetzten Feuchtigkeit schnell habe entwickeln können. Auch beim Schwefeln habe es Probleme gegeben. Die Kommission kommt zu dem resignativen Schluss, dass alles in der Natur dem *fatalen Schicksal endlicher Bestimmung anheimgegeben* sei. Angesichts solcher Einsichten blieb ihnen gar nichts anderes übrig als die Einschätzung, dass sowohl der Erbauer des Fasses, der Hofkeller Englert, als auch der gegenwärtige Hofkeller Dörn *beide unschuldig und gerechtfertigt bleiben*.

Das Urteil von drei anderen zu Rate gezogenen Küfermeistern fiel weniger großzügig aus: Sie warfen Dörn vor, dass er, obwohl das Fass *anbrüchig und rinnig* gewesen sei, mit der Füllung weiter fortgefahren sei. Fälschlicherweise habe er darauf gehofft, dass sich das Fass von selber wieder *verquällen* würde. Zudem habe der Hofkeller schon vor vier Jahren missachtet, dass beide Fassböden stark angegriffen waren. Ihm sei deshalb durchaus eine Ersetzung des Schadens in Ohm oder Fuder zuzumuten. Neunzehn Dauben seien von außen völlig faul, ihr Zustand dem Verfall preisgegeben. Das gesamte Fass befand sich nach ihrem Gutachten in einem *gänzlich unbrauchbaren Stand*. Der Ruin schreite fort, so dass ein Kostenvoranschlag für die Reparaturen kaum zu erstellen sei. Auf die Frage, was von dem vorhandenen Holz wieder verwendet werden könne, konnten sie keine eindeutige Antwort geben.

Konkreter als diese drei Handwerksmeister äußerte sich der Heidelberger Hofkelleradjunkt Franz Friedrich zu den möglichen Reparationskosten. In einem Gutachten vom 18. November 1767 zeigte er sich überzeugt, dass die Fäulnis des Fasses aufgehalten werden könne, obwohl das Austauschen der Dauben sehr schwierig sei. Die Reparatur würde sich über zwei Jahre hinziehen und sei nur mit der zusätzlichen Anstellung von vier Küferknechten zu leisten. Das führe zu Lohnkosten von 150 Gulden jährlich, dazu käme der tägliche Trunk von drei Schoppen Wein. Die ebenfalls erforderliche Zimmer- und Schlosserarbeit setzte er mit 600 Gulden an. Alle Unkosten würden sich auf eine Summe von 1800 Gulden belaufen. Auch Friedrich kritisierte, dass der Hofkeller das Fass im vergangenen September angefüllt habe, obwohl es zunächst hätte ausgebessert werden müssen. Dörn habe damals alle Warnungen in den Wind geschlagen.

Angesichts der verfahrenen Situation beantragte der Heidelberger Hofkelleradjunkt[191] am 27. November 1767, den Schwetzinger Hofkellermeister Bieth zur *examinierung* des Fasses auf das Schloss zu schicken. Mit einer solchen Zwischenlösung gab sich die Hofkammer nicht mehr zufrieden. Schon einen Tag später fand sich fast die gesamte Hofkammer zur Begutachtung am Fass ein. So standen der Geheimrat und Hofkammerpräsident Graf Nesselrode, der Geheimrat und Hofkammerdirektor Günter, der Regierungsrat und Hofkammervizedirektor Weber und die Hofkammerräte Sartorius, Blesen, Grauven, Jung, Babo und Michereaux am 28. November 1767 vor dem leeren Fass und gaben noch am selben Tag ihre Einsichten zu Protokoll.[192] Im Wesentlichen schlossen sie sich den bisherigen Gutachten an und betonten die Mängel, die durch alte poröse Bäume und durch das Eindringen der Feuchtigkeit aufgetreten seien. Andererseits sei der Schwefel wegen der Dicke der Dauben nicht wirkungsvoll gewesen. Es ging den Räten also einerseits um solche Sachverhalte, für die niemand die Verantwortung zu übernehmen hatte. Als das Fass gebaut wurde, habe man von den Mängeln noch nichts wissen können. Andererseits schlossen sich die Vertreter der Hofkammer auch der Kritik am Hofkeller an. Er hätte auf keinen Fall das Fass nach den ersten Anzeichen der Undichte anfüllen lassen dürfen. Dadurch habe er die späteren Reparaturkosten in die Höhe getrieben. Weiterhin gaben die hohen Herren zu bedenken, dass geeignetes Holz für einen Neubau in der Nähe zum Schloss nicht vorhanden sei. Es müsse aus *entlegensten Orten zu unerschwinglichsten Kosten* herangeschafft werden. Neu in dem Gutachten war der Verweis auf die Weintransporte, die mit einer großen *Belästigung der frohnbaren Untertanen* verbunden wären. Bereits Kurfürst Karl Philipp hatte ebenfalls auf diese *Belästigung* hingewiesen.

Die Hofkammer schien geradezu systematisch nach einer Rechtfertigung für die Einstellung der Arbeiten am Fass zu suchen: Selbst wenn diese erfolgreich durchgeführt werden könnten, sei ein solches Unternehmen auf längere Sicht fragwürdig. Die Erfahrung lehre, dass die Mischung aus *verschiedenen Gewächsen* der Qualität des Fassweines *starken Abbruch* tue. Argumente, die schon früher benutzt worden waren. In der Situation von 1767 deuteten sie auf eine Zuspitzung. Der Verzicht auf eine Renovierung des Fasses zeichnete sich ab. Eine Tür für seine Erneuerung stand jedoch noch offen: Die Hofkammer musste damit rechnen, dass der Kurfürst trotz aller von seiner Verwaltung geäußerten Bedenken an dem Fassprojekt festhalten wollte. Für diese Möglichkeit empfahl sie eine neue Expertise unter der Aufsicht des Hofkellermeister Bieth, der zwei *geschickte Küfer* hinzuziehen und mit ihrer Hilfe einen Kostenvoranschlag erstellen sollte. Die Hofkammer hatte sich nicht geirrt. Karl Theodor zeigte sich trotz aller Schwierigkeiten weiterhin an einem funktionsfähigen Fass interessiert. Die Hofkammer ging zumindest in einem Schreiben an Bieth vom 7. Dezember 1767 davon aus, dass der Kurfürst die *dauerhafte herstellung* wünsche. Dementsprechend drängte sie auf eine zügige Durchführung der erwähnten Untersuchung.

Inzwischen hatte sich der Heidelberger Hofkeller Dörn wieder zu Wort gemeldet: Sollte das Fass repariert werden, müsse mit einer Dauer von drei bis vier Jahren gerechnet werden. So lange würde es dauern, bis die frischen Dauben trocken wären. Auf die vorhandenen Dauben könne man nicht zurückgreifen, da *sie lauter auswürfflinge* seien. Im Prinzip vertrat Dörn die allgemeine Skepsis gegen alle Reparaturmaßnahmen. Schließlich habe man die Erfahrung mit dem vorherigen Fass, das trotz aller Verbesserungen bald wieder rissig geworden sei. Damals habe man den Wein mit Kübeln auffangen müssen. Das Gleiche würde sicher mit dem jetzigen Fass passieren. An dieser Aussicht ändere auch das Angebot des Hofadjunktus Franz Friedrich nichts, der sich bereit erklärt habe, die Arbeiten erfolgreich durchzuführen. Überhaupt wisse er nichts Genaueres über die Pläne des Adjunkten. Es sei aber sicher, dass die Reparaturkosten so hoch seien, dass Friedrich die entsprechende Kaution nicht stellen könne. Um im Spiel zu bleiben, sicherte sich Dörn mit einem kuriosen Vorschlag ab. Demnach sollte auf die Reparaturen verzichtet werden und in das *große Faß* ein neues mit einer Höhe von sechs bis sieben Schuh gestellt werden. Eine Idee, die keinen Anklang fand.

Wenige Tage später lief das Gutachten des Hofkellermeisters Bieth und zweier Mannheimer Küfermeister bei der Hofkammer ein. Die drei hatten bei ihrer Untersuchung von außen 24 faule Dauben vorgefunden. Bei den Felgen zeigte sich die Lage nicht so dramatisch. Nur die *vordere Felge* war von Fäulnis befallen. Im Inneren waren sowohl die Dauben als auch die Bodenstücke bis zur letzten Füllhöhe *gesund und stark*. Auf Materialvorräte könne man jedoch nicht zurückgreifen, da diese durch falsche Lagerung beschädigt worden seien. Eine Reparatur sei nur dann sinnvoll, wenn man das Fass wenden würde, so dass die nicht befallenen Teile auf den Lagern aufruhen würden. In diesem Falle müsse nur das *Türlein* verlegt werden. Ein solches Verfahren würde beträchtliche Kosten einsparen. Die Ausbesserung sei auch deshalb sinnvoll, weil für den Bau eines neuen Fasses kein Holz vorrätig sei, für das zudem eine 12- bis 13-jährige Lagerzeit benötigt würde. Sollte aber der Kurfürst, da das Fass für ein *kurpfälzisches Monumentum* gehalten werde, ein neues bauen wollen, dann müsste beachtet werden, dass das Holz für die Dauben und für den Boden auf der Winterseite des Neckartals und nicht in den Lauterer oder in anderen überrheinischen Waldungen geschlagen würde. Dortiges Holz weise zu große Poren auf. Das Hauen des Holzes müsste durch *Werkverständige* vorgenommen werden, auf die man auch bei der Reparatur des gegenwärtigen Fasses nicht verzichten könnte.

Das vierte große Fass von 1750–1751

In ›irreparablen Umständen‹

Nachdem auch noch das Obristenmarschallamt, das Obristenforstamt und die Weinkommission in die Beratungen einbezogen worden waren, spitzten sich die Positionen auf klare Alternativen zu. Der Hofkeller, der von den vielfältigen Stellungnahmen fast schon an den Rand der Entscheidungsfindung gedrängt worden war, fasste am 16. Mai 1768 die unterschiedlichen Stellungnahmen zusammen.[193] Dabei kam er zum Schluss, dass sich das Fass in *irreparablen Umständen* befinde. Ein Neubau sei unumgänglich. Er führte keine ökonomischen Gründe an, sondern betonte den Ruhm des alten Fasses, das *schon viele säcula als eine besondere sehenswürdige seltenheit aller orten berühmt und von vielen tausend fremden vor eine unvergleichliche zierde geschätzt wird*. Man solle schleunigst einen Kostenvoranschlag für ein neues Fass erstellen. Er wies es von sich, mit einem solchen Projekt *eigensüchtige Absichten* zu verbinden, sondern wolle *vielmehr den schuldigsten fleiß seines diensteifers vermehren*. Dennoch kann man sich des Eindrucks nicht erwehren, dass der Hofkeller seine durch die verschiedenen Gutachten und Streitigkeiten angeschlagene Position wieder stärken wollte. Eine Fülle von Einflussmöglichkeiten wären ihm als Koordinator der Arbeiten an einem neuen Fass zugekommen. Gegenüber seinem Adjunkten erwies er sich nicht als nachtragend, sondern drückte vielmehr die Hoffnung aus, dass dieser in die Arbeiten einbezogen werden könne. Franz Friedrich habe bei dem Bau eines 80-fudrigen Fasses unter seiner, des Hofkellers *direction* bereits einen Fähigkeitsnachweis erbracht.

Am 16. Mai 1768 legte Dörn der Hofkammer seine näheren Vorstellungen und seinen *accordplan* vor. Erstens forderte er die unentgeltliche Anweisung des Holzes *aus herrschaftlichen Wäldern*. Aus Erfahrung klug geworden, wollte er allen Auseinandersetzungen mit verschiedenen Waldeigentümern aus dem Wege gehen. So konnte er kein Interesse daran haben, einen abermaligen

Streit mit der Geistlichen Güteradministration durchzufechten. Das Schlagen der Bäume sollte in der *schicklichsten Jahreszeit* geschehen. Für den Augenblick sei es damit bereits zu spät, da das Holz schon *in saft* stehe. Die Fällaktionen müssten spätestens im kommenden Herbst erfolgen. Alle Stämme und die sonstigen Materialien waren bei der Heidelberger Hofkellerei zu sammeln. Dörn schlug vor, die Fuhren weiterhin im Rahmen der Fronleistungen durchzuführen. Das Holz sollte aus dem Neckartal, wo es auf *magerem Boden* stehe, geholt werden. So früh wie möglich sah er Maßnahmen gegen eine vorzeitige *Fäulnis* vor. Deshalb war darauf zu achten, dass *sachverständige meister* die Qualität des Holzes begutachten und permanent den Bearbeitungsvorgang kontrollieren sollten. So weit wie möglich dachte der Hofkeller an die Wiederverwendung der alten Reifen, Lager, Galerien und Stangen. Genauso sparsam musste mit den Bäumen umgegangen werden, aus denen die Dauben gemacht werden sollten. Für die Reste sah er eine Verwendung beim Heizen der Werkstätte und bei der Wärmung des Fasses vor. Er rechnete mit insgesamt 30 Karch Holz. Folgende Personengruppen waren bei dem Bau zu beteiligen: Küferknechte, Zimmerleute, Schlosser, Schreiner, Tagelöhner und Bildhauer. Bereitgestellt werden mussten noch ein Kran, Hebgeschirr, Ketten, Sägen und Gerüstholz. Dörn dachte daran, das neue Fass wie das alte mit Gängen und einer Galerie zu versehen. Mit all diesen Arbeiten dürfe erst nach dem Abbruch des alten Fasses angefangen werden.

Dörn veranschlagte eine Summe von 4500 Gulden. 1000 Gulden kalkulierte er für das Schlagen des Holzes ein. Während der weiteren Arbeiten, für die er sechs Jahre ansetzte, sollten sukzessive 2500 Gulden bereitgestellt werden. Mit weiteren 1000 Gulden rechnete er beim Abschluss der Arbeiten und nach *erfolgter Approbation*. Ein äußerst knapp gehaltener Überschlag, der, wie der Hofkeller auch schnell einsehen musste, einer genaueren Überprüfung nicht standhalten konnte. Da diese Pläne auf keine Resonanz stießen, legten Dörn und Friedrich am 20. Oktober 1768 dem Kurfürsten gemeinsam einen neuerlichen Kostenvoranschlag vor, der in die übliche Lobrede auf das bisherige Fass, dessen *ruhm und größe in allen weltteilen gestiegen,* eingebunden war. Nirgendwo könne ein ähnliches Monument gefunden werden. Umso schmerzlicher müsse man empfinden, dass es in einen *unbrauchbaren stand gerathen und gefallen seye.* Solle der *ruhm der edlen Pfalz* nicht *erlöschen,* gelte es, ein neues Fass zu erbauen. Zugleich versuchten die beiden Unterzeichner Bedenken gegen die mit dem Fassbau verbundenen Belastungen abzuschwächen. Sie versprachen nach Möglichkeiten zu suchen, damit die herrschaftlichen Waldungen *verschont,* die Untertanen von den *mühsamsten frohnden* befreit und *ohnvermeidliche Kosten erspart* würden. Ergebnis ihrer aktuellen Berechnungen war jedoch, dass sie auf eine höhere Summe als bei der ersten Kalkulation von Dörn vom 16. Mai desselben Jahres kamen. Sie gingen jetzt von einem Betrag von 13 900 Gulden aus.

Der Grund für diese Erhöhung lag darin, dass sie davon abgekommen waren, die Bäume aus kurpfälzisch-herrschaftlichen Wäldern holen zu lassen, und stattdessen ihr Augenmerk auf den käuflichen Erwerb des Holzes in herzoglich-württembergischen Besitzungen gerichtet hatten. Für die Herstellung der Dauben und der Bodenstücke hielten sie 110 Eichenstämme von einer Länge von 36 Schuh und einem Durchmesser von drei Schuh für erforderlich. Bei einem Preis von 66 Gulden pro Stamm kam dabei eine Summe von 7260 Gulden heraus. Trotz dieses hohen Preises war von der billigeren Variante, das Holz aus kurpfälzischen Wäldern zu besorgen und es mit Fronleistungen nach Heidelberg bringen zu lassen, nicht mehr die Rede. Wahrscheinlich war die Erinnerung an die Schwierigkeiten der fünfziger Jahre, als die Auseinandersetzungen um den Kauf und den Transport des Bauholzes fast zu einer Lähmung der Verwaltungsstrukturen auf der Ebene des Heidelberger Oberamts geführt hatten, noch so deutlich, dass Dörn und Friedrich möglichen Konflikten aus dem Wege gehen wollten. Die Übergabe der Holzbeschaffung an einen privaten Unternehmer und das Schlagen des Holzes in den Wäldern eines benachbarten Territoriums mussten die Heidelberger Hofkellerei beträchtlich entlasten. Vielleicht hängt dieses Verlagern der vorhersehbaren Schwierigkeiten auch damit zusammen, dass die für den Neubau des Fasses notwendige hohe Zahl von Bäumen die routinemäßige Schlagwirtschaft durcheinander gebracht hätte. Kompliziert waren solche Planungen auch deshalb, weil es in den sechziger Jahren des 18. Jahrhunderts noch keine umfassende Kartierung der kurpfälzischen Wälder gab. Damals gaben die Waldkarten in der Regel nur die Waldgrenzen wieder. Sie waren reine Waldbesitzkarten. Erst mit dem Wirken des Hofkammerrats und Forstkommissars Johann Peter Kling[194], unter dessen Leitung seit Beginn der achtziger Jahre eine Forstreform durchgeführt wurde, änderten sich die Voraussetzungen für eine moderne Forstwirtschaft. Die Verordnung vom 22. März 1783 über die Vermessung und Kartierung der Waldungen führte in den folgenden Jahren zu Karten, in denen nicht nur die verschiedenen Walddistrikte eingezeichnet waren, sondern die gleichermaßen Auskunft über Holzarten, Bestandsdichte, Alter und Qualität des Baumbestands und über die Bodengüte gaben.[195] So gibt die Karte vom Schönauer Kameralwald aus dem Jahre 1793 den Eichenbestand wieder und erlaubt einige Rückschlüsse über die Verhältnisse der frühen fünfziger Jahren, in denen es zu den unruhigen Reaktionen der Oberamtgemeinden gekommen war.[196]

Zurück zu weiteren Details des Kostenvoranschlags vom 20. Oktober 1768: Für das Behauen der Reifen, Dauben und Bodenstücke setzten Dörn und Friedrich einen Arbeitslohn von 910 Gulden an. Der Fuhrlohn wurde mit 600 Gulden, die Reise- und Verzehrkosten für den Hofkelleradjunkten Friedrich mit 360 Gulden kalkuliert. Der zweithöchste Betrag in der Liste belief sich auf 4000 Gulden. Unter diese Rubrik fielen das Abbrechen des alten und die Produktion des neuen Fasses. Aufgeführt wurden dabei die Löhne für die Küfer, Küferknechte, Zimmerleute, Schlosser, Schreiner und Tagelöhner. Hinzu kamen Gelder für das Anschaffen der erforderlichen Werkzeuge, des Kranen, der Ketten, des Gerüstholzes, der Seile, der Borden und der Klammer. Ein weiterer eigens aufgeführter Posten war die Bildhauerarbeit mit 450 und 320 Gulden. Somit war der Hofkeller mit der Unterstützung durch seinen Adjunkten auf eine Summe von 13 900 Gulden gekommen. In einem Zusatz bestanden die beiden Unterzeichner darauf, dass das alte Fass nach der *Ratification* des Kostenvoranschlags zur *freyen willkür* ausgeschlachtet werden dürfe und dass insbesondere die Reifen, Lager und Galerien für das neue Fass verwandt werden könnten. Ebenso forderten sie eine baldige Fällung der Bäume.

Mit ihrem Kostenvoranschlag hatten sich der Hofkeller und sein Assistent viel Mühe gegeben. Noch am 23. November 1768 schob die Hofkammer die Entscheidung vor sich her. Auch die Herbst- und Weinkommission verhielt sich hinhaltend. Dörn und Friedrich hingegen drängten. Nachdem bereits der erste günstige Termin für das Fällen der Bäume im Herbst 1768 verstrichen war, befürchteten sie, dass auch der Termin für den Februar 1769 nicht eingehalten werden könnte. Am 5. Januar 1769 erbaten sie vom Kurfürsten eine Entscheidung.[197] Am 16. Februar 1769 verhandelte die Hofkammer die Angelegenheit des Fassbaus. Sie hatte den Küfermeister Roos als Experten geladen. Dieser teilte mit, dass das neue Fass erst zehn bis zwölf (!) Jahre nach der Anschaffung des Holzes und nach der Anfertigung der Dauben hergestellt werden könnte. In der zu schnellen Errichtung aller vier großen Fässer liege der Grund ihrer bald eintretenden Undichte. Das Holz müsse erst lange Jahre im Wasser liegen und könne dann erst getrocknet werden. Roos glaubte auch, dass die benötigten Eichenstämme *in herrschaftlichen oder geistlichen ad-*

ministration neckarthale waldungen vorhanden seien. Man müsse nicht unbedingt auf Bäume in den württembergischen Waldungen zurückgreifen, zumal diese mit 66 Gulden pro Stamm recht teuer wären. An den von Dörn und Friedrich eingeplanten Gesamtkosten von 13 900 Gulden hatte er nichts auszusetzen. Auf keinen Fall seien sie zu hoch, eher seien sie zu niedrig. Da man das derzeitige Fass *in seinem jetzigen Zustand nicht zum Spectacel liegen* lassen könne, schlug er vor, es durch den Adjunkten Friedrich ausbessern zu lassen, damit es bis zur Aufstellung des neuen Fasses *unterhalten* werden könne. Der Küfermeister Roos hatte also nur auf die Schwierigkeiten eines neuen Fassbaus hingewiesen, war aber weit davon entfernt, von dem ganzen Projekt abzuraten. Für die Hofkammer allerdings waren diese Informationen nur ein weiterer Mosaikstein, der ihre Skepsis gegen ein neues Fass verstärkte. Nach den Ausführungen von Roos hielt sie es *nicht für rathsam, die vorliegende Entreprise überhaupt einzugehen.*

Am 18. Februar 1769 erhielten Dörn und Friedrich von Karl Franz von Nesselrode, dem Präsidenten der Hofkammer, eine Antwort. Er lehnte den von ihnen geplanten Neubau mit der Begründung ab, dass dadurch das kurpfälzische Budget viel zu sehr belastet werden würde. Zudem habe das Fass seinen Zweck verloren, da die Zeit des *Hoflagers mit dessen altüblichen Lustbarkeiten des Trinkens* vorbei sei. Mit keinem Wort ging Nesselrode auf eine mögliche ökonomische oder fiskalische Bedeutung des Fasses ein. Auch ging er mit keinem Wort auf das Fass als ein politisch-herrschaftliches Symbol ein. Seine Stellungnahme überzeugte den Kurfürsten. Am 1. März 1769 legte sich Karl Theodor fest. Er untersagte den Bau eines neuen Fasses und befahl, das alte instand zu setzen.[198] Aber nicht mehr, um es wieder zu füllen, sondern um es als denkwürdiges Monument zu erhalten. Eine Aufgabe, die dem Hofadjunkten Friedrich übertragen wurde, wie die Hofkammer in einer Anordnung an die Heidelberger Hofkellerei vom 19. Juli 1769 bestätigte.[199] Friedrich hatte seinen Auftrag spätestens am 28. Februar 1770 erfüllt. In einem an diesem Tag an die Hofkammer gerichteten Schreiben[200] bestätigte er, dass er das *sehr ruinos geweßene große faß ... in solchen stand gesetzet* habe, *daß solches zum wenigsten dem äußerlichen ansehen nach für gantz neu und unbeschädiget von jedermann gehalten wird.* Leider habe er dafür trotz wiederholter Erinnerung noch keine Bezahlung erhalten. Die zugesagten 45 Gulden stünden noch aus. Deswegen wolle er seine untertänigste Bitte noch einmal gehorsamst wiederholen. Mit einer Demutsklausel, wie sie in den vielen hundert Seiten der Quellen zur Geschichte des Heidelberger Fasses ansonsten nirgends zu finden ist, beschloss Friedrich seine Bittschrift. Er lege sich den Hofkammerräten *zu ferneren befehlen zu füßen* und *verharre in tiefster erniedrigung.* Hofkeller Dörn unterstützte seinen Adjunkten, bescheinigte ihm, seit zehn Jahren treue Dienste bei der Hofkellerei zu Heidelberg geleistet zu haben. Zugleich lobte er Friedrich, der mit Hilfe des bei der Hofkellerei angestellten Küferknechts das von *fäulung* befallene große Fass wiederhergestellt habe, so *daß man dieses allen ankommenden Passageurs zum Lust und Merkwürdigkeit dienende Werk hinwieder männiglich darf sehen lassen.* Damit war die Wirtschafts- und Verwaltungsgeschichte des großen Heidelberger Fasses an ihr Ende gekommen. Die alleinige Verwendung für touristische Zwecke deutete sich an.

Strebsamkeit, Fleiß, Geschicklichkeit und Ergebenheit haben sich für Friedrich gelohnt. Wenige Jahre später hatte er es in Mannheim zum Hofkellermeister im Stab des Obristhofmarschallamts gebracht.[201] Sein Vorgesetzter Hubertus Dörn war auf der Karriereleiter stehen geblieben und fungierte laut *Hof und Staatskalender* von 1777 weiterhin als Hofkeller auf dem Heidelberger Schloss.[202] Unter seiner Leitung blieb das große Fass als weithin bekanntes Prestigeobjekt erhalten. Die höfischen Festlichkeiten in Mannheim gingen aber an ihm vorbei. Zudem gab es auf dem Heidelberger Schloss in der Folgezeit kaum noch Investitionen. Unten in der Stadt hingegen wurden in den nächsten

Das monumentale Karlstor am Ende der Hauptstraße unterhalb des Schlosses wurde von der Stadt Heidelberg 1775 zu Ehren Karl Theodors erbaut und ersetzte am östlichen Stadteingang das Neckargmünder Tor bzw. Obere Tor, aufgenommen um 1900.

Jahren zwei große Projekte angegangen, welche die Aufmerksamkeit der Verwaltung und der Bürger absorbierten: 1775 begannen die Arbeiten zur Errichtung des Karlstors, das 1781 vollendet wurde.[203] Die Kosten hatten sich auf zirka 100 000 Gulden belaufen. Noch einmal um vieles teurer wurde der Bau der Alten Brücke, die mit 158 000 Gulden veranschlagt worden war und deren Schlussabrechnung sich auf 165 283 Gulden belief.[204]

Die Ablehnung der Pläne Dörns hatte weitreichende Folgen für die Position des Hofkellers. Hätten sich seine Erwartungen erfüllt, wären ihm beim Bau eines neuen Fasses zahlreiche Pflichten und Koordinierungsaufgaben zugekommen. So aber geriet er zunehmend ins Abseits der kurpfälzischen Verwaltung. Zwar wurde er nicht von der Gehaltsliste gestrichen, zum einflussreichen Gesprächspartner der Hofkammer, des Oberamts oder der Handwerkerschaft konnte er es aber nicht mehr bringen. Meist blieb der Briefwechsel des Hofkellers mit den oberen Behörden auf Anweisungen zu kleineren Reparaturen auf dem Schloss beschränkt. So berichtete der Hofkeller Verhaas während des Kriegsjahres 1792, dass zwei Schornsteine auf der burgvogteilichen Wohnung zu reparieren seien, da sie wegen der starken Befeuerung des damals im Schloss untergebrachten Lazaretts beschädigt worden seien.[205] Zahlreiche solcher Ermahnungen des

Die Alte Brücke mit dem Standbild der Minerva und dem barockisierten Brückentor, das Schloss im Hintergrund; aufgenommen vor 1894

Hofkellers könnte man anführen.[206] Meist sind sie ergebnislos verlaufen. Neben solchen Überwachungsaufgaben blieb der Hofkeller weiterhin mit dem Aufbewahren von Weinen beschäftigt. Hierbei half ihm ein Küferknecht. Beide bemühten sich darum, den Schlosskeller in gutem Zustand zu halten.

Im Zuge der Verwaltungsreformen während der letzten Jahre der Zugehörigkeit der Kurpfalz zu den Wittelsbachern wurde die Hofkellerei auf dem Heidelberger Schloss mit der Mannheimer Oberweinverwaltung vereinigt. Dies war ein weiterer Bedeutungsverlust. Symptomatisch mag die Bittschrift des Schlossküfers vom 9. Mai 1802 sein. Er wollte die kleine Stube, die er als Wohnung auf dem Schloss nutzen durfte, um eine Küche erweitern. Da er keine Möglichkeit habe, seine Mahlzeiten zuzubereiten, müsse er zum Essen zweimal jeden Tag in die Stadt hinunter. Im Falle einer Erkrankung könne er sein Kosthaus in der Stadt nicht erreichen. Im Winter sei der Marsch den Berg hinunter besonders beschwerlich und zudem sehr gefährlich. Deshalb wolle er darum bitten, dass die Mannheimer Behörden ihm ein kleines *Fleckchen* zum Kochen überließen. In der Nähe seines Zimmers gebe es ein altes Gewölbe, das man mit geringen Kosten mit einem Dach versehen könne. Er bitte um den Erlass einer Anordnung, die es dem Hofkeller Verhaas erlaube, *auf herrschaftliche Rechnung diese kleine Küche bauen zu lassen*. Ein nicht gerade glanzvolles Beispiel für die Rolle des Hofkellers auf dem Heidelberger Schloss, dessen Bedeutung mit der kurfürstlichen Entscheidung vom 1. März 1769 rasant zu schwinden begann.

Jedenfalls neigte sich in dieser Zeit, als die Kurpfalz im neuen Land Baden aufging, die Bedeutung der Hofkellerei und damit auch einer Küferei auf dem Heidelberger Schloss langsam dem Ende zu. Bis zum Jahre 1800 war es jedenfalls mit beiden Einrichtungen dort oben vorbei. Was von ihrer jahrhundertelang währenden Bedeutung übrig blieb, war und ist das große Fass, das Karl-Theodor-Fass.

Das Riesenfass
auf der Festung Königstein

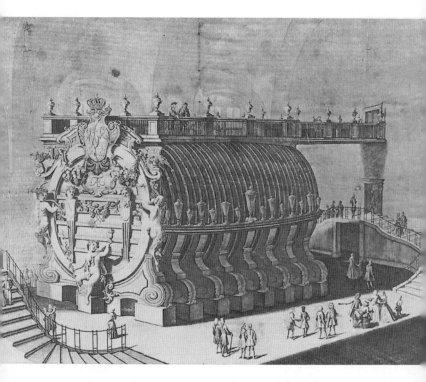

»Prospect des grossen Fassses auf der Bergvestung Königstein«,
Kupferstich von Lorenzo Zucchi, 1725

›Denckmahl des reichen Seegen Gottes‹: das große Fass auf der Festung Königstein von 1725–1818

Wohlbekanntes wiederholt sich

Der Wettstreit zwischen Kurpfalz und Kursachsen um das größte Weinfass der Welt ist ein beliebtes Motiv der an Erzählungen und Anekdoten so reichen Geschichte des deutschen Weines.[1] Schon das 1592 unter Johann Casimir erbaute Heidelberger Fass wurde 1621/22 von dem auf dem Königstein errichteten sächsischen Monument übertroffen. Zu einer Zeit des kurpfälzischen Niedergangs während des Dreißigjährigen Krieges baute Kurfürst Johann Georg I. (1611–1656) die mächtige Festungsanlage über der Elbe aus. Er ließ ein Proviant- und Kellergebäude errichten, in dessen oberen Stockwerken die Dresdner Hofgesellschaft bei ihren Besuchen weilen sollte.[2] Zwei übereinander angelegte Gewölbe dienten als Keller. Während der untere Raum für die Lagerung normaler Weinfässer gedacht war, bot das darüber liegende Gewölbe Platz für das große Weinfass. Dies konnte 1450 Hektoliter aufnehmen. 1624 wurde es erstmals gefüllt. Sein Erbauer war der Küfermeister Nikolaus Wolff aus dem nahen böhmischen Komotau. 1667 wurde der gesamte Bau nach der Gemahlin Johann Georgs II. Magdalenenburg benannt.

Ein großer Teil des Wissens über das Fass von 1621/22 ist Johann Benjamin Wolff zu verdanken, der im Jahre 1717 in Magdeburg eine vergleichende, in kurze Landesbeschreibungen eingebundene Betrachtung über die drei großen Fässer in Heidelberg, Halberstadt und auf dem Königstein veröffentlichte.[3] Danach war das erwähnte Königsteiner Fass *mit schönen Gemälden und Schnitztverk* ausgeschmückt und von einem Sims umgeben. Trotz eines *großen Donnerwetters* im Jahre 1643 sei es nicht zerstört worden. Der *herrliche Wein* sei deshalb erhalten geblieben. Kurfürst Johann Georg I. habe in dieser Verschonung des Fasses ein Zeichen göttlichen Wohlgefallens gesehen. Lediglich die Statue einer Jungfrau wurde nach Wolff damals *ihrer Zierathen* entkleidet.[4] Nach den Ausführungen des Autors war das Fass damals mit

Die Feste Königstein liegt inmitten des Elbsandsteingebirges in der Sächsischen Schweiz über der Elbe. In der ersten Hälfte des 13. Jahrhunderts über dem gleichnamigen Ort Königstein erbaut, wurde die ursprüngliche Burg Ende des 16. Jahrhundert zu einer äußerst wehrhaften Festungsanlage ausgebaut, die nie eingenommen wurde; Kupferstich von Matthäus Merian dem Älteren, um 1650.

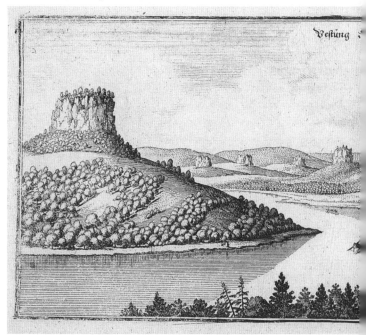

dem *besten Wein aus den churfürstlichen Weinbergen* gefüllt. Diese waren zum großen Teil durch die Säkularisation des Klosterbesitzes im Reformationszeitalter in die Hände des Landesherrn gekommen.[5] Nachdem 1563 Pläne zum Verkauf der Weinberge gescheitert waren, blieb der Besitzanspruch des Fiskus auf das säkularisierte Rebengelände in den nächsten Jahrhunderten unbestritten.[6] Drei Hauptkellereien in Leipzig, Torgau und Dresden kontrollierten seit dem 16. Jahrhundert den Weinbau des Territoriums.

Es kann nicht überraschen, dass auch das genannte Fass auf dem Königstein bald gründlichen Reparaturen unterzogen werden musste. In den sechziger Jahren des 17. Jahrhunderts bestand Kurfürst Johann Georg II. (1656–1680) auf dem Bau eines neuen

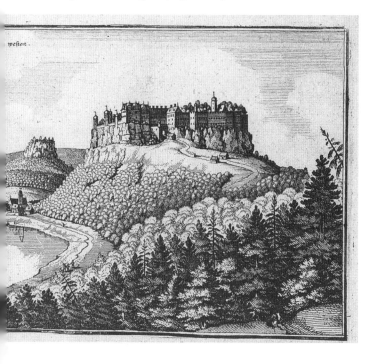

Fasses. Am 9. November 1667 teilte er der Rentkammer mit, dass das auf *der Bergfestung liegende große fass* keinen Wein mehr halten könne und dass deshalb ein neues gebaut werden müsse. Der Rat der Stadt Görlitz habe das *dazu bedürftige Holz underthänigst offeriert,* der Hauskeller habe die Stämme bereits ausgewählt. Schon im kommenden *Christmonat* würden die Bäume gefällt, die *Tauben geschlagen* und auf den Königstein geführt werden. 400 Gulden seien dafür vorzusehen.[7]

Die Hauptverantwortung wurde in die Hände des *Ober-Meisters* Theobald Schüssler aus der Reichsstadt Esslingen gelegt. Dies wird kein Zufall gewesen sein, da schwäbische Weinbauexperten regelmäßig nach Sachsen gerufen wurden. Ihm zugeteilt wurden die beiden Mitmeister Johannes Wolff, Kellermeister auf dem Königstein, und Johann Hentzsch, der als Büttner in der Kurfürstlichen Hauptzeughauskellerei in Dresden arbeitete. Diese bildete die Zentralstelle für die landesherrliche Weinwirtschaft. Hier liefen die besten Weine ein, hier wurden auch die Einnahmen aus dem Weinverkauf gesammelt. Ein Teil der Hofausgaben wurde aus diesen Geldern bestritten. Überschüsse bekam die Rentkammer, die ihrerseits in schlechten Weinjahren die ausgefallenen Gelder zu ersetzen hatte. Der Dresdner Hauptzeughauskellerei stand der Hauskeller vor, der im 18. Jahrhundert den Titel Landweinmeister erhielt.[8]

Unterstützt wurden die Arbeiten am neuen Fass durch den Gesellen Melchior Wetterwald aus Franken. Das Bauholz wurde in der Görlitzer Heide geschlagen. Nach Wolff handelte es sich um eine Gegend, w*elche besonders mit den höchsten Eichen-Bäumen prangen* konnte. Aus seiner Schrift über die Durchführung der Transporte ist nur zu erfahren, dass das Holz *nach und nach* auf den Königstein gebracht worden sei. Die Arbeiten am Fass konnten am 19. August 1676 beginnen und waren nach zwei Jahren, am 17. August 1678, beendet.[9] Wenige Tage nach der Fertigstellung starb Johann Georg II. Unter seinem Nachfolger Johann

Georg III. (1680–1691) wurde das neue Fass erstmals gefüllt. Ein Vorgang, der vom 26. August bis zum 16. Dezember 1678 dauerte. Ein langer Zeitraum, der sich mit unregelmäßig einlaufenden Weinlieferungen erklären lässt.

Das Fass von 1678 stand auf insgesamt acht Lagern aus Eichenholz, unter denen *vier anderthalb ellige Steine* in den Boden eingelassen waren. Es wurde mit Hilfe eiserner, verschraubter Reifen zusammengehalten. Ein Gesims mit 23 großen und kleinen *Willkommen,* gläsernen Pokale, die mit Eingravierungen des kursächsischen Wappens versehen waren, verlief am Rande. Der Ausschmückung diente auch eine überbordende Bacchussymbolik. Am vorderen Boden befand sich ein hölzernes kursächsisches Wappen mit der Überschrift *Honit soit qui Mal y Pense,* die Wolff mit *Dem wird es leyd / der es übel deut* übersetzte. Eine Tür führte in das Innere des Fasses. Über eine Wendeltreppe mit 37 Stufen konnte man eine durch ein Eisengitter umschlossene Galerie erreichen, in deren Mitte sich das Spundloch zum Einfüllen des Weines befand. Mit Hilfe eines *künstlichen Hebers* konnte der Wein wieder entnommen werden.

Nach Wolff hatte das Fass ein Gewicht von 6384 ½ Zentnern. Zuständig für das Fass und für den im darunter liegenden Keller aufbewahrten Weinvorrat war ein *Büttner oder Keller,* der neben seinem Gehalt mit unentgeltlichem Brennholz und mit kostenfreier Wohnung bezahlt wurde. Die Schrift von Wolff verdeutlicht auch, dass der Königstein eine ganze Reihe von Wirtschaftsgebäuden aufwies. Die Wasserversorgung stieß auf das besondere Interesse des Autors. Frisches Wasser konnte mit Hilfe eines eichenen Fasses aus einem tiefen Brunnen geholt werden.

Seine Aufmerksamkeit wandte Wolff auch dem Heidelberger Fass zu. Wie er vorher das *edle Sachsen* gepriesen hatte, so erfuhr auch die *gesegnete Pfalz* sein höchstes Lob. Seine Reise mit dem *geflügelten Pferde Pegaso* nach den berühmten Flüssen Rhein und Neckar hinderte ihn nicht daran, den Leser auch mit nüchternen

Informationen zu versehen. So erklärte er den historischen Ursprung der Pfalzgrafschaft, gab Auskunft über die Ämterverfassung des Territoriums, entwarf Kurzcharakteristika der Städte Mannheim, Bretten, Frankenthal, Germersheim, Neustadt, Kaiserslautern, Alzey, Bacharach, Oppenheim, Ingelheim, Kreuznach, Oggersheim und Simmern. Seine Vorliebe galt jedoch Heidelberg, der *weltbekandten* Stadt mit ihrem *herrlichen Stift* und mit ihrer *weltbekandten Universität*. Aus der Reihe der Kurfürsten fand Karl Ludwig sein höchstes Lob: Er habe mit dem Fass ein Bauwerk geschaffen, das Ausdruck des *vortrefflichen und überallemassen gesegneten Weinwachses* des *Neckar-Weins* sei.[10] Wolff beschrieb das Fass mit dessen Schnitzereien, mit dem kurpfälzischen Wappen und mit der von anderen Figuren umrankten Bacchusgestalt. Seine Anerkennung fanden auch die eisernen Reifen und die Lager. Es sei der *göttlichen Vorsorge* zu verdanken, dass das Fass die Angriffe der *tyrannischen Franzosen* überstanden habe. Die Feinde hätten nichts anderes *intendiert, als dass sie dieses Denckmahl des reichen Seegen Gottes/ von dem Erdboden vertilgen und in die Luft sprengen wollten*. Wolff zitierte auch einige der auf dem Fass eingravierten Sprüche wie den folgenden: *Man untersteht sich vieler Sachen/ Und will was gut ist besser machen/ wer aber übertreffen wolt/ Diß Faß; sich wohl besinnen solt*. Genau dies haben die sächsischen Kurfürsten getan. Wolff hielt das Ergebnis ihrer Bemühungen fest. Danach übertraf das Fass auf dem Königstein das Heidelberger Fass – mit dessen 204 Fuder 3 Ohm und 4 Viertel – um 72 Fuder und anderthalb Eimer.

Das dritte von Wolff in seinem Buch von 1717 behandelte Fass lag im Keller des Gröninger Schlosses. Im Zuge des Schlossausbaus hatte Herzog Heinrich Julius von Braunschweig und Lüneburg (1566–1613) die *rümliche Anordnung* erlassen, ein großes Fass zu errichten. 1590 wurde der *wohlerfahrene Bau-Meister* Michael Werner damit beauftragt. Wolff behauptete, dass Werner, der bereits das Heidelberger Johann-Casimir-Fass erstellt hatte, die

Arbeiten in Gröningen, das bis zur Säkularisierung zum Bistum Halberstadt gehört hatte, allein durchgeführt hätte. Werner habe sechs Jahre dafür gebraucht und nur bestes Eichenholz verwendet. Es sei auf ein Gewicht von 635 Zentner gekommen, wobei es allein die eisernen Reifen und Schrauben auf 132 Zentner gebracht hätten. Obwohl es nach Wolff mit circa 114 Fuder kleiner als das Königsteiner Fass war, betrachtete er es wegen seiner Schnitzereien mit großer Bewunderung.[11] Im Unterschied zu dem kursächsischen ist das Gröninger Fass trotz Zerstörungen und Umbauten der Residenz heute noch zu besichtigen.

Es ist verständlich, dass Wolff auf die Schwierigkeiten beim Bau der verschiedenen Fässer oder auch auf deren Zerfallserscheinungen nicht einging. Mit keinem Wort erwähnte er, dass das Königsteiner Fass zum Beispiel 1699 einer umfangreichen Reparatur unterzogen werden musste. Der Erfolg hielt sich jedoch in Grenzen. Bald zeigten sich wieder Mängel, die durch die im Keller herrschende Feuchtigkeit verursacht wurden.[12] Wie die Heidelberger machte sich auch die Dresdner Verwaltung in den Jahren um 1700 Sorgen um den Erhalt ihres Fasses. Schließlich traf August der Starke (1694–1733)[13] im Jahre 1717 die Verfügung zum Bau eines neuen Fasses. Darin zeigte sich, dass alles, was mit dem Fass zusammenhing, königliches Entscheidungsmonopol war.[14] Obwohl sich nach 1700 verstärkte Bemühungen feststellen lassen, die ständisch-adlige Einflussnahme auf Staat und Hof auszuweiten, gibt es in den Quellen um das Königsteiner Fass keine Spuren einer ständischen Mitsprache.[15] Wie hoch der Kurfürst und König von Polen (seit 1697) das ganze Projekt einschätzte, wird daran deutlich, dass Matthäus Daniel Pöppelmann (1662–1736), der Erbauer des Zwingers, des Pillnitzer Schlosses und zahlreicher anderer Bauten in Dresden und in Sachsen, mit der Leitung des Fassbaus beauftragt wurde.[16] Dass der König an den 1718 zum Oberbaumeister[17] ernannten Pöppelmann dachte, hing sicherlich auch damit zusammen, dass der

Regent damals die Absicht hegte, den Königstein zu einer prunkvollen Residenz auszubauen.[18] Obwohl dieser Plan nicht verwirklicht wurde, wurden auf der Festung in der Folgezeit prunkvolle barocke Feste gefeiert, deren Durchführung mit einer Fülle von logistischen Problemen verbunden waren. So reiste August der Starke zum Beispiel 1728 mit seinem Hofstaat über Pillnitz und Sedlitz auf den Königstein, wo sich die Gesellschaft zwei Tage vergnügte. Da die 70 Pferde des Oberhofmarschallamts nicht ausreichten, wurden die Ämter Pirna, Hohenstein und Stolpe verpflichtet, zusätzlich 68 Pferde zu stellen.[19] August der Starke hielt sich auch damals bei den Amüsements nicht zurück. Liselotte von der Pfalz hatte ihn allerdings schon 1721 für Galanterien als zu alt befunden.[20]

›Erbauung eines neuen großen weinfasses‹

Die für den Fassbau benötigten Eichen wurden wie schon früher aus den Wäldern um Görlitz besorgt. Wie aus einem Schreiben des Kurfürsten an den Stadtrat der Kommune vom 28. Oktober 1721 hervorgeht, waren die erforderlichen Eichen im näheren Umfeld der Feste nicht *anzutreffen,* so dass Pöppelmann zur Begutachtung und zum Aussuchen der Bäume nach Görlitz geschickt wurde.[21]

Neben Pöppelmann wurden 1722 weitere Fachleute in die Planung des Fasses einbezogen. Es handelte sich dabei um den Dresdner Hofkeller Grahl, dessen Aufgabe es war, die Arbeiten aus der Sicht der Verwaltung zu überwachen und zu leiten. Hinzu kam der bis dahin in Weimarischen Diensten stehende Kellermeister Johann Bartholomäus Michaelis, der eine Empfehlung der Kellerei des markgräflichen Hofes in Durlach vorlegen konnte. Dort habe er seinen Beruf als Küfer gelernt und *viel schöne große Faß* [obgleich nicht so gar groß als das Königsteinsche] *fertigen helffen*. Bereitwillig stellte man in Durlach für Michaelis ein Gutachten aus und bot zugleich die Hilfestellung des *Ober-Küfer-Gesellen* Johann Philipp Hölbe an. Pöppelmann und Grahl wurden verpflichtet, unter Hinzuziehung des Hofbüttners Krahl mit Michaelis und Hölbe einen *contract* zu vollziehen und diesen zur *Approbation* einzureichen.[22]

Etwas später berichteten Pöppelmann und Grahl über die bisherigen Verhandlungen.[23] Danach hatten die beiden Böttcher 5000 Reichstaler gefordert. Die sächsischen Verhandlungspartner wollten ihnen jedoch nur 3500 bewilligen. Die Böttcher gingen darauf mit ihren Forderungen auf 4500 Reichstaler herunter. Dies sei aber ihr letztes Wort, zumal sie noch zwei zusätzliche Böttcher *aus dem Reich* auf eigene Kosten einzustellen und zu verpflegen hätten. Für eine so *große und gefährliche arbeit* sei dies zudem ein angemessener Preis. Würde diese Summe nicht bezahlt werden, seien sie gezwungen *die Sache zu abondieren*.

Wenig später legte Pöppelmann mit seinen Mitarbeitern einen *ohngefähren anschlag* über die zusätzlichen Kosten bis zur Fertigstellung des Fasses vor. Folgende Posten waren darin enthalten: die Herstellung des aus Eisen bestehenden Handwerkzeugs, die Instandsetzung einer Bauhütte, der Aufbau des Baugerüsts, das für das Abreißen des alten Fasses und für den Bau des neuen Fasses benötigt wurde, sowie die Reparatur von Seilen und Ketten. Einen großen Teil der Summe, nämlich 120 Reichstaler, machten die Kosten für den Fuhr- und Schiffslohn aus, der für den Transport des Holzes und für die Spangen, Felgen, Gesimse usw. benötigt wurde. Der Schlosser sollte 256 Reichstaler für die Abnahme der eisernen Reifen vom alten Fass, für deren Verlängerung und deren Anbringen am neuen Fass erhalten. 300 Reichstaler rechnete die Kommission für die beiden Böttcher ein. Weitere 600 Reichstaler wurden für die beiden fremden Böttcher vorgesehen. Hinzu kamen 140 Reichstaler für Malerarbeiten und 545 für Bildhauer- und Zierratenarbeiten. Schließlich kam eine Summe von 2461 Reichstalern zusammen. Kellerumbauten waren darin noch nicht enthalten. Offen war auch noch, wie die *wetter-schlotten* zur Ableitung der Feuchtigkeit verlegt werden sollten.

Bevor es zur offiziellen Absegnung dieses Vorschlags kommen sollte, fragte das Kammerkollegium bei der Dresdner *Hof- und Zeughauskellerei* an, ob diese durch die Einnahmen aus dem Verkauf von Landwein sich an den Kosten für die *Erbauung eines neuen großen weinfasses* beteiligen könne. Obwohl das Budget der Kellerei durch die Festivitäten von 1719 überaus beansprucht worden war, stellte sie am 16. Mai 1722 den Betrag von 1000 Reichstalern in Aussicht, vorausgesetzt dass mit *reichen weinjahren* zu rechnen sei.

Am 9. April 1722 reichten Michaelis und Hölbe beim Kurfürsten eine Art Zwischenbilanz ein. Zufrieden äußerten sie sich über die Qualität des Holzes, das nach der Lieferung der Stämme auf den Königstein zur weiteren Bearbeitung hergerichtet worden war. Die Säure sei inzwischen ausgelaufen, so dass die Arbeit weiter fortschreiten könne. Demnächst stünde die Fertigung von Werkzeugen und des Geschirrs an. Dazu gehörten einige große Fügbänke, Zirkel, Hobel und vier Walzen. Auch seien noch Bretter für die Gerüste, Seilen, Gewinde und Ketten nötig. Sollte Eisen übrig bleiben, würde dies bei der Kellerei auf dem Königstein aufbewahrt werden. Auch unterstrichen die beiden Berichterstatter, dass sie weiterhin kostenlose Unterkunft und Verpflegung beanspruchten. Sie erbaten sich ebenfalls kostenlose Reisen in die Residenzstadt.

Zwei Tage später, am 11. April 1722, bestätigte ein Schreiben Pöppelmanns an den Kurfürsten diese Sicht der Dinge. Michaelis und Hölbe hätten das Holz für *tüchtig* befunden. Beide hätten betont, dass sie so schnell wie möglich mit der Anfertigung der Instrumente für diese *gefährliche arbeit* beginnen müssten, wenn das Fass im Frühjahr des folgenden Jahres *in völligem stand gesetzet werden soll.*[24] Erst dann könnte es zur *würklichen Zusammensetzung des Fasses* kommen. Allerdings müssten sie für die Verrichtung der Arbeit noch zwei Böttcher aus ihrer Zunft heranziehen.

Am 1. Juni 1722 kam es dann zu dem förmlichen Kontrakt mit *Johann Bartholomäus Michaelis, Kellermeister, an dem weymarischen Hofe und Johann Philipp Hölbe, Ober-Küfer-Geselle zu Durlach*.[25] Eingeleitet wurde der Vertrag mit der wiederholten Veröffentlichung des königlichen Entschlusses, *auf der Berg-Vestung Königstein, an stadt des alten eingegangenen unbrauchbaren und vor etlichen Jahren albereits abgezogenen und leer gemachten großen fasses ein anderes dergleichen faß fertigen zu lassen*. Das neue Fass sollte um *etliche hundert eimer* größer werden. Im Kontrakt wurden viele Details festgelegt: Dauben und die Bodenstücke waren noch im laufenden Jahr fertig zu stellen. Walzen, Fügbänke, Setzreifen, Zirkel und Hobel mussten auf eigene Kosten hergestellt werden. Schon im kommenden Frühjahr mussten die Vorarbeiten beendet sein. Dann waren die beiden verpflichtet, *das fass ins reine zu arbeiten und zusammensetzen*. Nach der Fertigstellung des Fasses wurde ihnen auferlegt, es zur Probe mit Wasser und dann erst mit Wein zu füllen. Alle drei Jahre musste dieser Vorgang wiederholt werden. Michaelis und Hölbe wurde die Einstellung von zwei zünftigen Böttchern erlaubt, die Kosten dafür hatten sie selbst zu tragen. Der Lohn von 4500 Gulden wurde nochmals bestätigt. Für das Erstellen des Gerüsts war eine separate Rechnung zu stellen. Materialien, die für den Bau benötigt wurden, wurden von Staats wegen geliefert.

Die Auswahl von zwei weiteren Mitarbeitern konnten Michaelis und Hölbe nicht selbst vornehmen. Der Zeughauskeller Johann Christian Wilhelm, der für die Holzlieferung aus der Görlitzer Heide zuständig war, und der Königliche Böttcher auf der Festung Königstein Christian Franke sollten bei der Zusammensetzung, Ausbrennung und Füllung des Fasses mitarbeiten. Das Einreißen des alten Fasses wurde eigens berechnet. Rechnungen für weitere, kleinere Arbeiten, die im Zuge der Errichtung des Fasses nötig wurden und nicht eingeplant waren, wurden bis in das Jahr 1729 bei der Ökonomieverwaltung eingereicht. Dazu gehörten zum Beispiel die Kosten für die Lichter, die während der Erstellung der Lager Tag und Nacht im Keller brannten. 58 Reichstaler wurden für die Unterkunft der Böttcher berechnet. Eine nachträgliche Aufstellung wurde für zusätzliches Holzfällen eingereicht. Eigene Rechnungen reichten später auch die Zimmerleute ein, welche die Lager unter dem Fass und die Rüststangen bearbeitet hatten.

Die Quellen legen nahe, dass die Arbeiten auf dem Königstein an der Beachtung militärisch bedingter Regularien nicht vorbeikamen.[26] Zugangs- und Aufenthaltsrechte unterlagen der Bewilligung des Festungskommandanten. Eine Sondererlaubnis vom 1. November 1722 für die vier Böttcher stellte klar, dass diese ihre Nächte auf der Festung verbringen durften und dass sie auf dem Königstein ihre Verpflegung erhalten sollten.[27] Die Errichtung einer Hütte zur Unterbringung der Böttcher kostete 30 Reichstaler.

Das Problem der Holzlieferungen, die beim Bau der Heidelberger Fässer zu so vielen Komplikationen geführt hatten, konnte bei den sächsischen Fässern anscheinend um vieles leichter gelöst werden. Zumindest gibt es in den Aktenbeständen des Sächsischen Hauptstaatsarchivs über den Fassbau keine Hinweise auf vergleichbare Schwierigkeiten. Die Organisation der Holzlieferungen für das Bauwerk wurde dem Amtmann von Pirna übertragen. Er musste sich mit Pöppelmann und mit dem Kellermeister auf dem Königstein absprechen. Von Meinungsverschiedenheiten zwischen diesen drei Beteiligten ist nichts zu lesen. Wie in der Kurpfalz gab es sowohl Lieferungen durch Amtsuntertanen im Rahmen der Frondienste als auch die Erledigung bestimmter Fuhren durch private Unternehmer. Die Kosten für diese Leistungen wurden durch die *Weingelder* der Kellerei auf dem Königstein beglichen.

Die Arbeiten am Fass konnten ohne große Verzögerungen verlaufen. Im März 1723 gab es allerdings eine Reihe von offenen Fragen. So war bis dahin immer noch nicht die endgültige Entscheidung über den Standort des Fasses getroffen worden. Es ging darum, ob das neue Fass wie das alte im Magdalenenbau untergebracht werden sollte oder ob der König die Errichtung eines neuen Fassbaus gegenüber dem Brunnenhaus befehlen würde. Pöppelmann und Grahl wurden ungeduldig und baten um Klärung, da es immer noch offen sei, ob man *wirklich mit der perfection des neuen Fasses* beginnen könne.

Obwohl es für die nächsten Monate keine quellenmäßigen Belege gibt, gingen die Arbeiten wahrscheinlich zügig weiter. Mit der Zusammensetzung des Fasses wurde um Johannis (24. 6.) 1723 begonnen.[28] Schließlich meldeten Pöppelmann und Grahl am 13. Februar 1725, dass bereits die beiden Böden eingesetzt worden seien und dass der Hofschlosser mit der Überprüfung der alten Fassreifen begonnen habe. Dieser stand vor der Frage, ob er die alten weiterverwenden, überarbeiten oder ob überhaupt neue angefertigt werden müssten.[29] Da das neue Fass länger als das Fass von 1678 war, beantragten Pöppelmann und Grahl eine Vergrößerung des Kellers. Auch lege die Zahl der mit Sicherheit zu erwartenden Besucher einen Ausbau des engen Gewölbes nahe. Die Genehmigung hierzu wurde am 26. Februar 1725 erteilt.

Die Befüllung des Fasses

Zugleich machte der Dresdner Hauskeller Vorschläge zur Füllung des Fasses. Er dachte an Wein aus der Dresdner Hauskellerei und aus der Kellerei Hartenfels zu Torgau. Dieser gleichsam einheimischen Lösung stand eine andere Idee entgegen. Im Geheimen Kabinett kam ein von dem Fürstlich Hessischen Regierungsrat Dr. Nitzsche vorgeschlagener Plan auf den Tisch, der auf die Füllung des großen Fasses mit Rheinwein hinauslief.[30] Nitzsche hatte sich erboten, für die Lieferung aus dem Südwesten zu sorgen. Er dachte an ein auf Dauer angelegtes Geschäft. Ein Weiterverkauf des im großen Fass gesammelten Weins könne der kurfürstlichen Kammer einen Gewinn von 15 000 Talern bringen. Er erklärte sich bereit, nicht nur die aktuell anstehenden Lieferungen zu vermitteln, sondern auch in Zukunft die Garantie für solche Transporte zu übernehmen. Um deren Preis zu verringern, empfahl er den Wein als *Fürsten Gut* zu deklarieren. Dadurch sei es möglich, den *wein durch aller Herren Territorien frey passieren* zu lassen.

Das Projekt wurde ernsthaft diskutiert, was angesichts der finanziellen Lage des Kurfürstentums auch nicht erstaunlich war. Gutachterliche Stellungnahmen des Hauskellers und Grahls beendeten jedoch dieses Kapitel finanzieller Spekulation. Grahl verwies darauf, dass das Fass schleunigst gefüllt werden müsse und man nicht auf langwierige Transporte warten könne. Jedes Hinauszögern der Füllung trüge zum Verderben des Fasses bei. Hölbe nahm diesen Einwand auf und präzisierte ihn mit der Information, dass das Fass höchstens zwei Monate leer stehen dürfe. Zudem sei das Fass gefährdet durch den frischen Rheinwein des Jahres 1724, der immer noch heftig und gärig sei. Hölbe schloss jedoch nicht aus, dass es sinnvoll sein könne, jetzt Rheinwein in anderen Fässern einzulagern, um diesen bei einer anzunehmenden Teuerung günstiger verkaufen zu können. Für die erste Füllung riet er jedoch dringend von einem solchen Weinimport ab. Obwohl der König anordnete, Hölbe zur Erkundung der Qualität des Weins in die Rheinlande zu schicken, ist von einer solchen Reise in den Quellen nicht mehr die Rede. Sicher ist, dass das Rheinweinprojekt 1725 nicht verwirklicht wurde. Auch bei späteren Füllungen wurde es nicht mehr erörtert.[31] Dass es allerdings überhaupt in Erwägung gezogen wurde, hängt wahrscheinlich auch damit zusammen, dass die Weinernten in Sachsen im Unterschied zu anderen Weinregionen schwerer vorauszusagen waren. Klimaschwankungen und eine kürzere Vegetationszeit verstärkten hier die mit der Weinproduktion verbundenen Unwägbarkeiten.[32]

Im Mai 1725 war das Fass fertig. Vor seiner Füllung mit Wein wurde es jedoch aus zwei Gründen mit Wasser gefüllt: Erstens sollte die Säure, die in dem *neuen Eichenholz* enthalten war, durch frisches Wasser neutralisiert werden. Zweitens war eine Überprüfung der Dichte nötig, wie Pöppelmann und Grahl dem König mitteilten. Fünf Wochen blieb das Fass mit Wasser gefüllt. Pöppelmann und Grahl machten den König auf die Gefahr aufmerksam, das Fass könne zu *stinken* anfangen. Es sei an der Zeit, es von *ohnparteüschen personen* überprüfen zu lassen. Erst dann könne dem durlachischen Böttcher sein Geld gegeben und ihm ein Attestat ausgehändigt werden. Der König reagierte prompt. Am 7. Juli 1725 befahl er Pöppelmann und Grahl, sich *unverzüglich auf die Festung* zu begeben. Mit zwei bis drei Vertretern des zünftigen Böttcherhandwerks sollten sie ein gemeinsames Urteil, *wie sie den bau befinden,* abgeben. Mit diesem Schreiben war auch der Befehl verbunden, das Wasser abzulassen und das Fass mit sächsischen Landweinen zu füllen. Nun kam Bewegung in den Beamtenapparat.

Als Erstes forderte die Dresdner Hofkellerei von *dem Königlich Pohlnisch und Churfürstlichen Sächsischen Hochlöblichen Cammer Kollegium* die nötigen *Patenta und Pässe*. Schnellstens wurden die 400 Fass Landwein, die von der Kellerei Hartenfels zu Torgau[33] über die Elbe bis zum *Städtlein Königstein* transportiert werden sollten, als akzis-, geleit- und brückenzollfrei ausgewiesen. Privilegien, die auch für den Rücktransport der leeren Fässer erteilt wurden. Durchgeführt wurden die Transporte nicht im Rahmen von Fuhrfrondiensten, sondern durch den privaten Unternehmer Simon Bergmann. Auch Transporte aus der Zeughauskellerei in Dresden wurden einem privaten Schiffer aufgetragen. Es gab aber auch Landtransporte. Die Ämter Dresden und Pirna wurden zur Stellung von je vier Pferden verpflichtet.

Das offizielle Prüf- und Abnahmeverfahren wurde nach einem Bericht von Pöppelmann am 11. Juli 1725 beendet. Vier Meister der Dresdner Böttcherzunft hatten nach einer Untersuchung vom Vortag bestätigt, dass das Fass *tüchtig und gut* sei. Kleinigkeiten wie die Durchfeuchtung von 12 Fugen würden sich von selbst regeln. Hölbe schloss sich dieser Ansicht an. Michaelis war inzwischen von seinem Kontrakt zurückgetreten. Trotz der festgestellten Feuchtigkeit erhielt Hölbe das Attestat für das Fass. Er bekam 2066 Reichstaler. Die Erweiterung des Kellers hatte 1539 Reichstaler gekostet. Für die Füllung des Fasses wurden 1155 Reichstaler berechnet. Die Feuchtigkeit war im Dezember 1725 immer noch vorhanden.

Mit einer offiziellen Festschrift von 1725 wurde der Errichtung des Fasses gedacht. Nicht nur an die Leistungen der Handwerker wurde darin erinnert, sondern auch an die Kommandantenschaft von Friedrich Wilhem Freiherr von Kyau.[34] Hölbe wurde als *Meister* bezeichnet, der mit seinen *Gehilfen,* nämlich mit Johann Martin Hausaren, einem Küfer aus Zweibrücken, mit dem königlichen Festungsböttcher Christian Francken und mit dem Zim-

Festschrift von 1725 anlässlich der Fertigstellung des großen Königsteiner Fasses

mermann Johann Conrad Lauterten aus Zürich das Fass erbaut habe. Stolz wird erwähnt, dass das Fass 3709 Eimer Dresdner Maß enthalte.[35]

Es seien somit *649 Eymer mehr darin, als in das große Fass zu Heidelberg gehen, und folglich* sei das Fass auf dem Königstein *das größte Fass in Europa*. 157 Dauben seien verwendet worden, 54 Stücke für die beiden Böden. Nach diesen Informationen erfolgt die feierliche Widmung:

> Sey gegrüsset, Reisender!
> Und bewundere
> Das Denckmahl,
> so dem aufgeweckten Geiste
> zu gemäßigter Erquickung
> des Gemüths
> gesetzet worden im Jahre des wider hergestellten Heils 1725
> von dem Vater des Vaterlandes,
> Einem Tito Vespasiano unsrer zeit,
> der Freude des menschlichn Geschlechts,
> Friederico Augusto
> Könige in Pohlen und Churfürsten zu Sachsen.
> Trincke also zu Ehren, sowohl des Vaters,
> als des Vaterlandes, und des
> Königlichen Hauses,
> wie auch des Königsteiner Commandantes,
> Freyherrn von Kyau,
> und, wenn du nach Würden des Fasses,
> als aller Fässer wahren königs, kanst,
> auf das Wohlsein
> der gantzen Welt.
> Leb wohl.

›Zerzogen‹ und ›schadhaft‹

Nach den Festivitäten fingen sehr schnell die normalen Probleme mit einem so großen Weinbehälter an. Es galt aber auch, das beim Bau nicht verwendete Holz sinnvoll einzusetzen. Wie sparsam man damit umging, zeigt eine Untersuchung aus dem Jahre 1729. Damals wurde nach gelagerten Dauben gesucht, die nicht mehr aufzutreiben waren. Die Recherchen führten zu folgendem Ergebnis: Von den insgesamt 280 auf die Festung verbrachten Dauben war zu Lebzeiten des Hauskeller Grahls keine einzige *von der Festung herunter* geschafft worden. Im Laufe der Jahre wurden sie von den Küfern verbraucht oder von dem Festungsböttcher übernommen und inventarisiert.

Aus der Regierungszeit Friedrich Augusts II. (1733–1763), während deren der Dresdner Hof eine beträchtliche personelle Ausweitung erfuhr, sind nur die ersten Jahre relativ gut belegt. Über die im großen Fass gelagerten Weine und deren Verwendung existiert keine geschlossene Aktenführung. 1734 wurde dem damaligen Hauskeller Handkammer[36] aufgetragen, den im Fass gelagerten Wein zu verkaufen und das Fass wieder mit *gutem landwein* aufzufüllen.[37] Auffallend ist in den Berichten dieser Jahre, dass das Fass nicht als isolierte Sammelstelle, sondern meist im Zusammenhang mit den kleineren Weinfässern, den so genannten Kufen, die im unteren Keller lagerten, gesehen wurde. 1734 war eine ganze Reihe dieser Kufen baufällig geworden und stand zur Reparatur an. Die Verwaltung drängte auf ihre Wiederherstellung, da sie auch für Transporte gebraucht wurden, insbesondere für die Schiffsstrecke zwischen Königstein und Dresden. Ganz kurz wurde 1734 überlegt, den Landweg zu benutzen. Kaum war diese Möglichkeit angedacht, wurde sie wieder fallen gelassen. Nicht nur wäre diese Option um vieles langwieriger gewesen. Sie hätte auch die Kosten nach oben getrieben.

In den Quellen erscheint öfter der Hinweis, dass eine Füllpause von zirka anderthalb Jahren der beste Zeitraum zur Regenerierung des großen Fasses sei. So auch 1734. Nach einer Unterbrechung könne das Fass wieder mit *guten weinen* aus Torgauer Lagerbeständen oder aus der Dresdner Kellerei gefüllt werden. Es ist kein Zufall, dass in den vorliegenden Quellen der Qualitätsmaßstab für die Weine auf dem Königstein sehr hoch gehalten wurde, dienten doch die dortigen Vorräte in erster Linie dem Verkauf. Im Unterschied zum Heidelberger Fass, das sehr oft mit der Intention gefüllt wurde, eine bestimmte Weinmenge als Besoldungswein für die Diener und Beamten abzugeben. Natürlich wurde auch in Sachsen ein großer Teil des Weines als so genannter Deputatswein für die Staatsdiener und für die Hofhaltung abgegeben.[38] Es ist aber im Vergleich zu Heidelberg auffallend, wie oft die sächsischen Kellermeister gerade für den Königstein *guten Wein* forderten. Dass explizit für das dortige Fass *schlechter Wein* verlangt worden wäre, wie es sich für das Heidelberger Fass nachweisen lässt, kann auf dem Königstein nicht belegt werden.

Wie 1734 mussten auch 1737 für die an den Lieferungen Beteiligten eigens spezifische Pässe zur Zollbefreiung angefertigt werden. Im Vorfeld der Transporte wurden auch Ausgaben für die Schiffer, Büttner und Schröder in Dresden beantragt werden.[39] Bevor es zur Füllung von 1737 kam, erhielt der Hauskeller und Weinmeister Hankammer vom Kammerkollegium[40] den Befehl, den Restwein im Fass zu verkaufen und sofort danach eine erneute Füllung mit sächsischem Landwein zu organisieren. Hankammer empfahl jedoch, mit der Füllung anderthalb Jahre zu warten. Er stützte sich dabei auf die in Dresden oft genug vertretene Maxime, dass das Fass erst nach einer längeren Pause wieder in Betrieb genommen werden sollte.

Als Hankammer am 6. Dezember 1738 meldete, dass er das Fass *zerzogen,* das heißt geleert habe, begann eine zähflüssige Überprüfungsprozedur. Er hatte nämlich festgestellt, dass er 105 Eimer und 57 Maß weniger darin gefunden hatte, als zu erwarten war. Da Hankammer für die Lieferungen aus Torgau auf den Königstein die Verantwortung getragen hatte, geriet er in den unangenehmen Verdacht, an irgendwelchen Manipulationen beteiligt gewesen zu sein. Zur Untersuchung des Falls wurde eine Kommission eingesetzt, die in den nächsten Jahren beschäftigt war. 1740 wollte man den Vorfall ganz gründlich bearbeiten und verfolgte das immer wieder auftauchende Problem unterschiedlicher Angaben über den Inhalt der Fässer bis in die zwanziger Jahre zurück. Wer sich auf die Lektüre der Berichte dieser Kommission einlässt, steht vor einer mühsamen Arbeit.[41] Immer wieder standen die Hauskeller und Weinmeister vor dem Problem, dass sich die Zahlen der abgebenden Kellerei in Torgau von den Mengenangaben des Inhaltes des Königsteiner Fasses unterschieden. Die jeweiligen Amtsinhaber versuchten die Schuld an den unkorrekten Zahlen auf ihre Vorgänger abzuwälzen. Dabei lag der Grund für die unterschiedlichen Angaben darin, dass die Torgauer Kellerei andere Messgeräte als die Königsteiner Kontrolleure hatte und dass Absprachen zwischen Torgau und Königstein nur sporadisch eingehalten wurden.[42]

1740 war ein schlechtes Weinjahr. Das wirkte sich auch auf die Besoldungen aus, deren Weinanteile teilweise gestrichen werden mussten. Eine Reihe von Weindeputaten wurde auf Geldäquivalente umgestellt.[43] In dieser Lage griff die Verwaltung auf den Vorschlag des Hauskellers zurück, das Fass mit Weinen aus Torgauer und Dresdner Beständen der ertragreicheren Jahre 1736 bis 1739 zu füllen. Die Lieferpreise wurden mit privaten Schiffsleuten abgesprochen. Diese verlangten für den Transport eines Weinfasses von Torgau nach Königstein 8 Gulden. Für jedes Fass, das leer nach Torgau zurückgebracht wurde, galt ein Preis von 3 Gulden. 10 Gulden pro Fass betrugen die Kosten für den Transport aus der Dresdner Kellerei nach Königstein. Nochmals 10 Gulden verlangten die Schiffleute für den *gefährlichen weg* von der Königsteiner Anlegestelle bis zur Festung. Verhältnismäßig billig war der Rücktransport der leeren Fässer nach Dresden. Pro Fass kostete er nur einen Gulden.

In Anwesenheit einiger Beamten des Dresdner Hofes konnte am 12. September 1740 unter der Leitung des neuen Hofkellers Friedrich Roos mit der Einfüllung der aus Torgau und Dresden eingegangenen Weine begonnen werden.[44] Unter den Beobachtern befand sich auch der Weinmeister, dessen Stellung erst in den zwanziger Jahren überlokale Konturen entwickeln konnte. Er hatte die Aufsicht über alle Kellereien im Land und überprüfte alle mit dem Wein zusammenhängenden Rechnungsvorgänge.[45] Erst am 22. Dezember 1740 konnte die Prozedur abgeschlossen werden. In diesen Wochen gelangten 3540 Eimer 60 Maß (= 2386 hl) 1739er Landwein in das Fass, das sich in gutem Zustand befand. Der Festungskommandant war vorher über diese Aktivitäten informiert worden. Er wurde verpflichtet, für sichere Rahmenbedingungen zu sorgen. Wie gespannt das Verhältnis zwischen dem Hauskeller und dem Festungskommandanten sein konnte, zeigte sich 1744: Sie stritten sich darüber, wer von ihnen für die Leerung des Fasses zuständig sein sollte. Es ging um den Rest von 820 Eimern. Der Kommandant weigerte sich, dem Keller diese Menge auszuliefern. Nur durch einen Befehl des Dresdner Oberkommandanten könne er zu dieser Übergabe veranlasst werden. Erst ein Reskript des Kurfürsten regelte die Angelegenheit im Sinne des Kellers.

In den nächsten Jahren wurde es um das Fass stiller. Ein Blitz, der im Juni 1745 in den Keller der Magdalenenburg eingeschlagen war, hatte es beschädigt. Am vorderen Boden hatte er ein großes Loch gerissen, ohne jedoch einen größeren Schaden anzurichten. Ob das Schweigen der Quellen mit diesem Ereignis zusammenhängt, kann nicht eindeutig geklärt werden. Erst in den sechziger Jahren häufen sich wieder die Nachrichten. Zumindest in der zweiten Hälfte dieses Jahrzehnts muss das Fass gefüllt gewesen sein. Einem Reskript des Kammerkollegiums an den damaligen Oberlandweinmeister Heinrich Roos vom 6. November 1679 kann entnommen werden, dass das Fass unter Zeitdruck geleert werden sollte. Zugleich wurde befürchtet, dass es angesichts der zunehmenden Mängel bersten und der Wein verlustig gehen könne. Um einem solchen Unglück vorzubeugen, wurde befohlen, das Fass nach der Leerung einer sofortigen Inspektion zu unterziehen.

Roos wollte mit einer Untersuchung des Fasses nicht bis zur Leerung warten, sondern legte schon am 27. November 1769 ein Gutachten über dessen Zustand vor. Sein Urteil fiel negativ aus: Er kam nicht umhin, von *schadhaftigkeiten mit gefährlichen folgen* zu sprechen. Darüber befürchtete er, dass dem Fass *nicht zu helfen* sei. Die Dauben seien auseinander getreten, die Lager seien durch das *schwizen des fasses* beschädigt und würden verfaulen. Auch sei der Hinterboden stark nach außen gewölbt und drücke auf die Spangen. Dieser Mangel sei dem *damaligen meister* zuzuschreiben, der die Böden bei der Herstellung zu klein gemacht habe. Lange könne es so nicht weitergehen. Der im Fass befindliche Wein müsse spätestens im kommenden März abgezogen werden. Die Kammer ließ sich trotz der mahnenden Worte des Oberlandweinmeisters nicht zum schnellen Handeln antreiben und entschied erst am 28. Dezember 1769 über das weitere Vorgehen.

Es dauerte aber noch bis zum 1. September 1770, bis der Wein aus dem Königsteiner Fass abgelassen wurde. Geplant war, ihn nach Dresden transportieren zu lassen, wofür der Keller Kosten von 600 Reichstalern kalkulierte. Eine Summe, die damals für die Kellerei zu hoch war und deshalb der Rentkammer übertragen wurde. Das für die Fuhren benötigte Holz, wahrscheinlich Verbindungs- und Stabilisierungsbretter, sollte durch die *amtsuntertanen behörig angefahren werden*. Über die Ausschreibung und Organisierung dieser Fuhren ist nichts Näheres bekannt. Es scheint zu keinen Auseinandersetzungen zwischen den Gemeinden und der Verwaltung wie zu Beginn der fünfziger Jahre in der Kurpfalz gekommen zu sein.[46] Der Keller erbat sich dementsprechende Anordnungen an den zuständigen Förster, damit mit den nötigen Vorkehrungen für das Zurichten der Bretter begonnen werden könne. Da die Rentkammer nicht in der Lage war, die Kosten für die Fuhren aufzubringen, erhielt der Oberlandweinmeister Roos den Auftrag, für die Gelder durch den Verkauf von Weinen zu sorgen.⁴⁷ Roos dachte an den Wein auf dem Königstein, dessen Lager neben den Kellereien in Chemnitz, Leipzig, Dresden und Torgau zu den fünf staatlichen Verkaufsstellen Sachsens gehörte.⁴⁸ Erleichtert wurde seine Aufgabe dadurch, dass ihm eine Art Generalpass für sich und seine Helfer für das Betreten der Festung ausgestellt wurde. Neu daran war, dass der Pass keine zeitliche Beschränkung enthielt. Eine Erlaubnis, die gegen den Willen des Festungskommandanten von einer höheren militärischen Stelle auf Anordnung des Kammerpräsidenten erteilt wurde.

Obwohl Roos nach seinen Worten sehr sparsam war, kostete die am 1. September 1770 vollzogene *Abziehung des Weines* 1011 Reichstaler. Nun endlich konnte das Fass einer gründlichen Untersuchung unterzogen werden. Hierzu wurden die Galerie und sämtliche Dekorationen abgerissen, damit die Inspektoren das Fass umso genauer untersuchen konnten. Als Erstes stellten sie fest, dass der Zustand der Dauben sich verschlechtert hatte. Auch die Beschädigung der beiden Fassböden war weiter fortgeschritten und die eisernen Spangen hatten sich weiter ausgedehnt. Die Lager waren inzwischen so verfault, dass man sich verwundern müsse, *dass auf solchen das volle fass bey einer so entsetzlich großen last sich noch lange ohne schaden erhalten könne*. Zudem war ein großer Teil der Bildhauer-, Tischler- und Zimmerarbeit verfallen.

Trotz dieser deprimierenden Bestandsaufnahme versicherte Roos, dass er die erforderlichen Reparaturen durchführen könne und das Fass wieder für 15 bis 20 Jahre in *guten stand* setzen könne. Allerdings müsste hierzu das Fass gewendet werden, damit man an die verfaulten Dauben an der unteren Seite herankommen könnte. Die beiden Böden müssten nicht ersetzt werden, sondern nur durch neue Spangen befestigt werden. Reifen und Schrauben seien teils zu reparieren, teils auszuglühen. Die Lager hingegen müssten ganz neu hergestellt, mit dem nötigen

Eisenwerk verbunden und in frischen Kalk gesetzt werden. Der Fußboden auf der Galerie und auch die *übrige Dekoration* seien ebenfalls neu anzulegen.

Ungeachtet dieser genauen Schadensfeststellung sah sich Roos zunächst nicht in der Lage, auch nur einen ungefähren Kostenvoranschlag zu machen. Für die Böttcherarbeiten, die durch eigene Zeughausböttcher erledigt werden könnten, könne zwar eine *etwaige bestimmung* kalkuliert werden; hingegen sei es unmöglich, die Arbeit von drei Zimmermeistern einzuschätzen, die diese in Verbindung mit den Böttchern durchführen würden. Die gleiche Ungewissheit ergebe sich bei den Bildhauer, Tischler-, Maler-, Schlosser- und Schmiedearbeiten. Maurerarbeiten müssten wegen ihres geringen Anteils nicht eingeplant werden.

Trotz aller Vorbehalte wagte Roos schließlich doch einen finanziellen *Überschlag* und bezifferte die Kosten der Reparaturen auf 7000 bis 8000 Reichstaler. Von vornherein wollte Roos in diesen *nahrlosen zeiten,* in denen nur ein geringer Weinkauf stattfinde, jede finanzielle Beteiligung der Zeughauskellerei ablehnen. Kurz und bündig forderte er, dass hierfür die Rentkammer zuständig sein müsse, die davon ausgehen könne, dass das Holz für die Ersetzung der schadhaften Dauben und für die Spangen noch vorrätig sei. Zusätzlich benötige man für die Produktion der Spundbretter 20 Kiefern und drei Tannen für die Herstellung von 20 Rohrhölzern und von sechs Rüststangen drei Tannen. Im Unterschied zu den Eichen, die für das Fass von 1678 gefällt worden waren, hob Roos hervor, dass die meisten jetzt benötigten Hölzer in unmittelbarer Nähe auf dem Boden des Amts Pirna und im Königsteiner Revier zu finden seien. Dennoch kam Roos nicht darum herum, auch Eichenholz zu fordern. Wie schon in den 1680er Jahren war dies in der erwünschten Stärke und Qualität vor allem in der Görlitzer Heide zu finden.[49] Die Hölzer müssten noch im kommenden Winter geschlagen werden und durch die *amts-untertanen behörig* angefahren werden.

›*Gänzlich unbrauchbar*‹

Roos drängte auf alsbaldige Reparatur und auf eine bald darauf nötige Füllung. Würde dies nicht geschehen, werde das Fass *verstorken oder auch zusammen trocknen und auseinandertreten*. Die Gefahr, dass es *gänzlich unbrauchbar* werde, sei sehr groß. In der Zwischenzeit bemühe er sich durch *zuhaltung der fenster und luftlöcher* die richtige Temperatur im Fasskeller zu halten. Bei der Begründung für eine Wiederherstellung spielte Roos nicht auf die ökonomische Funktion des Fasses an. Er argumentierte vielmehr mit seiner symbolischen Bedeutung. Als ein *wunder der welt* und als *vorzügliche zierde des sachsenlandes* sei es unbedingt zu erhalten. Mit Unterstützung der Forstverwaltung, die die Holzfuhren durch Amtsuntertanen bewerkstelligen ließ, gingen die Arbeiten voran. Am 18. November 1772 sandte Roos seinen Tätigkeitsbericht an den Kurfürsten. Er sei allen Anordnungen gefolgt und habe das Holz rechtzeitig schlagen lassen. Inzwischen seien die neuen Lager gesetzt worden. Leider hätte sich beim Zerlegen des Fasses herausgestellt, dass die Beschädigungen des Fasses viel größer seien, als man ursprünglich hätte erwarten können. Vor allem unterhalb des Kranzes seien viele neue Löcher entdeckt worden. Angesichts einer solchen Bestandsaufnahme wuchsen seine Bedenken gegen die Reparaturmaßnahmen. Er sagte voraus, dass in ein paar Jahren mit Sicherheit *Unglück unvermeidlich* gewesen wäre.

Diese Stellungnahme hatte ihre Wirkungen. Das Kammerkollegium setzte eine fünfköpfige Kommission ein, die sie durch drei Böttchermeister aus Dresden verstärkte. Ihr Bericht vom 8. März 1773 unterschied sich nicht von der Stellungnahme von Roos. Die Kommission stellte fest, dass die Unterseite des Fasses, die auf den Lagern ruhte, dermaßen *falsch und feucht* geworden sei, dass sie nicht mehr gebraucht werden könne. Insgesamt seien 44 Löcher gezählt worden. Wahrscheinlich ließen sich auch im oberen Teil ähnliche Mängel finden, vor allem unter den eisernen Reifen. Es gab aber auch Kritik daran, dass nicht nur *gutes, kerniges Holz* bei der Erbauung verwandt worden war, sondern auch minderwertiges Holz, so genannter Splint. Um dem nicht geeigneten Holz die richtige Krümmung zu geben, sei damals das Holz zu intensiv mit Feuer behandelt worden. Dadurch habe das Holz *seine besten kräfte und festigkeit verloren«*. Deshalb dürfe man sich nicht wundern, dass es schon nach wenigen Jahren *dem Aufspringen, dem Storcken und der Fäulnis* ausgesetzt gewesen sei. Ein weiterer schwerwiegender Fehler liege in der *Üblen Bauart der Lager*. All diese Mängel seien wahrscheinlich auch deshalb eingetreten, weil das Fass unter zu großem Zeitdruck erstellt worden sei. Wegen der *unendlichen beschwehrlichkeiten* rate die Kommission von einer Reparatur ab. Nach der Wiederherstellung würde die Last des Fasses 4622 Zentner betragen. Ein Gewicht, das noch einmal um ein Drittel zunehme, wenn sich der Wein *rühren* würde oder wenn ein Gewitter über dem Königstein wüte. Daran würde das Fass zerspringen und der Wein würde verloren gehen. Wolle man für zukünftige Arbeiten am Fass aus dieser Bestandsaufnahme Konsequenzen ziehen, dann müsse auf die Verwendung von altem Holz verzichtet werden.

Es zeichnete sich ab, dass das Kammerkollegium stärker auf die Erhaltung des Fasses drängte, während die *Experten* sich eher skeptisch zeigten und immer wieder die Vorlage eines konkreten Kostenvoranschlag ablehnten. Am 3. Juni 1773 kam es zur Vorlage eines neuen Kommissionsberichts. Nun lag die kritische Betonung auf der Beschaffung der Eichen, die in der nötigen Qualität und Länge nur schwer zu finden seien. Das Aussuchen, das Fällen und schließlich das Herbeischaffen würden große Probleme mit sich bringen. Sehr oft würde man den Bäumen nicht ansehen, ob aus ihnen geeignete Dauben gewonnen werden könnten. Sollte wider Erwarten der Kommission doch der Befehl zum Bau eines neuen Fasses gegeben werden, dann müsse diesem ein

Generalvorspann Patent folgen, das die Suche und das Fällen von Eichen *aller orten im lande* vereinfache. Erst wenn das Holz gesammelt auf dem Königstein liege, könne man einen genaueren Kostenvoranschlag vorlegen. Holz, das übrig bleibe, könne für *Kuffen- und Haußholz* verwendet werden.

Schließlich war auch das Kammerkollegium so weit, dass es dem Kurfürsten am 2. August 1773 mitteilte, dass das Fass vollkommen ungeeignet für eine weitere Nutzung sei und dass darüber hinaus die Finanzlage den Bau eines neuen Fasses nicht erlaube. Der weitere Verlauf der Diskussion verliert sich im Dunkeln. Maßnahmen zur Verbesserung seines Zustandes wurden nicht ergriffen. Das Fass schien aus dem Blickfeld der Verwaltung zu geraten. Erst zwei Jahre später gibt es wieder Belege für ein Interesse am Fass: Am 26. März 1775 berichtete der Oberlandweinmeister, dass das Fass in einer *unansehnlichen Qualität* im Keller liege. Alle Dekorationen, die Galerie und der Kranz seien abgebrochen. Ein Anblick, von dem auch viele Reisende enttäuscht gewesen seien. Damit sei ein Ansehensverlust für Sachsen verbunden. Das Fass gelte bis heute immer noch als *als zierde des Vaterlands und als ein wunder der Welt*. Deshalb empfahl Roos zunächst eine *Interims Wiederherstellung* und dachte sogar an einen Neubau in einer ferneren Zukunft.

In den nächsten Wochen – inzwischen hatte Ignatius Roos die Position seines im Juli 1775 verstorbenen Vaters Heinrich Roos übernommen – verdichteten sich die Hinweise, dass dem Zerfallen des Fasses Einhalt geboten werden sollte. Aber weder wurde das Fass repariert, noch wurde an den Neubau gedacht. Vielmehr wurde ein dritter Weg eingeschlagen. Einem Bericht von Ignatius Roos an den Kurfürsten entnehmen wir, dass inzwischen in das leere Fass ein neues, kleineres Fass, ein so genannter Kufen mit dem Inhalt von 7 Eimern eingesetzt worden war. Der Wein wurde für die Tränkung der Armen aufbewahrt, aber auch an Reisende ausgeschenkt, denen *ein glas wein auf dero majestät* *präsentiert werden kann.*⁵⁰ Der Königstein als Ort der Armenfürsorge, ein Aspekt, der in der Literatur vor allem von Lehmann bemerkt wurde.⁵¹

Für viele Jahre blieb das Königsteiner Fass in dieser Gestalt Ziel zahlreicher Besucher. Pläne für den Wiederaufbau wurden nicht mehr geschmiedet. Auch kam die Auflösung der Königsteiner Festungskellerei in diesen Jahren verstärkt ins Gerede. 1780 empfahl eine Kommission, die zur Untersuchung einer Unstimmigkeit im Handeln von Roos eingesetzt worden war, die Stelle eines Böttchers auf der Feste Königstein aufzuheben. Der damalige Inhaber der Stelle, Mattheus Krancke, konnte seine Position jedoch mit der Auflage behalten, sich um den Weinverkauf auf der Festung zu kümmern. Als Objekt der Wirtschaftsverwaltung gerieten die Weinvorräte in dem *Küffgen* an den Rand des Interesses. Bei einer Revision seines Inhaltes stellte der Hauskeller Gottlieb Traugott Wolan 1786 fest, es sei der Geschmack so verdorben, dass man davon abraten müsse, ihn weiter zu nutzen. Der Grund liege darin, dass beim Bau des *Küffgens* frisches, grünes Eichenholz verwendet worden sei und dass das Schöpfgerät aus Kupfer bestanden habe. Mit dem Neubau eines *Küffgens* hatte man aber auch in den nächsten Jahren kein Glück. Bereits 1794 war ein neu errichtetes *Küffgen* wieder schadhaft.

Der zunehmende Funktionsverlust des *Küffgens* bedeutete jedoch nicht, dass auf dem Königstein die Weinaufbewahrung keine Rolle mehr spielte. Nach dem Tode von Mattheus Krancke im Jahre 1793 wurde entgegen der ursprünglichen Absicht die Stelle des Kellereiböttchers auf dem Königstein sogar wieder besetzt. Um diesen Posten hatte sich die Witwe Kranckes mit dem Argument beworben, dass sie bereits während der letzten Lebensjahre ihres Mannes dessen Pflichten übernommen hätte. Ihre Aufgabe sei es gewesen, *daß besonders das große Faß und die Übrigen leeren Weingefäße conserviert, der Wein-Verkauf soviel als möglich fortgestellet und endlich dahin kommenden Fremden das große Faß* *und übrige vorhandene Gerätschaften gezeiget werden«.*⁵² Das Gesuch der Witwe blieb ohne Chance. Die Stelle erhielt der Dresdner Böttcher und Weinschenk Carl Traugott Wolff, der sie bis 1805 innehatte. Danach wurde die Stelle eines Festungsböttchers mit Johann Gottlob Siebert besetzt, der bis dahin in der Weinbauverwaltung des Bankiers Baron von Gregory gearbeitet hatte.

Der Weinverkauf ging während dieser Jahre zusehends zurück. Während zwischen 1798 und 1803 jährlich 300 bis 500 Reichstaler eingenommen wurden, betrug der Erlös im Jahre 1807 nur 100 Reichstaler. LEHMANN hat aufgrund der Sichtung der Akten festgestellt, dass in den Jahren 1811 bis 1816 nach Abzug der Besoldung und Provision des Böttchers nur noch 10 Taler als Überschuss geblieben sind. Seit der Landesteilung, die Preußen die wertvollen Weinberge und die Kellerei Hartenfels zu Torgau gebracht hatte, verschärfte sich die Lage. Die Aufhebung der Festungskellerei war abzusehen, zumal auch der Kommandant der Festung Königstein, Generalleutnant von Sahr, 1818 kein Interesse an ihrer Erhaltung gezeigt hatte. Er hatte sich für die Einrichtung einer Brauerei auf dem Königstein entschieden, da die Bedürfnisse der Soldaten eher mit Bier als mit Wein befriedigt werden könnten. Die Gegenposition des Oberlandweinmeisters konnte sich nicht durchsetzen. Er hatte in einem Gutachten betont, dass durch Biergenuss nur *stupide und träge Menschen hervorbracht werden ... Wein allein hat die Kraft, den Geist aufzuheitern, und mit heitern Köpfen läßt sich, wo es auf kluges Benehmen zugleich viel und nicht nur auf simples Stillstehen im Felde ankömmt, mit hundert Mann mehr ausrichten, als mit tausenden pflegmatischen Menschen.*⁵³

Durch ein Spezialreskript von König Friedrich August vom 25. April 1818 wurde die Festungskellerei aufgelöst. Der Kellereimeister konnte vorerst in seiner Stellung verbleiben und seine bisherigen Bezüge weiter genießen. Seit 1810 war der Besuch von Fremden auf dem Königstein verboten, so dass er auch seiner

Nebeneinnahmen aus Führungen verlustig ging. Da der König befohlen hatte, auf die Erhaltung des großen Weinfasses zu achten, blieb dem Kellermeister zunächst ein Teil des alten Aktivitätsbereiches erhalten. Blieb jedoch die Frage, was mit dem Inventar der Kellerei geschehen sollte. Für die Gerätschaften und die Dekorationsausstattung wurden unterschiedliche Lösungen angegangen. Die Ersteren blieben auf der Festung, während Glaspokale und Silberwerk, unter anderem ein venezianisches Kelchglas, zu Gunsten der Hauptkellerei-Kasse an die Münze veräußert werden sollten. Der König entschied jedoch, dass die zum großen Weinfass gehörenden Kellereistücke beim Fass aufbewahrt bleiben sollten.

Inzwischen hatte sich jedoch noch eine andere Richtung abgezeichnet. Schon 1790 hatte der Kurfürst angeordnet, dass die Verwaltung Vorschläge zur Umwandlung der Magdalenenburg in ein reines Proviantgebäude machen sollte. Im Oktober 1818 wurden solche Vorstellungen wieder aktuell. Der Kommandant des Ingenieurkorps Oberst August le Cop schlug vor, das Fass, wenn es aufbewahrt werden sollte, an einer anderen Stelle auf dem Königstein aufzustellen. Auch hierzu wurde eine, allerdings nur zweiköpfige Kommission eingesetzt. Diese kam wieder zu einem deprimierenden Ergebnis: Das Fass sei akut gefährdet. Es sei zudem unmöglich, es wieder herzustellen. Nun fiel die Entscheidung des Königs: Das Gewölbe, in dem das Fass stehe, sei zur Proviantlagerung zu benutzen, und das Fass sei in seiner Gänze abzutragen. Beauftragt wurde damit die Militär-Bauverwaltung. Am 12. Mai 1819 wurde berichtet, dass das Fass inzwischen in seine Bestandteile zerlegt worden sei. Das Holz und das Eisenwerk sollte bei den Umbauten der Festung und bei der Sanierung der Magdalenenburg weitere Verwendung finden. Der letzte Keller Siebert konnte bis zu seinem Tod auf dem Königstein bleiben. Er erhielt seine Besoldung weiter und konnte sich ein Zubrot als Festungsschankwirt verdienen.

Literaturverzeichnis

ADAMS, Karl: Neustadt – Weinstadt – Stadt zwischen Wald und Reben, in: Stadt Neustadt an der Weinstraße (Hg.), Neustadt an der Weinstraße. Beiträge zur Geschichte einer pfälzischen Stadt, Neustadt 1975, S. 675–682.

ALBERT, Wilhelm: Die kurpfälzische Erbförsterfamilie Rettig von Kaiserslautern, in: Jahrbuch zur Geschichte von Stadt und Landkreis Kaiserslautern (1969), S. 103–129.

ALLMANN, Joachim: Der Wald der frühen Neuzeit. Eine mentalitäts- und sozialgeschichtliche Untersuchung am Beispiel des Pfälzer Raumes 1500–1800, Berlin 1989.

AMBERGER, Heinz: Frankenthal und seine alten Verkehrsverbindungen, in: Die Pfalz am Rhein 38 (1965), S. 68–76.

AMMRICH, Hans, u. a. (Hgg.): Siebeldingen: Aus Geschichte und Gegenwart eines südpfälzischen Weinorts, Landau 1999.

ANDERMANN, Kurt: Leibeigenschaft im pfälzischen Oberrheingebiet während des späten Mittelalters und der frühen Neuzeit, in: Zeitschrift für Historische Forschung 17 (1990), S. 281–303.

ANDERMANN, Kurt (Hg.): Rittersitze. Facetten adligen Lebens im Alten Reich (Kraichtaler Kolloquien 3), Tübingen 2003.

ANDERMANN, Ulrich: Säkularisation vor der Säkularisation, in: ANDERMANN, Kurt (Hg.): Die Geistlichen Staaten am Ende des Alten Reiches. Versuch einer Bilanz, Epfendorf 2004, S. 13–29.

ANTES, Karl: Die pfälzischen Haingeraiden, Kaiserslautern 1933.

ARNTZ, Helmut: Die Branntweinbesteuerung in Brandenburg-Preußen bis zur Beseitigung der Regie (1787) (Schriften zur Weingeschichte 4), Wiesbaden 1989.

AUBIN, Hermann / ZORN, Wolfgang (Hgg.): Handbuch der deutschen Wirtschafts- und Sozialgeschichte, Bd. 1, Stuttgart 1971.

BAASCH, Ernst: Holländische Wirtschaftsgeschichte, Jena 1927.
BADISCHE LANDESBIBLIOTHEK KARLSRUHE (Hg.): Jung-Stilling. Arzt – Kameralist – Schriftsteller zwischen Aufklärung und Erweckung. Katalog zur Ausstellung, Karlsruhe 1990.
BAHL, Peter: Der Hof des Großen Kurfürsten. Studien zur höheren Amtsträgerschaft Brandenburg-Preußens (Veröff. aus dem Archiv Preußischer Kulturbesitz Beiheft 8), Köln u. a. 2001, S. 346–348.
BASSERMANN-JORDAN, Friedrich von: Die Verwüstungen der pfälzischen Weinbaugebiete durch die Franzosen in früheren Kriegen, Neustadt an der Haardt 1916.
BASSERMANN-JORDAN, Friedrich von: Geschichte des Weinbaus; 2. wesentl. erw. Aufl., Frankfurt am Main 1923.
BASSERMANN-JORDAN, Ludwig von: Historische Fass-Schnitzereien im Weinmuseum, in: Mitteilungen des Historischen Vereins der Pfalz 58 (1960), S. 350–371.
BAUER, Erich: Leben und Wirken des kurpfälzisch-bayerischen Forstkammerdirektors Johann Peter Kling (1749–1808). Ein Beitrag zur Geschichte der Forsteinrichtung, in: Forstwissenschaftliches Centralblatt 83, 1964, S. 248–253.
BAUER, Erich: An der Wiege der deutschen Forstwissenschaft, in: Jahrbuch zur Geschichte von Stadt und Landkreis Kaiserslautern (1965), S. 101–120.
BAUER, Erich: Beiträge zur Geschichte des Forstkartenwesens in der Pfalz, in: Jahrbuch zur Geschichte von Stadt und Landkreis Kaiserslautern 7 (1969).
BAUER, Erich / CHRISTMANN, Volker: Der Stadtwald Kaiserslautern, Kaiserslautern 1978.
BEIERBACH, Herbert: Vom Quadrat B 3 zum Goetheplatz. Geschichte des Nationaltheatergebäudes, in: WELCK, Karin von (Hg.): Schriften zur Mannheimer Theater- und Musikgeschichte, Bd. 1, Mannheim 1998, S. 368–383.
BELOW, Heinrich von / BREIT, Stefan: Wald – Von der Gottesgabe zum Privateigentum. Gerichtliche Konflikte zwischen Lan-

desherren und Untertanen um den Wald in der frühen Neuzeit, Stuttgart 1989.

BENNER, Manfred: Vom Eysackschen Adelshof zum Bauhof des Kurfürsten. Die archäologische Grabung an der Unteren Neckarstraße 70–74 in den Jahren 1986 und 1987, in: Heidelberg. Jahrbuch zur Geschichte der Stadt (2000), S. 139–146.

BERINGER, Joseph A.: Kurpfälzische Kunst und Kultur im 18. Jahrhundert, Freiburg 1907.

BERLET, Eduard: Alzey als Oberamtsstadt und das kurpfälzische Oberamt (1460–1796), in: BECKER, Friedrich Karl (Hg.): 1750 Jahre Stadt Alzey – FS, Alzey 1973, S. 239–245.

BERLET, Jakob: Pfalz und Wein. Eine Beschreibung des pfälzischen Rebgeländes, seiner Geschichte und Entwicklung der einzelnen Weinbauorte und Gemarkungen, Neustadt an der Weinstraße 1928.

BERNHARDT, August: Geschichte des Waldeigentums, der Waldwirtschaft und Forstwissenschaft in Deutschland, 3 Bde., Berlin 1872–1875; ND Aalen 1966.

BERNUTH, Jörg: Der Weinbau an der Elbe. Ein Beitrag über die geschichtliche Entwicklung des Elbtal-Weinbaus von den Anfängen bis zur Gegenwart (Schriften zur Weingeschichte 72), Wiesbaden 1984.

BERZEL, Gerhard Friedrich: Jakob Dochnahl 1820–1904, Landau 1919.

BILHÖFER, Peter: *»Nicht gegen Ehre und Gewissen«* – Friedrich V., Kurfürst von der Pfalz – der Winterkönig von Böhmen (1596–1632), Heidelberg 2004.

BINDER, Helmut: Eppinger Eichenstämme für das Heidelberger Faß. *»Jeder Stamm vor zwey Gulden«*, in: Eppingen. Rund um den Ottilienberg. Beiträge zur Geschichte der Stadt Eppingen 2 (1982), S. 128–131.

BINGENHEIMERT, Sigrid: Weinbau und Mundart. Das Wörterbuch der deutschen Winzersprache entsteht in Kaiserslautern, in: Pfälzer Heimat 512 (2000), S.23–28.

BISKUP, Gerhard: Die landesfürstlichen Versuche zum wirtschaftlichen Wiederaufbau der Kurpfalz nach dem Dreißigjährigen Kriege 1648–1674, Diss. Frankfurt 1930.

BLASCHKE, Heinz: Sachsens geschichtlicher Auftrag. Zum 100. Jahrestag der Gründung der Sächsischen Kommission für Geschichte, in: Neues Archiv für Sächsische Geschichte (1998), S. 277–312.

BLASSE, Ludwig: Die direkten und indirekten Steuern der Churpfalz, Rostock 1914.

BLICKLE, Peter: Wem gehörte der Wald? Konflikte zwischen Bauern und Obrigkeiten um Nutzungs- und Eigentumsansprüche, in: ZWLG 45 (1986), S. 167–178.

BLICKLE, Peter: Von der Leibeigenschaft zu den Menschenrechten. Eine Geschichte der Freiheit in Deutschland, München 2003.

BOEGL, Andreas: Die Straßen in der Pfalz 1700–1792, in: Archiv für die Geschichte des Straßenwesens 6, Bad Godesberg 1980.

BOELCKE, Willi A.: Wirtschaftsgeschichte Baden-Württembergs, Stuttgart 1987.

BOISELLE, Roland: Aus den Wäldern um Trippstadt: Bewirtschaftung des Forstes in früheren Zeiten, in: Pfälzer Heimat 49, 1(1998), S. 22–27.

BORGIUS, Walter: Die Fruchtmarktgesetzgebung in der Kurpfalz, Tübingen 1898.

BRANDL, Hans: Veränderungen der Waldeigentumsverhältnisse in der Kurpfalz als Folge der Reformationen, in: Allgemeine Forst- und Jagdzeitung (1983).

BRANDT, Klaus-Peter / GEHENGES, Franz Josef: Der Wald – Wesen, Geschichte und Funktionen, in: RHEINISCHES MUSEUM TRIER (Hg.): Wald und Holz im Wandel der Zeit. Katalog einer Sonderausstellung, Trier 1986, S. 9–27.

BRAUN, Karl: Die wirtschaftliche Entwicklung der kurpfälzischen Stadt Bacharach unter besonderer Berücksichtigung der Merkantilzeit, Bacharach 1926.

BREUCHEL, Philipp Jacob: Umständliche und gründliche Beschreibung des edlen Weinstocks wie nemlich Weingärten und Weinberge aufs beste angelegt, hergestellt, unterhalten und benutzet, auch allerhand Gemüß und fruchtbare Bäume mit Nutzen darein gepflanzet werden können. Nebst beigefügter Abhandlung von allen Sorten Trauben nach der Bauart des Kernes von Churpfalz, als nehmlich Neustadt, Gimmeldingen, Hard, Mußbach und Königsbach, Frankfurt am Main 1781.

BRINKMANN, Carl (Bearb.): Badische Weistümer und Dorfordnungen, Erste Abt.: Pfälzische Weistümer und Dorfordnungen, Erstes Heft: Reichartshauser und Meckesheimer Zent. Hg. von der Badischen Historischen Kommission, Heidelberg 1917.

BRUNN, Hermann: 1200 Jahre Schriesheim, Mannheim 1968.

BRUNNER, Karl: Der pfälzische Wildfangstreit unter Kurfürst Carl Ludwig (1664–1667), Innsbruck 1896.

BÜNZ, Enno: Das Ende der Klöster in Sachsen. Vom »*Auslaufen*« der Mönche bis zur Säkularisation (1521–1543), in: Glaube und Macht. 2. Sächsische Landesausstellung, Torgau, Schloss Hartenfels 2004, Sachsen im Europa der Reformationszeit, Aufsätze, Dresden 2004, S. 80–90.

CHRIST, Karl: Chronik von Ziegelhausen und dem Centwald, Heidelberg 1972.

CHRIST, Karl: Das erste Heidelberger Faß und die damit zusammenhängenden Bauten. Heidelberg 1886.

CLEMENS, Lukas: Trier – eine Weinstadt im Mittelalter (Trierer Historische Forschungen), Trier 1983.

CLOER, Bruno: Eisengewinnung und Eisenverarbeitung in der Pfalz im 18. und 19. Jahrhundert (Mannheimer geographische Arbeiten 18), Mannheim 1984).

COLLOFONG, Ernst / FELL, Hans: 1000 Jahre Lambrecht (Lambrecht 1978.

CONZELMANN, Rudolf: Dossenheim. Geschichte einer 1200-jährigen Bergstraßengemeinde, Dossenheim 1966.

CSER, Andreas: Zwischen Stadtverfassung und absolutistischem

Herrschaftsanspruch (1650 bis zum Ende der Kurpfalz 1802), in: Geschichte der Juden in Heidelberg, Heidelberg 1996, S. 46–153.

CSER, Andreas: Nachwort zu WUNDT, Friedrich Peter: Geschichte und Beschreibung der Stadt Heidelberg, Heidelberg 1805; ND Neustadt an der Aisch 1997, S. 446–466.

CSER, Andreas / WILTSCHKO, Stefan: Das Große Fass im Schloss Heidelberg, Neckargemünd-Dilsberg 1999.

CSER, Andreas: Kleine Geschichte der Stadt und Universität Heidelberg. Leinfelden-Echterdingen 2007.

DAEHNE, Paul: Das Große Heidelberger Faß und seine seine Vorgänger. Berlin 1930.

DEBUS, Karl Heinz: Urkunden des Gatterer-Apparates im Stadtarchiv Heidelberg, in: Mitteilungen des Historischen Vereins der Pfalz 100, FS Joachim Kermann, hg. von Paul Warmbrunn (2002), S. 115–57, 118 ff.

DENZ, Jakob: Die Schiffahrtspolitik der Kurpfalz im 17. und 18. Jahrhundert, Ludwigshafen 1909.

DERWEIN, Herbert: Die Flurnamen von Heidelberg, Heidelberg 1940.

DIESTELKAMP, Bernd: Art. Huldigung, in: HRG, Bd. 1, Berlin 1978, Sp. 262–265.

DISTLER, Uwe: Franz Albert Leopold von Oberndorff. Die Politik Pfalzbayerns (1778–1795). (Beiträge zur pfälzischen Geschichte 17), Kaiserslautern 2000.

DIETRICH, Heinrich: Die Verwaltung und Wirtschaft Baden-Durlachs unter Carl Wilhelm 1709–1738, Diss. Heidelberg 1911.

DÖBELE-CARLESSO, Isolde A.: Weinbau und Weinhandel in Württemberg in der frühen Neuzeit am Beispiel von Stadt und Amt Brackenheim, Brackenheim 1999.

DÖBELE-CARLESSO, Isolde A.: Weinbau als Schuldenfalle. Zur sozialen und wirtschaftlichen Lage der württembergischen Weingärtner im 18. Jahrhundert, in: Momente, Beiträge zur Landeskunde von Baden-Württemberg 4 (2004), S. 3–7.

DOLCH, Martin: Zum Umgang der pfälzischen Administration mit den in Kaiserslautern eingezogenen Stiftsgütern (1565 bis 1600), in: Pfälzer Heimat 54 (2003), S. 91–96.

DOTZAUER, Winfried: Die Vordere Grafschaft Sponheim als pfälzisch-badisches Kondominium 1437–1707. Die Entwicklung zum kurpfälzischen Oberamt Kreuznach unter besonderer Berücksichtigung des badischen Kondominatsfaktors, Bad Kreuznach 1963.

DOTZAUER, Winfried: Der pfälzische Wildfangstreit, in: Jahrbuch zur Geschichte von Stadt und Landkreis Kaiserslautern 12/13 (1974/75), S. 235–247.

DOTZAUER, Winfried: Beiträge zur Statistik der kurpfälzischen Oberämter am Ausgang des Ancien Regime und der territorialen Nachfolgeinstanzen während der französischen Herrschaft, in: GERLICH, Alois (Hg.): Vom Alten Reich zu neuer Staatlichkeit. Alzeyer Kolloquium 1979. Kontinuität und Wandel im Gefolge der französischen Herrschaft am Mittelrhein, Wiesbaden 1982, S. 1–27.

DOTZAUER, Winfried: Der kurpfälzische Wildfangstreit und seine Auswirkungen im rheinisch-pfälzischen Raum, in: Regionale Amts- und Verwaltungsstrukturen im rheinhessisch-pfälzischen Raum (14. bis 18. Jahrhundert), in: Geschichtliche Landeskunde 25 (1984), S. 81–105.

DUCHARDT, Heinz: Das Zeitalter des Absolutismus, München 1998.

DÜRICHEN, Johannes: Geheimes Kabinett und Geheimer Rat unter der Regierung Augusts des Starken in den Jahren 1704–1720. Ihre Verfassung und ihre politische Bedeutung, in: Neues Archiv für sächsische Geschichte und Altertumskunde 51 (1930), S. 68–134.

EBELING, Dietrich: Der Holländer-Holzhandel in den Rheinlanden. Zu den Handelsbeziehungen zwischen den Niederlanden und dem westlichen Deutschland im 17. und 18. Jahrhundert, in: Vierteljahresschrift für Sozial- und Wirtschaftsgeschichte (Beiheft 101), (1992).

EBELING, Dietrich: Rohstofferschließung im europäischen Handelssystem der frühen Neuzeit am Beispiel des rheinisch-niederländischen Holzhandels im 17./18. Jahrhundert, in: Rheinische Vierteljahresblätter 52 (1988), S. 150–170.

EBELING, Dietrich: Organisationsformen des Holländerholzhandels im Schwarzwald während des 17. und 18. Jahrhunderts, in: KEWELOH, Hans-Walter (Hg.): Auf den Spuren der Flößer. Wirtschafts- und Sozialgeschichte eines Gewerbes, Stuttgart 1988, S. 81–99.

EBERSOLD, Günter: Herrschaft Zwingenberg – ein gescheiterter Staatsbildungsversuch im südöstlichen Odenwald (1504–1806). Ein Beitrag zur kurpfälzischen Geschichte (Europäische Hochschulschriften III/72), Frankfurt am Main u. a. 1997.

EDER, Walter: Waldbauliche Bedeutung der heimischen Eichenarten in Rheinland-Pfalz, in: Genetik und Waldbau unter besonderer Berücksichtigung der heimischen Eichenarten (Mitt. aus der Forstlichen Versuchsanstalt Rheinland-Pfalz 34) (1995), S. 1–21.

EIERMANN, Georg: Kellerei Waldeck. Geschichtliches aus dem oberen Steinachtal, Neckarsteinach o. J.

ENDRES, Max: Die Waldbenutzung vom 13. bis Ende des 18. Jahrhunderts. Ein Beitrag zur Geschichte der Forstpolitik, Tübingen 1888.

ERLER, Adalbert: Art. Akzise, in: HRG, Bd. 1, Berlin 1971, Sp. 87–88.

ERLER, Adalbert: Art. Bede, in: HRG, Bd. 1, Berlin 1971, Sp. 346–348.

ERLER, Adalbert: Art. Stempelsteuer, in: HRG, Bd. 4, Berlin 1971, Sp. 1958 f.

ERMISCH, Hubert: Matthes Daniel Pöppelmann, in: Sächsische Lebensbilder. Herausgegeben von der Sächsischen Kommission für Geschichte, Bd. 2, Leipzig 1938, S. 324–339.

ERNST, Albrecht, Die reformierte Kirche der Kurpfalz nach dem Dreißigjährigen Krieg (1649–1685), Stuttgart 1996.

ERNST, Christoph: Den Wald entwickeln. Ein Politik- und Konfliktfeld in Hunsrück und Eifel im 18. Jahrhundert (Ancien Regime, Aufklärung und Revolution 32), München 2000.

ESCHENAUER, Heinz R.: Zur Reinheit des Weines seit 2000 Jahren – Vinum et Plumbum (Schriften zur Weingeschichte 103), Wiesbaden 1992.

FACIUS, Friedrich: Hafenbau und Flußkorrektion, in: Mannheimer Hefte 2 (1981), S. 65-105.

FADER, Werner: Die Rebleutbruderschaft – eine weinbauliche Organisation früherer Zeit, in: Stadt Neustadt an der Weinstraße (Hg.): Neustadt an der Weinstraße. Beiträge zur Geschichte einer pfälzischen Stadt, Neustadt 1975, S. 667-674.

FALLOT-BURGHARDT, Willi: Kaiserslautern auf alten Landkarten: 1513-1886, Kaiserslautern 2000.

FEDER, Heinrich von: Geschichte der Stadt Mannheim nach den Quellen bearbeitet, Bd. 1, Mannheim u. a. 1875.

FEHRENBACH, Elisabeth: Soziale Unruhen im Fürstentum Nassau-Saarbrücken 1789-1792/3, in: BERDING, Helmut (Hg.): Soziale Unruhen in Deutschland während der Französischen Revolution, Göttingen 1988, S. 28-44.

FIEDLER, Martin: Der landesherrliche Weinbau in Sachsen seit der Mitte des 16. Jahrhunderts bis zum 19. Jahrhundert, Diss. Leipzig 1924.

FINEISEN, August J.: Die Akzise in der Kurpfalz. Ein Beitrag zur deutschen Finanzgeschichte des 17. und 18. Jahrhunderts, Karlsruhe 1906.

FISCHER, Roman: Art. Weinbau, in: HRG, Bd. 5, Berlin 1996, Sp. 1226-1230.

FLIEDNER, Heinz: Die Rheinzölle der Kurpfalz am Mittelrhein in Bacharach und Caub, in: Westdeutsche Zeitschrift für Geschichte und Kunst 15 (1910).

FLUMM, Tomas und Carmen: Der Wiederaufbau Heidelbergs nach der Zerstörung im Pfälzischen Erbfolgekrieg, in: Heidelberg im Barock. Der Wiederaufbau der Stadt nach den Zerstörungen von 1680 und 1693, in: Begleitbd. zur Ausstellung im Kurpfälzischen Museum der Stadt Heidelberg. Herausgegeben von Frieder Hepp und Hans Martin MUMM. Heidelberg 2009, S. 84–155.

FRANCK, Hans Georg: Die Entstehung der pfälzischen Müllerei und ihre Entwicklung auf dem Lande und in der Stadt bis zum Ende des 18. Jahrhunderts, in: Pfälzische Heimatblätter 9 (1913), S. 165–168.

FRENZEL, Walter: Die historischen Wälder der Pfalz, in: Pfalzatlas, Textbd. 1, Speyer 1964, S. 263–276.

FRIEDEL, Heinz: Der Reichswald in Kaiserslautern, Kaiserslautern 1989.

GAMER, Jörg: Matteo Alberti. Oberbaudirektor des Kurfürsten Johann Wilhelm von der Pfalz, Herzogs zu Jülich und Berg etc., Düsseldorf 1978, S. 125–129.

GEIGER, Michael / PREUSS, Günter / ROTHENBERGER, Karl-Heinz (Hgg.): Die Weinstraße. Porträt einer Landschaft, Landau 1985.

GERNER, Manfred: Zimmermeister schufen das Große Faß in Heidelberg (Manuskript des Deutschen Zentrums für Handwerk und Denkmalpflege), Fulda o. J.

GLEITSMANN, Rolf-Jürgen: Rohstoffmangel und Lösungsstrategien. Das Problem vorindustrieller Holzknappheit, in: Technologie und Politik 16 (1980), S.104–105.

GLÖCKNER, Karl: Bedeutung und Entstehung des Forstbegriffs, in: Vierteljahresschrift für Sozial- und Wirtschaftsgeschichte 17 (1924), S. 1–31.

GOETZE, Jochen: Rückkehr des Pfälzer Kurfürsten Carl Ludwig und seiner Familie, in: PAAS, Sigrun (Hg.): Liselotte von der Pfalz. Madame am Hofe des Sonnenkönigs. Katalog zur Ausstellung auf dem Heidelberger Schloß vom 11. September 1996 bis 26. Januar 1997, Heidelberg 1996, S. 37–42.

GOETZE, Jochen: Quod si vero contigerit Palatinum Rheni – was aber die Pfalz betrifft: Die Kurpfalz im Westfälischen Frieden von 1648, in: Heidelberg. Jahrbuch zur Geschichte der Stadt 4 (1999), S. 57–76.

GÖNNEWEIN, Otto: Das Stapel- und Niederlagsrecht, Weimar 1939.

GÖRTZ, Hans-Helmut: Das Freinsheimer Gottffried-Weber-Haus und seine Besitzer in Kurpfälzischer Zeit, in: Mitteilungen des Historischen Vereins der Pfalz 100, Speyer 2003, S. 173–210.

GOTHEIN, Eberhard: Die Landstände in der Kurpfalz, in: ZGO 3 (1888), S. 1–76.

GOTHEIN, Eberhard: Wirtschaftsgeschichte des Schwarzwaldes und der angrenzenden Länder, Bd. 1, Straßburg 1892.

GOTHEIN, Eberhard: Bilder aus der Kulturgeschichte der Pfalz nach dem Dreißigjährigen Krieg, Karlsruhe 1895.

GOTHEIN, Eberhard: Die Pfalz nach dem Dreißigjährigen Krieg, in: Badische Neujahrsblätter 5 (1895).

GRASS, Nikolaus: Weinannahmen zur Ausstattung alter Universitäten, in: ders., Alm und Wein. Aufsätze zur Rechts- und Wirtschaftsgeschichte (Hg. von CARLEN, Louis und FAUSER, Hans), Hildesheim 1990, S. 213–382.

GROSS, Rainer: Geschichte Sachsens, Leipzig 2001.

GROSSMANN, Ulrich: Zwei Zimmertüren aus dem Kölner Faßbinderhaus, in: Monatsanzeiger, Museen und Ausstellungen in Nürnberg 239 (2001).

GURLITT, Cornelius: August der Starke. Ein Fürstenleben aus der Zeit des deutschen Barock, Dresden 1924.

HAAKE, Paul: August der Starke, Berlin u. a. 1926.

HÄBERLE, Daniel: Das kurpfälzische Oberamt Lautern im Jahre 1601, in: Pfälzische Heimatkunde (Dezember 1906).

HÄBERLE, Daniel: Auswanderung und Kolonialgründung der Pfälzer im 18. Jahrhundert, Kaiserslautern 1909.

HÄBERLE, Daniel: Die Wälder des Stifts zu Kaiserslautern im Jahre 1600 nach der Beforchung des kurfürstlichen Forstmeisters Philipp Velmann, Speyer 1913.

HÄBERLE, Dieter: Das Reichsland bei Kaiserslautern, Kaiserslautern 1907.

HÄBERLE, Eckehardt J.: Pfälzisch-Bayerische Integrationsversuche in der zweiten Hälfte des 18. Jahrhunderts, in: ZGO 83 (1974), S. 289-310.

HACKER, Jens: Kurpfälzische Auswanderer vom Unteren Neckar. Rechtsrheinische Gebiete der Kurpfalz, Stuttgart 1983.

HÄGERMANN, Melanie Julia: Das Strafgerichtswesen im kurpfälzischen Territorialstaat. Entwicklungen der Strafgerichtsbarkeit in der Kurpfalz, dargestellt anhand von ländlichen Rechtsquellen aus vier rechtsrheinischen Zenten, Diss. Würzburg 2003.

HALFER, Manfred / SEEBACH, Helmut: Rebleute, Wingertknechte, Winzertagner, Weinsticher, Weinläder, Weinschröter, Eichmeister, Küfer, Ungelder und Winzer in der Pfalz. Ein Beitrag zur Kulturgeschichte des Weines (Altes Handwerk und Gewerbe in der Pfalz 2), Annweiler-Queichenbach 1991.

HARTHAUSEN, Hartmut: Das Reichskammergericht in Speyer, in: Das Reichskammergerichtsmuseum in Wetzlar. Herausgegeben von der Gesellschaft für Reichskammergerichtsforschung, Wetzlar 1997, S. 15-23.

HASEL, Karl: Forstgeschichte, Hamburg u. a. 1985.

HASEL, Kurt: Die Bedeutung der Forstaufsicht in geschichtlicher Betrachtung, in: Allgemeine Forst- und Jagdzeitung 135 (1964), S. 125-134.

HASEL, Kurt / SCHWARTZ, Ekkehardt: Forstgeschichte, 2. aktual. und erw. Aufl., Stuttgart 2002.

HAUFF, Dieter: Zur Geschichte der Forstgesetzgebung und Forstorganisation des Herzogtums Württemberg im 16. Jahrhundert (Schriftenreihe der Landesforstverwaltung Baden-Württemberg 47) (1977).

HAUSRATH, Hans: Holzpreise, Holzhandelspolitik und Walderträge früherer Zeiten, in: Allgemeine Forst- und Jagdzeitung (1907), S. 333-339, 369-375.

HAUSRATH, Hans: Die Geschichte des Waldeigentums im Pfälzer Odenwald. FS zur Feier des 56. Geburtstags Seiner Königlichen Hoheit des Großherzogs Friedrich II., Karlsruhe 1913.

HAUSRATH, Hans: Die Entwicklung des deutschen Waldbaus. Von seinen Anfängen bis 1850, ND Freiburg 1982.

HECKMANN, Hermann: Mathäus Daniel Pöppelmann. Leben und Werk, München u. a. 1992.

HEIMANN, Hans: Die Neckarschiffer, 2 Bde., Heidelberg 1907.

HELD, Wieland: Der Adel und August der Starke. Konflikt und Konfliktaustrag zwischen 1694 und 1707 in Kursachsen, Köln u. a. 1999.

HELM, Werner / JOHO, Helmut / WILTSCHKO, Stefan: Von der Eiche zum Fass. Eberbacher Küfer-Geschichte, Neckargemünd u. a. 2003.

HERMKES, Wolfgang: Das Reichsvikariat in Deutschland. Reichsvikare nach dem Tode des Kaisers von der Goldenen Bulle bis zum Ende des Reiches, Karlsruhe 1968.

HIPPEL, Wolfgang von, unter Mitwirkung von ENDRES, Stefan, HIPPEL, Georg von, LECHLER, Pascal, RIEDIGER, Silja und SCHOLLENBERGER: Michael, Maß und Gewicht im Gebiet des Großherzogtums Baden am Ende des 18. Jahrhunderts (Südwestdeutsche Schriften 19), Mannheim 1996.

HIPPEL, Wolfgang von: Die Kurpfalz zur Zeit Carl Theodors (1742–1799) – wirtschaftliche Lage und wirtschaftspolitische Bemühungen, in: ZGO 148 (2000), S. 177–244.

HOFERICHTER, Carl Horst: Das Oberamt Alzey im letzten Jahrhundert seines Bestehens in der kurpfälzischen Landesstatistik, in: Alzeyer Geschichtsblätter 11/12 (1976), S. 89–154.

HOFFMANN, Wilhelm, W., Franz Wilhelm Rabaliatti, Heidelberg 1934.

HOMERING, Liselotte: Zwischen absolutistischem Machtanspruch und bürgerlicher Aufgeklärtheit – Kurfürst Carl Theodor und das Theater, in: WIECZOREK, Alfred / PROBST, Hansjörg / KÖNIG, Wieland (Hgg.): Lebenslust und Frömmigkeit. Kurfürst Carl Theodor (1724-1799) zwischen Barock und Aufklärung. Handbuch zur Ausstellung (Bd. 1), Regensburg 1999, S. 305-323.

HOPPE, Reinhard: Dorfbuch der Gemeinde Ziegelhausen mit Ortsteil Peterstal, Heidelberg 1940, S. 182 ff.

HOPPE, Reinhard: Die Flurnamen von Ziegelhausen (Oberrheinische Flurnamen, Bd. 3, Heft 6) (1956), S. 75-84.

HÖRIG, Siegfried: Flurnamen, Gewanne und Weinlagen. Verbandsgemeinde mit Ellerstadt, Friedelsheim und Gönnheim, Wachenheim an der Weinstraße 1992.

HUFSCHMIDT, Maximilian: Zur Geschichte des Heidelberger Schlosses, in: Neues Archiv zur Geschichte Heidelbergs und der rheinischen Pfalz 2 (1889).

HUFSCHMIDT, Maximilian: Zur Topographie der Stadt Heidelberg, in: Neues Archiv zur Geschichte der Stadt Heidelberg und der rheinischen Pfalz 8 (1907).

IRRSIGLER, Franz: Weinstädte an der Mosel im Mittelalter, in: OPEL, Ferdinand (Hg.): Stadt und Wein, Linz a.d. Donau 1996, S. 165-179.

JÄGER, Hartmut: »Der Kurfürstlichen Kameralwald zu Ziegelhausen« (Diplomarbeit, Fachhochschule Rottenburg – Hochschule für Forstwirtschaft 2004).

JÄGERSCHMIDT, Karl Friedrich: Handbuch des Holztransports und Floßwesens, 2 Bde., Karlsruhe 1827.

JANSON, Franz: Materialien zu einem künftigen Gesetzbuch für die Churpfälzischen Lande, und zum Nachschlagen bei künftigen Vorlesungen über das Churpfälzische Privatrecht, das ist: Churpfälzische Verordnungen nach der Chronologie gesammelt, Heidelberg 1792.

JEITER, Erminia: Geschichte des Weinbaus und des Weinhandels in Bacharach und seinen Tälern, Köln 1919.

JOHO, Helmut: Der Neckar. Eberbachs Lebens- und Verkehrsader, in: Eberbacher Geschichtsblatt (1987), S. 50–57.

JUNG, Andreas / DETTWEILER, Erika: Historische Weinberge bei Heidelberg – Letzte Zeugnisse alter Bergsträßer Weinbautradition, in: Jahrbuch. Stadtteilverein Handschuhsheim (2003), S. 29–33.

JUNG-STILLING, Johann Heinrich: Über die Forstwissenschaft, 2 Bde., o. O. 1781/82.

KARCH, Philipp: Mühlen im Hochspeyertal, in: Pfälzer Heimat 21 (1970), S. 90–92.

KARST, Theodor: Das Kurpfälzische Oberamt Neustadt an der Haardt (Veröff. zur Geschichte von Stadt und Kreis Neustadt an der Weinstraße 1), Speyer 1960.

KÄSE, Josefine: Dynastische Einheit und staatliche Vielfalt – die frühe Reformpolitik Kurfürst Carl Theodors von der Pfalz 1778/79, Aachen 1999.

KEHR, Karl: Die Fachsprache des Forstwesens im 18. Jahrhundert (Beiträge zur deutschen Philologie 32), Gießen 1964.

KEIPER, Johann: Kurpfalzbayerische Forstverwaltung, in: Forstwissenschaftliches Centralblatt (1905).

KEIPER, Johann: Kurpfälzische Forst- und Jagdverwaltung im 18. Jahrhundert. Mit einer Länderkarte von Kurpfalz und Pfalz-Zweibrücken, Speyer 1908.

KEIPER, Johann: Pfälzer Forst- und Jagdgeschichte (Veröff. der Pfälzischen Gesellschaft zur Förderung der Wissenschaften 13) (1930).

KELL, Eva: Hof und Kultur in der Leiningischen Residenz Dürkheim, in: Mitteilungen des Historischen Vereins der Pfalz 100 (2002), S. 263–279.

KELLER, Karin: Der Hof als Zentrum adliger Existenz? Der Dresdner Hof und der sächsische Adel im 17. und 18. Jahrhundert, in: ASCH, Ronald G. (Hg.): Der europäische Adel im Ancien Regime.

Von der Krise der ständischen Monarchien bis zur Revolution (1600–1789), Köln u. a. 2001, S. 207–234.

KETTEMANN, Rudolf: Heidelberg im Spiegel seiner ältesten Beschreibung, Heidelberg 1987.

KEWELOH, Hans-Walter (Hg.): Auf den Spuren der Flöße. Wirtschafts- und Sozialgeschichte eines Gewerbes, Stuttgart 1988.

KIESS, Rudolf: Die Rolle der Forsten im Aufbau des württembergischen Territoriums bis ins 16. Jahrhundert (VKGL B 2), Stuttgart 1958.

KLEIN, Eckart: Samuel Pufendorf und die Anfänge der Naturrechtslehre, in: Semper Apertus. Sechshundert Jahre der Ruprechts-Karls-Universität Heidelberg 1386–1986, Bd. 1, Berlin u. a. 1985, S. 414–439.

KLINGE, Hans: Das Hochgericht des Eberbacher Zent (mit Urteilen des Malefiz-Gerichts), in: Eberbacher Geschichtsblatt 101 (2002), S. 71–104.

KOENEMANN, Friedrich-Franz: Der Heidelberger Stadtwald. Seine Geschichte vom 17. bis ins 20. Jahrhundert, Heidelberg 1987, S. 20.

KOENEMANN, Friedrich-Franz: Wandel der Waldfunktionen am Beispiel des Heidelberger Stadtwalds, in: Wald, Garten und Park. Vom Funktionswandel der Natur für die Stadt (Stadt in der Geschichte. Veröff. des Südwestdeutschen Arbeitskreises für Stadtgeschichtsforschung 1), Sigmaringen 1993, S. 105–116.

KOLDE, Felix: Über die Wildfänge und das Wildfangrecht der Pfalzgrafen bei Rhein bis zum Laudum Heilbronnense (1667), Berlin 1898.

KOLLNIG, Karl: Die Zent Schriesheim. Ein Beitrag zur Geschichte der Zentverfassung in Kurpfalz, Heidelberg 1933.

KOLLNIG, Karl: Die Pfalz nach dem Dreißigjährigen Krieg, Heidelberg 1949.

KOLLNIG, Karl: Wandlungen im Bevölkerungsbild der pfälzischen Oberrheinebene, Heidelberg 1952.

KOLLNIG, Karl: Die Weistümer der Zent Schriesheim. Badische Weistümer und Dorfordnungen, Bd. 2 (VKGL A 16), Stuttgart 1968.
KOLLNIG, Karl: Die Weistümer der Zent Kirchheim (VKGL A 29), Stuttgart 1979.
KOLLNIG, Karl: Ein Huldigungsprotokoll der Eberbacher Zent vom Jahre 1556, in: Eberbacher Geschichtsblatt 81 (1982), S. 7-16.
KOLLNIG, Karl: Die Weistümer der Zenten Eberbach und Mosbach. Badische Weistümer und Dorfordnungen, Bd. 4 (VKGL A 38), Stuttgart 1985.
KÖSTLER, Josef: Wald und Forst in der deutschen Geschichtsforschung, in: Historische Zeitschrift 155 (1937), S. 461-474.
KREBS, Manfred (Hg.): Die Kurpfälzischen Dienerbücher 1476-1685, in Registerform bearbeitet, Beilage zur ZGO 94 (1942).
KREUZ, Jörg: Die Geschichte des Kommandantenhauses und seiner Bewohner seit der Mitte des 16. Jahrhunderts bis zum Verkauf an die Gemeinde Dilsberg 1853, in: Bausteine zur Kreisgeschichte 2, Heidelberg 1997, S. 51-79.
KUNZ, Rudolf / REUTLER, Rolf: Kurpfälzische Schatzungsregister des Oberamtes Lindenfels aus dem 18. Jahrhundert, in: Geschichtsblätter des Kreises Bergstraße 15 (1982), S. 120-159.
LAMM, Markus: Das Bistum und Hochstift Speyer unter der Regierung des Kardinals Franz Christoph von Hutten (1743-1770), Mainz 1909.
LANDRY, Walter: Das Faß. Vom Römerfaß zum Barrique, Bad Friedrichshall 1999.
LAUFER, Wolfgang: Pfälzer Wein in der von der Leyenschen Herrschaft Blieskastel im 17. und 18. Jahrhundert, in: Mitteilungen des Historischen Vereins der Pfalz 100 (FS Dr. Kermann, hg. von Paul Warmbrunn, Speyer 2002, S. 281-302.
LAUFS, Adolf: Art. Reichskammergericht, in: HRG, Bd. 5, Berlin 1986, Sp. 655-662.

LAUFS, Adolf: Die Stadt Mühle im alten deutschen Recht – eine Skizze, in: ZGO 147 (1999), S. 339–448.

LEHMANN, August: Das große Weinfass auf dem Königstein, in: Über Berg und Tal. Organ des Gebirgsvereins für die sächsische Schweiz 6 (1898–1901).

LEHMANN, Hermann W.: Die so genannte Judenschule. Sozialgeschichte eines Hauses, Heidelberg 2001.

LEIBLEIN, Alfred: Zur Forstgeschichte im Kraichgau. Der freie Markwald der ehemaligen Gemeinde Bargen, Sinsheim 1992.

LENZ, Rüdiger: Kellerei und Unteramt Dilsberg. Entwicklung einer regionalen Verwaltungsinstanz im Rahmen der Territorialpolitik am unteren Neckar (VKGL B 115), Stuttgart 1989.

LENZ, Rüdiger: Das kurpfälzische Oberamt Mosbach. Ursprünge und Organisation der Amtsverfassung, in: Mosbacher Jahresheft 2 (1992), S. 40–67.

LENZ, Rüdiger: 850 Jahre Schwarzach, Schwarzach 1993.

LENZ, Rüdiger: Entstehung, Entwicklung und Funktionen der pfälzischen Kellerei Eberbach, in: ZGO 147 (1999), S. 405–422.

LENZ, Rüdiger: Streifzug durch die Organisation kurpfälzischer Ämter, in: Kraichgau. Beiträge zur Landschafts- und Heimatforschung 16 (1999), S. 81–94.

LIEBIG, Fritz: 1000 Jahre Neckargerach. 1200 Jahre Guttenbach, Neckargerach 1976.

LOHMEYER, Carl: Geplante Umbauten und Verlegungen des Heidelberger Schlosses in der Barockzeit, in: Mitteilungen zur Geschichte des Heidelberger Schlosses 4, Heidelberg 1912, S. 1–20.

LURZ, Meinhold: Die Freiherrn von Venningen (Heimatverein Kraichgau. Sonderveröff. 17), Sinsheim 1997.

LURZ, Meinhold: Streit über den Wald, über Einnahmen, Rechte und Kompetenzen. Venningen – Edenkoben – Harnbach – Lachen, Hochstift Speyer-Kurpfalz (Sonderveröff. des Venninger Heimatvereins 1), Venningen 1998.

LUTTENBERGER, Karl: Untersuchungen über die Flößerei auf

dem Neckar und seinen Nebenflüssen in geschichtlicher und wirtschaftlicher Hinsicht, Diss. Heidelberg 1905.

MANTEL, Kurt: Die Anfänge der Forstorganisation und der Forstordnung in Vorderösterreich im Jahre 1557, o. O. 1958

MANTEL, Kurt: Forstgeschichte des 16. Jahrhunderts unter dem Einfluß der Forstordnungen und Noe Meurers (Schriftenreihe der Forstwissenschaftlichen Fakultät der Universität Freiburg), Hamburg u. a. 1980.

MANTEL, Kurt: Art. Noe Meurer, in: HRG 3 (1984), Sp. 529–531.

MARTIN, Michael: Revolutionierung und Änderungen der Sozialstruktur in der fürstbischöflich-wormsischen Landgemeinde Dirmstein, in: RÖDEL, Volker (Hg.): Die Französische Revolution und die Oberrheinlande (1789–1798) (Oberrheinische Studien 9), Sigmaringen 1991, S. 67–84.

MAY, Walter: Der Bauherr August der Starke, in: Saxonia. Schriftenreihe des Vereins für sächsische Landesgeschichte, Bd. 1: August der Starke und seine Zeit. Beiträge des Kolloquiums vom 16./17. September 1994 (1995), S. 61–71.

MAYS, Albert / CHRIST, Karl: Einwohnerverzeichnis des vierten Quartiers der Stadt Heidelberg vom Jahr 1600, in: Neues Archiv für die Geschichte der Stadt Heidelberg und der rheinischen Pfalz, Heidelberg 1893.

MENZER, Georg-Ludwig: Leimen. Beiträge zur Ortsgeschichte, Mannheim 1949.

MERKEL, Gerhard: Wirtschaftsgeschichte der Universität Heidelberg im 18. Jahrhundert (VKGL B 73), Stuttgart 1973.

MOHR, Helmut: Weinbau in Wiesloch und an der Bergstraße. Ein geschichtlicher Überblick, in: Wiesloch. Beiträge zur Geschichte 1 (2000), S. 243–263.

MONE, Franz Joseph: Über das Forstwesen vom 14. bis ins 17. Jahrhundert, in: ZGO 2 (1851), S. 14–33.

MONE, Franz Joseph: Über das Steuerwesen vom 14. bis ins 18. Jahrhundert, in: ZGO 6 (1855), S. 1–37.

MONE, Franz Joseph: Das Neckarthal von Heidelberg bis Wimpfen, vom 13. bis 17. Jahrhundert, in: ZGO 11 (1860), S. 39–82, 138–177.

MÖRZ, Stefan: Verwaltungsstrukturen der Kurpfalz zum Zeitpunkt des bayerischen Erbfalls, in: Mitteilungen des Historischen Vereins der Pfalz 84 (1986), S. 403–461.

MÖRZ, Stefan: Aufgeklärter Absolutismus in der Kurpfalz während der Mannheimer Regierungszeit des Kurfürsten Carl Theodor (1742–1777), Stuttgart 1992.

MÖRZ, Stefan: Einleitung zum Kurpfälzischen Hof- und Staatskalender 1777, Mannheim 1777; ND Mannheim 2000.

MOSER, Johann: Einleitung in das Churfürstlich-Pfälzische Staats-Recht, Frankfurt u. a. 1762.

MOSER, Wilhelm Gottfried: Grundsätze der Forstökonomie, 2 Teile, Frankfurt u. a. 1757).

MÜLLER, Friedrich Wilhelm: Den Müllern ins Kerbholz geschnitten. Ein altes pfälzisches Handwerk und sein Berufsethos, in: Beiträge zur Heimatgeschichte 50 (1970), S. 29–33.

MÜLLER, Rainer A.: Der Fürstenhof in der Frühen Neuzeit, München 1995.

MUSALL, Heinz / SCHEUERBRANDT, Arnold: Die Kriege im Zeitalter Ludwigs XIV. und ihre Auswirkungen auf die Siedlungs-, Bevölkerungs- und Wirtschaftsstruktur der Oberrheinlande, in: EICHLER, Horst / MUSALL, Heinz (Hgg.): FS Hans Graul, Heidelberg 1974, S. 357–378.

NEUER, Dieter: Kirchheim. Eine Ortsgeschichte aus der Kurpfalz, Heidelberg 1985.

WENNEMUH, Udo: Zuwanderungserfolge und Intergrationsprobleme nach der zweiten Gründung durch Kurfürst Karl Ludwig, in: NIESS, Ulrich / CAROLI, Michael: Geschichte der Stadt Mannheim. Bd. 1, Heidelberg u. a. 2007, S. 152–180.

NÜBLING, Eugen: Zur Währungsgeschichte des Merkantilzeitalters. Ein Beitrag zur deutschen Wirtschaftsgeschichte, Nürnberg 1903.

OECHELHÄUSER, Adolf von: Das Heidelberger Schloß, Heidelberg 1987.
OFFENBERG, Volker von: Prost Heidelberg. Die Geschichte der Heidelberger Brauereien und Bierlokale (= Sonderveröff. des Stadtarchivs Heidelberg 15), Heidelberg u. a. 2005.
PAULY, Ferdinand: Die Bedeutung der Klöster und Stifte für die Entwicklung des Weinbaus am Mittelrhein (Schriften zur Weingeschichte 108), Wiesbaden 1993.
PFAFF, Karl: Heidelberg und Umgebung, 3. umgearb. Aufl., Heidelberg 1910.
PILTZ, Georg: August der Starke. Träume und Taten eines deutschen Fürsten, Dresden 1986.
PÖLLNITZ, Karl Ludwig von: Des Freyherrn von Pöllnitz Neue Nachrichten, welche seine Lebensgeschichte und eine ausführliches Beschreiben von seinen ersten Reisen in sich enthalten. Erster Teil, Frankfurt am Main MDCXXIX.
POLLER, Oskar: Schicksal der Ersten Kaiserslauterer Hochschule und ihrer Studierenden. Kameral-Hohe-Schule zu Lautern 1774–1784. Staatswirtschafts-Hohe-Schule zu Heidelberg. Lebensbeschreibung und Abstammung der Professoren und Studierenden, Ludwigshafen 1979.
PRESS, Volker: Calvinismus und Territorialstaat. Regierung und Zentralbehörden der Kurpfalz 1559–1619, Stuttgart 1970.
PRESS, Volker: Die Landschaft in der Kurpfalz, in: Von der Ständeversammlung zum deutschen Parlament. Die Geschichte der Volksvertretungen, Stuttgart 1982, S. 62–71.
PRESS, Volker: Die Kurpfalz und ihre Nebenlande, in: JESERICH, Kurt G. A. / POHL, Hans / UNRUH, Georg-Christoph von (Hgg.): Deutsche Verwaltungsgeschichte, Bd. 1, Stuttgart 1983, S. 555–573.
PRESS, Volker: Die Ritterschaft im Kraichgau zwischen Reich und Territorium 1500–1623, in: ZGO 122 (1983), S. 35–38.

PROBST, Hansjörg: Seckenheim. Geschichte eines Kurpfälzer Dorfes, Mannheim 1981.

PROBST, Hansjörg: Die Pfalz als historischer Begriff mit historischen Karten, Mannheim 1984.

PRÖSSLER, Helmut: Das Weinbaugebiet Mittelrhein in Geschichte und Gegenwart (Schriften zur Weingeschichte 107), Wiesbaden 1993.

PROSSLER, Helmut: Koblenz – 2000 Jahre und der Wein (Schriften zur Weingeschichte 107), Wiesbaden 1993.

RADKAU, Joachim: Zur angeblichen Energiekrise des 18. Jahrhunderts. Revisionistische Betrachtungen über die »Holznot«, in: Vierteljahreshefte für Wirtschaftsgeschichte 73 (1986), S. 1–37.

RADKAU, Joachim: Vom Wald zum Floß – ein technisches System? Dynamik und Schwerfälligkeit der Flößerei in der Geschichte der Forst- und Holzwirtschaft, in: KEWELOH, Hans Walter (Hg.): Auf den Spuren der Flöße. Wirtschafts- und Sozialgeschichte eines Gewerbes, Stuttgart 1988, S. 16–40.

RADKAU, Joachim: Holz – Wie ein Naturstoff Geschichte schreibt. (= Stoffgeschichten-Bd. 3, hg. von RELLER, Armin / SOENTGEN, Jens, München 2007.

RAPP, Eugen: *Das jammervolle Leben* des Pfarrers Johann-Daniel Schmidtmann (*1663 Alsen – † 1728 Berlin), in: Blätter für pfälzische Kirchengeschichte Lind religiöse Volkskunde 59 (1992), S. 191–216.

REESE, Armin: Pax sit Christiana. Die westfälischen Friedensverhandlungen als europäisches Ereignis (Historisches Seminar 9), Düsseldorf 1988.

REIMER, Klaus: Das Steuerrecht in der Stadt Weinheim vom Beginn der Neuzeit bis zum Anschluß an Baden, Diss. Heidelberg 1968.

REITH, Reinhold: Zünfte im Süden des Alten Reichs. Politische, wirtschaftliche und soziale Aspekte, in: HAUPT, Heinz G. (Hg.):

Das Ende der Zünfte. Ein europäischer Vergleich (Kritische Studien zur Geschichtswissenschaft 115), Göttingen 2002, S. 39-69.

REPGEN, Konrad: Die westfälischen Friedensverhandlungen. Überblick und Hauptprobleme, in: 1648. Krieg und Frieden in Europa. Textbd. 1 (1998), S. 355-372.

RICHTER, Susan: Die Churpfälzische Jaegerey, in: Die Lust am Jagen. Jagdsitten und Jagdfeste am kurpfälzischen Hof im 18. Jahrhundert (Begleitbuch zur Ausstellung im Südlichen Zirkelhaus des Schwetzinger Schlosses 4. September bis 10. Oktober 1999), Ubstadt-Weiher 1999.

RICHTER, Susan: Privilegia und Freyheiten für das in Kriegs-Läufften zerstörte Heydelberg. Die Rolle der katholischen Kurfürsten beim Wiederaufbau Heidelbergs nach dem Pfälzischen Erbfolgekrieg 1697-1720, in: Heidelberg im Barock. Der Wiederaufbau der Stadt nach den Zerstörungen von 1680 und 1693, in: Begleitband zur Ausstellung im Kurpfälzischen Museum der Stadt Heidelberg, herausgegeben von Frieder Hepp und Hans Martin MUMM, Heidelberg 2009, S. 12-28.

RINGS, Hanspeter: Zu Mannheim als Hafen und Zollstadt siehe Mannheim auf Kurs. Hafen und Schifffahrtsgeschichte der Stadt an Rhein und Neckar (Kleine Schriften des Stadtarchivs Mannheim 20), Mannheim 2003.

ROSENBERG, Heidrun: Von Herkules zu Nepomuk. Die Sprache der Skulptur im Stadtraum Heidelbergs nach 1693, in: Heidelberg im Barock. Der Wiederaufbau der Stadt nach den Zerstörungen von 1680 und 1693, in: Begleitband zur Ausstellung im Kurpfälzischen Museum der Stadt Heidelberg. Herausgegeben von Frieder Hepp und Hans Martin MUMM. Heidelberg 2009, S. 28-47.

ROSENBERG, Marc: Quellen zur Geschichte des Heidelberger Schlosses, Heidelberg 1882.

ROSENER, Werner: Die Geschichte der Jagd. Kultur, Gesellschaft und Jagdwesen im Wandel der Zeit, Düsseldorf u. a. 2004.

SALZER, Robert: Zur Geschichte Heidelbergs von dem Jahre 1688–1689 und von dem Jahre 1693. Nach ungedruckten Urkunden des Grossherzoglich badischen Generallandesarchiv. ND der Ausgaben von 1878 und 1879, kommentiert von VETTER, Roland, Heidelberg 1993, S. 111–113.

SANDEN, Jörg: Gemeindewald Sandhausen, in: Heimatbuch der Gemeinde Sandhausen, Sandhausen 1986.

SARTORIUS, Otto: Mußbach. Die Geschichte eines Weindorfes, Speyer 1959.

SARTORIUS, Otto: Der Weinbau in der Pfalz, in: Pfalzatlas. Textbd. 1, Speyer 1964, S. 260 ff. mit Karte Nr. 9.

SCHAAB, Meinrad: Straßen und Geleitwesen zwischen Rhein, Neckar und Schwarzwald im Mittelalter und der frühen Neuzeit, in: Jahrbücher für Statistik und Landeskunde von Baden-Württemberg 4, Stuttgart 1959.

SCHAAB, Meinrad: Die Königsleute in den rechtsrheinischen Teilen der Kurpfalz, in: ZGO 111 (1963), S. 121–175.

SCHAAB, Meinrad: Geschichte der Kurpfalz, Bd. 1, Stuttgart 1988.

SCHAAB, Meinrad: Territorialstaat und Kirchengut bis zum Dreißigjährigen Krieg. Die Sonderentwicklung in der Kurpfalz im Vergleich mit Baden Württemberg, in: ZGO 138 (1990), S. 241–258.

SCHAAB, Meinrad: Geschichte der Kurpfalz, Bd. 2, Stuttgart 1992.

SCHAAB, Meinrad: Restitution und neue Gefährdung, in: Handbuch der Baden-Württembergischen Geschichte, Bd. 2, Stuttgart 1995.

SCHAAF, Wilhelm: Die Obrigkeit im Oberamt Heidelberg anno 1496 und die Einwohnerschaft von Mannheim und Umgebung 1439–1650, in: Badische Heimat 37 (1959), S. 125–144.

SCHARF, Eginhard: Von der *»Unteren Kurpfalz Kirchegüter- und Gefäällverwaltung«* zur *»Pfälzer Katholischen Kirchenschaffnerei Heidelberg«*. Ein Beitrag Zum Doppeljubiläum einer kirchlichen Großstiftung im Erzbistum Freiburg, zugleich zur Geschichte des Pfälzer Kirchenguts seit der Reformation, in: FDA 118 (1998), S. 161–284.

SCHEIFELE, Max: Flößerei und Holzhandel im Murgtal unter besonderer Berücksichtigung der Murgschiffahrt, in: Ders.: Die Murgschiffahrt. Geschichte des Floßhandels, des Waldes und der Holzindustrie im Murgtal, Gernsbach 1988, S. 73–456.

SCHILLING, Heinz: Höfe und Allianzen. Deutschland 1648–1763, Berlin 1994.

SCHINDLING, Anton: *»Verwaltung«*, *»Amt«* und *»Beamter«* in der Frühen Neuzeit, in: BRUNNER, Otto / CONZE, Werner / KOSELLECK, Reinhard (Hgg.): Geschichtliche Grundbegriffe. Historisches Lexikon zur politisch-sozialen Sprache in Deutschland, Bd. 7, Stuttgart 1992, S. 47–69.

SCHIRMER, Uwe: Wirtschaftspolitik und Bevölkerungsentwicklung in Kursachsen (1648–1756), in: Neues Archiv für sächsische Geschichte 68 (1997), S. 125–156.

SCHMEHRER, Thomas: Die Auswirkungen des pfälzischen Triftwesens auf die Kulturlandschaft des Pfälzerwaldes in der ersten Hälfte des 19. Jahrhunderts, in: Beiträge zur Umweltgeschichte 2 (1997), S. 83–97.

SCHMIDT, Hans: Kurfürst Carl Philipp von der Pfalz als Reichsfürst (Forschungen zur Geschichte Mannheims und der Pfalz, NF 2), Mannheim 1963.

SCHMIDT, Uwe: Der Wald in Deutschland im 18. Jahrhundert – das Problem der Ressourcenknappheit am Beispiel der Waldressourcenknappheit in Deutschland im 18. und 19. Jahrhundert. Eine historisch politische Analyse, Saarbrücken 2002.

SCHMITT, Sigrid (Hg.) Nierstein in kurpfälzischer Zeit. Untersuchungen zu Dorfverfassung und Gemeinde, in: FRIES-REIMANN, Hildegard / SCHMITT, Sigrid (Hgg.): Nierstein. Beiträge zur Geschichte und Gegenwart eines alten Reichsdorfes, Alzey 1992, S. 59–82.

SCHMITT, Sigrid: Territorialstaat und Gemeinde im kurpfälzischen Oberamt Alzey vom 14. bis zum Anfang des 17. Jahrhunderts (Geschichtliche Landeskunde. Veröff. des Instituts für Geschichtliche Landeskunde an der Universität Mainz 38), Stuttgart 1992.

SCHNEIDER, Rudi: Die Arbeit des Küfers, in: Schweizerische Zeitschrift für Obst- und Weinbau 1 (1998), S. 1-4.

SCHNEIDER, Rudi: Vorbereitung und Pflege des Holzfasses, in: Schweizerische Zeitschrift für Obst- und Weinbau 3 (1998), S. 74-76.

SCHOLTEN, Walter: Das Fronwesen in der Kurpfalz vom Beginn des 17. Jahrhunderts bis zum Reichsdeputationshauptschluß und seine endgültige Ablösung in Baden und Bayern, Diss. Heidelberg 1926.

SCHREIBER, Gerhard: Deutsche Weingeschichte. Der Wein in Volksleben, Kult und Wirtschaft, Köln 1980.

SCHULER, Hans-Karl: Grundzüge der Forstgeschichte (Schriftenreihe der Fachhochschule Rottenburg, Hochschule für Forstwirtschaft 15), Rottenburg am Neckar 2001.

SCHUMANN, Fritz: Rebe und Wein in Neustadt, in: Stadt Neustadt an der Weinstraße (Hg.): Neustadt an der Weinstraße. Beiträge zur Geschichte einer pfälzischen Stadt, Neustadt 1975, S. 651-666.

SCHUNK, Erich: Forstunruhen im Herzogtum Pfalz-Zweibrücken zu Beginn der Französischen Revolution 1789-1792/93, in: BERDING, Klaus: Soziale Unruhen in Deutschland während der Französischen Revolution (Geschichte und Gesellschaft, Sonderheft 12) (1989), S. 45-66.

SCHWAPPACH, Adam: Handbuch der Forst- und Jagdgeschichte, 2 Bde., Berlin 1885/1888.

SCHWARZ, Albert: Der Germersheimer Rheinkran. Streit mit Speyer wegen des von der Kurpfalz eingeführten Kranenzwangs, in: 900 Jahre Germersheim 1090-1990 (Schriftenreihe zur Geschichte der Stadt Germersheim 1), Germersheim 1990, S. 79-106.

SEEBACH, Helmut: Pfälzerwald. Waldbauern, Waldarbeiter, Waldprodukte und Holzwarenhandel, Waldindustrie und Holztransport. Altes Handwerk und Gewerbe in der Pfalz, Mainz 1994.

SEELIGER – ZEISS, Anneliese: Heidelberger Grabmäler der Barockzeit (1700–1750), in: in: Heidelberg im Barock. Der Wiederaufbau der Stadt nach den Zerstörungen von 1680 und 1693, in: Begleitband zur Ausstellung im Kurpfälzischen Museum der Stadt Heidelberg. Herausgegeben von Frieder Hepp und Hans Martin MUMM. Heidelberg 2009., S. 164–179.

SELLIN, Volker: Die Finanzpolitik Carl Ludwigs von der Pfalz. Staatswirtschaft im Wiederaufbau nach dem Dreißigjährigen Krieg, Stuttgart 1978.

SEYFRIED, Seyfried: Heimatgeschichte des Bezirks Schwetzingen, Ketsch 1925.

SIEFERLE, Rolf Peter: Der unterirdische Wald. Energiekrise und Industrielle Revolution, München 1982.

SIMON, Heiner: Heiligkreuzsteinach im Wandel der Zeit, in: Hierzuland 7 (2002), S. 32–39.

SIMON, Heiner: in: 700 Jahre Heiligkreuzsteinach. Eine historische Beschreibung unseres Ortes und seiner Menschen, Heiligkreuzsteinach 1993, S. 37 ff.

SIMON, Heiner: Heddesbach in der kurpfälzischen Kellerei Waldeck, in: Hierzuland 16/ H. 32 (2001), S. 16–19.

SJÖBERG, July: Das Große Fass zu Heidelberg. Ein unbekanntes Kapitel kurpfälzischer Kunstgeschichte. Heidelberg 2004.

SOMBART, Werner: Der moderne Kapitalismus, Bd. 1, München u. a. 1916.

SPIESS, Karl-Heinz: Burg Lind Herrschaft im 15. und 16. Jahrhundert, in: DOTZAUER, Winfried / KEIBER, Wolfgang / MATHEUS, Michael / SPIESS, Karl-Heinz (Hgg.): Landesgeschichte und Rechtsgeschichte. FS für Alois Gerlich zum 70. Geburtstag (Geschichtliche Landeskunde. Veröff. des Instituts für geschichtliche Landeskunde an der Universität Mainz 42), Stuttgart 1995, S. 195–212.

SPRANDEL, Rolf: Von Malvasia bis Kötzschenbroda. Die Weinsorten auf den spätmittelalterlichen Märkten Deutschlands, in: Vierteljahresschrift für Sozial- und Wirtschaftsgeschichte, Beiheft 149 (1998).

Staatliche Archivverwaltung Baden-Württemberg in Verbindung mit den Städten und den Landkreisen Heidelberg und Mannheim (Hg.): Die Stadt- und Landkreise Heidelberg und Mannheim. Amtliche Kreisbeschreibung, Bd. 1, Karlsruhe 1966.

STEINS, Heinrich: Die Rheinschiffahrt von Köln bis Mainz vom 15. bis zum 19. Jahrhundert, Diss. Bonn 1911.

STROHM, Christoph: Calvinismus und Recht. Weltanschaulich-konfessionelle Aspekte im Werk reformierter Juristen in der Frühen Neuzeit, Tübingen 2008.

STUCK, Kurt: Das Personal der kurpfälzischen Zentralbehörden in Heidelberg 1475–1685 unter Berücksichtigung der Kanzler, Ludwigshafen 1986.

STUCK, Kurt: Personal der Oberämter Neustadt, Germersheim, Kaiserslautern, Alzey, Oppenheim vor 1685, Ludwigshafen 1988.

SULZMANN, August: Der Holzhandel am unteren Neckar in der Zeit vom 14. bis 18. Jahrhundert. Eine wirtschaftsgeschichtliche Studie, Würzburg 1931.

TEBBE, Karin: Wolt zu stetten angedencken ... Relikte des Heidelberger Handwerks aus der 1. Hälfte des 18. Jahrhunderts, in: Heidelberg im Barock. Der Wiederaufbau der Stadt nach den Zerstörungen von 1680 und 1693, in: Begleitband zur Ausstellung im Kurpfälzischen Museum der Stadt Heidelberg, herausgegeben von Frieder Hepp und Hans Martin MUMM, Heidelberg 2009, S. 48–57.

THEOBALD, Hermann: Johann Daniel Schmidtmanns Selbstbiographie. Mit Einleitung und Anmerkungen, in: Mannheimer Geschichtsblätter (1905) Sp. 75–85 und Sp. 153–159.

TRAUBE, Angelika: Festung Königstein, Leipzig 2000.

TRAUTZ, Fritz: Die pfälzische Auswanderung nach Nordamerika

im 18. Jahrhundert (Heidelberger Veröff. zur Landesgeschichte und Landeskunde 4), Heidelberg 1959.

UFFELLMANN, Uwe: Festung ohne Garnison. Der Dilsberg bis zum Ende des 17. Jahrhunderts, in: Kulturzentrum Kommandantenhaus Dilsberg. Bausteine zur Kreisgeschichte 2, Heidelberg 1997, S. 29-50.

UTZ, Richard: Das pfälzische Weinbürgertum. Kultursoziologische Überlegungen zur Entstehung des rheinpfälzischen Qualitätsweinbaus, in: Pfälzer Heimat 49 (1998), S. 47-56.

VERDENHALVEN, Fritz: Alte Maße, Münzen und Gewichte aus dem deutschen Sprachgebiet, Neustadt an der Aisch 1993.

VETTER, Roland: Heidelberga deleta. Heidelbergs zweite Zerstörung im Orléanschen Krieg und die französische Kampagne von 1693 (Schriftenreihe des Stadtarchivs Heidelberg 1), 2. Aufl., Heidelberg 1990.

VETTER, Roland: Der Eberbacher Neckarkran von 1499. Ein bisher unbeachtetes wirtschaftsgeographisches Detail aus dem Spätmittelalter, in: Eberbacher Geschichtsblatt 91 (1992), S. 34-46.

VETTER, Roland: Politische Geographie, Kulturlandschaftsforschung und der Pfälzische Erbfolgekrieg – Überlegungen anläßlich des 300. Jahrestags der zweiten Zerstörung von Heidelberg, in: Heidelberger Geographische Gesellschaft: Journal 19 (1993), S. 304-324.

VETTER, Roland: *»Pauholtz, rysisch, kendel, heselin reiff«* und *»weid«* für das *»ziehende fieh«*. Die Bedeutung städtischer Waldwirtschaft für Eberbach im Spätmittelalter, in: Staatliches Forstamt Eberbach, in: BUNGENSTAB, Georg (Hg.): Wälder im Odenwald – Wald für die Odenwälder aus 150 Jahren Eberbacher Forstgeschichte, Eberbach 1999, S. 256-281.

VIEBIG, Joachim: Gehende und reitende Forstknechte in der Kurpfalz, in: Eberbacher Geschichtsblatt 101 (2002), S. 151-166.

VIERHAUS, Rudolf: Deutschland und das Zeitalter des Absolutismus, Göttingen 1984.

VOLK, Otto: Wirtschaft und Gesellschaft am Mittelrhein vom 12. bis zum 16. Jahrhundert (Veröff. der Historischen Kommission für Nassau 63) (1998).

VOLKERT, Wilhelm: Zum historischen Oberpfalz-Begriff, in: BECKER, Hans Jürgen (Hg.): Der Pfälzer Löwe in Bayern. Zur Geschichte der Oberpfalz in der kurpfälzischen Epoche (Schriftenreihe der Universität Regensburg 24), Regensburg 1997, S. 9-24.

VOLKMAR, Christoph: Die kursächsischen Kreishauptleute im 18. Jahrhundert. Wandel und Kontinuität einer Beamtengruppe im Spiegel landesherrlicher Instruktionen, in: Neues Archiv für sächsische Geschichte 70 (1999), S. 245-260.

WAGNER, Friedrich-Ludwig: Bacharach im 17. und 18. Jahrhundert, in: Ders. (Hg.), Bacharach und die Geschichte der Viertälerorte Bacharach, Steeg, Dielbach und Manubach, Oberwesel 1996, S. 91-97.

WAGNER, Andreas: Zwischen Rückzug und neuem Engagement. Sächsischer Weinbau 1900-1932, in: Neues Archiv für sächsische Geschichte 73 (2002), S. 151-170.

WAGNER, Richard: Hirschhorns Wälder im Wandel der Zeit, Hirschhorn 2002.

WALTER, Friedrich: Geschichte Mannheims von den ersten Anfängen bis zum Übergang an Baden (1802), Bd. 1, Mannheim 1907.

WALTER, Friedrich: Bauwerke der Kurfürstenzeit in Mannheim, Augsburg 1928.

WALZ, Heinrich / WERNER, Kurt: Eberbach am Neckar. 650 Jahre Schiffahrt, Eberbach 2000.

WEBER, Dieter: Vom Riesenfaß, in: Festung Königstein, Leipzig 1964.

WEBER, Karl von: Zur Geschichte des Weinbaus in Sachsen, in: Archiv für sächsische Geschichte 10 (1872).

WEBLER, Heinrich: Die Kameral-Hohe-Schule zu Lautern (1774-1784), in: Mitteilungen des Historischen Vereins der Pfalz 43 (1927).

WENDEL, Fritz: Geschichte der Stadt Wachenheim an der Weinstraße. Hg. von der Stadtverwaltung Wachenheim, Neustadt 1967.

WENDT, Achim: *»mit wybe, kindern und aller ... habe hinder uns her gein Heidelberg gezogen«*. Zur Residenzbildung Heidelbergs im 13. und 14. Jahrhundert, in: Jahrbuch zur Geschichte der Stadt 4 (1999), S. 11–57.

WENDT, Achim / BENNER, Manfred: Das Heidelberger Schloß im Mittelalter. Bauliche Entwicklung, Funktion und Geschichte vom 13. bis zum 15. Jahrhundert, in: RÖDEL, Volker (Red.): Der Griff nach der Krone. Die Pfalzgrafschaft bei Rhein im Mittelalter. Begleitpublikation zur Ausstellung der Staatlichen Schlösser und Gärten Baden-Württemberg und des Generallandesarchivs Karlsruhe, Regensburg 2000, S. 165–181.

WIDDER, Johann Goswin: Versuch einer vollständigen Geographisch-Historischen Beschreibung der Kurfürstlichen Pfalz am Rheine, 4 Bde., Frankfurt und Leipzig 1786; Neudruck Neustadt an der Aisch 1995.

WINKEL, Harald: Zur Geschichte des pfälzischen Weinbaus, in: Zeitschrift für Agrargeschichte und Agrarsoziologie 25 (1977).

WINKELMANN, Richard: Die Entwicklung des oberrheinischen Weinbaus (Marburger geographische Arbeiten 16), Marburg 1960.

WINTERLING, Aloys: Der Hof des Kurfürsten von Köln 1688–1794. Eine Fallstudie zur Bedeutung *»absolutistischer Hofhaltung«*, Bonn 1986.

WIRTH, Hermann: Das pfälzische Oberamt Heidelberg, in: Archiv für die Geschichte der Stadt Heidelberg 2 (1860), S. 108–122.

WISSEL, Rudolf: Des Alten Handwerks Recht und Gewohnheit. 2., erw. und bearbeitete Aufl., Berlin 1971.

WOLF, Peter / HENKER, Michael / BROCKHOFF, Evamaria / STEINHERR, Barbara / LIPPOLD, Stephan (Hgg.): Der Winterkönig Friedrich V. Der letzte Kurfürst aus der oberen Pfalz.

Amberg – Heidelberg – Prag – Den Haag. Katalog zur bayerischen Landesausstellung im Stadtmuseum Amberg 2003 (Veröff. zur Bayer. Landesgeschichte und Kultur 46), Augsburg 2003.

WOLFF, Johann Benjamin: Teutschlands Denkmahl des Fruchtbaren Weinstocks. Das ist die gründliche Beschreibung, der drey Grossen Wein-Fässer in Europa, nebst ausführlicher Relation von der Berg-Festung Königstein, wie auch der vornehmsten Städte und Schlösser des Churfürstentumb Sachßen, der Churpalz und des Fürstenthumbs Halberstadt, Magdeburg 1717.

WOLGAST, Eike: Die kurpfälzische Universität 1386–1803, in: Semper Apertus. Sechshundert Jahre der Ruprechts-Karls-Universität Heidelberg 1386–1986, Bd. 1, Berlin u. a. 1985, S. 1–71.

WÜRGLER, Andreas: Unruhen und Öffentlichkeit. Städtische und ländliche Protestbewegungen im 18. Jahrhundert, Tübingen 1995.

WÜST, Günther: Pfalz-Mosbach (1410–1499). Geschichte einer pfälzischen Seitenlinie des 15. Jahrhunderts unter besonderer Berücksichtigung der Territorialpolitik, Bamberg 1976.

WUST, Günther: Tausend Jahre Neckargemünd 988–1988. Beiträge zur Geschichte einer Neckartalgemeinde, Neckargemünd 1988.

ZAHN, Walter: Der Viertäler-Feuerwein, in: WAGNER, Friedrich-Ludwig: Bacharach und die Geschichte der Viertälerorte Bacharach, Steeg, Dielbach und Manubach, Oberwesel 1996.

ZEDLER, Johann Heinrich: Grosses vollständiges Universal Lexikon aller Wissenschaften und Künste, welche bißhero durch menschlichen Verstand und Witz erfunden und verbessert werden, Halle u. a. 1732–1784.

ZIEGENBALG, Fritz: Friedrich Wilhem von Kyau, Kommandant der Festung Königstein (1654–1733). Herkunft und Leben des Festungskommandanten auf Königstein, in: Mitteilungsblatt des Festungsvereins Königstein, Sonderausgabe, April 2003.

ZIEHNER, Ludwig: Der Kommerzialverband zwischen den Erbstaaten des Kurfürsten Carl Theodor von der Pfalz, in: ZGO 44 (1933), S. 552–565.

ZIMMERMANN, Fritz: Die Weistümer und der Ausbau der Landeshoheit in der Kurpfalz (Historische Studien 311), Heidelberg 1937.

ZIMMERMANN, John: Zwischen Wien und Versailles – Die Pfalz nach dem Dreißigjährigen Krieg, in: Blätter für deutsche Landesgeschichte 136 (2000), S. 227–252.

ZINK, Theodor: Kaiserslautern in Vergangenheit und Gegenwart. Eine Ortskunde auf geschichtlicher Grundlage, Kaiserslautern 1914.

ZINK, Theodor: Vom ehrsamen Küferhandwerk, in: Pfälzisches Museum – Pfälzische Heimatkunde 41/42 (1925), S. 223–226.

ZINK, Theodor: Von Küfern und Fässern, in: Pfälzisches Museum – Pfälzische Heimatkunde 7/8 (1926).

ZINK, Theodor: Die Pfalz. (Hg. Deutsche Volkskunst, Bd. 12), o. O. 1931.

Anhang 1

Bericht der Hofkammer vom 10. März 1731

Designation
Dessen waß die reparation des großen fasses zu Heydelberg gekostet, auch wieviel an Diaeten und arbeitslohn von dem Hofkeller Englert bezahlt worden, alß zur letzerer Reparation

von Anno 1724

An Rüstholz und bordt	*22 Gulden 40 Kreuzer*
Denen Zimmermeister wegen verfertigung der bodenstucken an Taglohn	*70 Gulden 56 Kreuzer*
Solche Bodenstücke von der Berenbach zu wasser biß auf Heydelberg zu bringen	*3 Gulden 20 Kreuzer*

1725

An Rüstholz	*16 Gulden 12 Kreuzer*
Zimmermeister Lohn	*43 Gulden 33 Kreuzer*
an Taglohnern	*181 Gulden 12 Kreuzer*
Für 33 birckene zwingreif a 45 Kreuzer	*24 Gulden 43 Kreuzer*
dem Schreinermeister	*6 Gulden 41 Kreuzer*
für verfertigung der tauben [Dauben]	*28 Gulden*
an fuhrlohn	*2 Gulden 50 Kreuzer*
nebst 30 Ohm 3 Viertel 1 Maas Wein	

1726

dem Zimmermann vor 11 große eichenbäum zu fällen	*18 Gulden*

Latus	*418 Gulden 7 Kreuzer*

1727

Transport	418 Gulden 9 Kreuzer
die Zimmermeister	160 Gulden 56 Kreuzer
den Bildhauer	227 Gulden 56 Kreuzer
dem Schlossermeister	101 Gulden 22 Kreuzer
dem Hammermeister	46 Gulden
für allerhand Eisenwaren	28 Gulden 6 Kreuzer
den Tagelöhnern	16 Gulden 48 Kreuzer
vor bordt	13 Gulden 28 Kreuzer
den zimmergesellen an Lohn	87 Gulden 16 Kreuzer
fuhrlohn	20 Gulden
ferner dem Taglöhnern	44 Gulden 30 Kreuzer
für borth und Rüstholz	22 Gulden 30 Kreuzer

1728

dem Bildhauer	230 Gulden
dem Schlosser	52 Gulden
vor geschirr	23 Gulden 20 Kreuzer

Summa **1492 Gulden 21 Kreuzer**

Und an Holz 68 Stämme große Eychen und andere Baüme

Mannheim den 10. Marty 1731
Kermann

Anhang 2

Aufstellung der Jahressteuer der Ortschaften des Amtes Dilsberg

Die vorstehende Aufstellung, gefertigt durch das Unteramt Dilsberg, ist deshalb so wertvoll, weil sie den Stand verschiedener Herrschaftsverhältnisse in den darin aufgeführten Gemeinden wiedergibt (Befreiung von Fronden und Steuern, Belastungen durch Fronden und Steuern, Besetzung mit kurpfälzischen Vogteirechten, Dilsberger Privilegien)

Designation
Deren Orthschaften des Ambtes Dilsperg welche in Cameral frohnden und Cameral Geldt praestationen zu concurriren schuldig seyndt mit bemeldten, waß dieselbe vom 1. August 1749 biß hieher für ein schatzungs Capital haben:

	Schatzungs
Meckesheimer Centh Eigenthümliche Orthen	Capital
Wiesenbach	5425
Bammenthal	12575
Hilspach	2230
Gaÿberg	3070
Meckesheim	19320
Wimmerspach	4010
Lobenfeldt	985
Stüber Centh Eigentümliche Orth	
Haag	2930
Schwannheim zur Helfft	5065

Schönbronn	1390
Schwartzach	3815
Neunkirchen	6175
Katzenbach	1680
Guttenbach	2785
Reichenbuch	1170
Aspach	4960
Breitenbronn	3185
Summa	**81 770**

Designation
Deren Orthschaften des Ambtes Dielsperg welche in puren cameral frohnden und cameral praestationen zu concurriren nicht schuldig seynd mit bemelden, waß dieselbe a dato uti supra für ein Schatzungs Capital aufhaben

Würckliche Vogteÿorth der Meckesheimer Centh
Angloch	9285
Schatthausen	5490
Baÿerthal	2770
Mauer	6960
Spechbach	6545
Münchzell	4825
Scholbronn	7500
Daÿsbach	5050
Zuzenhausen	13 715

Stüber Centh
Moßbronn	2175
Schwannheim zur Helft	1390

Michelbach	3425
Reichartshausen	5560
Epfenbach	9430
Hellmstatt	11 010
Flinspach	5115
Bargen	8486
Daudenzell	3660
Aglasterhausen	5935

Eigenthümliche aber freye orth

Dielsperg vi Privilegÿ	5670
Mückenloch ehedessen Vogteÿlich genießet aber annoch vogteyliche Rechten	3530
Closter Lobenfeld der geistlichen Administration zugehörig	735
Langenzeller Hoff seynd Cameral 756	785
Lingenthaler Hoff beständer und frohndt frey	2785

Vogteyeylicher und sonstiger freyer orth		
Schätzungs Capital	*summa*	129 251
Eigenthümbliche Orts Capital	*summa*	81 770

deß gantzen Ambt Dielsperg Schatzungs Capital Summa Sumara	***Dielsperg***	***211 021***

Anmerkungen

Einleitung

1 Archäologische Funde beweisen, dass die Region schon vor der römischen Herrschaft von einem Weinhandel berührt wurde, der von einigen Mittelmeersiedlungen ausging und über das Rhone- und Rheintal auch das Gebiet der späteren Kurpfalz erreichte. Hierzu Ludger TEEKAMP, Das Weinmuseum im Historischen Museum der Pfalz, herausgegeben von Meinrad Maria GREWENIG (Speyer 1993), S. 11 ff.
2 Wein war unter den Einkünften des Klosters Schönau aus der Landwirtschaft das »wertvollste und ertragreichste Produkt«. Siehe Meinrad SCHAAB, Die Zisterzienserabtei Schönau im Odenwald. (Heidelberg 1990), S. 107.
3 Vergleiche den Überblick von CSER, Andreas, WILTSCHKO, Stefan, Das Große Fass im Schloss Heidelberg. (Neckargemünd-Dilsberg 1999)
4 SJÖBERG, July, Das Große Fass zu Heidelberg. Ein unbekanntes Kapitel kurpfälzischer Kunstgeschichte. (Heidelberg 2004)
5 LANKHEIT, Klaus, Der kurpfälzische Hofbildhauer Paul Egell 1691–1752. 2 Bände, Heidelberg 1988, S. 200. Lankheit fasst den Stellenwert des Fasses für das Heidelberg Bild des 18. Jahrhunderts zusammen: »Die Berühmtheit Heidelbergs gründete sich im 18. Jahrhundert nicht auf die unvergleichliche Einheit von Natur und Kunst, die uns heute im Bild der Stadt so anzieht. Es war auch nicht die damals von Jesuiten beherrschte Universität, die den Namen der Stadt in Europa verbreitete. Weder kirchliche noch profane Bauten waren eine Reise nach Heidelberg wert, nicht einmal das durch Zerstörungen der französischen Truppen schwer getroffene Schloss, das Kurfürst Karl Philipp nach der Übersiedlung des Hofes in die neue Mannheimer Residenz auch noch seiner Gartenlauben beraubt hat. Weltberühmt aber war das Große Fass im Keller dieses Schlosses. Die Riesentonne übte in jener schausüchtigen Epoche eine fast magische Anziehungskraft aus.«

Das erste große Fass

1 Hierzu HEGELER, Hartmut, WILTSCHKO, Stefan, Anton Praetorius und das 1. Große Fass von Heidelberg. (Eigenverlag Hartmut Hegeler 2003) Siehe auch HEGELER, Hartmut, Anton Praetorius. Kämpfer gegen Hexenprozesse und Folter. (Eigenverlag Hartmut Hegeler Unna 2202)
2 GLA 77/5293, Rechnung der kurpfälzischen Kammermeisterei Heidelberg.
3 GLA 67/973.
4 3 GLA 77/8432. Hierzu auch SCHAAB, Meinrad, Geschichte der Kurpfalz. Band 2: Neuzeit (Stuttgart 1992) S. 267, Anmerkung 55.

Das zweite große Fass

1 GOETZE, Jochen, Die Rückkehr des Pfälzer Kurfürsten Carl Ludwig und seiner Familie, in: PAAS, Sigrun (Hg.), Liselotte von der Pfalz. Madame am Hofe des Sonnenkönigs, Katalog zur Ausstellung der Stadt Heidelberg zur 800-Jahr-Feier im Heidelberger Schloß (Heidelberg 1997) S. 37–42.
2 WOLF, Peter, HENKER, Michael, BROCKHOFF, Evamaria, STEINHERR, Barbara, LIPPOLD, Stephan (Hgg.), Der Winterkönig Friedrich V. Der letzte Kurfürst aus der oberen Pfalz. Amberg – Heidelberg – Prag – Den Haag, Katalog zur bayerischen Landesausstellung im Stadtmuseum Amberg 2003 (Veröffentlichungen zur Bayerischen Landesgeschichte und Kultur 46) (Augsburg 2003); BILHÖFER, Peter,

»Nicht gegen Ehre und Gewissen« – Friedrich V., Kurfürst von der Pfalz – der Winterkönig von Böhmen (1596–1632) (Heidelberg 2004).

3   Vergl. Artikel 4, § 5: »Was das pfälzische Haus betrifft, so willigen Kaiser und Reich im Interesse der öffentlichen Ruhe darein, daß kraft gegenwärtigen Vertrages eine achte Kurwürde errichtet werden soll, deren von nun an Herr Carl Ludwig, Pfalzgraf bei Rhein, und seine Erben und Agnaten der ganzen Rudolfinischen Linie, gemäß der in der goldenen Bulle festgelegten Erbfolge-Ordnung, genießen soll.« § 6: »Ferner soll die ganze Unterpfalz samt allen und jeden geistlichen und weltlichen Gütern, Rechten und Zubehören, deren die Kurfürsten und Fürsten der Pfalz vor den böhmischen Unruhen genossen haben, mitsamt allen Urkunden, Registern, Urbaren und sonstigen hierzu gehörigen Aktenstücken demselben vollständig zurückerstattet werden.« Abdruck bei REESE, Armin, Pax sit Christiana. Die westfälischen Friedensverhandlungen als europäisches Ereignis (Historisches Seminar 9) (Düsseldorf 1988) S. 131. Vergl. auch REPGEN, Konrad, Die westfälischen Friedensverhandlungen. Überblick und Hauptprobleme, in: 1648. Krieg und Frieden in Europa, Textband 1: Politik, Religion, Recht und Gesellschaft (1998) S. 355–372, hier S. 362 f.; GOETZE, Jochen, Quod si vero contigerit Palatinum Rheni – was aber die Pfalz betrifft: Die Kurpfalz im Westfalischen Frieden von 1648, in: Heidelberg. Jahrbuch zur Geschichte der Stadt 4 (1999) S. 57–76.

4   SCHAAB, Meinrad, Geschichte der Kurpfalz, Band 2: Neuzeit (Stuttgart 1992) S. 124 ff.

5   Siehe VOLKERT, Wilhelm, Zum historischen Oberpfalz-Begriff, in: BECKER, Hans Jürgen (Hg.), Der Pfälzer Löwe in Bayern. Zur Geschichte der Oberpfalz in der kurpfälzischen Epoche (Schriftenreihe der Universität Regensburg 24) (Regensburg 1997) S. 9–24.

6   Siehe das Kapitel »Der territoriale und politische Pfalzbegriff« in: PROBST, Hansjörg, Die Pfalz als historischer Begriff mit historischen Karten (Mannheim 1984) S. 41 ff.

7   Eine Aufzählung der konkurrierenden Rechtsansprüche findet sich bei MOSER, Johann, Einleitung in das Churfürstlich-Pfälzische Staats-Recht (Frankfurt – Leipzig 1702) S. 237 ff. Zu Moser: STOLLEIS, Michael, Johann Jakob Moser oder: Der Erzpublizist des Alten Reichs, in: GESTRICH, Andreas, LÄCHELE, Rainer (Herausgeber), Johann Jakob Moser. Politiker, Pietist, Publizist (Karlsruhe 2002) S. 57–70.

8   Als Konsequenz dieses Rechts beanspruchte Karl Ludwig in einer ganzen Reihe von Nachbarterritorien »alle fremden, herangezogenen und herrenlosen Menschen als ihm gehörig«. Siehe BLICKLE, Peter, Von der Leibeigenschaft zu den Menschenrechten. Eine Geschichte der Freiheit in Deutschland (München 2003) S. 106. Damit hatte der neu inthronisierte Fürst ein Element der Instabilität in die territorialen Verhältnisse im Umfeld der Kurpfalz eingeführt. Nach einer Aufstellung der Rechenkammer brachte dieses Privileg jährlich einen finanziellen Gewinn von 90 000 Gulden ein. Hierzu SELLIN, Volker, Die Finanzpolitik Karl Ludwigs von der Pfalz. Staatswirtschaft im Wiederaufbau nach dem Dreißigjährigen Krieg (Stuttgart 1978) S. 24; BRUNNER, Karl, Der pfälzische Wildfangstreit unter Kurfürst Carl Ludwig (1664–1667) (Innsbruck 1896); KOLDE, Felix, Über die Wildfänge und das Wildfangrecht der Pfalzgrafen bei Rhein bis zum Laudum Heilbronnense (1667) (Berlin 1898); DOTZAUER, Winfried, Der pfälzische Wildfangstreit, in: Jahrbuch zur Geschichte von Stadt und Landkreis Kaiserslautern 12/13 (1974/75) S. 235–247; ders., Der kurpfälzische Wildfangstreit und seine Auswirkungen im rheinisch-pfälzischen Raum, in: Regionale Amts- und Verwaltungsstrukturen im rheinhessisch-pfälzischen Raum (14. bis 18. Jahrhundert), in: Geschichtliche Landeskunde 25 (1984) S. 81–105; SCHAAB, Meinrad, Die Königsleute in den rechtsrheinischen Teilen der Kurpfalz, in: Zeitschrift für die Geschichte des Oberrheins 111 (1963) S. 121–175. Auf die reichspolitische Bedeutung dieser regionalen Konflikte hat Peter BLICKLE in dem Kapitel: »Wildfänge – der Kurfürst von der Pfalz europäisiert die Frage der Leibeigenschaft« in seinem jüngsten Buch »Von der Leibeigenschaft zu den Menschenrechten. Eine Geschichte der Freiheit in Deutschland« hingewiesen (München 2000) S.106–117.

9   DENZ, Jakob, Die Schiffahrtspolitik der Kurpfalz im 17. und 18. Jahrhundert (Ludwigshafen 1909) S. 14.

10 LAMM, Markus, Das Bistum und Hochstift Speyer unter der Regierung des Kardinal Franz Christoph von Hutten (1743–1770) (Mainz 1909) S. 135 ff.

11 Siehe SCHAAB, Meinrad, Restitution und neue Gefährdung, in: Handbuch der Baden-Württembergischen Geschichte, Band 2: Die Territorien im Alten Reich (Stuttgart 1995) S. 308–314.

12 SELLIN (Finanzpolitik, S. 19).

13 SELLIN (Finanzpolitik, S. 26).
14 SCHAAB (Kurpfalz: Neuzeit, S. 28). Näheres zum Mannheimer Festungsbau unter Karl Ludwig siehe WALTER, Friedrich, Geschichte Mannheims von den ersten Anfängen bis zum Übergang an Baden (1802), Band 1 (Mannheim 1907) S. 209 ff. Siehe auch WENNEMUTH, Udo, Zuwanderungserfolge und Integrationsprobleme nach der zweiten Gründung durch Kurfürst Karl Ludwig, in NIESS, Ulrich / CAROLI, Michael (Hg.), Geschichte der Stadt Mannheim. 1607–1801, (Heidelberg – Ubstadt-Weiher – Basel 2007), S. 152–180.
15 HERMKES, Wolfgang, Das Reichsvikariat in Deutschland. Reichsvikare nach dem Tode des Kaisers von der Goldenen Bulle bis zum Ende des Reiches (Karlsruhe 1968).
16 SCHILLING, Heinz, Höfe und Allianzen. Deutschland 1648–1763 (Berlin 1994) S. 167.
17 ZIMMERMANN, John, Zwischen Wien und Versailles – Die Pfalz nach dem Dreißigjährigen Krieg, in: Blätter für deutsche Landesgeschichte 136 (2000) S. 227–252, hier S. 240–244.
18 KOLLNIG, Karl, Die Pfalz nach dem Dreißigjährigen Krieg (Heidelberg 1949); ders., Wandlungen im Bevölkerungsbild der pfälzischen Oberrheinebene (Heidelberg 1952); SELLIN (Finanzpolitik, S. 97–117).
19 SELLIN (Finanzpolitik, S. 86 ff.).
20 SCHAAB (Königsleute, S. 138 ff.). Vergl. PRESS, Volker, Die Kurpfalz und ihre Nebenlande, in: JESERICH, Kurt G. A., POHL, Hans, UNRUH, Georg-Christoph von (Hgg.), Deutsche Verwaltungsgeschichte, Band 1. Vom Spätmittelalter bis zum Ende des Reiches (Stuttgart 1983) S. 555–573. Zur Begriffsgeschichte des administrativen Vokabulars siehe SCHINDLING, Anton, »Verwaltung«, »Amt« und »Beamter« in der Frühen Neuzeit, in: BRUNNER, Otto, CONZE, Werner, KOSELLECK, Reinhard (Hgg.), Geschichtliche Grundbegriffe. Historisches Lexikon zur politisch-sozialen Sprache in Deutschland, Band 7 (Stuttgart 1992) S. 47–69.
21 WOLGAST, Eike, Die kurpfälzische Universität 1386–1803, in: Semper Apertus. Sechshundert Jahre Ruprechts-Karls-Universität Heidelberg 1386–1986, Band 1: Mittelalter und Frühe Neuzeit (Berlin – Heidelberg – New York – Tokio 1985) S. 1–71, hier S. 45 ff.; KLEIN, Eckart, Samuel Pufendorf und die Anfänge der Naturrechtslehre, in: ebd. S. 414–439.

22 ERNST, Albrecht, Die reformierte Kirche der Kurpfalz nach dem Dreißigjährigen Krieg (1649-1685) (Stuttgart 1996) S. 270ff. Die Entwicklung in der Kurpfalz nach 1648 kann auf dem Hintergrund der allgemeinen Tendenz »vom Konfessionsstaat zum säkularen Wohlfahrtsstaat« begriffen werden. Siehe SCHILLING (Höfe und Allianzen, S. 140-146).

23 Eine der wichtigsten Maßnahmen in diesem Zusammenhang war die Einführung der Gewerbefreiheit. In dem entsprechenden Privileg von Karl Ludwig hieß es: »Kein Handwerk oder Handwerksleut sollen zu Mannheim unter Zünften stehen, sondern mag ein jeder allda arbeiten nach seinem Belieben, und zwar mit so viel Knechten und Instrumenten als er gut finden wird, ohne Taxarbeitslohn.« Den Mannheimer Bürgern wurde des Weiteren in allen kurpfälzischen Zollstätten die Zollfreiheit zugestanden. Siehe den Abdruck des Ratsprotokolls der Stadt Mannheim in: Mannheimer Geschichtsblätter 8 (1907) Sp. 22-24.

24 Bei einer Beurteilung dieser Jahre darf nicht vergessen werden, dass noch in den sechziger Jahren viele Städte und Dörfer von Auswanderung betroffen waren. Siehe SELLIN (Finanzpolitik, S. 100). Die Aufbauphase der Kurpfalz unter Karl Ludwig hat in der Literatur eine vielfältige Bearbeitung erfahren. Hier seien nur einige Titel erwähnt: BISKUP, Gerhard, Die landesfürstlichen Versuche zum wirtschaftlichen Wiederaufbau der Kurpfalz nach dem Dreißigjährigen Kriege 1648-1674 (Diss. Frankfurt 1930); GOTHEIN, Eberhard, Bilder aus der Kulturgeschichte der Pfalz nach dem Dreißigjährigen Krieg (Karlsruhe 1895).

25 WENNEMUTH, Udo, 1649-1685. Zuwanderungserfolge und Integrationsprobleme nach der zweiten Gründung durch Kurfürst Karl Ludwig, in: Geschichte der Stadt Mannheim. Band 1, 1607-1801. Herausgegeben im Auftrag der Stadt Mannhei von Ulrich Nieß und Michael Caroli. (Heidelberg – Ubstadt-Weiher – Basel 2007) S. 152-179; WIEGAND, Hermann, Das zweite Mannheim unter Kurfürst Karl Ludwig, Bevölkerung und Konfessionspolitik: das Experiment der Exulantenstadt, Die Stadtprivilegien von 1652: Förderung des Peuplierens und von Handel und Gewerbe, Neue Krisen: Wildfangrecht, Pest und sich anbahnende Erbstreitigkeiten, in: KREUZ, Wilhem, WIEGAND, Hermann, Kleine Geschichte der Stadt Mannheim (Karlsruhe 2008), S. 40-58.

26 MONE, Franz, Joseph, Über das Steuerwesen vorn 14. bis ins 18. Jahrhundert, in: Zeitschritt für die Geschichte des Oberrheins 6 (1855) S. 1-37.
27 Die Bede war eine allgemeine Vermögenssteuer, die insbesondere in den Städten bedeutsam war. Im Mittelalter war sie anfangs eine Grund- und Gebäudesteuer, wurde aber im Laufe der frühen Neuzeit »zu einer fein differenzierten proportionalen Steuer auf das Gesamtvermögen«. Siehe den Artikel »Bede« von ERLER, Adalbert, in: Handwörterbuch zur deutschen Rechtsgeschichte, Band 1 (Berlin 1971) Sp. 346-348. Die Bede galt als Repartitionssteuer, das heißt, dass es der Gemeinde überlassen wurde, die zu entrichtende Gesamtsumme auf ihre Mitglieder zu verteilen. In der Kurpfalz konnte sie teilweise auch durch Weinabgaben entrichtet werden, wenn die Untertanen nicht über Bargeld verfügten. Neben Zins, Zehnt, Pacht und Schatzung gehörte sie zur Grundlage der herrschaftlichen Einnahmen. Zeitweilig wurde sie in der Aufbauphase unter Karl Ludwig für bestimmte Städte als Anreiz für Zuwanderer ausgesetzt. Zu den mittelalterlichen Wurzeln der Bede in der Kurpfalz siehe vor allem SCHMITT, Sigrid, Territorialstaat und Gemeinde. Das Kurpfälzische Oberamt Alzey vom 14. bis zum Anfang des 17. Jahrhunderts (Geschichtliche Landeskunde. Veröffentlichungen des Instituts für Geschichtliche Landeskunde an der Universität Mainz 38) (Stuttgart 1992) S. 139 ff.
28 Die im Gegensatz zum Zehnten in ihrer Höhe nicht festgelegten Lasten wie Erbpachten, Pachten oder andere Grundzinsen, die in Naturalien und in Geld bezahlt wurden, hießen Gülten. Siehe: SARTORIUS, Otto, Mußbach. Geschichte eines Weindorfes (Speyer 1959) S. 83.
29 Die Akzise war eine Verbrauchssteuer. In Deutschland kennt man sie vor allem als städtische Abgabe seit dem 13. Jahrhundert. In der frühen Neuzeit wurde sie zu einer allgemeinen Verbrauchssteuer. Als eine Art indirekter Steuer musste sie nicht vom Reich bewilligt werden. In Brandenburg hat sie der Große Kurfürst im Jahre 1641 nach holländischem Vorbild zu einer der wichtigsten Steuerquellen erhoben. Im Zuge des Ausbaus der territorialen Gewerbepolitik erfüllte sie auch die Aufgabe eines Schutzzolls gegen Einfuhren. Sie wurde teils bei der Produktion, aber auch beim Verkauf der Güter erhoben. Vielerorts musste sie an den Stadttoren entrichtet werden. Dementsprechend erfüllten die Tore nach dem Verlust ihrer wehrtechnischen Funktionen

einen finanzpolitischen Zweck. Siehe den Artikel »Akzise« von ER-
LER, Adalbert, in Handwörterbuch zur Deutschen Rechtsgeschichte,
Band 1 (Berlin 1971) Sp. 87–88. Oft wurde die Akzise jedoch auch von
den Beamten des Stadtherrn auf dem Marktplatz eingesammelt. Der
Ausbau der Akzise gehörte zu den wichtigsten finanzpolitischen Inst-
rumenten des deutschen Merkantilismus. Andererseits bedeutete die
Aufhebung der Akzise, die so genannte Akzisefreiheit, eine günstige
Möglichkeit für die wirtschaftliche Entwicklung bestimmter Städte.
Siehe AUBIN, Hermann, ZORN, Wolfgang (Hgg.), Handbuch der
deutschen Wirtschafts- und Sozialgeschichte, Band 1 (Stuttgart 1971)
S. 534 ff. Karl Ludwig führte die Akzise in der Kurpfalz 1664 ein. In
erster Linie sollten die neuen Einnahmen für die Verzinsung und für
die Tilgung der Landesschulden verwandt werden. Auch waren die
Akziseeinnahmen für die Finanzierung des Hofstaates und der Zentralbehörden gedacht, mussten jedoch zur Beseitigung der infolge des
Krieges mit Frankreich eingetretenen finanziellen Notlage eingesetzt
werden. Karl Ludwig begründete die Einführung der Akzise auch mit
dem Hinweis auf die Türkengefahr, zu deren Bewältigung er bereits
hohe Summen aus seinem Privatvermögen bereitgestellt hätte. Siehe
SELLIN (Finanzpolitik); FINEISEN, August J., Die Akzise in der Kurpfalz. Ein Beitrag zur deutschen Finanzgeschichte des 17. und 18. Jahrhunderts (Karlsruhe 1906).

30 Die Schatzung wurde in der Kurpfalz gegen Ende des 14. Jahrhunderts
im Zeichen einer stärkeren »Verdichtung von Territorialherrschaft«
eingeführt. Sie beruhte auf einer durch eine Kommission vorgenommenen »Einschätzung von Vermögen, Besitz und Einkünften« der einzelnen Haushalte. Siehe SCHAAB, Meinrad, Geschichte der Kurpfalz,
Band 1: Mittelalter (Stuttgart 1988) S. 201 ff. Sie war die einträglichste
Steuer. In der Kurpfalz wurden in einem Abstand von mehreren Jahren Schatzungsregister angelegt. Nach 1650 bemühte sich die Regierung, neue Schatzungsinstruktionen zu erlassen. Leider sind die Unterlagen über das Schatzungswesen nach dem Dreißigjährigen Krieg nur
sehr mangelhaft erhalten geblieben. Wie die Bede war auch die Schatzung eine Repartitionssteuer, die von den Gemeinden auf ihre Bürger
umgelegt wurde. Aus der Zeit Karl Ludwigs liegen die Übersichten
aus den Jahren 1659 und 1673 vor. 1659 betrug das Schatzungskapi-
tal 3 805 346 Gulden, 1673 belief sich die Summe auf 4 488 860 Gulden.

Bedenkt man, dass im Jahre 1654 die Schulden der Kurpfalz bei vier Millionen Gulden gelegen hatten, wird die schwierige Ausgangslage für die Finanzpolitik Karl Ludwigs offensichtlich. Betrachtet man die Geschichte einzelner Dörfer und Städte in diesen Jahren, wird deutlich, dass es bei der Festlegung der Schatzungssumme durchaus Verhandlungsspielräume zwischen Rechenkammer, Oberämtern und Kommunen gab. Siehe hierzu vor allem REIMER, Klaus, Das Steuerrecht in der Stadt Weinheim vom Beginn der Neuzeit bis zum Anschluß an Baden (Diss. Heidelberg 1968); ferner PROBST, Hansjörg, Seckenheim. Geschichte eines Kurpfälzer Dorfes (Mannheim 1981) S. 516 ff.

31 Die Niederlande hatten die Stempelsteuer 1624 eingeführt, von dort wurde sie von vielen europäischen Staaten übernommen. Vergl. ERLER, Adolf, Artikel »Stempelsteuer«, in: Handwörterbuch zur deutschen Rechtsgeschichte, Band 4, Sp. 1958 f.; SCHAAB (Kurpfalz: Neuzeit, S. 134) S. 134.

32 Die Rechenkammer war wie in den meisten anderen deutschen Staaten einerseits die wichtigste Behörde bei der Durchführung der staatlichen Wirtschafts- und Finanzpolitik, sie hatte aber auch die Aufgabe, die landesherrliche »Eigenwirtschaft« des Hausguts und der Regalien zu organisieren. Siehe MÜLLER, Rainer, A., Der Fürstenhof in der frühen Neuzeit (München 1995) S. 28 f. Zur Ausbildung der Rechenkammer im Übergang vom Spätmittelalter zur frühen Neuzeit siehe PRESS, Volker, Calvinismus und Territorialstaat. Regierung und Zentralbehörden der Kurpfalz 1559–1619 (Stuttgart 1970) S. 97.

33 Die Hofkammer war auch zuständig für die Kontrolle des Wirtschafts- und Finanzgebahrens der einzelnen Oberämter zuständig. So kontrollierte sie zum Beispiel die Verfahren bei öffentlich ausgeschriebenen Versteigerungen, untersuchte Korruptionsfälle, definierte die Handelspolitik, bemühte sich aber auch um die Verbesserung von Notlagen bestimmter Bevölkerungsgruppen.

34 WIDDER, Johann Goswin, Versuch einer vollständigen geographisch-historischen Beschreibung der Kurfürstlichen Pfalz am Rhein, Band 1 (Frankfurt und Leipzig 1786) S. 69 ff.

35 Siehe SELLIN (Finanzpolitik, S. 84 ff.).

36 SCHAAB (Kurpfalz: Neuzeit, S. 134).

37 SELLIN (Finanzpolitik, S. 83).

38 SELLIN (Finanzpolitik, S. 87).

39 SELLIN (Finanzpolitik, S. 80).
40 Die Verwaltung der eigenbewirtschafteten Güter lag in den Händen der Hofkammer. Solche Hofgüter gab es in allen Landesteilen. Viele dieser Güter wurden »in Bestand gegeben«, das heißt verpachtet, manche nur zu einem bestimmten Teil. Den »Beständern« wurden genaue Vorschriften über finanzielle Abgaben, Erntezeiten, Fruchtauswahl, Dung- und Mistlieferungen oder Umzäunungen auferlegt. Im Zuge der Reformation ist ein Teil des klösterlichen Gutsbesitzes in die Hände des Landesherren übergegangen. Die meisten klösterlichen Hofgüter sind damals in den Besitz der Evangelischen Pflege Schönau übernommen worden. Hierzu gehörten zum Beispiel der Scharhof Lind der Marbacherhof bei Mannheim. Während der Rekatholisierung nach 1685 wurden Hofgüter auch an die katholische Kirche und an wieder eingerichtete Klöster übergeben. Der Wert von Johann Goswin Widders »Geographische[r] Beschreibung der Kurpfalz« liegt auch darin, dass er die im kurfürstlichen Besitz befindlichen Hofgüter, die sog. Dominalgüter, aufzählt und kurz beschreibt. KOLLNIG hat in seinen Weistumseditionen die »Hofrechte« einiger Güter aufgenommen. Siehe zum Beispiel KOLLNIG, Karl, Die Weistümer der Zent Schriesheim. Badische Weistümer und Dorfordnungen, Band 2 (Veröffentlichungen der Kommission für Geschichtliche Landeskunde in Baden-Württemberg A 16) (Stuttgart 1968) S. 218 f. (hier das Hofrecht des Marbacherhofs) oder ders., Die Weistümer der Zenten Eberbach und Mosbach. Badische Weistümer und Dorfordnungen, Band 4 (Veröffentlichungen der Kommission für Geschichtliche Landeskunde in Baden-Württemberg A 38) (Stuttgart 1985) S. 137 f. (hier die Ordnung über die Hub- und Hofgüter in der Kellerei Lohrbach).
41 Siehe RICHTER, Susan, Die Churpfälzische Jaegerey, in: Die Lust am Jagen. Jagdsitten und Jagdfeste am kurpfälzischen Hof im 18. Jahrhundert (Begleitbuch zur Ausstellung im Südlichen Zirkelhaus des Schwetzinger Schlosses 4. September bis 10. Oktober 1999) (Ubstadt-Weiher 1999) S. 65–76.
42 SELLIN (Finanzpolitik).
43 Der Hofkasten wurde nach der Einführung der Reformation im früheren Jakobsstift in der östlichen Vorstadt untergebracht. Siehe MAYS, Albert, CHRIST, Karl, Einwohnerverzeichnis des vierten Quartiers der Stadt Heidelberg vom Jahr 1600, in: Neues Archiv für die Ge-

schichte der Stadt Heidelberg und der rheinischen Pfalz (Heidelberg 1993) S. 97 ff. Dem Hofkasten stand ein Kastenmeister vor, der im Auftrag der Rechenkammer die Oberämter zur Kontrolle der in den unterschiedlichen Kellereien liegenden Früchte und Weine bereiste. Siehe PRESS (Calvinismus, S. 106). Er war für die Einsammlung der Fruchtgefälle zuständig, überprüfte deren Qualität und organisierte die Fuhren von den Feldern zu den Fruchkästen der jeweiligen Oberämter. Zudem standen die Mühlen in den Städten und Dörfern seines Bezirks unter seiner Aufsicht, wie sich der Bestallungsurkunde des des Heidelberger Kastenmeisters Johann Peter Engelhorn vom 5. Mai 1667 entnehmen lässt. Siehe GLA 67 / 942. Die besondere Rolle des Kastenmeisters in der Residenzstadt wird auch dadurch ersichtlich, dass dieser auch für die Fruchtbesoldung der Hofbeamten zuständig war. Siehe die Bestallungsurkunde des Hofkellers Jacob Blauel vom 27. Juni 1779. (GLA 67/ 943)

44 Siehe OFFENBERG, Volker von, Prost Heidelberg! – Die Geschichte der Heidelberger Brauereien und Bierlokale. (= Sonderveröffentlichungen des Stadtarchivs Heidelberg 15, herausgegeben von Peter Blum) (Heidelberg – Ubstadt-Weiher – Basel, 2005)

45 BORGIUS, Walter, Die Fruchtmarktgesetzgebung in der Kurpfalz (Tübingen 1898).

46 DENZ (Schiffahrtspolitik, S. 32).

47 Auch Friedrich WALTER gibt in seiner Mannheimer Stadtgeschichte eine eher skeptische Einschätzung der Möglichkeiten für einen florierenden Handel wieder: »!n den pfälzischen Speicheranlagen lagen große Massen an Frucht, die man mit Vorteil nach dem kaufkräftigen Holland abzugeben hoffte. Die gesamten Berechnungen ergaben die Unmöglichkeit eines lohnenden Exporthandels«. Siehe WALTER (Mannheim, Band 1, S. 227).

48 Siehe SCHUHMANN, Fritz, Rebe und Wein in Neustadt, in: Neustadt an der Weinstraße. Beiträge zur Geschichte einer pfälzischen Stadt (Neustadt 1975) S. 660; JEITER, Erminia, Geschichte des Weinbaus und Weinhandels in Bacharach und seinen Tälern (Köln 1919).

49 STEINS, Heinrich, Die Rheinschiffahrt von Köln bis Mainz vom 15. bis zum 19. Jahrhundert (Diss. Bonn 1911); GÖNNEWEIN, Otto, Das Stapel- und Niederlagsrecht (Weimar 1939); FLIEDNER, Heinz, Die Rheinzölle der Kurpfalz am Mittelrhein in Bacharach und Caub, in:

Westdeutsche Zeitschrift für Geschichte und Kunst 15 (1910). Mainz hatte das Recht, das »kein Schiff vorbeifahren kann, ohne dass seine Transportgüter auf Mainzer Schiffe umgeladen und die hohen Umschlaggebühren bezahlt werden.« Siehe VIERHAUS, Rudolf, Deutschland im Zeitalter des Absolutismus 1648–1763. (Göttingen 1984, S.44)
50 DENZ (Schiffahrtspolitik, S. 25).
51 BORGIUS (Fruchtmarktgesetzgebung, S. 2).
52 BASSERMANN-JORDAN, Friedrich von, Geschichte des Weinbaus. Zweite wesentl. erw. Aufl. (Frankfurt am Main 1923) S. 163. Allgemein zu den Bemühungen um die Integration der wittelsbachischen Territorien siehe ZIEHNER, Ludwig, Der Kommerzialverband zwischen den Erbstaaten des Kurfürsten Karl Theodor von der Pfalz, in: Zeitschrift für die Geschichte des Oberrheins 44 (1933) S. 552–565. Siehe auch HÄBERLE, Eckehardt J., Pfälzisch-Bayerische Integrationsversuche in der zweiten Hälfte des 18. Jahrhunderts, in: Zeitschrift für die Geschichte des Oberrheins 83 (1974) S. 289–310; KÄSE, Josefine, Dynastische Einheit und staatliche Vielfalt – Die frühe Reformpolitik Kurfürst Karl Theodors von der Pfalz 1778/79 (Aachen 1999).
53 Die in der Kameralverwaltung tätigen Beamten wurden als Rezeptoren oder als »verrechnete Beamten« bezeichnet. Einen differenzierten Überblick über die Finanzverwaltung unterhalb der Ebene der Hofkammer gibt BOLLE, Hermann, Der kurpfälzische Beamtenstab der linksrheinischen Gebiete in der zweiten Hälfte des 18. Jahrhunderts. Ein Beitrag zur Verwaltungsgeschichte der Pfalz, in: Mitteilungen des Historischen Vereins der Pfalz 53 (1955) S. 106ff. Auf dem Gebiete der Waldwirtschaft war es zum Beispiel die Aufgabe der Kameralrezepturen, gemeinsam mit den Forstbehörden die Holzanweisungen und die Versteigerungen zu organisieren. Siehe KEIPER, Johann, Kurpfalzbayerische Forstverwaltung, in: Forstwissenschaftliches Centralblatt (1905) S. 11.
54 SCHARF, Eginhard, Von der »Unteren Kurpfalz Kirchengüter- und Gefällverwaltung« zur »Pfälzer Katholischen Kirchenschaffnerei Heidelberg«. Ein Beitrag zum Doppeljubiläum einer kirchlichen Großstiftung im Erzbistum Freiburg, zugleich zur Geschichte des Pfälzer Kirchenguts seit der Reformation, in: Freiburger Diözesan-Archiv. Zeitschritt des Kirchengeschichtlichen Vereins für Geschichte, christliche Kunst, Altertums- und Literaturkunde des Erzbistums Freiburg mit Berücksichtigung der angrenzenden Bistümer 118 (1998), S. 161–284.

55 MERKEL, Gerhard, Wirtschaftsgeschichte der Universität Heidelberg im 18. Jahrhundert (Veröffentlichungen der Kommission für Geschichtliche Landeskunde in Baden-Württemberg B 73) (Stuttgart 1973).
56 BORGIUS (Fruchtmarktgesetzgebung, S. 11).
57 Leider ist die Geschichte des pfälzischen Weins noch nicht in ausreichendem Maße erforscht. Als einige der bis jetzt vorliegenden Werke seien genannt BERLET, Jakob, Pfalz und Wein. Eine Beschreibung des pfälzischen Rebgeländes, seiner Geschichte und Entwicklung, der einzelnen Weinbauorte und Gemarkungen (Neustadt an der Weinstraße 1928); SARTORIUS, Otto, Der Weinbau in der Pfalz, in: Pfalzatlas, Textband 1 (Speyer 1964) S. 260 ff. mit Karte Nr. 9; WINKEL, Harald, Zur Geschichte des pfälzischen Weinbaus, in: Zeitschrift für Agrargeschichte und Agrarsoziologie 25 (1977) S. 1 ff. Hervorzuheben sind vor allem SCHUMANN, Fritz, Rebe und Wein in Neustadt, in: Neustadt an der Weinstraße. Beiträge zur Geschichte einer pfälzischen Stadt (Neustadt 1975) S. 651–666 und FADER, Werner, Die Rebleutbruderschaft – eine weinbauliche Organisation früherer Zeit, in: ebd. S. 667–674.
58 Unter Landessperre vertand man nicht nur die Unterbindung des wirtschaftlichen Austausches zwischen den einzelnen Territorien, sondern auch das Grenzüberschreitungsverbot bei Seuchen. Gleichermaßen wurde solche Verbote im Kriegsfall erlassen.
59 BORGIUS (Fruchtmarktgesetzgebung, S. 18 ff.).
60 BASSERMANN-JORDAN (Weinbau, S. 480).
61 Ebd., S. 488 ff.
62 BASSERMANN-JORDAN, Friedrich von, Die Verwüstungen der pfälzischen Weinbaugebiete durch die Franzosen in früheren Kriegen (Neustadt an der Haardt 1916) S. 8. Allerdings galt auch für andere Weinzonen, dass die Anbaugebiete kleiner wurden. Der Rückgang des Weinbaus hing jedoch nicht nur mit den Auswirkungen des Dreißigjährigen Krieges zusammen. Andere Komponenten waren: das Ansteigen der Weinfälschungen, der zunehmende Steuerdruck des Absolutismus, das Aufkommen neuer Genussmittel wie Tabak und Kaffee und das Sinken des Bierpreises. Vergl. BASSERMANN-JORDAN (Weinbau, S. 147). Siehe auch WINKELMANN, Richard, Die Entwicklung des oberrheinischen Weinbaus (Marburger geographische Arbeiten

16) (Marburg 1960) S. 40 ff. Zur Lage im Württembergischen sei verwiesen auf die Studie von DÖBELE-CARLESSO, Isolde A., Weinbau und Weinhandel in Württemberg in der frühen Neuzeit am Beispiel von Stadt und Amt Brackenheim (Brackenheim 1999) S. 41 ff.
63 WINKEL (Weinbau, S. 7).
64 PAULY, Ferdinand, Die Bedeutung der Klöster und Stifte für die Entwicklung des Weinbaus am Mittelrhein, in: Schriften zur Weingeschichte 108 (1993).
65 SELLIN (Finanzpolitik, S. 34).
66 VOLK, Otto, Wirtschaft und Gesellschaft am Mittelrhein vom 12. bis zum 16. Jahrhundert (Veröffentlichungen der Historischen Kommission für Nassau 63) (1998) S. 63 f.
67 Hofgüter des Kurfürsten waren über die ganze Kurpfalz verstreut. Sie unterstanden der unmittelbaren Verwaltung der Hofkammer. Allerdings hatte sich schon seit Beginn des 17. Jahrhunderts die Tendenz durchgesetzt, die meisten Güter in Erb- und Temporalbestand zu verleihen. Siehe MÖRZ, Stefan, Verwaltungsstruktur der Kurpfalz zum Zeitpunkt des bayerischen Erbfalls, in: Mitteilungen des Historischen Vereins der Pfalz 84 (1986) S. 403–465, hier S. 16.
68 Die Weinbauern bildeten eine Gruppe in der Bevölkerung, die sich durch die Organisation ihrer Arbeit und durch besondere Privilegien von anderen Berufsständen unterschieden. Siehe WINKELMANN (Weinbau).
69 Es sollte aber nicht übersehen werden, dass es in anderen Jahrzehnten zahlreiche Bemühungen der Regierung gab, die Weinbauflächen nicht zu Lasten anderer Agrarprodukte auszuweiten. Immer wieder stellte sich die Regierung gegen die Versuche, den Weinbau auch in die Ebenen vorzulagern. An dieses Problem erinnert der Spruch: »Wo ein Pflug gehen kann, soll kein Rebstock stehen.« Siehe BERNUTH, Jörg, Der Weinbau an der Elbe. Ein Beitrag über die geschichtliche Entwicklung des Elbtal-Weinbaus von den Anfängen bis zur Gegenwart (Schriften zur Weingeschichte 72) (Wiesbaden 1984) S. 33.
70 Wie selbstbewusst lokale Weinbauern in dieser Lage ihre Interessen durchzusetzen wussten, lässt sich am Wieslocher Beispiel erkennen. Vergl. MOHR, Helmut, Weinbau in Wiesloch und an der Bergstraße. Ein geschichtlicher Überblick, in: Wiesloch. Beiträge zur Geschichte 1 (2000) 5.243–263.

71 Solche »Befreiungen« für den Neuaufbau gab es in der zweiten Hälfte des 17. Jahrhunderts in den meisten Territorien. Auch in der Kurmark unterstützte die Regierung trotz des Brotgetreidemangels die Neukultivierung verwüsteter Weinberge. Vergl. ARNTZ, Helmut, Die Branntweinbesteuerung in Brandenburg-Preußen bis zur Beseitigung der Regie (1787) (Schriften zur Weingeschichte 4) (Wiesbaden 1989) S. 30.
72 Als Studie über den Aufbau der Weinwirtschaft nach den Zerstörungen des Dreißigjährigen Krieges hervorzuheben ist LAUFER, Wolfgang, »Pfälzer Wein in der von der Leyenschen Herrschaft Blieskastel im 17 und 18. Jahrhundert«, in: Mitteilungen des Historischen Vereins der Pfalz 100 (2002) S. 281–302.
73 SELLIN (Finanzpolitik, S. 32).
74 BRAUN, Karl, Die wirtschaftliche Entwicklung der kurpfälzischen Stadt Bacharach unter besonderer Berücksichtigung der Merkantilzeit (Bacharach 1926) S. 68 ff.
75 GLA, 204/957: »Die Verfertigung und Reparierung des großen faß zu Heidelberg betreffend: 1659–1743. Bausache.«
76 Zur Rolle und Position des Hofkellers siehe MÜLLER, Rainer, Der Fürstenhof in der frühen Neuzeit (München 1995) S. 21.
77 Ein Lagerungsproblem, vor dem die meisten Herrscher in den südwestdeutschen Weinregionen standen. So lagen im Keller des Schlosses Philippsburg 300 Weinfässer, die zur Hofhaltung des Kurfürsten von Trier benötigt wurden. Was nach Abzug des Lohnweins für die Bediensteten übrig blieb, kam zum Verkauf, vor allem im belgischen Raum. Damit wurde ein wichtiger Teil des kurtrierischen Staatshaushaltes beglichen. Siehe PRÖSSLER, Helmut, Koblenz – 2000 Jahre und der Wein (Schriften zur Weingeschichte 107) (Wiesbaden 1993) S. 10. Siehe auch die Studie von SARTORIUS, Otto, Mußbach. Die Geschichte eines Weindorfes (Speyer 1959).
78 HIPPEL, Wolfgang von, unter Mitwirkung von ENDRES, Stefan, HIPPEL, Georg von, LECHLER, Pascal, RIEDIGER, Silja und SCHOLLENBERGER, Michael, Maß und Gewicht im Gebiet des Großherzogtums Baden am Ende des 18. Jahrhunderts (Südwestdeutsche Schriften 19) (Mannheim 1996). Vergleiche auch die Angaben bei BASSERMANN-JORDAN (Weinbau, S. 760).
79 GLA 204/957.

80 ROSENBERG, Marc, Quellen zur Geschichte des Heidelberger Schlosses (Heidelberg 1882) S. 175.
81 Siehe den Kostenvoranschlag, (»Überschlag«) vom 2. Februar 1659 (GLA 204/957). Die Arbeiten am Fass scheinen das Ansehen des Hofkellers am Hofe gehoben zu haben. In den Verzeichnissen des Hofpersonals aus den sechziger Jahren (GLA 77/8432) erscheint die Position des Hofkellers unter der Rubrik »Hofbediente« neben anderen wie den Kammerdienern, dem Küchenschreiber, den Kammerknechten, dem Futterschreiber, dem Hofbäcker, dem Hofmetzger, dem Zehrgärtner, dem Hofschiffer, dem Hofmahler, dem Buchsenspanner oder dem Hofschneider. Eine Hierarchisierung, die dem Hofkeller eine hervorgehobene Stellung zugesprochen hätte, kann nicht festgestellt werden. Mit großer Wahrscheinlichkeit war er in erster Linie für die Versorgung des Hofes mit Wein zuständig. Nur so lässt sich seine wichtige Rolle beim Bau des Großen Fasses verstehen. Wie die Analyse von Bestallungsurkunden für die Hofkeller der in den Jahren nach 1670 ergibt, erfuhr deren Kompetenzen eine beträchtliche Erweiterung.
82 Der Schlossermeister hatte die Aufgabe, eiserne Reifen und verschiedene Verschraubungen am Fass anzubringen.
83 NÜBLING, Eugen, Zur Währungsgeschichte des Merkantilzeitalters. Ein Beitrag zur deutschen Wirtschaftsgeschichte (Nürnberg 1903) S. 75, wo der Autor auf die währungspolitische Vorreiterrolle von Karl Ludwig eingeht; VERDENHALVEN, Fritz, Alte Maße, Münzen und Gewichte aus dem deutschen Sprachgebiet (Neudruck Neustadt an der Aisch 1993).
84 GERNER, Manfred, Zimmermeister schufen das Große Faß in Heidelberg (Manuskript des Deutschen Zentrums für Handwerk und Denkmalpflege) (Fulda o.J.).
85 Dabei wurde das Rundholz der Stämme zunächst auf die benötigte Länge zugeschnitten und dann längs in vier Teile gespalten. Die Dauben wurden quer zum Stamm gespalten. Später wurden die Dauben erwärmt und durch ein Spezialgestell gebogen. Vergl. SCHNEIDER, Rudi, Vorbereitung und Pflege des Holzfasses, in: Schweizerische Zeitschrift für Obst- und Weinbau 3(1998) S. 74-76. Die Dauben wurden in der Regel von besonderen Handwerkern, den Daubenhauern, hergestellt. Diese galten als Zulieferer für die Küfer, welche die Dauben entweder direkt bei den Daubenhauern im Wald bestellten oder sie

auf den Wochenmärkten kauften. Es gab in der frühen Neuzeit auch einen bemerkenswerten Export aus den linksrheinischen pfälzischen Wäldern. Aus Kaiserslautern wurden bereits im 14. Jahrhundert zahlreiche Lieferungen von Daubenholz in die Weinlagen der Vorderpfalz durchgeführt.

86 Zu den um den Weinbau angesiedelten Berufsgruppen siehe HALFER, Manfred, SEEBACH, Helmut, Rebleute, Wingertknechte, Winzertagner, Weinsticher, Weinläder, Weinschröter, Eichmeister, Küfer, Ungelder und Winzer in der Pfalz. Ein Beitrag zur Kulturgeschichte des Weines (Altes Handwerk und Gewerbe in der Pfalz 2) (Annweiler-Queichenbach 1991).

87 Siehe den Hinweis auf die »drei gleichlautenden Dingzettel« vom 27. Februar 1660 (GLA 204/957). Unter einem Dingzettel wird eine »schriftliche Festlegung eines Arbeitsauftrages« verstanden. Siehe Artikel »Dingzettel« in: Deutsches Rechtswörterbuch, Internetversion. Vergl. auch WISSEL, Rudolf, Des Alten Handwerks Recht und Gewohnheit. Zweite, erw. und bearbeitete Aufl. (Berlin 1971) S. 191 Siehe auch die Definition bei ZEDLER, Johann Heinrich: »Ding-Zettel, ist ein zwischen den Bau-Herren und Bau-Meister verabredeter Contract, wegen Aufrichtung eines Gebäudes, und dessen davor entrichteter Zahlung.« Siehe ders., »Grosses vollständiges Universal Lexikon aller Wissenschaften und Künste, welche bißhero durch menschlichen Verstand und Witz erfunden und verbessert werden«. Band 7, D (Halle und Leipzig 1734) S.952.

88 ZINK, Theodor, Vom ehrsamen Küferhandwerk, in: Pfälzisches Museum – Pfälzische Heimatkunde 41/42 (1925) S. 223–226; ders., Von Küfern und Fässern, in: Pfälzisches Museum – Pfälzische Heimatkunde 7/8 (1926); ders., Die Pfalz (Deutsche Volkskunst 12) (1931).

89 Zur Erfassung der Winzersprache siehe BINGENHEIMERT, Sigrid, Weinbau und Mundart. Das Wörterbuch der deutschen Winzersprache entsteht in Kaiserslautern, in: Pfälzer Heimat 512 (2000) S. 23–28.

90 Siehe das Bild bei HALFER, SEEBACH (Rebleute, S. 29).

91 HELM, Werner, JOHO, Helmut, WILTSCHKO, Stefan, Von der Eiche zum Fass. Eberbacher Küfer-Geschichte (Neckargemünd-Dilsberg 2003).

92 HALFER, SEEBACH (Rebleute, S. 54 ff.). 89 Ebd., S. 24.

93 Ebd., S. 24.

94 Ebd., S. 33. Zu den Aufgaben des Küfers siehe auch BASSERMANN-JORDAN (Weinbau, S. 60), ferner das Kapitel »Binde- und Kellerarbeiten: der Kellereiküfer« in DÖBELE-CARLESSO (Weinbau, S. 137–140).
95 PAULY, Ferdinand, Die Bedeutung der Klöster und Stifte für die Entwicklung des Weinbaus am Mittelrhein (Schriften zur Weingeschichte 107) (Wiesbaden 1993) S. 32.
96 Erst im 18. Jahrhundert wurden eiserne Reifen auch für kleinere Fässer hergestellt. Siehe CLOER, Bruno, Eisengewinnung und Eisenverarbeitung in der Pfalz im 18. und 19. Jahrhundert (Mannheimer geographische Arbeiten 18) (Mannheim 1984) S. 85.
97 SOMBART, Werner, Der moderne Kapitalismus. Band 1: Die vorkapitalistische Wirtschaft (München – Leipzig 1916) S. 483; BRANDT, Klaus-Peter, GEHENDGES, Franz Joseph, Der Wald – Wesen, Geschichte und Funktionen, in: Rheinisches Landesmuseum Trier (Hg.), Wald und Holz im Wandel der Zeit. Katalog einer Sonderausstellung (Trier 1986) S. 9–27. Vergleiche seit Kurzem vorliegende umfassende Kultur-, Technik-, Sozial- und Ökologiegeschichte von RADKAU, Joachim (unter Mitarbeit von Ingrid Schäfer), Holz-Wie ein Naturstoff Geschichte schreibt. (Stoffgeschichte Band 3, herausgegeben von RELLER, Armin/ SOENTGEN, Jens, München 2007)
98 WISSEL (Handwerk).
99 »Original Verdingzettel« vom 24. März 1660 (GLA 204/ 957).
100 Unter Fugbank versteht man einen großen Hobel, über den die zu bearbeitenden Bretter gezogen werden. Vergl. GROSSMANN, Ulrich, Zwei Zimmertüren aus dem Kölner Faßbinderhaus, in: Monatsanzeiger. Museen und Ausstellungen in Nürnberg 239 (2001) S. 5. Laut Anordnung der Rechenkammer an den Baumeister vom 24. Juli 1660 musste dieser dem Hofkeller einen Eichenbaum aus dem Zwingenberger Wald eigens zur Herstellung der Fugbank liefern (GLA 204/957). Auch für die einzelnen Teile am Fass, wie zum Beispiel für die Riegel, wurden besondere Bäume besorgt.
101 Damit sind die Eisenreifen gemeint.
102 Beim Keltern wird der Druck der Spindel über die Pfanne auf die Kelterbretter geleitet. Siehe HALFER, SEEBACH (Rebleute, S. 273).
103 Gargelkämme waren Spezialinstrumente zum Einfügen des Fassbo-

dens, mit denen eine Kerbe in die Seitendauben ausgehobelt werden konnte. Siehe die Abbildung im Speyrer Weinmuseum.
104 Darunter muss eine Art Stemmeisen verstanden werden, mit dem das Fassholz bearbeitet wurde.
105 Zu den Problemen, die beim Beschaffen von Eisen auftauchen konnten, siehe BASSERMANN-JORDAN (Weinbau, S.740).
106 GLA 204/957.
107 Zur Rolle des Hofkellers im Allgemeinen siehe MÜLLER (Fürstenhof, S. 93).
108 STUCK, Kurt, Das Personal der kurpfälzischen Zentralbehörden in Heidelberg 1475–1685 unter Berücksichtigung der Kanzler (Ludwigshafen 1980).
109 Siehe Kapitel 5.
110 ENDRES, Max, Die Waldnutzung vom 13. bis Ende des 18. Jahrhunderts. Ein Beitrag zur Geschichte der Forstpolitik (Tübingen 1888); HASEL, Karl, Forstgeschichte. Ein Grundriß für Studium und Praxis (Hamburg, Berlin 1985); HAUSRATH, Hans, Die Entwicklung des deutschen Waldbaus. Von seinen Anfängen bis 1850 (Freiburg 1982).
111 Als Bauholz wurden neben Eichen auch Buchen, Apfel- und Birnbäume verwandt. Zur Belastung der Waldbestande in Zeiten des Wiederaufbaus siehe HASEL (Forstgeschichte, S. 52ff.).
112 EDER, Walter, Waldbauliche Bedeutung der heimischen Eichenarten in Rheinland-Pfalz, in: Genetik und Waldbau unter besonderer Berücksichtigung der heimischen Eichenarten (Mitteilungen aus der Forstlichen Versuchsanstalt Rheinland-Pfalz 34) (1995) S. 1–21.
113 Schon in der Verordnung von Kurfürst Friedrich IV. aus dem Jahre 1604 zur Regelung der Bauholzentnahme aus dem Reichswald bei Kaiserslautern wurde kritisiert, dass »ohne Unterschied mit Abhauung der Eichbäume in mehrgedachtem Wald gehauset« werde. Abdruck bei HÄBERLE, Dieter, Das Reichsland bei Kaiserslautern (Kaiserslautern 1907) S. 197.
114 Sonderbestimmungen für Pflege und Pflanzung von Eichenbeständen gehörten seit dem 16. Jahrhundert zur territorialstaatlichen Forstpolitik. Siehe, MANTEL, Kurt, Forstgeschichte des 16. Jahrhunderts unter dem Einfluß der Forstordnungen und Noe Meurers (Schriftenreihe der Forstwissenschaftlichen Fakultät der Universität Freiburg) (Hamburg – Berlin 1980) S. 366. Siehe auch KEHR, Kurt, Die Fachsprache des

Forstwesens im 18. Jahrhundert. Eine wort- und sachgeschichtliche Untersuchung zur Terminologie der deutschen Forstwirtschaft (Beiträge zur deutschen Philologie 32) (Gießen 1964). Dort heißt es (S. 136): »Die Kernsaat von Eichen, die zur Baumholzerzeugung auch im 18. Jahrhundert ungemein nötig waren, geschah oft in solchen Umzäunungen.«

115 So hieß es auch in der Forstordnung von 1711: »Nachdem des Eichenholzes sowohl, seiner schwerlichen Aufbringung und Köstlichkeit, als auch tragenden Äckerichs halben, billig zu verschonen, und sparsam damit umzugehen ...« JANSON (Forst-Ordnung, S. 220). KEHR (Fachsprache, S. 246) weist darauf hin, dass mit Eckerich oft auch alle Waldfrüchte bezeichnet wurden, die zur Viehmast dienten.

116 KÖSTLER, Josef, Wald und Forst in der deutschen Geschichtsforschung, in: Historische Zeitschrift 155 (1937) S. 461–474.

117 Vergl. HASEL, Kurt, SCHWARZ, Ekkehardt, Forstgeschichte, S. 134–146. Vergl. auch ALLMANN, Joachim, Der Wald in der frühen Neuzeit. Eine mentalitäts- und sozialgeschichtliche Untersuchung am Beispiel des Pfälzer Raumes 1500–1800 (Berlin 1989) S. 42 ff.

118 Vergl. die Kurzbiographie über Noe Meurer von MANTEL, Kurt, in: Handwörterbuch zur Deutschen Rechtsgeschichte – Band 3 (1984) Sp. 529–531.

119 Der in Memmingen geborene Meurer gehörte zu der zeitweilig am Heidelberger Hof sehr einflussreichen Gruppe reichsstädtischer Beamten. Mit einer ganzen Reihe von Schriften zum Reichsrecht und als Advokat am Speyerer Reichskammergericht hatte er sich einen weit über die Kurpfalz hinausreichenden Namen gemacht. Seine gestaltende Mitwirkung bei der großen kodifikatorischen Leistung der Landesordnung und des Landrechts von 1582 ist unbestritten. Siehe PRESS (Calvinismus, S. 297).

120 HARTHAUSEN, Hartmut, Das Reichskammergericht in Speyer, in: Das Reichskammergerichtsmuseum in Wetzlar. Herausgegeben von der Gesellschaft für Reichskammergerichtsforschung (Wetzlar 1997) S. 15–23; LAUFS, Adolf, Reichskammergericht, in: Handwörterbuch zur Deutschen Rechtsgeschichte, Band 5 (Berlin 1986) Sp. 655–662.

121 Zur Bedeutung von Meurer im Kontext der Arbeiten von protestantischen Juristen zur Reichsverfassung sei auf die Untersuchung von Christoph STROHM, Calvinismus und Recht. Weltanschaulich-kon-

fessionelle Aspekte im Werk reformierter Aspekte im Werk reformierter Juristen in der Frühen Neuzeit. Tübingen 2008, S. 321 f.
122 PRESS (Calvinismus, S. 297).
123 SCHAAB (Kurpfalz: Neuzeit, S. 56).
124 »Von forstlicher Oberherrlichkeit und Gerechtigkeit, was die Recht, der Gebrauch und die Billigkeit deshalben vermögen« (1560); »Jagd und Forstrecht« (1572–1576). Zur Einordnung dieser beiden Werke in die Geschichte der Forstwissenschaft vergl. MANTEL (Forstgeschichte, S. 51 ff.).
125 Es handelte sich dabei um eine langfristige Entwicklung, die sich in zahlreichen Forstordnungen auch anderer Territorien niederschlug. Siehe MANTEL (Forstgeschichte, S. 247 ff.); GLÖCKNER, Karl, Bedeutung und Entstehung des Forstbegriffs, in: Vierteljahresschrift für Sozial- und Wirtschaftsgeschichte 17 (1924) S. 1–31.
126 Siehe das Kapitel »Das Forstrecht des 16. Jahrhunderts und Meurers Forstliche Oberherrlichkeit« bei MANTEL (Forstgeschichte, S. 59 ff.). In diesem Kontext sei auf eine aufschlussreiche terminologische Unterscheidung hingewiesen: »Grundsätzlich kann man sagen: die Forstordnung ist eine von einem Landesherrn aufgrund seiner Hoheitsgewalt gegebene Ordnung zur Regelung der Waldwirtschaft. Die Waldordnung ist eine von einer örtlichen, weltlichen oder geistlichen Herrschaft, für ein bestimmtes Waldgebiet erlassene Ordnung zur Regelung der Waldwirtschaft.« Ebd., S. 234.
127 MONE, Franz Joseph, Über das Forstwesen vom 14. bis ins 17. Jahrhundert, in: Zeitschrift für die Geschichte des Oberrheins 2 (1851) S. 14–33.
128 Diese Regelwerke waren ein Grund dafür, dass in landesherrlichem Eigentum befindliche Forsten in besserem Zustand waren als genossenschaftliches Waldeigentum. Siehe ANTES, Karl, Die pfälzischen Haingeraiden (Kaiserslautern 1933) S. 130. Ein Überblick über die Forstordnungen im Alten Reich findet sich bei BERNHARDT, August, Geschichte des Waldeigentums, der Waldwirtschaft und Forstwissenschaft in Deutschland, Band 1 (Berlin 1872) S. 225 ff.
129 HASEL, Kurt, Die Bedeutung der Forstaufsicht in geschichtlicher Betrachtung, in: Allgemeine Forst- und Jagdzeitung 135 (1964) S. 125–134; HAUFF, Dieter, Zur Geschichte der Forstgesetzgebung und Forstorganisation des Herzogtums Württemberg im 16. Jahrhundert, in: Schrif-

tenreihe der Landesforstverwaltung Baden-Württemberg 47 (1977); KIESS, Rudolf, Die Rolle der Forsten im Aufbau des württembergischen Territoriums bis ins 16. Jahrhundert (Veröffentlichungen der Kommission für geschichtliche Landeskunde in Baden-Württemberg B 2) (Stuttgart 1958); MANTEL, Kurt, Die Anfänge der Forstorganisation und der Forstordnung in Vorderösterreich im Jahre 1557 (Frankfurt 1958).

130 MANTEL (Forstgeschichte, S. 994).
131 GLA 67/860.
132 Anordnung der Kammerkanzlei vom 4. März 1659 (GLA 204/957).
133 KEIPER, Johann, Pfälzische Forst- und Jagdgeschichte, mit einem forstlichen und geschichtlichen Übersichtskärtchen (Speyer 1930).
134 KOENEMANN, Friedrich-Franz, Der Heidelberger Stadtwald, in: KIRCHGÄSSNER, Bernhard, SCHULTIS, Joachim B., (Hgg.), Wald, Garten, Park. Vom Funktionswandel der Natur für die Stadt (Stadt in der Geschichte. Veröffentlichungen des Südwestdeutschen Arbeitskreises für Stadtgeschichtsforschung 18) (Sigmaringen 1993) S. 105–116.
135 HOPPE, Reinhard, Dorfbuch der Gemeinde Ziegelhausen mit Ortsteil Peterstal (Heidelberg 1940) S. 182 ff.; ders., Die Flurnamen von Ziegelhausen (1956).
136 Anordnung der Rechenkammer vom 12. Oktober 1659 (GLA 204/957). Am 27. Oktober reagierte der Keller und stellte in einem Schreiben an die »hochgebietenden Herren« der Rechenkammer fest, dass in den Schönauer, Langenzeller und Lobenfelder Waldungen kein geeignetes Holz zu finden sei. Siehe BRANDL, Hans, Veränderungen der Waldeigentumsverhältnisse in der Kurpfalz als Folge der Reformationen. Allgemeine Forst- und Jagdzeitung (1983).
137 Zur Entwicklung des Waldbesitzes vom Mittelalter bis zur frühen Neuzeit vergl. HASEL (Forstgeschichte, S. 59–103).
138 HAUSRATH, Hans, Die Geschichte des Waldeigentums im Pfälzer Odenwald. FS zur Feier des 56. Geburtstags Seiner Königlichen Hoheit des Großherzogs Friedrich II. (Karlsruhe 1913).
139 HAUSRATH, Hans, Holzpreise, Holzhandelspolitik und Walderträge früherer Zeiten, in: Allgemeine Forst- und Jagdzeitung 1907, S. 333–339, S. 369–375.
140 Zum Eigentum an den Waldungen siehe MANTEL (Forstgeschichte, S. 257).

141 Vergl. SULZMANN, August, Der Holzhandel am unteren Neckar in der Zeit vom 14. bis 18. Jahrhundert. Eine wirtschaftsgeschichtliche Studie (Würzburg 1931) S. 8 ff.

142 KOENEMANN, Friedrich-Franz, Der Heidelberger Stadtwald. Seine Geschichte vom 17. bis ins 20. Jahrhundert (Heidelberg 1987) S. 20; ders. (Waldfunktionen).

143 Siehe SULZMANN (Holzhandel, S. 23).

144 WIRTH, Hermann, Das pfälzische Oberamt Heidelberg, in: Archiv für die Geschichte der Stadt Heidelberg 2(1860) S. 108–122; SCHAAF, Wilhelm, Die Obrigkeit im Oberamt Heidelberg anno 1496 und die Einwohnerschaft von Mannheim und Umgebung 1439–1650, in: Badische Heimat 37 (1957) S. 125–144. Siehe auch Die Stadt und die Landkreise Heidelberg und Mannheim. Amtliche Kreisbeschreibung, Band 1: Allgemeiner Teil. Hrsg. von der Staatlichen Archivverwaltung Baden-Württemberg in Verbindung mit den Städten und den Landkreisen Heidelberg und Mannheim (Karlsruhe 1966) S. 264–266.

145 Seit Friedrich I. (1449–1476) gewinnen die Oberämter geographisch eindeutig festlegbare Grenzen. Damals entwickelte sich auch die Hierarchisierung in Ober- und Unterämter. Vgl. SCHMITT (Territorialstaat, S. 6 ff.).

146 Vgl. LENZ, Rüdiger, Streifzug durch die Organisation kurpfälzischer Ämter, in: Kraichgau. Beiträge zur Landschafts- und Heimatforschung 16 (1999) S. 81–94. Nach wie vor können die Oberamtsbeschreibungen von Johann Goswin WIDDER aus dem Jahr 1786 wegen ihres Informationswertes zu Rate gezogen werden. WIDDER (Beschreibung, Band 1, S. 150–446; siehe folgende Anmerkung).

147 WIDDER orientiert seinen Versuch einer vollständigen Geographisch-Historischen Beschreibung der Kurfürstlichen Pfalz am Rhein (Frankfurt – Leipzig 1786) am Aufbau der Oberämter und an den von ihnen umgebenen Städten. Dementsprechend teilt er sein Werk nach der Beschreibung folgender Oberämter ein: Heidelberg, Ladenburg, Lindenfels, Otzberg, Umstatt, Boxberg, Mosbach, Bretten, Neustadt einschließlich Frankenthal, Germersheim, Alzey mit den Unterämtern Freinsheim und Erbesbüdesheim, Oppenheim, Stromberg, Bacharach mit dem Unteramt Kaub, Simmern, Kreuznach, Lautern, Lauterecken, Veldenz.

148 Eine Beschreibung des oberamtlichen Handlungsrahmens findet sich

in GLA 67/641 (27. Mai 1662). Es seien folgende Punkte hervorgehoben: die Aufsicht über das Bauwesen, die Stellung des Geleits zu den Frankfurter Messen, das Einziehen des Weinumgelds, die Aufsicht über das Rechtswesen, die Abhaltung von Amtstagen, die Aufsicht über die Zentversammlungen. Den Oberamtmännern war die Annahme von Geschenken verboten. Offiziell gemehmigt waren bestimmt festgesetzte Leistungen und Abgaben, die die Untertanen erbringen mussten; dazu gehörten die Lieferung von Lämmer, von Stroh, von Gänsen, Ochsen. Die Stadt Schönau musste zum Beispiel Hand- oder Bundschuhe für den Oberamtmann liefern. Merkwürdig ist der Hinweis, dass diesem Lebkuchen aus Nonnenklöstern zustünden.

149 Siehe ANDERMANN, Kurt, Leibeigenschaft im pfälzischen Oberrheingebiet während des späten Mittelalters und der frühen Neuzeit, in: Zeitschrift für historische Forschung 17 (1990) S. 281–303.

150 Für die Frondienste innerhalb der Gemeindegrenzen war in der Regel nicht das Oberamt zuständig. Solche Fronden wurden in den Gemeinden durch die Stabhalter organisiert. Vergl. PROBST, Hansjörg, Seckenheim. Geschichte eines kurpfälzischen Dorfes (Mannheim 1981) S. 512 ff.

151 Siehe SCHOLTEN, Walter, Das Fronwesen in der Kurpfalz vom Beginn des 17. Jahrhunderts bis zum Reichsdeputationshauptschluß und seine endgültige Ablösung in Baden und Bayern (Diss. Heidelberg 1926).

152 So in einem Schreiben des Hofkellers an das Heidelberger Oberamt vom 4. März 1659 (GLA 204/957). Auch das Oberamt Mosbach war die fronausschreibende Instanz. Siehe LENZ, Rüdiger, Das kurpfälzische Oberamt Mosbach. Ursprünge, Organisation und Amtsverfassung, in: Mosbacher Jahresheft 2 (1992) S. 40–67.

153 FRENZEL, Walter, Die historischen Wälder der Pfalz, in: Pfalzatlas, Textband 1 (Speyer 1964) S. 263–276.

154 Siehe hierzu die gründliche forstgeschichtliche Studie von JÄGER, Hartmut, Der Kurfürstliche Kameralwald zu Ziegelhausen (Diplomarbeit Fachhochschule Reutlingen 2004).

155 WIDDER (Beschreibung, Band 1, S. 334–352). HAUSRATH (Waldeigentum, S. 13); EIERMANN, Georg, Kellerei Waldeck. Geschichtliches aus dem oberen Steinachtal (Neckarsteinach o. J.). Vergl. auch

SIMON, Heiner, in: 700 Jahre Heiligkreuzsteinach. Eine historische Beschreibung unseres Ortes und seiner Menschen (Heiligkreuzsteinach 1993) S. 37 ff.; ders., Heddesbach in der kurpfälzischen Kellerei Waldeck, in: Hierzuland 16, Heft 32 (2001) S. 16–19.

156 Siehe KOLLNIG, Karl, Die Weistümer der Zent Schriesheim. Badische Weistümer und Dorfordnungen, Band 2 (Veröffentlichungen der Kommission für Geschichtliche Landeskunde in Baden Württemberg A 16) (Stuttgart 1968) S. 15.

157 CHRIST, Karl, Chronik von Ziegelhausen und dem Centwald (Heidelberg 1972).

158 Die Frondienstordnung für Ziegelhausen galt auch für Neuenheim. Beide Dörfer bildeten bis 1785 eine Gerichtsgemeinschaft. Die Ordnung ist abgedruckt bei KOLLNIG (Zent Schriesheim, S. 229 f.)

159 »Ziegelhäuser Dorf Beschreibung. Extrahiret auß dem Centh Buch der Schriesheimer Cent. Renoviret im Jahr 1692 et 1693.« Abgedruckt bei HOPPE, Reinhardt, Die Flurnamen von Ziegelhausen (Oberrheinische Flurnamen 3, 6) (Heidelberg 1956) S. 75–84.

160 Zu den Fronverpflichtungen der Untertanen der Waldecker Kellerei siehe EIERMANN (Waldeck, S. 16).

161 Ebd., S. 22. Vor dem Dreißigjährigen Krieg hatten dort 91 Familien gelebt.

162 Zur Organisation der Kellerei Waldeck siehe ebd. S. 14 ff.

163 Die Axt war eine Art »Universalgerät« der Waldarbeit. Über ihre Verwendung und über die Benutzung der anderen Arbeitsgeräte siehe SCHULER, Hans-Karl, Grundzüge der Forstgeschichte (Schriftenreihe der Fachhochschule Rottenburg, Hochschule für Forstwirtschaft 15) (Rottenburg am Neckar 2001). Es ist ein interessantes Detail der Forstgeschichte, dass es gerade in diesen Jahren in der Kurpfalz allerlei Streitigkeiten zwischen der Forstverwaltung und den Gemeinden über den Gebrauch eines bestimmten Typs von Waldäxten gab. In der Forstordnung von 1687 sah sich die Verwaltung gezwungen, die Verwendung gebräuchlicher Waldäxte in bestimmten Gemeinden zu erlauben. Erst gegen Ende des 18. Jahrhunderts hatte sich die »herrschaftliche Waldaxt« durchgesetzt. Siehe HAUSRATH (Waldorganisation, S. 454). Zur Verwendung von Äxten siehe auch KEHR, Kurt, Die Fachsprache des Forstwesens im 18. Jahrhundert. Eine wort- und sachgeschichtliche Untersuchung zur Terminologie der deutschen

Forstwirtschaft (Beiträge zur deutschen Philologie 32) (Giessen 1964) S. 160 ff. im Kapitel über die »Arbeitsgeräte des Holzhauers.«

164 Unter einem Forstknecht ist nicht in jedem Fall ein untergeordneter Bediensteter zu verstehen. Vergl. MANTEL (Forstgeschichte, S. 496). Oft übte der Forstknecht als Amtsträger in eigener Uniform und als Repräsentant des Landesherren in einem bestimmten Waldbezirk seinen Dienst aus. Vergl, den Aufsatz von VIEBIG, Joachim, Gehende und reitende Forstknechte in der Kurpfalz, in: Eberbacher Geschichtsblatt 101 (2002) S. 151–166. Seit 1596 war in der rechtsrheinischen Kurpfalz ein Forstmeister von Heidelberg aus für die Forstverwaltung der Oberämter zuständig. Dementsprechend hatte er die Aufsicht über die Forstknechte, die zum Beispiel in Ziegelhausen, Waldwimmersbach, Neunkirchen, Schönbrunn und Gaiberg ihren Amtssitz hatten. Zu ihrem Dienstbezirk gehörten nicht nur die kurfürstlichen Wälder, sondern auch die Gemeinde- und Privatwälder. Nach 1700 wird die Bezeichnung »Forstknecht« zunehmend durch »Förster« und »Jäger« ersetzt. Die kurpfälzischen Hofkalender führen in der Regel für das 18. Jahrhundert im Oberamt Heidelberg in folgenden Orten Forstknechte auf: Walldorf, Nußloch, Neckarau, Schönau, Hockenheim, Schwetzingen, Planckstadt, Gaiberg, Ziegelhausen, Schriesheim, Schönau, Weinheim und Käfertal. So zum Beispiel im Hofkalender von 1765, S. 38 f. Vergl. auch die Forstordnung von 1711: »Von dem Ambt, deren Forstmeistern, Ober-Förstern und Forstknechten«. Siehe JANSON (Forstordnung, S. 217 ff.).

165 Siehe auch das Schreiben des Hofkellers an den Keller zu Waldeck vom 14. Juni 1660 (GLA 204/957).

166 GOTHEIN, Eberhard, Die Pfalz nach dem Dreißigjährigen Krieg, in: Badische Neujahrsblätter 5 (1895) S. 17.

167 SCHOLTEN (Fronwesen, S. 2).

168 Ebd., S. 9.

169 Ebd., S. 19. Die »Forst- und Wald- auch Weid-Werks-, Jagd- und Fischerei-Ordnung« von 1711 ist veröffentlicht bei JANSON, Franz, Materialien zu einem künftigen Gesetzbuch für die Churpfälzischen Lande, und zum Nachschlagen bei künftigen Vorlesungen über das Churpfälzische Privatrecht, das ist: Churpfälzische Verordnungen nach der Chronologie gesammelt. Erster Teil von 1196 bis 1743 (Heidelberg 11792) S. 208 ff.

170 In der Regel durften Bäume nur zwischen dem 16. Oktober und Anfang März geschlagen werden. Das nachwachsende Holz sollte auf keinen Fall beschädigt werden. Das Kappen der Wipfel war erst nach vier Tagen, nach dem Rückgang des Saftes, erlaubt. Der Stumpf durfte nicht länger als ein Schuh über dem Boden stehen. Wenn auch das Vieh und die Schweine zur Eckerichzeit noch in den Wald gelassen wurden, gab es in der Zeit Karl Ludwigs zunehmend Vorschriften zum Schutze des Baumbestands, die zum Beispiel die Entfernung des Harzes und das Sammeln von Laubstreu verboten. Wilder Hopfen durfte nur noch unter Kontrolle des kurfürstlichen Braumeisters eingeholt werden. Vergl. SEYFRIED, Eugen, Heimatgeschichte des Bezirks Schwetzingen (Ketsch 1925) S. 113 ff. Zu den vielfältigen Schutzmaßnahmen siehe auch KEHR (Fachsprache, S. 212). Kehr weist darauf hin, dass der heute vielfältig verwandte Begriff der Nachhaltigkeit seinen Ursprung in der Forstpolitik des 17. und 18. Jahrhunderts hat.
171 Siehe das von dem Hofkeller an diesem Tag unterschriebene »Verzeichnis« (GLA 204/957).
172 Vergl. MOHR, Helmut, Weinbau in Wiesloch und an der Bergstraße. Ein geschichtlicher Überblick, in: Wiesloch. Beiträge zur Geschichte 1 (2000) S. 243–263, hier S. 250.
173 »Ein Malter Weizen kostete um jene Zeit 48 Kreuzer, ein Malter Spelz oder Hafer je 36 Kreuzer Fleisch stand damals am niedrigsten im Preise. Ein Pfund galt 10 Kreuzer, wahrend man für das Pfund Rauchfleisch 30 Kreuzer bezahlte. Eine Gans kostete 20 Kreuzer, ein Huhn nur 12 Kreuzer und eine Taube 6 Kreuzer Ein halbes Hundert Eier konnte man für 30 Kreuzer kaufen. Ein Reh wurde mit 2 Gulden, ein Hase mit 37 Kreuzer, ein Feldhuhn und eine Schnepfe mit je 15 Kreuzer bezahlt.« Vergl. SEYFRIED (Heimatgeschichte, S. 101). In der Zeit Karl Ludwigs waren die Löhne relativ hoch. Damals wurde auch der Johannsitermin abgeschafft, an dem die Knechte ihre Dienste wählten und ihre Lohnforderungen vertraten. Die Regierung stellte eine Lohntaxe für Dienstboten auf: »Danach sollte der über 22 Jahre alte Großknecht jährlich 25 Gulden, der Mittelknecht mit mindestens 20 Jahren 20 Gulden, der Kleinknecht 16 Gulden erhalten. Eine Großmagd stand auf 9–10 Gulden, die Kleinmagd auf 6–7 Gulden. Tagelöhnern stand ohne Verköstigung 16 Kreuzer täglich zu.« Siehe ebd. 102.

174 Beschwerde der beiden Daubenhauer vor dem Hofkeller am 5. April 1659 (GLA 204/957).
175 Siehe SANDEN, Jörg, Gemeindewald Sandhausen, in: Heimatbuch der Gemeinde Sandhausen (Sandhausen 1986) S. 31-42.
176 Seit 1533 waren für die Fragen der Waldwirtschaft und des Holzverkaufs zwei Forstmeister, je einer für die rechts- und linksrheinischen Gebiete zuständig. Siehe KEIPER, Johann, Kurpfalzbayerische Forstverwaltung, in: Forstwirtschaftliches Centralblatt (1905) S. 2. Kurz danach erließ Ottheinrich im Jahre 1557 eine Holzordnung, die zur sparsameren Verwendung von Brennholz führen sollte. Siehe SULZMANN (Holzhandel, S. 17 ff.).
177 Im Mittelalter unterlagen die Gemeindewaldungen nur im Ansatz einer obrigkeitlichen Kontrolle. Die Regeln für die Nutzung waren in den Weistümern niedergelegt. Erst um die Wende zum 16. Jahrhundert lassen sich verstärkt kurfürstliche Regelungen über Holzabgaben, Schläge usw. feststellen. Das Landrecht von 1582 leitet dann eine Epoche intensiverer Staatsaufsicht ein. Siehe HAUSRATH (Forstorganisation, S. 452 ff.). Die Gemeinden wurden bereits in der Forstordnung von 1572 verpflichtet, einen oder zwei Förster einzustellen, die die landesherrlichen Forstorgane zu vertreten hatten. Sie waren den Amtleuten rechenschaftspflichtig.
178 Siehe KEIPER, Johann, Kurpfalzbayerische Forstverwaltung. Forstwirtschaftliches Centralblatt (1905) S. 7.
179 Siehe Kapitel 5.
180 BENNER, Manfred, Vom Eysackschen Adelshof zum Bauhof des Kurfürsten. Die archäologische Grabung an der Unteren Neckarstraße 70-74 in den Jahren 1986 und 1987, in: Heidelberg. Jahrbuch zur Geschichte der Stadt (2000) S. 139-146.
181 Vergl. LENZ, Rüdiger, 850 Jahre Schwarzach (Schwarzach 1993) S. 101 ff.
182 Ebd., S. 130.
183 Anordnung vom 25. April 1659 (GLA 205/957). Der Transport war mit vielen Schwierigkeiten verbunden, da noch kein ausgebautes System von Waldwegen zur Verfügung stand. Oft bediente man sich so genannter »Schleifen«. Dies waren rutschenartig angelegte Hohlwege, auf denen das Holz bergabwärts »geschleift« wurde. Siehe COLLOFONG, Ernst, FELL, Hans, 1000 Jahre Lambrecht (Lambrecht 1978)

S. 288. Erst nach 1780 wurde ein übersichtlicheres System von Waldwegen entwickelt. Siehe SCHMEHRER, Thomas, Die Auswirkungen des pfälzischen Triftwesens auf die Kulturlandschaft des Pfälzerwaldes in der ersten Hälfte des 19. Jahrhunderts, in: Beiträge zur Umweltgeschichte 2 (1997) S. 83-97. Im Detail hat sich SULZMANN zu den Techniken des Holztransports geäußert. Siehe SULZMANN (Holzhandel, S. 40 ff.).

184 JÄGERSCHMIDT, Karl Friedrich, Handbuch des Holztransports und Floßwesens, Band 2 (Karlsruhe 1827).

185 HEIMANN nimmt an, dass der Holztransport auf dem Neckar bis ins 18. Jahrhundert hinein überwiegend durch die Flößerei abgewickelt wurde. Siehe HEIMANN, Hans, Die Neckarschiffer, 2 Bände (Heidelberg 1907) S. 5.

186 Über Holztransporte war die Heidelberger Verwaltung gut informiert. Sämtliche Holzhändler und Flößer des Neckartals mussten zunächst den Holzbedarf des kurfürstlichen Hofes, des Militärs, der Kanzlei und der Universität sicherstellen, bevor sie ihre Ladung weiter in die rheinischen Städte transportieren konnten. Auch musste der Bedarf der Dörfer und Städte am Neckar zu günstigen Preisen gedeckt sein, bevor die Holzladungen auf den Rhein gebracht werden konnten. Siehe DENZ (Schiffahrtspolitik, S. 39).

187 LENZ, Rüdiger, Die Kellerei Dilsberg. Zur Geschichte einer regionalen Verwaltungsinstanz im Rahmen der kurpfälzischen Territorialpolitik am unteren Neckar (Stuttgart 1989).

188 FACIUS, Friedrich, Hafenbau und Flußkorrektion, Mannheimer Hefte 2 (1981) S. 65-105.

189 MANTEL (Forstgeschichte, S. 459).

190 Bei dem um 1660 auf der Minneburg residierenden Keller handelt es sich um Johann Sigmund Seifried, dessen Bestallungurkunde am 5. Juni 1667 ausgestellt wurde. Sein unmittelbarer Vorgesetzter war der Oberamtmann und Landschreiber zu Heidelberg. Er übte neben seinen Aufgaben als Keller auch das Amt des Zentgrafen der Stüber Zent aus. (GLA 67/ 941). Zu dieser Doppelfunktion siehe LENZ, Rüdiger, Streifzüge durch die Organisation pfälzischer Ämter, in: Kraichgau. Beiträge zur Landschafts-und Heimatforschung, 1989, S. 81-94.

191 DENZ (Schiffahrtspolitik). »Die Besitzer der kleineren Fahrzeuge, die sogenannten Humpler, waren in Haßmersheim konzentriert, durften

aber lediglich rheinabwärts bis nach Oppenheim fahren.« (SCHAAB, Kurpfalz: Neuzeit, S. 231).
192 DENZ (Schiffahrtspolitik, S. 70).
193 Siehe HAUSRATH (Waldeigentum, S. 30 ff.).
194 WIDDER (Beschreibung, Band 1, S. 135) gibt für Neckargerach folgende Aufteilung der Gemarkung in Morgen an: 329 Acker, 85 Wiesen, 29 Gärten und 520 Wald an. Für den Umgang mit dem Holz gab es zahlreiche Gebote und Verbote. Da die »Holzgewerbschaft« in der Regel als gemeinbürgerliche Sache galt, existierte auf dem Gebiet der Waldnutzung im Unterschied zur Schiff- und Floßfahrt keine zünftische Beschränkung und Organisation. Siehe SULZMANN (Holzhandel, S. 30 ff.). Im Laufe des 18. Jahrhunderts wurden solche gemeindegenossenschaftlichen Prinzipien jedoch zunehmend durchlöchert. Siehe LIEBIG, Fritz: 1000 Jahre Neckargerach. 1200 Jahre Guttenbach (Neckargerach 1976) S. 11.
195 Zur historischen Basis der verwaltungsgeschichtlichen Entwicklung siehe WÜST, Günter, Pfalz-Mosbach (1410–1499). Geschichte einer pfälzischen Seitenlinie des 15. Jahrhunderts unter besonderer Berücksichtigung der Territorialpolitik (Bamberg 1976); LENZ, Rüdiger, Das kurpfälzische Oberamt Mosbach. Ursprünge und Organisation der Amtsverfassung, in: Mosbacher Jahresheft 2 (1992) S. 40–67.
196 Siehe LENZ, Rüdiger, Entstehung, Entwicklung und Funktionen der pfälzischen Kellerei Eberbach, in: Zeitschrift für die Geschichte des Oberrheins 147 (1999) S. 405–22; WIDDER (Beschreibung, Band 1, S. 126–140); KOLLNIG, Karl, Ein Huldigungsprotokoll der Eberbacher Zent vom Jahre 1556, in: Eberbacher Geschichtsblatt 81 (1982) S. 7–16; KLINGE, Hans, Das Hochgericht der Eberbacher Zent (Galgen) (mit Urteilen des Malefiz-Gerichts), in: Eberbacher Geschichtsblatt 101 (2002) S. 71–104.
197 Wie kompliziert die territorialen Verhältnisse in diesem östlichen Bereich der Kurpfalz waren, wird daran deutlich, dass die Dörfer Zwingenberg, Weisbach, Strümpfelbrunn und Fahrenbach zwar zur Eberbacher Zent, nicht aber zur Kellerei Eberbach gehörten. Vergl. HÄGERMANN, Melanie Julia, Das Strafgerichtswesen im kurpfälzischen Territorialstaat. Entwicklungen der Strafgerichtsbarkeit in der Kurpfalz, dargestellt anhand von ländlichen Rechtsquellen aus vier rechtsrheinischen Zenten (Diss. Würzburg 2003) S. 38 ff.

[198] Siehe das Dorfrecht von 1681, abgedruckt bei KOLLNIG, Die Weistümer der Zenten Eberbach und Mosbach. Badische Weistümer und Dorfordnungen Band 4. (Veröffentlichungen der Kommission für geschichtliche Landeskunde in Baden-Württemberg A 38) (Stuttgart 1985) S. 77-81.

[199] Bei WIDDER (Beschreibung, Band 1, S. 135) heißt es: »Das Gericht besteht aus einem Schultheißen und vier Schöffen«.

[200] Humpelnachen bezeichnet einen kleinen Nachen ohne Segel. Die Humpelschiffer nahmen in der Rangordnung der Schifferzünfte eine geringere Position ein.

[201] Der Hofkeller forderte den Neckarelzer Keller ausdrücklich dazu auf, die Unterstützung des Eberbacher Kellers in Anspruch zu nehmen. Siehe das Schreiben vom 16. Juni 1659 (GLA 204/957).

[202] MONE, Franz Joseph, Das Neckarthal von Heidelberg bis Wimpfen, vom 13. bis 17. Jahrhundert, in: Zeitschrift für die Geschichte des Oberrheins 11 (1860) S. 39-82, 138-177.

[203] Dies lässt sich einem bei HEIMANN (Neckarschiffer, S. 34) abgedruckten Verzeichnis des Heidelberger Oberamts über das Schiffergewerbe im Neckartal entnehmen. Das Gleiche gilt in diesem Jahr auch für Hirschhorn. Vergleiche auch DENZ (Schiffahrtspolitik, S. 19): »Diese Schiffer waren in der Neckarbruderschaft zusammengeschlossen, die auch den Rhein befuhr Dort aber sah sie sich im Unterschied zu ihren Fahrten auf dem Neckar den harten Rivalitätskämpfen zwischen Kurpfalz und Kurmainz ausgesetzt. 1730 ging die Mannheimer Verwaltung von 170 Schifferleuten am kurpfälzischen Neckar aus.«

[204] Die Tatsache, dass es in Neckargerach in diesen Jahren keine Schiffahrt gab, mag überraschen, da Neckargerach neben Neckargemünd, Neckarsteinach, Hirschhorn und Eberbach schon im 16. Jahrhundert ein besonderes Privileg für den Holzhandel hatte. Wahrscheinlich ist das Fehlen von Schiffern in Neckargerach eine Folge des Dreißigjährigen Kriegs. Siehe HEIMANN (Neckarschiffer, S. 5).

[205] LENZ, Rüdiger, Das kurpfälzische Oberamt Mosbach. Ursprünge und Organisation der Amtsverfassung, in: Mosbacher Jahresheft 2 (1992) S. 40-68.

[206] LENZ, Rüdiger, Entstehung, Entwicklung und Funktionen der pfälzischen Kellerei Eberbach, in: Zeitschrift für die Geschichte des Oberrheins 149 (1999) S. 420.

207 Roland VETTER, »Pauholtz, rysisch, kendel, heselin reiff« und »weid« für das »ziehende fieh«. Die Bedeutung städtischer Waldwirtschaft für Eberbach im Spätmittelalter, in: Staatliches Forstamt Eberbach; BUNGENSTAB, Georg (Hg.), Wälder im Odenwald – Wald für die Odenwälder aus 150 Jahren Eberbacher Forstgeschichte (Eberbach 1999) S. 256–281.

208 LUTTENBERGER, Karl, Untersuchungen über die Flößerei auf dem Neckar und seinen Nebenflüssen in geschichtlicher und wirtschaftlicher Hinsicht (Diss. Heidelberg 1905). Grundlegend zur Geschichte der Flößerei ist KEWELOH, Hans-Walter (Hg.), Auf den Spuren der Flöße. Wirtschafts- und Sozialgeschichte eines Gewerbes (Stuttgart 1988).

209 WALZ, Heinrich, WERNER, Kurt, Eberbach am Neckar. 650 Jahre Schiffahrt (Eberbach 2000); JOHO, Helmut, Der Neckar. Eberbachs Lebens- und Verkehrsader, in: Eberbacher Geschichtsblatt (1987) S. 50–57.

210 EBERSOLD, Günter, Herrschaft Zwingenberg – ein gescheiterter Staatsbildungsversuch im südöstlichen Odenwald (1504–1806). Ein Beitrag zur kurpfälzischen Geschichte (Europäische Hochschulschriften, Reihe III: Geschichte und ihre Hilfswissenschaften 72) (Frankfurt am Main – Berlin – Bern – New York – Paris – Wien 1997).

211 Siehe das Dekret der Rechenkammer an den Hofkeller vom 23. Januar 1660 (GLA 204/957).

212 Seit 1600 wurde Schlierbach als ein Teil der Heidelberger Stadtgemarkung angesehen. Siehe DERWEIN, Herbert, Die Flurnamen von Heidelberg (Heidelberg 1940) S. 97. Zur Rolle der Müller siehe FRANCK, Hans Georg, Die Entstehung der pfälzischen Müllerei und ihre Entwicklung auf dem Lande und in der Stadt bis zum Ende des 18. Jahrhunderts, in: Pfälzische Heimatblätter 9 (1913) S. 165–168, S. 185 f.; LAUFS, Adolf, Die Stadt Mühle im alten deutschen Recht – eine Skizze, in: Zeitschrift für die Geschichte des Oberrheins 147 (1999) S. 339–448; KARCH, Philipp, Mühlen im Hochspeyertal, in: Pfälzer Heimat 21 (1970) S. 90–92; MÜLLER, Friedrich Wilhelm, Den Müllern ins Kerbholz geschnitten. Ein altes pfälzisches Handwerk und sein Berufsethos in: Beiträge zur Heimatgeschichte 50 (1970) S. 29–33 Bei dem Müller in Schlierbach handelt es sich um einen Sägemüller, der für Holzschlag und Holzbeförderung zuständig war. Diese Berufsgruppe wurde auch

als Wassermüller bezeichnet. Siehe RADKAU, Joachim, Vom Wald zum Floß – ein technisches System? Dynamik und Schwerfälligkeit der Flößerei in der Geschichte der Forst- und Holzwirtschaft, in: KEWELOH, Hans-Walter (Hg.), Auf den Spuren der Flöße. Wirtschafts- und Sozialgeschichte eines Gewerbes (Stuttgart 1988) S. 16–40, hier S. 25.

213 Der Teil der Stämme, der nicht für den Bau des Fasses genutzt werden konnte, wurde für Fässer »geringerer Gattung« verwendet, wie sich einer Anordnung der Rechenkammer an den Hofkeller vom 22. Dezember 1660 entnehmen lässt (GLA 204/957).

214 Hinweise auf das Amt des Wagenmeisters finden sich bei MAYS, CHRIST (Einwohnerverzeichnis, S. 97 ff.).

215 Zur Geschichte der Weingefäße ist die Abhandlung von BASSERMANN-JORDAN (Weinbau, S. 715–779) weiterhin gültig. Der Autor hat dort nachgewiesen, dass das Holzfass auf der linken Rheinseite bereits während der Römerzeit eine große Bedeutung hatte, aber überwiegend nur als Transportgefäß. Als Lagerfass löst das Holzfass seit der Karolingerzeit die römischen Tongefäße ab. In Eisen gebundene Fässer sind seit der Zeit Karls des Großen nachzuweisen. Trotz dieser frühen Datierung wurden eiserne Reifen erst im Übergang vom 18. zum 19. Jahrhundert allgemein verwendet.

216 Über diese Prozedur berichtet der Hofkeller in einem Schreiben an die Rechenkammer am 17. September 1663 (GLA 204/957).

217 Das Ausbrennen der Fässer diente der Verbesserung des späteren Weinaromas. Durch die Dämpfe entstand eine Art Imprägnierung. Vergl. SCHNEIDER, Rudi, Die Arbeit des Küfers, in: Schweizerische Zeitschrift für Obst- und Weinbau 1 (1998) S. 1–4.

218 Siehe das Verzeichnis des Hofkellers vom 4. Oktober 1663 (GLA 204/957).

219 Ein Karch war ein zweirädriger Wagen. In rechtlicher Beziehung wurde damit auch ein Gefährt bezeichnet, mit dem der Fuhrdienst im Rahmen der Leistungen für die Grundherrschaft oder für den Landesherrn geleistet wurde. Siehe Deutsches Rechtswörterbuch, Internetversion.

220 VETTER, Roland, Der Eberbacher Neckarkran von 1499. Ein bisher unbeachtetes wirtschaftsgeographisches Detail aus dem Spätmittelalter, in: Eberbacher Geschichtsblatt 91 (1992) S. 34–46. Zur Wirtschafts-, Technik- und Verwaltungsgeschichte von Kranen in der Kurpfalz vergl.

auch SCHWARZ, Albert, Der Germersheimer Rheinkran. Streit mit Speyer wegen des von der Kurpfalz eingeführten Kranenzwangs, in: 900 Jahre Germersheim 1090–1990 (Schriftenreihe zur Geschichte der Stadt Germersheim 1) (Germersheim 1990) S. 79–106.

221 Der Kurfürst erwies sich als Weinkenner. Die optimale Kellertemperatur für die Weinlagerung liegt zwischen 8 und 9 Grad Celsius. Vergl. SCHNEIDER, Rudi, Vorbereitung und Pflege des Holzfasses, in: Schweizerische Zeitschrift für Obst- und Weinbau 3 (1998) S. 74–76.

222 PFAFF, Karl, Heidelberg und Umgebung. Dritte umgearbeitete Aufl. (Heidelberg 1910) S. 269.

223 Zum Eichen der Weinfässer siehe BASSERMANN-JORDAN (Weinbau, S. 770).

224 Näheres zu diesem Amt bei PRESS (Calvinismus, S. 75).

225 Siehe zur Rolle der städtischen Eicher, die meist Küfermeister waren, bei HALFER, SEEBACH (Rebleute, S. 40 ff.). Meist waren die Eichmeister in der städtischen Hierarchie ganz oben eingeordnet. MAYS und CHRIST (Einwohnerverzeichnis, S. 106 f.) geben folgende Erklärung: »Weinschröter waren nicht nur solche, die Weinfässer auf sogenannten Schrotleitern in den Keller rollen, sondern auch geschworene Eichmeister, städtische Diener zum Eichen der Gefäße und zur Überwachung des Verkaufs und Ausschanks von Wein, die daher auch Weinschützer hießen und Gebühren bezogen.«

226 Siehe das Eichprotokoll vom 9. September 1604 (GLA 204/957), unterzeichnet von dem Rechenkammerrat Würth, der zugleich den Posten des Zollzeichenverwahrers innehatte, den beiden städtischen Eichern Heinrich Dreher und Hans Schlachter sowie dem Hofkeller Johann Mayer.

227 Eine Untersuchung über die Bedeutung des Heidelberger Hofes als Faktor für die Wirtschaftsentwicklung des Fasses steht noch aus. Fragestellungen und methodische Reflexionen zur Analyse von Fürstenhöfen finden sich zum Beispiel bei KELL, Eva, Hof und Kultur in der leiningischen Residenz Dürkheim, in: Mitteilungen des Historischen Vereins der Pfalz 100 (2002) S. 263–279 und WINTERLING, Aloys, Der Hof des Kurfürsten von Köln 1688–1794. Eine Fallstudie zur Bedeutung »absolutistischer Hofhaltung« (Bonn 1986).

228 Siehe das Schreiben des Hofkellers an die Rechenkammer vom 31. Juni 1665 (GLA 204/957).

229 »Churpfalz Hofkeller Hans Mayer berichtet unterschiedliches wegen deß gebauten neuen Fasses bey Hof« (GLA 204/957).
230 Die Rechnung von 1615 liegt dem Schreiben vom 31. Juni 1665 bei.
231 Diese Reparatur war sicher so etwas wie eine Generalerneuerung. Folgende Berufsgruppen waren daran beteiligt: Küfer, Zimmerleute, Holzschneider, Schlosser, Windenmacher, Eisenkrämer, Schreiner, Steinhauer, Eicher.
232 Siehe GLA 204/957. Im Detail sei auf diese Aufstellung nicht eingegangen.
233 Insbesondere in dieser Zeit galt Bacharach als einer der wichtigsten Weinorte der Kurpfalz. Nach 1700 ging der Ruf der Stadt etwas zurück. Siehe WAGNER, Friedrich-Ludwig, Bacharach im 17. und 18. Jahrhundert, in: ders. (Hg.), Bacharach und die Geschichte der Viertälerorte Bacharach, Steeg, Dielbach und Manubach (Oberwesel 1996) S. 91–97; JEITER, Erminia, Geschichte des Weinbaus und des Weinhandels in Bacharach und seinen Tälern (Köln 1919). Zur Bedeutung von Bacharach als Umschlagsort für den Weinhandel siehe BASSERMANN-JORDAN (Weinbau, S. 1107).
234 Besonders beliebt war der Bacharacher Feuerwein, bei dem die Gärung nicht unterdrückt, sondern durch eine zwei- bis dreitägige Erhitzung durch das Abbrennen von Buchenholz beschleunigt wurde. 1664 hatte Karl Ludwig acht Fuder davon an den König von England geschickt. Siehe ZAHN, Walter, Der Viertäler-Feuerwein, in: WAGNER, Friedrich-Ludwig, Bacharach und die Geschichte der Viertälerorte Bacharach, Steeg, Dielbach und Manubach (Oberwesel 1996) S. 409. Zur Aufwertung Bacharachs als Zollstadt durch Karl Ludwig siehe BRAUN, Karl, Die wirtschaftliche Entwicklung der kurpfälzischen Stadt Bacharach unter besonderer Berücksichtigung der Merkantilzeit (Bacharach 1926) S. 68 ff.
235 Zum Hof als Sozial- und Wirtschaftssystem siehe MÜLLER (Fürstenhof, 5.17–31).
236 OECHELHÄUSER, Adolf von, Das Heidelberger Schloß (Heidelberg 1987) S. 40 f.; KETTEMANN, Rudolf, Heidelberg im Spiegel seiner ältesten Beschreibung (Heidelberg 1987); WENDT, Achim, BENNER, Manfred, Das Heidelberger Schloß im Mittelalter. Bauliche Entwicklung, Funktion und Geschichte vom 13. bis zum 15. Jahrhundert, in: RÖDEL, Volker (Red.), Der Griff nach der Krone. Die Pfalzgrafschaft

bei Rhein im Mittelalter. Begleitpublikation zur Ausstellung der Staatlichen Schlösser und Gärten Baden-Württemberg und des Generallandesarchivs Karlsruhe (Regensburg 2000) S. 165–181.
237 GOETZE, Jochen, Rückkehr des Pfälzer Kurfürsten Carl Ludwig und seiner Familie, in: PAAS, Sigrun (Hg.), Liselotte von der Pfalz. Madame am Hofe des Sonnenkönigs. Katalog zur Ausstellung auf dem Heidelberger Schloß vom 11. September 1996 bis 26. Januar 1997 (Heidelberg 1996) S.37–42.
238 In den Unterlagen zur Hofökonomie unter Karl Ludwig findet sich eine von dem Kurfürsten unterzeichnete Anordnung vom 12. März 1661, in der das Wachpersonal ermahnt wird, »die abtragung der Esensspeiß und trankh aus dem Schloß nicht zu gestatten«. Nur bei ausdrücklichem (»expressen«) Befehl durch den Kurfürsten seien »frembde herrschaften« zu verköstigen. Die Kontrollen an den beiden Schloßpforten seien zu verstärken. Werde jemand ertappt, soll des »abtragers Huth oder mantel, oder da es eine Frauperson, eine ihrer röckh« durch die Wache so lange konfisziert bleiben, bis diese mit einem Reichstaler ausgelöst würden. Versuche jemand ein drittes Mal zu stehlen, soll diese Person »zum Exempel alß ein Dieb mit ruthen außgestrichen werden« (GLA 77/8432).
239 Siehe STUCK (Personal, S. 2); siehe auch KREBS (Dienerbücher, S. m 23, Nr. 169).
240 Ebd., S. m 13, Nr. 41.
241 STUCK (Personal, S. 48); KREBS (Dienerbücher S. m 73, Nr. 1309).
242 Gesonderte Weinlagerungsplätze gab es in allen Residenzen. So wurden in Dresden die Weine aus den kurfürstlichen Weinbergen in sieben Zeughauskellern gelagert. Vergl. BERNUTH, Jörg, Der Weinbau an der Elbe. Ein Beitrag über die geschichtliche Entwicklung des Elbtal-Weinbaus von den Anfängen bis zur Gegenwart (Schriften zur Weingeschichte 72) (Wiesbaden 1984) S. 19.
243 Siehe das Verzeichnis über die Aufnahme der in den kurfürstlichen Schlosskellern befindlichen Weine vom 13. April 1664 (GLA 77/8433). Der Bericht der Kommission wurde am 21. April 1664 von den Kommissionsmitgliedern unterschrieben und der Rechenkammer übergeben. Auch spätere Berichte sprechen von vielen Fässern in den Schlosskellern. Siehe auch den vom kurpfälzischen Kriegskommissar am 2. Mai 1689 veröffentlichten Bericht. Abgedruckt bei SALZER, Robert,

Das Schloß gesprengt, die Stadt verbrannt. Zur Geschichte Heidelbergs in den Jahren 1688 und 1689 und von dem Jahre 1689 bis 1693. ND der Ausgaben von 1878 und 1879, kommentiert von Roland Vetter (Heidelberg 1993) S. 66 ff.

244 »Neckarwein« bezieht sich hier auf den Wein aus den kurpfälzischen Weinorten im Neckargebiet. Die Bezeichnung »Neckarwein« gibt es bereits in den Handelsregistern des Spätmittelalters. Damit ist aber meist der Wein aus den württembergischen Lagen gemeint. Vergl. SPRANDEL, Rolf, Von Malwasia bis Kötzschenbroda. Die Weinsorten auf den spätmittelalterlichen Märkten Deutschlands, in: Vierteljahrsschrift für Sozial- und Wirtschaftsgeschichte Beiheft 149 (1998) S. 80.

245 WIDDER (Beschreibung, Band 1, S. 134) gibt für Heidelberg 268 Morgen Wingert an. Die Angaben für die anderen Nutzungsflächen auf der Heidelberger Gemarkung lauten: 2189 Morgen Acker, 125 Morgen Wiesen, 141 Morgen Gärten, 20 Morgen Weide, 5500 Morgen Wald. In den folgenden Ausführungen wird zur Veranschaulichung auch bei anderen Gemeinden auf das Werk Widders zurückgegriffen. Obwohl sich seine Angaben auf die zweite Hälfte des 18. Jahrhunderts beziehen, können sie auch für das 17. Jahrhundert eine Groborientierung bieten. Zum Quellenwert des Werkes von WIDDER siehe DOTZAUER, Winfried, Beiträge zur Statistik der kurpfälzischen Oberämter am Ausgang des Ancien Regime und der territorialen Nachfolgeinstanzen während der französischen Herrschaft, in: GERLICH, Alois (Hg.), Vom Alten Reich zu neuer Staatlichkeit. Alzeyer Kolloquium 1979: Kontinuität und Wandel im Gefolge der französischen Herrschaft am Mittelrhein (Wiesbaden 1982) S. 1–27. Siehe auch HIPPEL, Wolfgang von, Die Kurpfalz zur Zeit Carl Theodors (1742–1799) – wirtschaftliche Lage und wirtschaftspolitische Bemühungen, in: Zeitschrift für die Geschichte des Oberrheins 148 (100) S. 177–244, hier S. 182.

246 WIDDER (Beschreibung, Band 1, S. 331) bemerkt zu Weinheim: »Die Gemarkung enthält 2705 Morgen Acker, 524 Morgen Wingert, 394 Morgen Wiesen, 20 Morgen Gärten, 874 Morgen Weide und 784 Morgen Wald«. »In der Stadt stehet ein Kurfürstliches Schloss, welches von dem herrschaftlichen Keller bewohnt, und zur Verwahrung der eingehenden Weine und Früchte gebraucht wird.«

247 Nach WIDDER (Beschreibung, Band 1, S. 264) teilt sich die Dossenhei-

mer Gemarkung wie folgt nach Morgen auf: 942 Äcker, 215 Wingert, 62 Wiesen, 1000 Wald. Siehe auch CONZELMANN, Rudolf, Dossenheim. Geschichte einer 1200jährigen Bergstraßengemeinde (Dossenheim 1966).

248 Wie mühsam damals noch das Einsammeln der Abgaben verlaufen ist, lässt sich am Beispiel Schriesheims nachweisen. Die Gebäude im Umfeld des Zentkellers waren großteils zerstört. Der Fruchtzent musste lange Jahre verpachtet werden. Erst im Jahre 1664 wurden die Einnahmen wieder durch die Verwaltung organisiert. 1670 wurde die Zentscheuer errichtet. Siehe BRUNN, Hermann, 1200 Jahre Schriesheim (Mannheim 1964) S. 103. Für Schriesheim gibt WIDDER (Beschreibung, Band 1, S. 277) folgende Aufteilung der Gemarkung in Morgen an: 1509 Ackerfeld, 294 Wingert, 300 Wiesen, 8000 Wald.

249 Leimen musste laut Zinsbuch von 1609 25 Fuder Wein in die Kellerei nach Heidelberg liefern. Diese Abgabe wurde als die »ständig oder ewig« bezeichnet. Bei Abgaben an private Grundherren sprechen die Quellen von »unständiger Weingült«. Natürlich waren die 25 Fuder eine Norm, die kaum regelmäßig erreicht werden konnte. So wurden 1677 wegen der immer noch brachliegenden Weinberge nur 13 Fuder, 1678 infolge eines Hagelschlags nur sechs Fuder geliefert. Solche Schwankungen führten zu zahlreichen Auseinandersetzungen zwischen den lokalen Instanzen und der Heidelberger Kellerei. 1719 wurde eine dreistufige Abgabeordnung erlassen. Ihr zufolge mussten nach einem guten Herbst zehn Fuder, nach einem mittleren sechs und nach einem schlechten nur vier Fuder nach Heidelberg geliefert werden. Die Anbaufläche für Wein schwankte in Lehnen bis zum 19. Jahrhundert zwischen 200 und 250 Morgen. 1650 lagen noch 150 Morgen unbearbeitet. Selbst um 1700 war die Weinbaufläche kaum vergrößert. Erst um 1760 ist wieder die Rede von 316 Morgen (= 76 Hektar) bebauter Fläche. Siehe MENZER, Georg-Ludwig, Leimen. Beiträge zur Ortsgeschichte (Mannheim 1949) S. 88 ff. Vergl. auch NEUER, Dieter, Kirchheim. Eine Ortsgeschichte aus der Kurpfalz (Heidelberg 1985).

250 Weingarten war neben Boxberg, Bretten, Lindenfels und Otzberg eine der rechtsrheinischen Ortschaften, die anderen Territorien umschlossen waren. Diese Exklavesituation wirkte sich bei den Weintransporten verzögernd aus.

251 Vergl. SCHUMANN, Fritz, Rebe und Wein in Neustadt, in: Stadt Neu-

stadt an der Weinstraße (Hg.), Neustadt an der Weinstraße. Beiträge zur Geschichte einer pfälzischen Stadt (Neustadt 1975) S. 651–666; FADER, Werner, Die Rebleutbruderschaft – eine weinbauliche Organisation früherer Zeit, in: ebd. S. 667–674; ADAMS, Karl, Neustadt – Weinstadt – Stadt zwischen Wald und Reben, in: ebd: S. 675–682; PROSSLER, Helmut, Das Weinbaugebiet Mittelrhein in Geschichte und Gegenwart (Schriften zur Weingeschichte 107) (Wiesbaden 1993).
252 WENDEL, Fritz, Geschichte der Stadt Wachenheim an der Weinstraße. Hg. von der Stadtverwaltung Wachenheim (Neustadt 1967); HÖRIG, Siegfried, Flurnamen, Gewanne und Weinlagen. Verbandsgemeinde Wachenheim mit Ellerstadt, Friedelsheim und Gönnheim (Wachenheim an der Weinstraße 1992).
253 JEITER, Erminia, Geschichte des Weinbaus und Weinhandels in Bacharach und seinen Tälern (Köln 1919).
254 SARTORIUS (Weinbau, S. 260 ff.).
255 SCHUMANN (Rebe und Wein, S. 653).
256 SPRANDEL (Malvasia, S. 29).
257 Vergl. die Passagen über das Reben- oder Weingartenrecht in AUBIN, Hermann, ZORN (Hgg.), Handbuch der Wirtschafts- und Sozialgeschichte, Band 1 (Stuttgart 1971) S. 193 ff. Siehe auch SCHUMANN (Rebe und Wein, S. 660); SCHREIBER, Gerhard, Deutsche Weingeschichte. Der Wein in Volksleben, Kult und Wirtschaft (Köln 1980).
258 JANSON, Franz Joseph (Hg.), Churpfälzische Verordnungen nach der Chronologie. Teil 1 (Verordnungen bis 1742), Teil 2 (Verordnungen 1743–1768). (Heidelberg 1792).
259 BASSERMANN-JORDAN (Weinbau, S. 1923) S. 160 ff.; DÖBELE-CARLESSO (Weinbau, S. 47–84).
260 ESCHENAUER, Heinz R., Zur Reinheit des Weines seit 2000 Jahren – Vinum et Plumbum (Schriften zur Weingeschichte 103) (Wiesbaden 19)2) S. 30.
261 SCHUMANN (Rebe und Wein, S. 656).
262 Leider fehlt bis heute eine ähnlich intensive und quellennahe Studie zur Geschichte einer Weingemeinde in der Kurpfalz, wie sie mit der Arbeit von DÖBELE-CARLESSO (Weinbau) vorliegt.
263 Die Ausbildung von Winzerzünften ist ein Zeichen dafür, dass der spezialisierte Weinbaubetrieb mit seinen Veränderungen im Besitz- und

Nutzungsrecht und mit seinen Pachtformen über die Grenzen der klassischen grundherrlichen Abhängigkeiten hinausstrebte. Ein Indiz für diese Sonderstellung des Weinbaus war auch die Existenz von Winzerdörfern mit Mauern, Rathaus, Badstube und Schule, wie sie am Main und in den Weinregionen am Rhein, in der Pfalz und im Elsaß zu finden sind. Vergl. IRRSIGLER, Franz, Weinstädte an der Mosel im Mittelalter, in: OPEL, Ferdinand (Hg.), Stadt und Wein (Linz a. d. Donau 1996) S. 165–179, hier S. 170. Die Organisation der Weinbauern in Zünften war jedoch bei weitem nicht die Regel. So gab es im Herzogtum Württemberg nur in den Städten Stuttgart und Tübingen Weingärtnerzünfte. In den übrigen Städten und Dörfern unterstanden die Weingärtner der Kontrolle der jeweiligen dörflichen Obrigkeit. Siehe DÖBELE-CARLESSO, Isolde, Weinbau als Schuldenfalle. Zur sozialen und wirtschaftlichen Lage der württembergischen Weingärtner im 18. Jahrhundert, in: Momente, Beiträge zur Landeskunde von Baden-Württemberg 4 (2004) S. 3–7, hier S. 5.

264 So kritisierte diese Zunft in Neustadt, dass durch »Nachlässigkeit und ohnerfahrenheit das herrschaftliche Cammeralinteresse merklich geschwächt« worden sei. Siehe FADER (Rebleutbruderschaft, S. 671). Nicht selten kam es wegen der Qualität des Weines zu Streitigkeiten zwischen den hauptberuflichen Winzern und den reinen Selbstversorgern. Die Letzteren beklagten sich ebenfalls 1752, dass sie »unter dem quasi monopolio deren Weinbergsleuth« stünden.

265 31 Vergleiche FISCHER, Roman, Artikel Weinbau, in: Handwörterbuch der Rechtsgeschichte, Band 5 (Berlin 1996) Sp. 1226–1230.

266 Vergl. das entsprechende Kapitel bei BASSERMANN-JORDAN (Weinbau, S. 271–312).

267 Vergl. das Kapitel über Traubenreife, Weinlese und Kelterung bei DÖBELE-CARLESSO (Weinbau, S. 85–120).

268 Neben den auf Dauer angestellten Beamten wie zum Beispiel dem Bachaufseher, dem Chausseegeldeinnehmer oder dem Förster übte der Herbstschreiber seine Funktion nur während der Erntezeit aus. Für seine Arbeit erhielt er als Entgelt nur eine geringe Gebühr. In der Regel hatte er aber das Privileg der Personalfreiheit, das ihn von den normalen Zentabgaben entband. Siehe MENZER (Leimen, S. 88 ff.).

269 Vergl. SCHUMANN (Rebe und Wein, S. 658).

270 Im Oberamt Heidelberg gab es folgende Kellereien: Rheinhausen,

Kirschgartshausen, Schwetzingen, Wiesloch, Schriesheim, Ladenburg, Weinheim, Waldeck, Dilsberg, Minneburg und Schwarzach. Vergl. SCHAAB, Meinrad, Kreisbeschreibung, Band 1, S. 261. Die Hofkellerei auf dem Schloss war auch für die Verwaltung einiger in unmittelbarer Nähe zur Residenz gelegenen Domänengüter zuständig.

271 UTZ, Richard, Das pfälzische Weinbürgertum. Kultursoziologische Überlegungen zur Entstehung des rheinpfälzischen Qualitätsweinbaus, in: Pfälzer Heimat 49 (1998) S. 47–56. In der Pfalz fehlten auch seit der Reformation die großen Klostergüter.

272 Mit der Begründung, dass das Fass nicht »ohne schaden leer gelassen« werden dürfte, versuchte er am 29. September 1664, die Rechenkammer zum schnelleren Handeln zu veranlassen. Es sei nötig, die Weine, »ehe sie vergären«, nach Heidelberg zu transportieren (GLA 204/1643).

273 GLA 204/1643. Schifferdecker wird bei KREBS (Dienerbücher) nicht erwähnt.

274 Die Kellerei Neckarelz gehörte zum Oberamt Mosbach und umfasste die Orte Neckarelz, Diedesheim, Obrigheim, Hassmersheim und Mörtelstein. Neckarelz verfügte nach WIDDER (Beschreibung, Band 2, S. 86 ff.) über 92 Morgen Wingert, Diedesheim über 77, Hassmersheim 51 und Obrigheim 35. Zum Vergleich seien in der gleichen Reihenfolge die Angaben für den Waldanteil genannt: 1500, 1198, 1500 und 1400. In Mörtelstein gab es keine Weingärten.

275 Siehe GLA 204/1643. Die Geschichte des Weines war im Mittelalter und in der frühen Neuzeit immer mit der Knappheit an Weinfässern verbunden. Deshalb ließ man den alten Wein vor dem Herbst auslaufen, um für den neuen Wein Raum zu schaffen. BERLET (Pfalz, S. 44.) erzählt in seinem Buch die Geschichte eines pfälzischen Edelmanns, der seinen Bauern befahl, den alten Wein im Rahmen ihrer Frondienste auszutrinken. In den im Rausch folgenden Streitigkeiten habe er als Richter eingegriffen und daraus finanziellen Gewinn gezogen. Der Wein sei ihm so »reichlich bezahlt« worden.

276 SCHOLTEN (Fronwesen, O.J.)

277 Bericht der Rechenkammer an den Hofkeller vom 8. Oktober 1664 (GLA 204/947). Ebenso das Schreiben der Rechenkammer an die Bauschreiberei vom 11. Oktober 1664, die die Bretter liefern musste. Eine Aufzählung von Schwierigkeiten, die beim Einfüllen der Weine auf-

traten, finden sich bei BREUCHEL, Philipp Jacob, Umständliche und gründliche Beschreibung des edlen Weinstocks wie nemlich Weingärten und Weinberge aufs beste angelegt, hergestellet, unterhalten und benutzet, auch allerhand Gemüß und fruchtbare Bäume mit Nutzen darein gepflanzet werden können. Nebst beigefügter Abhandlung von allen Sorten Trauben nach der Bauart des Kernes von Churpfalz, als nehmlich Neustatt, Gimmeldingen, Hard, Mußbach und Königsbach (Frankfurt am Main 1781) S. 69.

278 Schreiben des Hofkellers vom 28. Februar 1665 an die »Großzügig gebietenden Herren« der Rechenkammer (GLA 204/957). »Rheinischer Wein« wird nicht nur in dieser Quelle mit Wein aus dem linksrheinischen Gebiet identifiziert. Obwohl in dieser Arbeit nur das kurpfälzische Gebiet berücksichtigt wird, sei daran erinnert, wie sehr der Weinbau große Teile des Gebiets der späteren Rheinpfalz geprägt hat. Siehe GEIGER, Michael, PREUSS, Günter, ROTHENBERGER, Karl-Heinz (Hgg.), Die Weinstraße. Porträt einer Landschaft (Landau 1985).

279 Die Neustadter Gemarkung enthielt nach WIDDER (Beschreibung, Band 2, S. 244) 624 Morgen Acker, 535 Morgen Wingert, 210 Morgen Wiesen und 1000 Morgen Wald.

280 Die Zahlen für Wachenheim nach WIDDER (Beschreibung, Band 1, S. 335): 611 Morgen Äcker, 344 Morgen Wingert, 135 Morgen Wiesen, 2 Morgen Gärten und über 6000 Morgen Wald.

281 In dem bei Neustadt gelegenen Friedelsheim gab es nach WIDDER (Beschreibung, Band 2, S. 339) 924 Morgen Acker, 61 Morgen Wingert, 75 Morgen Wiesen und 48 Morgen Wald.

282 Pfeddersheim, im Oberamt Alzey gelegen, hatte den für eine bäuerliche Gemeinde in der Ebene typisch hohen Anteil an Ackerland, nämlich 2924 Morgen. Sein Wingertgelände war mit 108 Morgen um vieles geringer. Siehe WIDDER (Beschreibung, Band 3, S. 131).

283 Dirmstein wird bei WIDDER nicht aufgeführt, da es seit 1708 zum Fürstbistum Worms gehörte. Siehe MARTIN, Michael, Revolutionierung und Änderungen der Sozialstruktur in der fürstbischöflich-wormischen Landgemeinde Dirmstein, in: RODEL, Volker (Hg.), Die Französische Revolution und die Oberrheinlande (1789–1798) (Oberrheinische Studien 9) (Sigmaringen 1991) S. 67–84, hier S.68.

284 Der kurfürstliche Keller in Neustadt gehörte zu den Beamten des Oberamts. Er war zuständig für die Verwaltung der Naturaleinkünfte, die

er teilweise an die Hofverwaltung weitergab. Der Rest wurde für Besoldungsanteile der Beamtenschaft eingesetzt oder versteigert. Siehe KARST, Theodor, Das Kurpfälzische Oberamt Neustadt an der Haardt (Veröffentlichungen zur Geschichte von Stadt und Kreis Neustadt an der Weinstraße 1) (Speyer 1960) S. 180.

285 Der Landschreiber war der Vertreter des Amtmanns, der von Oppenheim aus das gleichnamige Oberamt verwaltete, das neben dem Oberamt Alzey zu den fruchtbarsten Bezirken der Kurpfalz gehörte. Damals hatte Johann Philipp Wimmer diesen Posten inne. Er firmierte als Land- und Zollschreiber und als Keller. Siehe STUCK (Personal, S. 104).

286 Bevor Friedelsheim im 16. Jahrhundert zu einem kurpfälzischen Dorf wurde, hatte die Kurpfalz dort bereits verschiedene grundherrliche Rechte erworben. 1418 errichtete die Kurpfalz in Friedelsheim eine Burg, die als Ausgangspunkt zum Ausbau der Ortsherrschaft diente. Die Burgvogtei in Friedelsheim gehörte als Verwaltungsuntereinheit zum Oberamt Neustadt. Siehe KARST (Oberamt, S. 34 und S. 162).

287 Dirmstein, das 1166 als kaiserliches Lehen an Worms gekommen war, wurde 1472 zwischen Worms und Kurpfalz geteilt. Seit 1657 war Ludwig Orth kurpfälzischer Amtskeller, der dem Oberamt Alzey unterstand. Siehe STUCK (Personal, S. 97).

288 Seit der Schlacht von Pfeddersheim im Jahre 1460 geriet die Stadt unter pfälzischen Einfluss. 1468 lässt sich dort erstmals ein pfälzischer Amtmann nachweisen. Neben der Kollektur für die Hofkammer gab es in Pfeddersheim noch eine Kollektur für die Geistliche Administration. Siehe WIDDER, (Beschreibung, Band 3, S. 132).

289 LAUFER, Wolfgang, Pfälzer Wein in der von der Leyenschen Herrschaft Blieskastel im 17. und 18. Jahrhundert, in: Mitteilungen des Historischen Vereins der Pfalz 100 (2002) S. 289 ff.

290 BRAUN, Karl, Die wirtschaftliche Entwicklung der kurpfälzischen Stadt Bacharach unter besonderer Berücksichtigung der Merkantilzeit (Bacharach 1926) S. 34 ff.

291 GLA 204/1643. Die Rechenkammer forderte am 12. August 1680 von dem Hofkeller einen Bericht darüber an, ob das Große Fass im nächsten Jahr »mit wein ohne gefahr und mangel gefüllt werden könnt«.

292 In der Kurpfalz wurde 1602 mit dem »Kommissariat« eine Art landständischer Ausschuss, in dem die größeren Städte vertreten waren,

eingerichtet. Er sollte einen Teil der Schulden übernehmen. Nach PRESS, Volker, Die Landschaft in der Kurpfalz, in: Von der Ständeversammlung zum deutschen Parlament. Die Geschichte der Volksvertretungen (Stuttgart 1982) S. 62–71 kann von einer Art »landschaftlicher Schuldenversammlung« gesprochen werden. Eine ständische Verfassung hat sich daraus jedoch nicht entwickelt. Siehe auch GOTHEIN, Eberhard, Die Landstände in der Kurpfalz, in: Zeitschrift für die Geschichte des Oberrhein 3 (1888) S. 1–76, hier S. 24.

293 Siehe das Verzeichnis über das Hofpersonal der Jahre 1661 bis 1669 in GLA 77/8432.

294 Christoph Andreas von Wollzogen war damals Oberamtmann zu Otzberg und Umstadt, nachdem er vorher schon Kanzleidirektor gewesen war. Siehe STUCK (Personal, S. 103). Wollzogen war mit Bestechungsvorwürfen beschuldigt worden, »weil er etliche Untertanen hatte pressieren wollen und Geschenke« angenommen hatte. Zeitweilig war er bei Karl Ludwig in Ungnade gefallen. Siehe WALTER (Mannheim, S. 307).

295 Der Hofkeller hatte schnell reagiert. Schon am 16. August beantwortete er die Anfrage (GLA 77/8432).

Das dritte große Fass

1 Neben den beiden Handwerkern – Ginuel galt als »welscher Handwerker« – unterzeichnete von offizieller Seite der »Under-Ingenieur Lorenz von Tafferner« am 16. März 1669 die Vereinbarung. Die Rechenkammer ratifizierte den Vertrag am 22. März unter der Bedingung, »daß gute wahrhaftlich und beständige arbeit gemacht werde« (GLA 204/957). Tafferner forderte, dass ohne ihn kein wichtiger Schritt bei der Ausbesserung des Altans unternommen werden dürfe. Er konnte sich damit durchsetzen. Bei seiner Abwesenheit wurden die Arbeiten unterbrochen.

2 Vergl. die Anordnung des Kurfürsten vom 28. Februar 1699 zur Regelung der stadtinternen Hygiene: »worinnen Einem jeden anbefohlen wird den Kummer vor den haußplätzen hinweg zu führen und die Straßen zu saubern.« Hinweis bei LEHMANN, Hermann W., Die so genannte Judenschule. Sozialgeschichte eines Hauses (Heidelberg 2001) S. 235.
3 Der Zustand des zur Abfallgrube verkommenen Steinbruchs war im Juli des Jahres so schlecht geworden, dass er nur mit »ziemlichen kosten« wieder hergestellt werden konnte.
4 In einer Anordnung vom 24. Juli 1669 hieß es: »Ist auch zu erinnern als biß dato viel maurerstein auß herrschaftlicher steingruben seind von den leuten, so auf dem berg wohnen, hinweg geführt worden«. Zu den historischen Ursprüngen der Sonderrolle der Bewohner des Schlossbergs siehe WENDT, Achim, »mit wybe, kindern und aller ... habe hinder uns her gein Heidelberg gezogen«. Zur Residenzbildung Heidelbergs im 13. und 14. Jahrhundert, in: Jahrbuch zur Geschichte der Stadt 4 (1999) S. 11–57, hier S. 27f.
5 Schreiben des Hofkellers vom 8. April 1670 an den Kurfürsten (GLA 204/957).
6 GLA 67 / 942
7 Die Bestallungsurkunde des »Wingerter« Balthasar Brecht (28. Februar 1667) enthält aufschlussreiche Informationen zur Winzerterminologie der Frühen Neuzeit und informiert über die im Laufe eines Jahre nötigen Arbeiten auf einem Weinberg. Auch wird deutlich, wie die Untertanen, die »uff begehren jederzeit zu erscheinen schuldig und willig« zu sein hatten, in diese Arbeiten einbezogen wurden. Gleichermaßen wird für den Wingerter ein Verhaltenskodex vorgeschrieben, damit es für die Fronleister kein Grund zum Klagen gebe. Der Wingerter war nicht für den herrschaftlichen Weinberg zuständig, sondern auch für die übrigen landwirtschaftlichen Abgaben in Schriesheim, die zum Heidelberger Fruchtkasten geführt wurden. Wie kompliziert es auf dieser konkreten Ebene zuging, sieht man daran, dass der »Wingerter« in ein Entscheidungsgefüge zwischen Rechenkammer, Lanschreiber, Hofkeller und Hühnerfaut eingebunden war. Seine hoheitliche Funktion wurde dadurch unterstrichen, dass er von »bürgerlichen beschwehrden (d. h. steuerlichen Abgaben und Fronleistungen) ledig und frei« war. (67 / 941)

8 Blauel hatte bereits neun Jahre den Posten eines Unterkellers inne, als er 1779 zum Nachfolger Hügels bestellt wurde. Seine Tätigkeit als Unterkeller blieb auf den Schlossbezirk und auf die Kontrolle der Keller, die Zurichtung der Fässer und auf die Erstellung der Verzeichnisse der an den Hof gelieferten Weine und Biere beschränkt. Ihm wurde aufgetragen, die Fässer, aus denen der Kurfürst seinen Wein trank, an einem eigens ausgewählten Platz aufzustellen.(GLA 67 / 942) Nach seiner Übernahme in den Hofdienst als Hofkeller am 27. Juni 1679 wurde er mit dem größeren Kompetenzbereich betraut. Seine Bestellungsurkunde (GLA 67 / 943) ist dem Einstellungsdokument für Johann Martin Hügel sehr ähnlich. Etwas stärker wird das Verbot von unangemeldeten »zehrereien und gesellschaften« betont. Die »Besichtigungen des Großen Fasses« seien zu beschränken, so da sonst das »gelauf zu viel« werde. Die Bewirtung der Gäste sei großzügig zu gestalten, aber nach deren Stand zu dosieren. Die Funktionen des Hofkellers bei der Regulierung des Fron- und Leistungswesens werden mit einem darüber hinausgehenden Auftrag verbunden, das Verhalten der Untertanen zu beobachten, um »missverständnisse und streitigkeiten« unter ihnen, die aufgrund von »privaten affekten« entstehen können, zu vermeiden. Als Entgeld für seine Arbeit standen im 27 Gulden aus der Schatulle des Kammermeisters zu. Der Kastenmeister wurde verpflichtet, ihm jährlich sechs Malter Korn auszuhändigen, während der Hofschneider ihm zwei Hofkleider schneidern musste. Auch standen ihm freie Kost am Hofe und Kostgeld für seine Reisen zu.

9 GLA 204/957.

10 Diese Forderung an den Hofkeller Blauel wurde am 33. Juli 1687 von der Rechenkammer erlassen (GLA 207/957).

11 VETTER, Roland, Heidelberga deleta. Heidelbergs zweite Zerstörung im Orléanschen Krieg und die französische Kampagne von 1693 (Schriftenreihe des Stadtarchivs Heidelberg 1) (2. Aufl., Heidelberg 1990).

12 Nachlass Wundt in der Badischen Landesbibliothek, Handschriftenabteilung 536. Zur Bedeutung Friedrich Peter Wundts für die Kurpfälzische Landesgeschichte und für die Heidelberger Stadtgeschichte siehe CSER, Andreas, Nachwort zu Friedrich Peter WUNDT, Geschichte und Beschreibung der Stadt Heidelberg (Heidelberg 1805) (Neudruck Neustadt an der Aisch 1997) S. 446–466.

13 RAPP, Eugen, »Das jammervolle Leben« des Pfarrer Johann Daniel Schmidtmann. (*1663 Alsenz – † 1726 Berlin) in, Blätter für pfälzische Kirchengeschichte und religiöse Volkskunde 59 (1992) S. 191–221.
14 Zur Biographie von Schmidtmann vergl. SALZER (Geschichte Heidelbergs, S. 111–113).
15 Siehe VETTER (Heidelberga).
16 Johann Daniel Schmidtmanns Selbstbiographie. Mit Einleitung und Anmerkungen von Prof. Hermann THEOBALD, in: Mannheimer Geschichtsblätter (1905) Sp. 75–85 und Sp. 153–159.
17 Johann Wilhelm hat den Befehl eigenhändig am 26. September 1693 in Bensberg unterschrieben.
18 Der 1656 im ungarischen Gömör geborene Charrasky war in den Jahren nach 1693 für den Aufbau des Schlosses zuständig. Seit 1699 hatte er als Bauschreiber im damals errichteten kurpfälzischen Bauamt eine leitende Funktion inne. Charrasky erhielt auch den Auftrag für eine ganze Reihe von Statuen, die im 18. Jahrhundert im Schlossgarten von Schwetzingen standen. Näheres über die Rolle Charraskys beim Teilumbau des Schlosses und bei den Plänen zum Bau eines neuen Schlosses in der Heidelberger Vorstadt findet sich bei GAMER, Jörg, Matteo Alberti. Oberbaudirektor des Kurfürsten Johann Wilhelm von der Pfalz, Herzogs zu Jülich und Berg etc. (Düsseldorf 1978) S. 125–129. Siehe auch bei LOHMEYER, Carl, Geplante Umbauten und Verlegungen des Heidelberger Schlosses in der Barockzeit, in: Mitteilungen zur Geschichte des Heidelberger Schlosses IV (Heidelberg 1912) S. 1–20. Als Bauschreiber begutachtete er auch die Erstellung des Mannheimer Rathauses und der katholischen Kirche in Mannheim. Siehe WALTER, Friedrich, Bauwerke der Kurfürsten in Mannheim (Mannheim 1928) S. 48.
19 SALZER (Geschichte Heidelbergs, S. 101). Charasky war der Schöpfer der Herkulesstatue auf dem Herkulesbrunnen zwischen Rathaus und Heiliggeistkirche. Zur Rolle Charaskys im Wiederaufbau Heidelbergs siehe Heidrun ROSENBERG, Von Herkules zu Nepomuk. Die Sprache der Skulptur im Stadtraum Heidelbergs nach 1693, in: Heidelberg im Barock. Der Wiederaufbau der Stadt nach den Zerstörungen von 1689 und 1693. Begleitband zur Ausstellung im Kurpfälzischen Museum der Stadt Heidelberg. Herausgegeben von Frieder HEPP und Hans-Martin MUMM, Heidelberg 2009, S. 28–48, hier S. 34 ff. Siehe

auch SEELIGER-ZEISS, Anneliese, Heidelberger Grabmäler der Barockzeit zwischen 1700 und 1750, in: ebd., S. 165–179, hier: S 173 ff. Die Aufsätze in dem erwähnten Band sind grundlegend für die Heidelberger Geschichte der ersten Hälfte des 18. Jahrhunderts. Zu den Aufbaukonzeptionen der Kurfürsten Johann Wilhelm (1690–1716) und Karl Philipp (1716–1742) der Beitrag von Thomas und Carmen FLUM, Der Wiederaufbau Heidelbergs nach der Zerstörung im Pfälzischen Erbfolgekrieg, ebd., S. 84–163.

20 HELM, JOHO, WILTSCHKO (Eiche).
21 Der Befehl des Kurfürsten richtete sich an die Hofkammer (GLA 204/957). Der Kurfürst forderte, »die Fässer zeitlich zu zerlegen und den Neckar hinauf nach Eberbach« zu bringen.
22 GLA 204/957.
23 Hierzu Susan RICHTER, a.a.O, Anmerkung 14.
24 Vergl. das Schreiben der Hofkammer an die »Gefällverweserei in Heidelberg« vom 20. August 1698 (GLA 204/957).
25 BINDER, Helmut, Eppinger Eichenstämme für das Heidelberger Faß. »Jeder Stamm vor zwey Gulden« in: Eppingen. Rund um den Ottilienberg. Beiträge zur Geschichte der Stadt Eppingen 2(1982) S. 128–131.
26 Liedlohn war der Lohn, der an Gruppen bezahlt wurde, die unterhalb der Position der jeweiligen Meister standen. Bei ZEDLER Universallexikon findet sich die Erklärung, dass es sich dabei um den Lohn des »Dienst-Gesindes« handelt, das keinen eigenen Haushalt führen konnte.
27 Literatur zu Johann Wilhelm sieht SCHAAB, S. 161 ff.
28 SCHMIDT, Hans, Kurfürst Carl Philipp von der Pfalz als Reichsfürst (Forschungen zur Geschichte Mannheims und der Pfalz N. F. 2) (Mannheim 1963) S. 66 ff.
29 Von diesem Zustand ist in der Lobrede auf das Heidelberger Fass, die Johann Benjamin WOLFF im Jahre 1717 in Magdeburg veröffentlichte, nicht die Rede: Teutschlands Denkmhal des Fruchbaren Weinstocks. Das ist die gründliche Beschreibung, der drey Grossen Wein-Fässer in Europa, nebst ausführlicher Relation von der Berg-Festung Königstein, wie auch der vornehmsten Städte und Schlösser des Churfürstentumb Sachßen, der Churpalz und des Fürstenthumbs Halberstadt (Magdeburg 1717) S. 110 ff.
30 Karl Ludwig von PÖLLNITZ, Des Feyherrn von Pöllnitz Neue

Nachrichten, welche seine Lebensgeschichte und eine ausführliches Beschreiben von seinen ersten Reisen in sich enthalten. Erster Teil, Frankfurt am Main, MDCXXIX, S. 578.

31 Die höfischen Festlichkeiten wurden nach 1724 zunehmend in die neue Residenzstadt Mannheim und in das Jagdschloss Schwetzingen verlagert. Siehe Susan RICHTER: Privilegia und Freyheiten für das in Kriegs-Läufften zerstörte Heydelberg. Die Rolle der katholischen Kurfürsten beim Wiederaufbau Heidelbergs nach dem Pfälzischen Erbfolgekrieg 1697–1720, Heidelberg im Barock. Der Wiederaufbau der Stadt nac h den Zerstörungen von 1689 und 1693. Begleitband zur Ausstellung im Kurpfälzischen Museum der Stadt Heidelberg. Herausgegeben von Frieder HEPP und Hans-Martin MUMM, Heidelberg 2009, S. 13–27. Als Repräsentationsmittelpunkt erlebte das Heidelberger Schloss nach der Residenzverlagerung einen rasanten Funktionsverlust. Nur noch das Große Fass geriet ab und zu in den Mittelpunkt höfisch-adeliger Feierlichkeiten.

32 GLA 204/957.
33 SCHMIDT (Kurfürst S. 81).
34 Karl Philipp weigerte sich, Adjunktionen für den Ämterkauf in Oberamt Mosbach und Germersheim anzuerkennen, für die bereits 3000 bzw. 4800 Gulden gezahlt worden waren.
35 SCHMIDT (Kurfürst, S. 89)
36 Kostenvoranschlag (»überschlag«) vom 29. Mai 1724.
37 Zur Stadtverwaltung Heidelbergs nach 1700 siehe RICHTER, Susan, Privilegia und Freyheiten für das in Kriegsläuften zerstörte Heydelberg. Die Rolle der katholischen Kurfürsten beim Wiederaufbau Heidelbergs nach dem Pfälzischen Erbfolgekrieg 1697–1720, in: Heidelberg im Barock. Der Wiederaufbau der Stadt nach den Zerstörungen von 1689 und 1693. Begleitband zur Ausstellung im Kurpfälzischen Museum der Stadt Heidelberg. Herausgegeben von Frieder HEPP und Hans – Martin MUMM. Heidelberg 2009, S. 12–27.
38 Allerdings fehlen bis jetzt dementsprechende Studien für Heidelberg. Auf das Forschungsdesiderat in der Heidelberger Handwerksgeschichte wurde erst kürzlich aufmerksam gemacht. Siehe: TEBBE Karin, »Wolt zu stetten angedencken ...« Relikte des Heidelbeger Handwerks aus der 1. Hälfte des 18. Jahrhunderts, in: Heidelberg im Barock. Der Wiederaufbau der Stadt nach den Zerstörungen von 1689

und 1693. Begleitband zur Ausstellung im Kurpfälzischen Museum der Stadt Heidelberg. Herausgegeben von Frieder HEPP und Hans Martin MUMM. Heidelberg 2009, S. 49–57, hier: S. 49 ff. Zum allgemeinen Hintergrund: REITH, Reinhold, Zünfte im Süden des Alten Reichs. Politische, wirtschaftliche und soziale Aspekte, in: HAUPT, Heinz, G. (Hg.), Das Ende der Zünfte. Ein europäischer Vergleich (Kritische Studien zur Geschichtswissenschaft 115) (Göttingen 2002).

39 MANTEL, Kurt (Hg.), Deutsche Forstliche Bibliographie 1560–1965, 3 Bände; (Freiburg 1967–1972). MANTEL, Kurt, PACHER, Josef (Hgg.), Forstliche Bibliographie vom 14. Jahrhundert bis zur Gegenwart. Zugleich eine Einführung in die forstliche Literaturgeschichte, Band 1: Forstliche Persönlichkeiten und ihre Schriften vom Mittelalter bis zum 19. Jahrhundert (Hannover 1976).

40 ERNST, Christoph, Den Wald entwickeln. Ein Politik- und Konfliktfeld in Hunsrück und Eifel im 18. Jahrhundert (Ancien Regime, Aufklärung und Revolution 32. Herausgegeben von REICHARDT, Rolf und THAMER, Hans-Ulrich) (München 2000) S. 4.

41 Es sei nur an die Harzerei, die Harzgewinnung erinnert, die als Gewerbe die Waldwirtschaft bis ins 19. Jahrhundert mitprägte. Siehe: Isabella EDER, Die Harzerei (15. bis 19. Jahrhundert). Ein Beitrag zur Wirtschaftsgeschichte des Waldes. (Wissenschaftliche Arbeit zur wissenschaftlichen Prüfung für das Lehramt an Gymnasien) Institut für Geschichtliche Landeskunde und Historische Hilfswissenschaften der Universität Tübingen vorgelegt bei Prof. Dr. Sönke Lorenz. S. 55 ff.

42 MANTEL, Kurt, Wald und Forst in der Geschichte. Ein Lehr- und Handbuch (Alfeld-Hannover 1990).

43 Es kann nicht verwundern, dass die Forstordnung von 1711 im Vergleich mit dem Gesetzgebungswerk von 1572 wesentlich umfangreicher geworden war. Vor allem die polizeilichen Beschränkungen und die Verwaltungsvorschriften hatten eine Ausweitung erfahren. Hingegen fehlten sinnvolle Vorschriften über die Bestandspflege bei Laub- und Nadelholz. Das dezidierte Urteil von MANTEL (Wald und Forst, S. 268) sei dem Leser nicht vorenthalten: »Nach 150 Jahren sind die Fortschritte des Waldbaus, wie sie im 16. Jahrhundert erreicht worden waren, verloren gegangen. Sicher haben Kriegs- und Notzeiten, auch das vordringen des Polizeistaates, dem autoritäre Waldordnung wichtiger als Waldpflege war, zu diesem Rückschritt beigetragen. Das

16 Jahrhundert hatte Persönlichkeiten, die mehr an der Entwicklung der Waldwirtschaft interessiert waren, als die auf Jagd eingestellten adeligen Oberjägermeister des 18. Jahrhunderts.«

44 Durch die Ordnung von 1711 wurde das Oberjägermeister- und Oberforstmeisteramt begründet. Es bestand aus dem Oberjägermeister, dem Oberforstmeister und anderen Forstleuten. Dem neuen Amt wurde die gesamt Forst- und Jagdverwaltung unterstellt. In wichtigen Fragen war diese neue Einrichtung von den Entscheidungen der Hofkammer abhängig. Siehe KEIPER, Johann, Kurpfalzbayerische Forstverwaltung (o. O. 1905) S. 10. Der Einfluss der Hofkammer auf das Oberjägermeister- und Oberforstmeisteramt nahm während des 18. Jahrhunderts im Zeichen der Zentralisierung der staatlichen Macht zu. Ein Prozess, dessen Durchschlagskraft auch durch die Analyse der Quellen bestätigt wird, in denen es um den Bau des Karl-Theodor-Fasses in den fünfziger Jahren geht. Siehe Kapitel VII, 6. Bezeichnend für diese Entwicklung ist schließlich die Errichtung eines Hofkammerforstamtes im Jahre 1787, in dessen Zuständigkeit die Aufsicht über alle Kameralwaldungen gelegt wurde.

45 KÜSTER, Hansjörg, Geschichte des Waldes. Von der Urzeit bis zur Gegenwart (München 1998).

46 Im Stadtratsprotokoll vom 8. Februar 1725 wurde vermerkt, dass das »wenige holz«, das sich im Stadtwald befinde, zurzeit für die Brücke benötigt werde. Das Holz, das sich in der nahe liegenden herrschaftlichen »forstung« befinde, sei zudem »viel scheener und bequemer zu bekommen«.

47 Zum Oberamt Lautern gehörten im 18. Jahrhundert die Städte Lautern, Otterberg, Wolfstein und Rockenhausen. Hinzu kamen die »Gerichte« Moorlautern, Neunkirchen, Alsenborn, Waldfischbach, Ramstein u. a. Vergl. WIDDER (Beschreibungen, Band 4, S. 178).

48 Der Lauterer Landschreiber hatte im 15. Jahrhundert zunächst die Aufgabe, die Position der Kurpfalz gegenüber der städtischen Verwaltung der ehemaligen Reichsstadt auszubauen. Im 16. Jahrhundert vergrößerte er seinen Zuständigkeitsbereich über die Stadt hinaus. Siehe REINHARD, Christian, Die Integration der verpfändeten Reichsstädte Mosbach und Kaiserslautern in die Pfalzgrafschaft bei Rhein im 14. und 15. Jahrhundert (Staatsexamensarbeit Freiburg 2004).

49 FENDLER, Rudolf, Die kurpfälzischen Geleitstraßen im Oberamt

Neustadt nach dem Dreißigjährigen Krieg (1669), in: Pfälzer Heimat 8 (1957) S. 48-52.
50 Schon zur Zeit Karl Ludwigs hatte sich gezeigt, wie schwierig es war, Pferde für Transporte zu stellen. Die Rechenkammer wollte im Jahre 1650 Baumaterialien auf das Schloss mit Hilfe von Pferden aus dem kurfürstlichen Marstall in Mannheim bringen lassen. Karl Ludwig lehnte dieses Ansinnen ab, weil dadurch die Prinzipien höfischer Repräsentation verletzt würden. Siehe ROSENBERG, Marc, Quellen zur Geschichte des Heidelberger Schlosses (Heidelberg 1882) S. 175.
51 Es war ungewöhnlich, dass gleich so viele Angebote eingebracht wurden (GLA 204/957).
52 MORZ, Stefan, Verwaltungsstruktur der Kurpfalz zum Zeitpunkt des Bayerischen Erbfalls, in: Mitteilungen des Historischen Vereins der Pfalz 84 (1980) S. 403-465.
53 MUSALL, Heinz, SCHEUERBRANDT, Arnold, Die Kriege im Zeitalter Ludwigs XIV. und ihre Auswirkungen auf die Siedlungs-, Bevölkerungs- und Wirtschaftsstruktur der Oberrheinlande, in: EICHLER, Horst, MUSALL, Heinz (Hgg.), FS für Hans Graul (Heidelberg 1974) S. 357-378; VETTER, Roland, Politische Geographie, Kulturlandschaftsforschung und der Pfälzische Erbfolgekrieg. Überlegungen anläßlich des 300. Jahrestags der zweiten Zerstörung von Heidelberg, in: Heidelberger Geographische Gesellschaft Journal 19 (1993) S. 304-324.
54 Zitiert bei SCHUMANN (Rebe und Wein, S. G57).
55 HÄBERLE, Daniel, Auswanderung und Koloniegründung der Pfälzer im 18. Jahrhundert (Kaiserslautern 1909); TRAUTZ, Fritz, Die pfälzische Auswanderung nach Nordamerika im 18. Jahrhundert (Heidelberger Veröffentlichungen zur Landesgeschichte und Landeskunde 4) (Heidelberg 1959); HACKER, Jens, Kurpfälzische Auswanderer vom Unteren Neckar. Rechtsrheinische Gebiete der Kurpfalz (Stuttgart 1983).
56 SCHAAB (Kurpfalz, Band 2: Neuzeit, S. 161).
57 BASSERMANN-JORDAN (Weinbau, S. 182).
58 BRUNN (Schriesheim, S. 132).
59 GLA 204/1643.
60 BERZEL, Gerhard Friedrich, Jakob Dochnahl, 1820-1904 (Landau 1991). Im Anhang befindet sich Dochnahls Aufstellung über die Wein-

jahre in der Pfalz von 1701 bis 1896. Siehe auch LAUFER (Pfälzer Wein, S. 284f.).
61 In dem Bericht an den Kurfürsten vom 10. Februar 1730 von »wein wohlfeylen zeiten« (GLA 204/1643).
62 GLA 204/1643.
63 SCHMITT (Territorialstaat). Die statistische Erfassung der Oberämter machte im Laufe des 18. Jahrhunderts Fortschritte, dennoch handelte es sich um einen langsamen Prozess. Vergl. DOTZAUER Winfried, Beiträge zur Statistik der kurpfälzischen Oberämter am Ausgang des Ancien Regime und der territorialen Nachfolgeinstanzen während der französischen Herrschaft, in: GERLICH, Alois, Vom Alten Reich zu neuer Staatlichkeit. Alzeyer Kolloquium 1979. Kontinuität und Wandel im Gefolge der Französischen Revolution am Mittelrhein (Wiesbaden 1982) S. 1–27. Vergl. auch HOFERICHTER, Carl Horst, Das Oberamt Alzey im letzten Jahrhundert seines Bestehens in der kurpfälzischen Landesstatistik, in: Alzeyer Geschichtsblätter 11/12 (1976). S. 89–154.
64 SCHAAB, Meinrad. Straßen und Geleitwesen zwischen Rhein, Neckar und Schwarzwald im Mittelalter und der frühen Neuzeit, in: Jahrbücher für Statistik und Landeskunde von Baden-Württemberg 4 (Stuttgart 1959).
65 BERLET, Eduard, Alzey als Oberamtsstadt und das kurpfälzische Oberamt (1460–1796), in: BECKER, Friedrich Karl (Hg.), 1750 Jahre Stadt Alzey – FS (Alzey 1973) S.239–245.
66 Er gehörte zu den »Cameral-Land-Bedienten«, die auf die einzelnen Oberämter verteilt waren. In den Hofkalendern des 18. Jahrhunderts werden in der Regel folgende Posten innerhalb der Organisationsstruktur des Oberamts Heidelberg aufgeführt: Gefällverweser, Hofkeller, Kastenmeister, Küchenschreiber und Hühnerfaut, Kranenmeister, Herrenfischer, Zollschreiber in Neckargemünd, Umgelder und Akziser, Keller zu Schwetzingen und Wersau, Keller zu Schwarzach und Minneburg, Keller und Obereinnehmer in Weinheim usw. Meist werden um die 20 Stellen angeführt. Auch die Geistliche Administration besaß auf der Oberamtsebene eigene Beamte, die manchmal zugleich staatliche Posten innehatten.
67 Zu den Transportwegen siehe AMBERGER, Heinz, Frankenthal und

seine alten Verkehrsverbindungen, in: Die Pfalz am Rhein 38 (1965) S. 68–76.
68 Reisach hatte noch mehrere Ratskollegen in der Hofkammer, an deren Spitze ein Präsident und Vizepräsident standen. In der Hierarchie unterhalb der Hofkammerräte standen u. a. noch Sekretäre, Schatzungsregistratoren, ein Rechnungsregistrator und ein Generalrechnungsrevisor. Alle vier bis fünf Jahre ließ die Hofkammer in den einzelnen Gemeinden durch einen Kommissar und durch einen Ausschuss von Gemeindemitgliedern eine »Schatzungsrenovation« durchführen. Siehe MÖRZ (Absolutismus, S. 436 ff.).
69 BOEGL, Andreas, Die Straßen in der Pfalz 1700–1792, in: Archiv für die Geschichte des Straßenwesens 6 (Bad Godesberg 1980).
70 LAUFER (Pfälzer Wein, S. 289).
71 Das Fass habe in einem »fast ohnreparablen zustand gelegen«. Seit bereits drei Jahren sei kein Wein mehr eingefüllt worden (GLA 204/1643).
72 In den Jahren, in denen die Kurfürsten noch auf dem Schloss residierten, hatte der Burgvogt eine »obergerichtliche und oberherrliche Gewalt« über die Burg- und Schlossbewohner. Durch Abtreten von Kompetenzen an den Hofmarschall verlor das Burgvogtenamt an Bedeutung. Schließlich galt der Burgvogt nur noch als »Aufseher über das besondere Hofgesinde und die kurfürstliche Hausverwaltung«. Siehe MAYS, CHRIST (Einwohnerverzeichnis, S. 122). Nach der Aufgabe der Residenz war der Burgvogt zuständig für die Gemeinde auf dem Schlossberg, die bis 1743 eine Sonderstellung gegenüber der Stadt Heidelberg hatte. Er stand dem Burggericht vor, ließ die Burggerichtsordnung verlesen, organisierte die Dienste der Schlossbergbewohner für die Instandhaltung des Schlosses Nierstein und setzte sie auch für Botendienste ein. Außerdem war er für die Sicherheit auf dem Schloss zuständig. Vergl. DERWEIN (Flurnamen, S. 65). Zur Zeit Karl Ludwigs wurde auch der Leiter der Festungsverwaltung in der Mannheimer Friedrichsburg Burgvogt genannt, Siehe WALTER (Mannheim, S. 209).
73 SCHOLTEN (Fronwesen, S. 143).
74 Es war durchaus üblich, dass Weinfuhren von lokalen Sammelstellen während des ganzen Jahres nach zentralen Orten erfolgten.
75 JUNG, Andreas, DETTWEILER, Erika, Historische Weinberge bei

Heidelberg – Letzte Zeugnisse alter Bergsträßer Weinbautradition, in: Jahrbuch. Stadtteilverein Handschuhsheim (2003) S. 29–33.

76 Dem Leser sei die exemplarische und lebendige, auf intensiven Quellenstudien beruhende Schilderung über die Weinabgaben aus der Leimener Ortsgeschichte von Georg-Ludwig MENZER (Leimen, S. 89) nicht vorenthalten: »Aber was mußte da alles abgegeben werden. Viele begehrliche Augen und trinkfrohe Herzen lauerten schon das ganze Jahr hindurch auf einen ergiebigen Herbst. Im Vordergrund stand die Hofkammer, welche vom Gesamtergebnis den Rahm abschöpfte. Dann kam der Zehntwein. Nach ihnen der Beetwein der Cent Kirchheim und der Soldwein der Beamten, der meist aus dem kleinen Zehnten gereicht wurde. Und nach ihnen meldeten sich Grundherren und Privatpächter, welche jeweils ein Drittel oder ein Viertel des Ertrages beanspruchten.«

77 SCHMITT, Sigrid (Hg.), Nierstein in kurpfälzischer Zeit. Untersuchungen zu Dorfverfassung und Gemeinde, in: FRIES-REIMANN, Hildegard, SCHMITT, Sigrid (Hgg.), Nierstein. Beiträge zur Geschichte und Gegenwart eines alten Reichsdorfes (Alzey 1992) S. 59–82. Der Niersteiner Wein war wegen seiner Qualität bekannt. Zeitgenössische Stimmen sind des Lobes voll. Auch in die Literatur ist diese Wertschätzung eingegangen: In Goethes Urfaust (1770–1775) verlangt der Frosch von Mephistos Zaubertisch »ein Glas Rheinwein, ächten Niersteiner«. Siehe BASSERMANN-JORDAN (Weinbau, S. 164).

78 DOTZAUER, Winfried, Die Vordere Grafschaft Sponheim als pfälzisch-badisches Kondominium 1437–1707. Die Entwicklung zum kurpfälzischen Oberamt Kreuznach unter besonderer Berücksichtigung des badischen Kondominiatsfaktors (Bad Kreuznach 1963).

79 Zur Kellerei in Freinsheim, in der zugleich der dortige Unteramtmann residierte, vergl. GÖRTZ, Hans-Helmut, Das Freinsheimer Gotttfried-Weber-Haus und seine Besitzer in Kurpfälzischer Zeit, in: Mitteilungen des Historischen Vereins der Pfalz 100 (Speyer 2003) S. 173–210.

80 AMMRICH, Hans, u. a. Siebeldingen: aus Geschichte und Gegenwart eines südpfälzischen Weinorts (Landau 1999).

81 Siehe Schreiben des Kurfürsten vom 29. Oktober 1736 (GLA 204/1642).

82 Die Begründung der »discrepanz« zwischen den Forderungen des Hofkellers oder der Hofkammer und den Möglichkeiten der Rezepturen

ist eine Art Leitmotiv der Korrespondenz zwischen den beteiligten Institutionen. Siehe den Brief des Pfeddersheimer Kellers an den Kurfürsten vom 20. Dezember 1736 (GLA 204/1642).
83 Zur Rolle des Herbstschreibers am Beispiel der Kellerei in Neustadt vergl. SCHUMANN (Reben und Wein, S. 659).
84 SCHOLTEN (Fronwesen, S. 30).
85 THOELKE, Arnold, Die Bede in der Kurpfalz von ihren Anfängen bis ins 16. Jahrhundert, in: Neue Heidelberger Jahrbücher 17 (1913) S. 85–137.
86 Der Text des Formulars, der in der Konferenz der Hofkammer vom 7. September 1737 genehmigt wurde, sei wiedergeben: »Nachdem man resolviert hat, daß die bey der Receptur N: erherbstenden Weine, wie solche nach und nach eingehen, alsogleich nacher Heydelberg zu der daselbstige Hofkellerei geliefert, und solche nebst denen bey erst gedachten holkellerey eingefundenen weinen zu füllung des großen fasses employiert werden sollen; als bleibt ein solches dem N.N. zur ohnfehlbaren befolgung hiermit ohnverhalten. Communicetur dem Hofkellern Englert zur gleichmäßig ohn eingestellter befolgung.« (GLA 204/1642).
87 Schreiben Wredes an den Kurfürsten vom 30. Oktober 1737 (GLA 204/1642).
88 Schreiben der Hofkammer vom 8. November 1737. Die Lieferung sollte »zur füllung des Großen Fasses nacher Heydelberg alsogleich in der frohn geliefert werden« (GLA 204/1642).
89 Schreiben Cloßmanns an den Kurfürsten vom 8. Januar 1738 (GLA 204/1642).
90 GLA 204/1642.
91 Die Hofkammer unterzog die so genannten »verrechneten Stellen« vierteljährlich einer Finanzkontrolle, einer »Rechnungsverhör«. Wahrscheinlich hängt die »quartalerfördernis« mit den damit zusammenhängenden Überprüfungen zusammen. Siehe BOLLE, Hermann, Der Kurpfälzische Beamtenstab der linksrheinischen Gebiete in der zweiten Hälfte des 18. Jahrhunderts. Ein Beitrag zur Verwaltungsgeschichte des 18. Jahrhunderts, in: Mitteilungen des Historischen Vereins der Pfalz 53 (1955) S. 87–223, hier S. 97.
92 Zu Weiler siehe MORZ (Absolutismus, S. 472).
93 In der Regel unterlagen die Gastwirte strengen Vorschriften über den

Kauf ihrer Weine. Kurpfalz vertrat dabei eine Finanzpolitik, die den Weinpreis in den entsprechenden Gemeinden hoch halten wollte. Siehe BASSERMANN-JORDAN (Weinbau, S. 530). Zu der Rolle der Wirtshäuser und ihrem Umgang mit dem Wein in Mannheim siehe WALTER, Friedrich (Geschichte Mannheims, Band 1, S. 247ff.).

94 Vergl. das Kapitel »Hofstruktur und Behördenorganisation« bei MULLER (Fürstenhof, S. 17-32).

95 Die Angaben sind entnommen aus MÖRZ (Absolutismus, S.452).

96 Weitere Vergleichsangaben ebd., S. 446 f.

97 CLEMENS, Lukas, Trier – eine Weinstadt im Mittelalter (Trier, 1993). Vergl. hierzu auch den Aufsatz von IRSIGLER, Franz, Weinstädte an der Mosel im Mittelalter, in: OPEL, Franz (Fig.) Beiträge zur Geschichte der Städte Mitteleuropas 14 (Linz 1996) 5. 165-179.

98 MATHY, Helmut, Weinkultur in Mainz seit dem Mittelalter (Schriften zur Weingeschichte 105) (Wiesbaden 1993). Mathy weist auch auf die wissenschaftsgeschichtliche Tatsache hin, dass Mainz und seine Universität schon im 18. Jahrhundert ein Zentrum für landwirtschafts- und weinbaupolitische Studien war. Ebd. S. 15.

99 Aus einem Brief Du Monts sei zitiert: »Sie vermögen sich keine Vorstellung zu machen, welche Menge Wein in Speyer gelagert war. Man könnte eine Stadt wie Paris länger als einen Monat versorgen, und zwar mit dem besten Wein, durchwegs vier oder fünf Jahre alt. Es gab hier wohlhabende Leute, die den Wein sogar bis zum 12. Jahrgang aufbewahrten. Er wurde in großen Fässern eingelagert, die man gewöhnlich Fuder nennt und von denen mehrere bis zu hundert Muits (ein Hektoliter) faßten. Übrigens glaube ich nicht, daß irgendwo in der Welt so schöne Keller und dazu in solcher Zahl anzutreffen sind, als sie in dieser Stadt bestanden. Sie waren tief geräumig und wohlgewölbt, mit großen Pfeilern im Innern, die die ganze Last der darüber erbauten Häuser trugen, wie auch der Straßen, bis unter die die Kelleräume immer hinausreichten. Wer in einen solchen Keller hinabgestiegen war, konnte den Eindruck gewinnen, als befände er sich in einem unterirdischen, dem Gott Bachus geweihten Tempel«. Zitiert nach KETTENBACH, Günter, Kulturtrank und Kulturgut Wein (Landau 1998) S. 40.

100 GRASS, Nikolaus, Weinannahmen zur Ausstattung alter Universitäten, in: CARLEN, Louis, FAUSER, Hans (Hgg.), Alm und Wein. Auf-

sätze zur Rechts- und Wirtschaftsgeschichte (Hildesheim 1990) S. 213–382, hier S. 220.

101 POSTEL, Rainer, Das »Heiligtum« im Ratskeller. Die Hansestädte und der Wein (Linz an der Donau 1996) S. 147–163, hier S. 147.

102 Ebd., S. 152.

103 GLA 204/1642.

Das vierte große Fass

1 So die Vereinbarung zwischen Hofkeller und Nebel am 14. Juni 1737. Allerdings musste der »Accord« noch der Hofkammer vorgelegt werden. Schon am 25. Juni 1737 kam die in der Konferenz erteilte Genehmigung (GLA 204/ 957). 1743 war die Pumpe bereits wieder unbrauchbar geworden. Ein neuer »Accord« musste mit dem »pompenmacher alhier« getroffen werden. Schließlich wurde jedoch ein Zimmermannmeister mit der Herstellung der Pumpe beauftragt, für die drei Forlenstämme benötigt wurden. Zur Verwendung des Begriffes »ver-akkordieren« siehe Pfälzisches Wörterbuch, Band 2 (Wiesbaden 1969–1975) S.1122.

2 GLA 204/58. Siehe SPIESS, Karl-Heinz, Burg und Herrschaft im 15. und 16. Jahrhundert, in: DOTZAUER, Winfried, KEIBER, Wolfgang, MATHEUS, Michael, SPIESS, Karl-Heinz (Hgg.), Landesgeschichte und Rechtsgeschichte. FS für Alois Gerlich zum 70. Geburtstag (Geschichtliche Landeskunde. Veröffentlichungen des Instituts für geschichtliche Landeskunde an der Universität Mainz 42) (Stuttgart 1995) S. 195–212.

3 Schreiben des Hofkellers an den Kurfürsten vom 9. November 1743 (GLA 204/957).

4 Diese Phase der Abstimmung läuft im November 1743 ab (GLA 204/957).

5 Auch in dieser Quelle wird deutlich, dass es neben dem Großen Fass noch zusätzlich eine ansehnliche Weinlagerung auf dem Heidelber-

ger Schloss gab. Englert spricht davon, dass er Fässer herrichten habe lassen, die für die Aufnahme von in Mannheim zwischengelagerten Weinen gedacht waren. Die Fronfuhren könnten sich aber wegen des vereisten Schlossbergs als schwierig erweisen (GLA 204/957).

6 SCHAAB, Meinrad, Geschichte der Kurpfalz, Band 2: Neuzeit (Stuttgart 1992) S. 128 ff.
7 Siehe Schreiben an den Kurfürsten vom 27. März 1744. Hier erinnerte die Hofkammer daran, dass noch »gutes altes Holz« aus dem Baubestand des Fasses verwendet werden könne (GLA 204/957).
8 Schreiben der Hofkammer an den Hofkeller vom 30. März 1744 (GLA 204/957).
9 WAGNER, Richard, Hirschhorns Wälder im Wandel der Zeit (Hirschhorn 2002) S. 13.
10 Durch die Religionsdeklaration von 1705 wurde eine gemischtkonfessionelle Behörde, die sog. »Geistliche Güteradministration« oder kürzer die »Geistliche Administration«, gegründet. Siehe MÖRZ (Absolutismus, S. 294); ders., (Verwaltungsstrukturen, S. 403-461); SCHARF, Eginhard, Von der »Unteren Kurpfalz Kirchengüter- und Gefällverwaltung« zur »Pfälzer Katholischen Kirchenschaffnei Heidelberg«. Ein Beitrag zum Doppeljubiläum einer kirchlichen Großstiftung im Erzbistum Freiburg, zugleich zur Geschichte des Pfälzer Kirchengutes seit der Reformation, in: Freiburger Diözesan-Archiv 118 (1998) S. 161–168.
11 Siehe HÄBERLE, Daniel, Die Wälder des Stifts zu Kaiserslautern im Jahre 1600 nach der Beforchung des kurfürstlichen Forstmeisters Philipp Velmann (Speyer 1913). Vergl. auch ZINK, Theodor, Kaiserslautern in Vergangenheit und Gegenwart. Eine Ortskunde auf geschichtlicher Grundlage (Kaiserslautern 1914) S. 160 ff.
12 HÄBERLE, Daniel, Das kurpfälzische Oberamt Lautern im Jahre 1601, in: Pfälzische Heimatkunde (Dezember 1906) S. 14 ff. Seit 1736 gab es in der Kurpfalz 18 Oberämter. Acht davon lagen auf der rechten Rheinseite. Im Oberamt Kaiserslautern gab es – wie auch in einigen anderen Oberämtern – weitere Untergliederungen in Unterämter, deren Umfang meist mit dem Gebiet früherer Einzelherrschaften identisch war. Siehe SCHAAB (Kurpfalz, Band 2, S. 217). FALLOT-BURGHARDT, Willi, Kaiserslautern auf alten Landkarten: 1513-1886 (Kaiserslautern 2000).

13 Der Waldreichtum des Oberamtes Kaiserslautern lässt sich auch an dem starken Ausbau des Forstpersonals erkennen. Siehe STUCK, Kurt, Das Personal der kurpfälzischen Zentralbehörden in Heidelberg 1475–1685 unter Berücksichtigung der Kanzler (Ludwigshafen 1968) S. 63 ff.; BAUER, Erich, CHRISTMANN, Volker, Der Stadtwald Kaiserslautern (Kaiserslautern 1978). Der ehemalige Reichswald gehörte zur Hofkammer, Stadt und Geistliche Administration teilten sich die anderen Wälder auf. Siehe WIDDER (Beschreibung, Band 4, S. 20). Zur Lage der Wälder in der Kurpfalz siehe auch HIPPEL, Wolfgang von, Die Kurpfalz zur Zeit Carl Theodors (1742–1799) – wirtschaftliche Lage und wirtschaftliche Bemühungen, in: Zeitschrift für die Geschichte des Oberrheins 148 (2000) S. 177–243, hier S. 204; KEIPER, Johann, Pfälzer Forst- und Jagdgeschichte (Veröffentlichungen der Pfälzischen Gesellschaft zur Förderung der Wissenschaften 13) (o. O. 1930); ders., Kurpfälzische Forst- und Jagdverwaltung im 18. Jahrhundert. Mit einer Länderkarte von Kurpfalz und Pfalz-Zweibrücken (Speyer 1908).

14 Eine Karte des Stiftswaldes bei Kaiserslautern findet sich bei BAUER, Erich, Beiträge zur Geschichte des Forstkartenwesens in der Pfalz, in: Jahrbuch zur Geschichte von Stadt und Landkreis Kaiserslautern 7(1)69) S. 139–160, hier S. 149.

15 Schreiben Englerts vom 17. Juni 1744 (GLA 204/957). Dies ist nur eines von vielen Beispielen aus der kurpfälzischen Wirtschaftsgeschichte, an dem die Bedeutung der Beziehungen zu den Niederlanden sichtbar wird. Seit dem 16. Jahrhundert war die Pfalz in den Einflussbereich der niederländischen Wirtschaft geraten. Neben dem Export von Wein, Holz und landwirtschaftlichen Erzeugnissen sei vor allem die zentrale Rolle Mannheims im deutsch-holländischen Austausch unter Karl Ludwig erwähnt. Siehe BOELCKE, Willi A., Wirtschaftsgeschichte Baden-Württembergs (Stuttgart 1987) S. 149 ff.

16 Allgemein zur Holznutzung siehe BRANDT, Klaus-Peter, GEHENGES, Franz Josef, Der Wald – Wesen, Geschichte und Funktionen, in: Rheinisches Museum Trier (Hg.), Wald und Holz im Wandel der Zeit. Katalog einer Sonderausstellung (Trier 1986) S. 9–27. Zur Rolle der Importe für die holländische Wirtschaft siehe BAASCH, Ernst, Holländische Wirtschaftsgeschichte (Jena 1927).

17 Die Holländer waren in der Region nicht unbekannt. Erstmals hatte die Stadt Kaiserslautern 1697 zweihundert Eichenstämme nach Hol-

land verkauft. Vergl. HASEL (Forstgeschichte, S. 178). Kurfürst Karl Ludwig hatte sich zur Unterstützung des Handels mit dem Holländerholz aus dem Pfälzerwald um den Ausbau des Flößerwesens auf dem Rhein bemüht. Vergl. ALLMANN, Joachim, Der Wald der frühen Neuzeit. Eine mentalitäts- und sozialgeschichtliche Untersuchung am Beispiel des Pfälzer Raumes 1500–1800 (Berlin 1989) S. 47. In Württemberg wurde das erste Holländerholz in Wildbad und Liebenzell im Jahre 1692 gefällt. Vergl. BOELCKE (Wirtschaftsgeschichte, S. 150). Die umfangreichste und aussagekräftigste Studie zu dieser Thematik wurde veröffentlicht von EBELING, Dietrich, Der Holländerholzhandel in den Rheinlanden. Zu den Handelsbeziehungen zwischen den Niederlanden und dem westlichen Deutschland im 17. und 18. Jahrhundert (Stuttgart 1992). Siehe auch ders., Rohstofferschließung im europäischen Handelssystem der frühen Neuzeit am Beispiel des rheinisch-niederländischen Holzhandels im 17./18. Jahrhundert, in: Rheinische Vierteljahresblätter 52 (1988) S. 150–170. In der ortsgeschichtlichen Literatur finden sich zahlreiche Hinweise auf die Kontakte mit holländischen Kaufleuten. Exemplarisch sei hingewiesen auf LIEBIG, Fritz, 1000 Jahre Neckargerach. 1200 Jahre (Guttenbach – Neckargerach 1976). 1772 hatte der Neckarelzer Hirschwirt und Handelsmann Michaeli in Neckargerach beim oberen Kreuz am Neckar für 12 Gulden den sog. Holländer Platz gepachtet, wo er das aufgekaufte Holz lagerte, um es für seinen Auftraggeber, den holländischen Kaufmann van Derwen, neckar- und rheinabwärts in die Niederlande zu flößen. Auch Guttenbach hatte einen Holländer-Platz. Eine Neckargeracher Quelle von 1784 berichtet, dass 1784 viele Häuser, Schweineställe, Backöfen, Gärten, Acker und Wiesen bei Hochwasser durch geflößte Holländerbäume zerstört worden sind. Landschaftsbezeichnungen, die auf den Holzhandel mit den Niederlanden hinweisen, finden sich auch in anderen Regionen. So sprach man vom Holländerweg, der von Ebersbrunn bis an die Murg führte. Siehe EBELING (Holländerholzhandel, S. 103).

18 Diese Zahl relativiert sich, wenn man bedenkt, dass allein für ein mittelgroßes Kriegsschiff 4000 Eichenstämme benötigt wurden. Siehe HASEL (Forstgeschichte, S. 178).

19 Schreiben Englerts an den Kurfürsten vom 27. Juni 1744 (GLA 204/957).

20 Zum Holzbedarf der holländischen Wirtschaft siehe BAASCH, Ernst, Holländische Wirtschaftsgeschichte (Jena 1921). »Der Holzbedarf war so groß, daß Arbeitsleute nach dem Rhein, der Havel oder Oder gesandt wurden, um das Holz auf Rechnung einzukaufen.« (S. 112). Nach Baasch war der holländische Schiffsbau eine Art »Weltindustrie«. Große Waldbestände in Deutschland, Skandinavien und Russland seien dafür in Anspruch genommen worden.

21 EBELING, Dieter, Der Holländerholzhandel in den Rheinlanden. Zu den Handelsbeziehungen zwischen den Niederlanden und dem westlichen Deutschland im 17. und 18. Jahrhundert, in: Vierteljahresschrift für Sozial- und Wirtschaftsgeschichte Beihefte 101 (1992) S. 31.

22 Ebd., S. 61.

23 SCHEIFELE, Max, Flößerei und Holzhandel im Murgtal unter besonderer Berücksichtigung der Murgschiffahrt, in: ders., Die Murgschiffahrt. Geschichte des Floßhandels, des Waldes und der Holzindustrie im Murgtal (Gernsbach 1988) S. 73-456, hier S. 87.

24 Vergleiche das Kapitel »Die Rolle des Staates« in: EBELING (Holländerholzhandel, S. 105-109).

25 Zum Aufbau der Holzhandelsgesellschaften im deutschen Südwesten siehe HASEL (Forstgeschichte, S. 175). Vergl. auch GOTHEIN, Eberhard, Wirtschaftsgeschichte des Schwarzwaldes und der angrenzenden Länder, Band 1: Städte und Gewerbegeschichte (Straßburg 1892) S. 675.

26 SCHARF (Kurpfalz Kirchengüter, S. 189). Zur Diskussion um die Verwendung des früheren Kirchenbesitzes in den protestantischen Territorien siehe ANDERMANN, Ulrich, Säkularisation vor der Säkularisation, in: ders. (Hg.), Die Geistlichen Staaten am Ende des Alten Reiches. Versuch einer Bilanz (Epfendorf 2004) S. 13-29.

27 SCHARF (Kurpfalz Kirchengüter, S. 190).

28 Durch die Einrichtung eines Oberforstamtes im Jahre 1787 wurde in der Kurpfalz diese gesetzliche Aufsicht in eine klarere institutionelle Form gegossen. Siehe KEIPER (Forstverwaltung, S. 12). Zur Waldgesetzgebung im 18. Jahrhundert vergleiche das Kapitel »Geschichte der Forstgesetzgebung«, in: HASEL (Forstgeschichte, S. 104-131).

29 Das Oberappellationsgericht war die höchste Berufungsinstanz, die als dritte Instanz über den Dorf- oder Stadtgerichten und dem Hofgericht stand. Es war 1653 eingerichtet worden, um den kurpfälzischen Unter-

Das vierte große Fass

tanen, die wegen des privilegium de non appellando keinen Zugang zu den obersten Reichsgerichten hatten, eine Berufung an eine höchste Instanz innerhalb des Territoriums zu ermöglichen. Vergl. MÖRTZ (Absolutismus, S. 395).

30 SCHARF (Kurpfalz Kirchengüter, S. 190).
31 Eine solche Machtausweitung war die Grundtendenz des 18. Jahrhunderts. In der Verordnung vom 28. April 1767 wurde bestimmt, dass es wegen der »allgemeinen Finanzverfassung« nötig sei, der Hofkammer mehr »Mitwirkung« im Forstwesen zu geben. Vergl. ALLMANN (Wald, S. 49). Das bedeutete auch, dass die Hofkammer zunehmend Eingriffe in die Forstverwaltung vornahm. Entgegen dieser Sicht vertritt SCHAAB die Auffassung, dass es den Forstbehörden gelungen sei, gegenüber der Hofkammer »eine größere Selbständigkeit« zu erreichen. Vergl. SCHAAB (Kurpfalz, Band 1, S. 267).
32 Siehe das Schreiben der Hofkammer an das Oberjägermeisteramt vom 27. Juni 1744 (GLA 204/957).
33 Vergl. JÄGER, Hartmut, Die Entwicklung des »Ziegelhäuser Kameralwaldes« zum Staatswald (Diplomarbeit Fachhochschule Rottenburg, Hochschule für Forstwirtschaft 2004) S. 54 ff.
34 MORZ, Stefan, Einleitung zum Kurpfälzischen Hof- und Staatskalender 1777 (Mannheim 1777; ND Mannheim 2000) Einleitung S. 15.
35 Gerade in diesen Jahren erschien das Werk, das als erster Versuch zur systematischen Erfassung der modernen Forstwissenschaft betrachtet werden kann. Es handelt sich um MOSER, Wilhelm Gottfried, Grundsätze der Forstökonomie, 2 Bände (Frankfurt – Leipzig 1757). Die moderne Forstgeschichtsschreibung hat dieses Werk ausgiebig rezipiert. Moser gibt zum Beispiel eine kenntnisreiche Beschreibung der verschiedenen Holzgattungen. (Ebd., Band 2, S. 32). Zugleich bemühte er sich, den zunehmenden Kategorisierungs- und Definitionszwang seiner Zeitgenossen, der besonders bei der Unterscheidung zwischen Forst und Wald zu Tage trat, etwas zu dämpfen, wie beim folgenden Zitat deutlich wird: »Es kann auch in der That dem Fürsten und dem Bauern einerley seyen, ob er sein Holz aus dem Wald oder aus dem Forst bekommt, und den Oeconom kümmert es nur in sofern, als es zur Forstsprache gehört, deren genaue Kenntnis ihm theils vorteilhaft, theils zur Zierde gereicht« (Ebd., S. 113).
36 So hieß es in der Forstordnung der Kurpfalz, dass die »Forstbediente«

darauf achten müssten, dass die »Bäume so weit voneinander stehengelassen werden, dass die Äste nicht zusammen reichen, auch Sonne Regen und Lufft den Erdboden bescheinen und befeuchten können, ausgesucht, angemerckt und zu Besamung des Waldes stehen bleiben mögen.« Zitiert nach BOISELLE, Roland, Aus den Wäldern um Trippstadt. Bewirtschaftung des Forstes in früheren Zeiten, in: Pfälzer Heimat 49, 1(1998) S. 22–27.

37 Der Forstmeister war für das Wald- und Jagdwesen im Oberamt zuständig. Ihm unterstanden neun Forstknechte. Siehe »Chur-Pfälzischer Staats- und Standeskalender auf das gemeine Jahr 1734« (Heidelberg 1734) S. 32. Zum kurpfälzischen Jagdwesen siehe jetzt auch RÖSENER, Werner, Die Geschichte der Jagd. Kultur, Gesellschaft und Jagdwesen im Wandel der Zeit (Düsseldorf – Zürich 2004) S.290–299.

38 Konrad Georg Rettig gehörte einer Familie an, die über mehrere Generationen im staatlichen Forstdienst stand. Siehe ALBERT, Wilhelm, Die kurpfälzische Erbförster-Familie Rettig von Kaiserslautern, in: Jahrbuch zur Geschichte von Stadt und Landkreis Kaiserslautern (1969) S. 103–129. Sein Sohn Franz Daniel Rettig (1767–1837) stand in engem Kontakt zur Fortwissenschaft an der Hohen Kameral-Schule in Kaiserslautern. Vergl. BAUER, Erich, An der Wiege der deutschen Forstwissenschaft, in: Jahrbuch zur Geschichte von Stadt und Landkreis Kaiserslautern (1965) S. 101–120; POLLER, Oskar, Schicksal der Ersten Kaiserslauterer Hochschule und ihrer Studierenden. Kameral-Hohe-Schule zu Lautern 1774–1784. Staatswirtschafts-Hohe-Schule zu Heidelberg. Lebensbeschreibung und Abstammung der Professoren und Studierenden (Ludwigshafen 1979) S. 237; siehe auch WEBLER, Heinrich, Die Kameral-Hohe-Schule zu Lautern (1774–1784), in: Mitteilungen des Historischen Vereins der Pfalz 43 (1927). Aus diesem wissenschaftsgeschichtlichen Zusammenhang muss auch die Entstehung des späteren Werkes von JUNG-STILLING, Johann Heinrich, Über die Forstwissenschaft, 2 Bände (1781/82) gesehen werden. Hier werden in erster Linie die wirtschaftlichen Aspekte des Forstwesens, Forstpflege und Forstnutzung behandelt. Zu Jung-Stilling siehe »Jung-Stilling. Arzt – Kameralist – Schriftsteller zwischen Aufklärung und Erweckung.« Katalog zur Ausstellung, hg. von der Badischen Landesbibliothek Karlsruhe (Karlsruhe 1990). Zur Einordnung von Jung-Stilling in die Forstwissenschaft vergleiche das Kapitel »Kameralisten

als Begründer der Forstwissenschaft« bei HASEL (Forstgeschichte, 5.224ff.). Siehe auch das Kapitel: »Die Kameralisten auf den Universitäts-Lehrstühlen und ihre Forst-Encyklopädien«, in: BERNHARDT, August, Geschichte des Waldeigentums, der Waldwirtschaft und der Forstwissenschaft in Deutschland, Band 2 (Berlin 1874) S. 153 ff. Jung-Stilling konnte an die im ersten Kapitel skizzierte kurpfälzische Tradition anschließen, die Noe Meurer (1527–1583) als kurfürstlicher Rat am Hof in Heidelberg begründet hatte. Dieser war für die Kurpfälzische Forstordnung von 1576 zuständig gewesen. In seinen beiden Büchern »von forstlicher Oberherrlichkeit« (1560) und »Jagd- und Forstrecht« (1576) legte er die Grundlage für die spätere Ausdifferenzierung der Forstwissenschaft. Die Vererbung des Försterberufs auf die nachfolgende Generation war ein weit verbreitetes Phänomen, da die »forstliche Ausbildung der früheren Zeit völlig auf der Überlieferung örtlicher Erfahrung aufgebaut war«. Siehe MANTEL (Forstgeschichte, S. 510).

39 Dabei ging es um einen vierhundertjährigen Konflikt. Nachdem der Reichswald 1357 als Reichspfandschaft an die Kurpfalz gefallen war, beanspruchten die städtischen Bürger weiterhin ihre früheren Nutzungsrechte. Die Kurpfalz hingegen versuchte, mit Hilfe von Waldordnungen diese Ansprüche zurückzudrängen. Vergl. FRIEDEL, Heinz, Der Reichswald in Kaiserslautern (Kaiserslautern 1989) S. 96–97; ALLMANN (Wald, S. 162).

40 Schon im »Konfessionellen Zeitalter« hatte sich gezeigt, dass die staatliche Verwaltung auch in die Güter der evangelischen Kirche eingriff. Siehe DOLCH, Martin, Zum Umgang der pfälzischen Administration mit den in Kaiserslautern eingezogenen Stiftsgütern (1565 bis 1600), in: Pfälzer Heimat 54 (2003) S. 91–96.

41 Der Hofkalender des Jahres 1744 erwähnt Paravicini nicht.

42 Zum Handel mit dem Holländerholz im Südwesten siehe EBELING, Dietrich, Organisationsformen des Holländerholzhandels im Schwarzwald während des 17. und 18. Jahrhunderts, in: KEWELOH, Hans-Walter (Hg.), Auf den Spuren der Flößer. Wirtschafts- und Sozialgeschichte eines Gewerbes (Stuttgart 1988) S. 81–99. Ebeling gibt auch einen Überblick über die Preise für die Stämme des ausgewählten Qualitätsholzes. Danach kostete ein Stamm im Jahre 1691 30 Kreuzer. 1715 betrug der Preis 45 Kreuzer, 1730 bereits 5 Gulden. 1742 mussten 9 Gul-

den pro Stamm bezahlt werden, 1743 schon 12 Gulden. Zwischen 1764 und 1769 kostete ein Stamm durchschnittlich 14 Gulden. 1788 hatten die holländischen Einkäufer 20 Gulden zu zahlen.

43 Beschwerde der Geistlichen Administration vom 3. Juli 1744 (GLA 204/957).

44 KEHR, Karl, Die Fachsprache des Forstwesens im 18. Jahrhundert (Gießen 1964). Schon unter Karl Ludwig waren die Holländer an kurpfälzischen Eichen interessiert. In der kurz nach seinem Tode erlassenen Holzordnung von 1683 ist erstmals die Rede vom Holländer Holzhandel, der sich damals auch auf die am Neckar gelegenen Wälder erstreckte. Siehe SULZMANN, August, Der Holzhandel am unteren Neckar in der Zeit vom 14. bis ins 18. Jahrhundert (Würzburg 1931) S. 24.

45 DERWEIN (Flurnamen, S. 160) erwähnt, dass im Jahre 1711 holländische Holzhändler 100 Eichenbäume im Heidelberger Stadtwald gekauft hätten, die unter die Kategorie »Holländer Baum« fielen.

46 HAUSRATH, Hans, Holzpreise, Holzhandelspolitik und Walderträge früherer Zeiten, in: Allgemeine Forst- und Jagdzeitung (1907) S. 371.

47 Leider finden sich in den Quellen über diesen Konflikt zwischen Hofkammer und Geistlicher Administration keine Hinweise auf die Organisation des Holzhandels. So erfahren wir nichts darüber, ob an dieser Auseinandersetzung auch eine Holzexportfirma oder eine holländische Handelsgesellschaft beteiligt gewesen war. Auch der Name einer der großen Holzhändlerfamilien findet sich nicht. Vergleiche zu deren Verbreitung EBELING (Holländerholzhandel, S. 135-153). Wären hinter dem Geschäft eine ertrags – und einflussreiche Handelskompagnie wie zum Besipiel des Johann Benckiser (1708-1763) aus Herrenalb, des Christoph Friedrich Lidell (1720-1793) aus Neuenbürg oder des Franz Anton Rindeschwender (1725-1803) aus Gaggenau gestanden, wäre der Übergriff der kurpfälzischen Hofkammer nicht so einfsch verlaufen. Siehe SCHEIFELE, Max, Schwarzwälder Holzkönige als Industriepioniere im 18. Jahrhundert. Lebensbilder aus der Wirtschaftsgeschichte des Nordschwartswaldes, in : Zeitschrift für die Geschichte des Oberrheins, 144, 1996, S. 301-314.

48 Das Schreiben vom 17. März 1747 an die Hofkammer sei wiedergegeben: »Churpfalz Hofkammer ist wohl erinnerlich was maßen in anno 1744 zu behuff des hiesigen großen auch anderer herrschaftlicher faß

80 stämm holländischer Baum, aus stifts lauter waldung hauen und anhero verschicken lassen. Nachdem aber hirvor die versprochene zahlung noch nicht geschehen, als hat man wohlermelter darumb hiermit nochmahlen ersuchen wollen. Heydelberg, den 14ten :Marty 1747« (GLA 204/957). Interessant ist der Hinweis, dass das Holz auch für die Herstellung anderer Fässer verwendet worden sei.

49 Siehe SCHARF (Kurpfalz Kirchengüter, S. 190).

50 Zur komplizierten Geschichte des Archivs der Geistlichen Administration vergleiche DEBUS, Karl Heinz, Urkunden des Gatterer-Apparates im Stadtarchiv Heidelberg, in: Mitteilungen des Historischen Vereins der Pfalz 100 (2002) S. 115–157.

51 Vorwürfe, die auch einen realen Hintergrund hatten. Fiel es doch der Geistlichen Administration nicht leicht, ordentliche Abrechnungen von ihren zirka 60 Rezepturen zu erhalten. Siehe SCHARF (Kurpfalz Kirchengüter, S. 199). Ein zeitgenössisches Urteil sprach von »anarchischer Verwirrung«. Siehe MÖRZ (Absolutismus, S. 299).

52 Dies entsprach dem staatlichen Verhalten in anderen Fällen. So wurde die Administration 1753 auch mit der Lastenpflichtigkeit für Orte belegt, in denen sie Einkünfte bezog. Siehe SCHARF (Kurpfalz Kirchengüter, S. 208).

53 Dieser Ausdruck bezeichnete durchgängig gerade gewachsene Eichen, die über die Lauter an den Rhein und von dort weiter nach Holland geflößt wurden. In Holland wurden sie für den Haus-, Schiff- und Wasserbau benutzt.

54 GLEITSMANN, Rolf-Jürgen, Rohstoffmangel und Lösungsstrategien. Das Problem vorindustrieller Holzknappheit, in: Technologie und Politik 16 (1980), S. 104–105. Die These von der Energiekrise des 18. Jahrhunderts wird relativiert von RADKAU, Joachim, Zur angeblichen Energiekrise des 18. Jahrhunderts: Revisionistische Betrachtungen über die »Holznot«, in: Vierteljahreshefte für Wirtschaftsgeschichte 73 (1986) S. 1–37.

55 In einem Rückblick auf die Regierungszeit Karl Theodors erinnert die Administration an »voluptuarische willkürliche Verfügungen« der staatlichen Behörden. Siehe SCHARF (Kurpfalz Kirchengüter, S. 208).

56 SCHAAB, Meinrad, Territorialstaat und Kirchengut bis zum Dreißigjährigen Krieg. Die Sonderentwicklung in der Kurpfalz im Vergleich

mit Baden und Württemberg, in: Zeitschrift für die Geschichte des Oberrheins 138 (1990) S. 241–258.
57 SCHARF (Kurpfalz Kirchengüter, S. 165).
58 Das Oberjägermeisteramt war zugleich eine höfische und eine staatliche Behörde. Siehe die Einleitung von MÖRZ, Stefan, Kurpfälzischer Hof- und Staatskalender von 1777 (ND Mannheim 2000) S. 5.
59 Zum Transport von Holz in der vorindustriellen Gesellschaft in einer umfassenden umweltgeschichtlichen Pespektive, siehe SIEFERLE, Rolf Peter, Der unterirdische Wald. Energiekrise und industrielle Revolution (München 1982, S. 78 ff.)
60 Schreiben des Oberjägermeisteramts an den Hofkeller vom 20. Februar 1749 (GLA 204/957).
61 Siehe SEEBACH, Helmut, Pfälzerwald. Waldbauern, Waldarbeiter, Waldprodukte und Holzwarenhandel, Waldindustrie und Holztransport. Altes Handwerk und Gewerbe in der Pfalz (Mainz 1994).
62 BOEGEL, Ralf, Die Straßen der Pfalz 1700–1792, in: Archiv für Geschichte des Straßenwesens 6 (1980).
63 SCHOLTEN (Fronwesen, S. 76).
64 Siehe die Bittschrift der Katarina Nebel an den Kurfürsten vom 18. September 1749 (GLA 204/957).
65 Damit war der landesherrliche Wald im Steinachtal zwischen Schonau und Altneudorf gemeint.
66 BELOW, Heinrich von, BREIT, Stefan, Wald – von der Gottesgabe zum Privateigentum. Gerichtliche Konflikte zwischen Landesherren und Untertanen um den Wald in der frühen Neuzeit (Stuttgart 1989); BERNHARDT, August, Geschichte des Waldeigentums, der Waldwirtschaft und Forstwissenschaft in Deutschland, drei Bände (Berlin 1872–75; Neudruck Aalen 1966); BLICKLE, Peter, Wem gehörte der Wald? Konflikte zwischen Bauern und Obrigkeiten um Nutzungs- und Eigentumsansprüche, in: Zeitschrift für Württembergische Landesgeschichte 45 (1986) S. 167–178; MEINHOLD, Lurz, Streit über den Wald, über Einnahmen, Rechte und Kompetenzen. Venningen – Edenkoben – Hambach – Lachen, Hochstift Speyer-Kurpfalz (Sonderveröffentlichung des Venninger Heimatvereins 1) (Venningen 1998).
67 SCHMIDT, Uwe, Der Wald in Deutschland im 18. Jahrhunderr Das Problem der Ressourcenknappheit am Beispiel der Waldressourcen-

knappheit in Deutschland im 18. und 19. Jahrhundert. Eine historisch-politische Analyse (Saarbrücken 2002).
68 SCHUNK, Erich, Forstunruhen im Herzogtum Pfalz-Zweibrücken zu Beginn der Französischen Revolution 1789–1792/93, in: BERDING, Klaus (Hg.), Soziale Unruhen in Deutschland während der Französischen Revolution (Geschichte und Gesellschaft, Sonderheft 12) (1989) S. 45–66; FEHRENBACH, Elisabeth, Soziale Unruhen im Fürstentum Nassau-Saarbrücken 1789–1792/9, in: ebd., S. 28–44.
69 WÜRGLER, Andreas, Unruhen und Öffentlichkeit. Städtische und ländliche Protestbewegungen im 18. Jahrhundert (Tübingen 1995) S. 116 ff.
70 Vergleiche die Diskussion des Forschungsstandes bei DUCHARDT, Heinz, Das Zeitalter des Absolutismus. (München 1998) S. 159 ff.
71 KOLLNIG, Karl, Die Zent Schriesheim. Ein Beitrag zur Geschichte der Zentverfassung in Kurpfalz (Heidelberg 1933) S.76.
72 HAGERMANN, Melanie, Das Strafgerichtswesen im kurpfälzischen Territorialstaat. Entwicklungen der Strafgerichtsbarkeit in der Kurpfalz, dargestellt anhand von ländlichen Rechtsquellen aus vier rechtsrheinischen Zenten (Diss. Erlangen 2003).
73 KOLLNIG (Zent Schriesheim, S. 81).
74 Wrede leitete auch die Huldigungen für das Amt Dilsberg in Neckargemünd und für die Zent Kirchheim in Wiesloch. Vergl. KOLLNIG (Zent Schriesheim, S. 80).
75 DIESTELKAMP, Bernd, Artikel Huldigung, in Handwörterbuch zur deutschen Rechtsgeschichte 1 (Berlin 1978) Sp. 262–265.
76 Die Rekonstruktion des Konflikts nach GLA 204/957.
77 SIMON, Heiner, Heiligkreuzsteinach im Wandel der Zeit, in: Hierzuland 7 (2002) S. 32–39.
78 Ein großer Teil der Holzhandelsterminologie wurde durch die Wirtschaftsbeziehungen zu Holland bestimmt. Siehe KEHR (Fachsprache, S. 212 ff.).
79 Vielfach wurde auch ein einfacheres Transportverfahren benutzt. Hierzu wurde der Lotbaum verwandt. Dabei handelte es sich um eine hölzerne Deichsel, die in eine starke Schaufel auslief, auf welcher der Baum befestigt und fortgeschleift wurde. Siehe KEHR (Fachsprache, S. 161).
80 Im 18. Jahrhundert existierten viele Bezeichnungen, die auf das Vor-

bild der holländischen Technologie verwiesen. Zu den Techniken des Holztransports siehe SCHULER, Hans-Karl, Grundzüge der Forstgeschichte (Schriftenreihe der Fachhochhochschule Rottenburg, Hochschule für Forstwirtschaft) (Rottenburg 2001) S. 109 ff.

81 Die Steinach gehörte wie die Elz, die Itter, der Lachsbach und der Steinbach zu den in den Neckar fließenden Nebenbächen. Gefährlich und kompliziert war der Transport von den Bergen bis zum Ufer des Baches. Auf sog. Riesen, Gleitbahnen aus Holz, wurden die Baumstämme durch ihre eigene Schwerkraft nach unten befördert. Im Unterschied zum Transport auf dem Neckar wurde hier das Holz in loser Form »getriftet«. Einzelne Stämme wurden in das Wasser geworfen. An bestimmten Streckenabschnitten wurden künstliche Staubecken mit Hilfe von Holz, Steinen, Moos und Erde errichtet. Beim Öffnen dieser Schleusen, die auch als Floßrechen, Holzfänge oder Floßwehren bezeichnet wurden, wurde das Holz durch die angestaute Wassermenge mit einem Schwall weiter geleitet. Mit Hilfe von Floßhacken konnte der Vorgang beschleunig werden. Siehe SULZMANN (Holzhandel, S. 42). Weitere Ausführungen zur Technik des Flößens in den unterschiedlichen Gewässern siehe HASEL, Kurt, SCHWARTZ, Ekkehardt (Forstgeschichte, S. 235); ferner RADKAU (Wald, S. 22 ff.) und KEHR (Fachsprache, S. 241 ff.).

82 Vergleiche SCHOLTEN (Fronwesen, S. 21): »1750 hörten wir auch von der Beifuhr des Eichenholzes für das große Fass in Heidelberg, die für 554 Gulden vergeben wurde«.

83 RADKAU (Wald, S. 16–39).

84 KUNZ Rudolf, REUTLER, Rolf, Kurpfälzische Schatzungsregister des Oberamtes Lindenfels aus dem 18. Jahrhundert, in: Geschichtsblätter des Kreises Bergstraße 15 (1982) S. 120–159.

85 Vergleiche SCHOLTEN (Fronwesen, S. 13 ff.).

86 Die Kommunen sollten sich gemäß ihres Schatzungsbeitrags, des sog. Schatzungsfußes, beteiligen. Auch die folgenden Auseinandersetzungen werden aus den Akten GLA 204/957 rekonstruiert. Im einzelnen wird auf diesen Bestand in diesem Kapitel nicht mehr eigens verwiesen.

87 KOLLNIG, Karl, Die Weistümer der Zent Kirchheim (Veröffentlichungen der Kommission für geschichtliche Landeskunde A 29) (Stuttgart 1979).

88 Eine solche auf das ganze Land verteilte Belastung hatte es auch beim

Bau des Mannheimer Schlosses gegeben. So war 1721 eine Pauschalsumme von 75 000 Gulden auf die einzelnen Steuerpflichtigen umgelegt worden. Auf das Oberamt Alzey entfielen damals 16 500 Gulden, auf das Oberamt Heidelberg 12 400 Gulden. Siehe WALTER, Friedrich, Geschichte der Stadt Mannheim von den Anfängen bis zum Übergang an Baden (1802), Band 1 (Mannheim 1907) S. 421.
[89] Zur Bedeutung des Zentgrafenamtes in der Zent Kirchheim im 18. Jahrhundert vergl. HÄGERMANN (Strafgerichtswesen, S. 98).
[90] KOLLNIG (Zent Schriesheim, S. 79).
[91] Zur allgemeinen Diskussion um die Fron in der zweiten Jahrhunderthälfte vergl. von HIPPEL (Kurpfalz, S. 235). Dahinter stecken auch die Diskussionen um die Ablösung der Fronen durch Steuern. »Tatsächlich waren die Pflichtigen keineswegs sonderlich scharf darauf für Arbeit, die sie selbst verrichten konnten, ihren Geldbeutel zu strapazieren, zumal ihnen ein Teil der Leistungen, wie beim Wegebau selbst zugute kam.« Beim Fassbau allerdings wäre diese Konsequenz nicht eingetreten.
[92] Zum Grafenamt in den Zenten Schriesheim und Kirchheim vergl. HÄGERMANN (Strafgerichtswesen, S. 95 ff.) – In den Hofkalendern des 18. Jahrhunderts werden die beiden Grafen der Kirchheimer und der Schriesheimer Zent in der Reihenfolge nach den Schultheißen der Oberamtstädte Neckargemünd, Sinsheim, Weinheim und Schonau aufgeführt.
[93] Dass der Oberamtmann nicht nur für das Gesamtinteresse der Gemeinden seines Bezirkes eintrat, sondern auch einzelne Gemeinden gegen die Ansprüche der Hofkammer in Schutz nahm, lässt sich u. a. an einem Schriesheimer Beispiel belegen. 1751 trat er für die Schriesheimer Untertanen ein, die im vorhergehenden Jahr über zwei Monate mit »ungemessenen« Frondiensten belastet gewesen seien. Siehe BRUNN, Heinrich, 1200 Jahre Schriesheim (Mannheim 1964) S. 124.
[94] Im Jahresdurchschnitt brachte die Schatzung in der zweiten Hälfte des 18. Jahrhunderts 600 000 Gulden ein. Diese Summe setzte sich zu zwei Dritteln aus dem Grundbesitz und zu einem Drittel aus Einnahmen aus dem Gewerbe und sonstigen Einkünften zusammen. Siehe SCHAAB (Kurpfalz, Band 2, S. 216).
[95] HÄGERMANN (Strafgerichtswesen, S. 46). Hier findet sich ein Vergleich der Gerichtsorganisation im linksrheinischen kurpfälzischen

Amt Alzey mit den Formen der Rechtssprechung in den rechtsrheinischen Zenten (S. 48). Eine interessante Forschungsperspektive würde sich durch einen Vergleich zwischen den rechtsrheinischen Zenten und den ebenfalls genossenschaftlich bestimmten linksrheinischen Haingeraiden im Pfälzerwald ergeben. Siehe ANTES, Karl, Die pfälzischen Haingeraiden (Kaiserslautern 1933) S. 64 ff.

96 Zur Familie Wrede siehe HUFSCHMIED, Maximilian, Zur Topographie der Stadt Heidelberg, in: Neues Archiv für die Geschichte der Stadt Heidelberg und der rheinischen Pfalz 8(1907) S. 81–133, hier S. 118 ff.

97 LENZ, Rüdiger, Kellerei und Unteramt Dilsberg. Entwicklung einer regionalen Verwaltungsinstanz im Rahmen der kurpfälzischen Territorialpolitik am unteren Neckar (Veröffentlichungen der Kommission für Geschichtliche Landeskunde in Baden-Württemberg B 115) (Stuttgart 1989). Zur Verwaltungsgeschichte des Dilsbergs siehe auch UFFELMANN, Uwe, Festung ohne Garnison. Der Dilsberg bis zum Ende des 17. Jahrhunderts, in: Kulturzentrum Kommandantenhaus Dilsberg. Bausteine zur Kreisgeschichte 2 (Heidelberg 1997), S. 29–50; KREUZ, Jörg, Die Geschichte des Kommandantenhaus und seiner Bewohner seit der Mitte des 16. Jahrhunderts bis zum Verkauf an die Gemeinde Dilsberg 1853, in: ebd. S. 51–79.

98 Im Verhältnis von Landesherr und Adeligen gab es zahlreiche Konfliktfelder. Einer der permanenten Streitpunkte war die Befehlsgewalt der landesherrlichen Förster. Siehe HAUSRATH (Geschichte, S. 454).

99 Die Auseinandersetzung spielte sich auf mehreren Ebenen ab. Viele Auseinandersetzungen wurden um die Waldnutzung ausgetragen. So mussten die Vogtsherren seit dem 16. Jahrhundert verstärkt anerkennen, dass auch ihre Wälder der Kontrolle der landesherrlichen Forstpolizei unterlagen. Mit eigenen Waldordnungen versuchten sie diesem Verstaatlichungstrend Widerstand zu leisten. Siehe MANTEL (Forstgeschichte, S. 256).

100 BRINKMANN, Carl (Bearb.), Badische Weistümer und Dorfordnungen. Erste Abteilung: Pfälzische Weistümer und Dorfordnungen. Erstes Heft: Reichartshauser und Meckesheimer Zent. Hg. von der Badischen Historischen Kommission (Heidelberg 1917) S. XVI ff. Vergl. LURZ, Meinhold, Die Freiherrn von Venningen (Heimatverein Kraichgau. Sonderveröffentlichungen 17) (Sinsheim 1997).

101 Dieser Prozess lässt sich an der Geschichte der Weistümer nachzeichnen. Zugleich konnten diese auch eine wichtige Rolle bei der Legitimierung pfälzischer Territorialansprüche in den Auseinandersetzungen mit den unmittelbar benachbarten Konkurrenten spielen wie zum Beispiel Kurmainz, die Grafen von Erbach oder das Hochstift Speyer. Siehe ZIMMERMANN, Fritz, Die Weistümer und der Ausbau der Landeshoheit in der Kurpfalz (Historische Studien 311) (Heidelberg 1937).

102 LENZ, Rüdiger, Kellerei und Unteramt Dilsberg. Entwicklung einer regionalen Verwaltungsinstanz im Rahmen der Territorialpolitik am unteren Neckar (Veröffentlichungen der Kommission für geschichtliche Landeskunde in Baden-Württemberg B 115) (Stuttgart 1989); ders., 850 Jahre Schwarzach (Schwarzach 1993) S. 87 ff.

103 Rechtsstreitigkeiten, die nach im 18. Jahrhundert vielerorts in der Kurpfalz festzustellen sind. Siehe EBERSOLD, Günter, Herrschaft Zwingenberg. Ein gescheiterter Staatsbildungsversuch im südöstlichen Odenwald (1504–1806) (Frankfurt 1997) S. 114.

104 Zu den Waldverhältnissen in der Reichhartshauser Zent siehe LEIBLEIN, Alfred, Zur Forstgeschichte im Kraichgau. Der freie Markwald der ehemaligen Gemeinde Bargen (Sinsheim 1992) S. 55 ff.

105 Vergl. LENZ (Kellerei, S. 140).

106 Ebd., S. 144.

107 Zur neueren Diskussion um die Position des Adels im Alten Reich siehe ANDERMANN, Kurt (Hg.) Rittersitze. Facetten adligen Lebens im Alten Reich (Kraichtaler Kolloquien 3) (Tübingen 2003).

108 LURZ, Meinhold, Die Freiherren von Venningen (Sinsheim 1997).

109 PRESS, Volker, Die Ritterschaft im Kraichgau zwischen Reich und Territorium 1500–1623, in: Zeitschrift für die Geschichte des Oberrheins 122 (1983) 5. 35–38.

110 BLASSE, Ludwig, Die direkten und indirekten Steuern der Churpfalz (Rostock 1914).

111 LENZ, Rüdiger, Streifzug durch die Organisation pfälzischer Ämter, in: Kraichgau. Beiträge zur Landschafts- und Heimatforschung 16 (1999) S. 1–94, hier S. 89.

112 Ebd., S. 90.

113 Zu den »vogteylichen Orten« siehe auch WUST, Günther, Tausendjahre Neckargemünd 988–1988. Beiträge zur Geschichte einer Neckartalgemeinde (Neckargemünd 1988). S. 115 ff.

114 LENZ (Kellerei, S. 55).

115 Hierzu BURKHARDT, Johannes, Die Landesherrschaft vor Ort und die aushandelnden Untertanen« in: derselbe, Vollendung und Neuorientierung des frühmodernen Reiches 1648–1763. (Gebhardt, Handbuch der deutschen Geschichte. Zehnte, völlig neu bearbeitete Ausgabe, Band 11, Stuttgart 2007, S. 199–208)

116 a.a.O., S. 65.

117 BOLLE, Hermann, Der kurpfälzische Beamtenstab der linksrheinischen Gebiete in der zweiten Hälfte des 18. Jahrhunderts. Ein Beitrag zur Verwaltungsgeschichte der Pfalz, in: Mitteilungen des Historischen Vereins der Pfalz 53 (1955) S. 87–222.

118 Die Wasserzölle von Neckargemünd waren neben denen von Heidelberg und Mannheim die einträglichsten am Neckar. Die Bewohner Neckargemünds waren von den Zollabgaben befreit. Näheres hierzu bei WÜST (Neckargemünd, S. 113 ff.). Zu den historischen Hintergründen für die Entwicklung des kurpfälzischen Zollwesens siehe FLIEDNER, Heinz, Die Rheinzölle der Kurpfalz am Mittelrhein, in Bacharach und Caub, in: Westdeutsche Zeitschrift für Geschichte und Kunst, Ergänzungsheft 15 (1910); zur Rolle der Hofkammer bei der Organisation des kurpfälzischen Hofwesens ebd., S. 63 ff.

119 ELSAS, Moritz John, Umriß einer Geschichte der Preise und Löhne in Deutschland vom ausgehenden Mittelalter bis zum Beginn des 19. Jahrhunderts, 2 Bände (Leiden 1936–1949).

120 Die Heidelberger Gefällverweserei war für die Kontrolle der herrschaftlichen Einnahmen und Ausgaben auf dem Gebiet des Heidelberger Oberamts zuständig.

121 Siehe CSER, Andreas, Zwischen Stadtverfassung und absolutistischem Herrschaftsanspruch (1650 bis zum Ende der Kurpfalz), in: Geschichte der Juden in Heidelberg (Heidelberg 1996), S. 84 ff.

122 EBERSOLD, Günter, Herrschaft Zwingenberg – ein gescheiterter Staatsbildungsversuch im südöstlichen Odenwald (1504–1806). Ein Beitrag zur kurpfälzischen Geschichte (Europäische Hochschulschriften. Reihe III: Geschichte und ihre Hilfswissenschaften 721) (Frankfurt am Main, Berlin, Bern, New York, Paris, Wien 1997).

123 Eine Beschreibung des Eichvorgangs liegt leider nicht vor. Vielleicht hat aber auch kein hochoffizieller Eichakt stattgefunden. Andernfalls

hätte der Hofkeller wahrscheinlich dafür gesorgt, dass dieser Vorgang in gebührendem Rahmen abgelaufen wäre.

[124] Siehe das Schreiben an den Kurfürsten vom 6. Oktober 1752 (GLA 204/1642).

[125] In den Quellen wird in diesem Kontext öfter von »herrschaftlichen Behueff« gesprochen. So auch in dem Schreiben der Hofkammer an den Hofkeller vom 6. November 1752 (GLA 204/1643).

[126] Das war gemessen an dem zwei Jahre später in Neustadt eingegangenen Zehntwein von 13 Fuder eine ganze Menge. Siehe SCHUMANN (Rebe und Wein, S. 660).

[127] DOTZAUER, Winfried, Beiträge zur Statistik der kurpfälzischen Oberämter am Ausgang des Ancien Regime, in: Geschichtliche Landeskunde 22 (1985) S. 1-27.

[128] Das Unteramt Freinsheim gehörte damals als Untergliederung zum Oberamt Alzey. Vor dem Dreißigjährigen Krieg war es Teil des Oberamtes Neustadt gewesen. Siehe SCHMITT (Territorialstaat, S. 11).

[129] FENDLER, Rudolf, Geleitstraßen und Postlinien vor der Französischen Revolution, in: ALTER, Willi (Hg.), Pfalzatlas, Karte Nr. 86, Textband 1 (Speyer 1964) S. 703-732.

[130] Zu Mannheim als Hafen und Zollstadt siehe RINGS, Hanspeter, Mannheim auf Kurs. Hafen und Schifffahrtsgeschichte der Stadt an Rhein und Neckar (Kleine Schriften des Stadtarchivs Mannheim 20) (Mannheim 2003).

[131] Schon im Jahre 1613 hatte Kurfürst Friedrich V. eine kurpfälzische Kranenordnung erlassen. Danach war der »Kranenmeister« für den Zustand des Kranes verantwortlich. Er musste Unfälle vermeiden und darauf achten, dass die Belastbarkeit des Kranes nicht überstrapaziert würde. Es war ihm verboten, Geschenke von Schiffern und Handelsleuten anzunehmen. Näheres bei SCHWARZ, Albert, Der Germersheimer Rheinkran. Streit mit Speyer wegen des von der Kurpfalz eingeführten Kranzwanges, in: 900 Jahre Germersheim 1090-1990 (Schriftenreihe zur Geschichte der Stadt Germersheim 1) (Germersheim 1990) S. 79-106, hier S. 85 ff.

[132] Der Begriff »Reskript« wurde für Vorgänge verwandt, bei denen die vorgesetzte Behörde, oft der Landesherr selbst, auf Anstöße reagierte und ihre Entscheidung der anfragenden Stelle mitteilte. Vergl. hierzu: SPIESS, Pirmin, Die Gesetzgebung der Kurpfalz im 18. Jahrhundert.

Ein Beitrag zu Inhalt und Gestalt der Gesetzgebung im absoluten Fürstenstaat, in: Mitteilungen des Historischen Vereins der Pfalz 69 (1977) S. 204 ff.

133 Weiler war in den dreißiger Jahren einer von elf Hofkammerräten. Siehe »Chur-Pfälzischer Staats- und Stands-Calender« von 1734, S. 8.

134 RECUM, Andreas von, Mitteilungen aus der älteren und neueren Geschichte über den Weinbau am Rhein, der Mosel, Nahe und über Weinfabrikation, Weinverfälschung und dergleichen für Weinconsumenten überhaupt und vorzüglich die nördlichen bestimmt (Mannheim 1826) S. 22.

135 Volckmann hob rühmend hervor, »daß die bey solchen actu sich eingefundene Jurisdictional und Cammeral beambt und Bediente, von ersagten Hofkeller Englert, mit einem stattlichen Mittag- und Nachtmahl, und mit guter Gattung Wein, bis in die späte Nacht tractieret« worden sei. Bericht Volckmanns an die Hofkammer vom 9. Dezember 1752 (GLA 204/1643).

136 Die Weinkommission erscheint an dieser Stelle in den Akten der Hofkammer zum ersten Mal. In der Regierungszeit Karl Theodors wurden zahlreiche Kommissionen eingesetzt. In einem Rechenschaftsbericht des Jahres 1776 wurden neun Kommissionen genannt: die Bau-, die Wein-, die Fourage-, die Revisions-, die Fruchtwesen-, die Schatzungs-, die Erbbestands- und die Zollkommission. Siehe MÖRZ (Absolutismus, S. 237). 1768 war die wohl einflussreichste Kommission, die so genannte Kommerzienkommission, gegründet worden. Vergl. SCHAAB (Kurpfalz: Neuzeit, S. 213). Zur Ausbildung von Kommissionen in der Regierungszeit Karl Theodors siehe auch das Kapitel von PRESS, Volker, Die Zentralstellen der Kurpfalz im 17. und 18. Jahrhundert, in: JESERICH, Kurt G. A., POHL, Hans, UNRUH, Georg, Deutsche Verwaltungsgeschichte, Band 1: Vom Spätmittelalter bis zum Ende des Reiches (Stuttgart 1)83) S. 564–568. Seit den achtziger Jahren finden sich in den Quellen verstärkt Hinweise auf eine Judenkommission. Siehe CSER, Andreas, Zwischen Stadtverfassung und absolutistischem Herrschaftsanspruch (1650 bis zum Ende der Kurpfalz 1802), in: Geschichte der Juden in Heidelberg (Heidelberg 1996) S. 128 f.

137 VORSTER, Karl Anton von, Der Rheingauer Weinbau aus selbst-eigener Erfahrung und nach der Naturlehre systematisch beschrieben.

(Faksimiledruck nach dem Original von 1765. Gesellschaft für die Geschichte des Weines) (Wiesbaden 1997) S. 14.
138 Weingarten war von speyerischem und badischem Gebiet umgeben. Das führte noch im 18. Jahrhundert zu zahlreichen Komplikationen. Es kam zu Streitigkeiten, die zu diplomatischen Krisenverhandlungen zwischen mehreren südwestdeutschen Fürstenhöfen führen konnten. Vergl. ADAM, Thomas, Dorf und Landesherrschaft. Weingarten zwischen Kurpfalz und Baden 1800–1803, in: Badische Heimat 83, 2 (2003) S. 227–243; KELCH, Wilhelm, Untertanen im kurpfälzischen Oberamt Bretten Ende des 18. Jahrhunderts. Nach Dokumenten der Gemeinde Weingarten (Baden) (Weingarten 1987). Die Schwierigkeiten, die speziell bei Weinfuhren auftraten, werden charakterisiert bei ANDERMANN, Kurt, Die Herrschaft trank mit. Zehntwein, Ohmgeld und andere Abgabe vor dem Genuss, in: Momente. Beiträge zur Landeskultur von Baden-Württemberg 4 (2004) S. 9.
139 BÜHLER, Emil, Die Landes- und Gerichtsherrschaft im rechtsrheinischen Teil des Fürstbistums Speyer (Fürstentum Bruchsal), vornehmlich im 18. Jahrhundert, in: Zeitschrift für die Geschichte des Oberrheins 77 (1923) S. 124–180; DROLLINGER, Kuno, Städtewesen, Verwaltung und Wirtschaft im Hochstift Speyer rechts des Rheins vorwiegend im 18. Jahrhundert – Stadt und Umland. Protokolle der 10. Arbeitstagung des Arbeitskreises für südwestdeutsche Stadtgeschichtsforschung (Veröffentlichungen der Kommission für Geschichtliche Landeskunde in Baden-Württemberg B 82) (Stuttgart 1974) S. 193–226. Vergl. auch ADAM, Thomas, »Man soll die Landesherrn so, wie die Väter ehren ...«. Fürstbischöfe und Untertanen im Hochstift Speyer am Vorabend der Säkularisation (1720–1803), in: 1803: Säkularisation in Baden und Württemberg. Kirchengut in Fürstenhand – Revolution von oben. Begleitband zur Ausstellung 2003 im Schloss Bruchsal (Ubstadt-Weiher 2003) S. 47–52.
140 MAAS, Heinrich, Verwaltungsgeschichte des Bistum Speyer während der Regierung des Fürstbischof Franz Christoph von Hutten (1743–1770) (Diss. Göttingen 1931); LAMM, Markus, Das Bistum und Hochstift Speyer unter der Regierung des Kardinals Franz Christoph Hutten (1743–1770) (Quellen und Abhandlungen zur mittelrheinischen Kirchengeschichte 95) (Mainz 1989) S. 189–233. Verweise auf die Bruchsaler Amtmänner finden sich bei Krebs, Die Dienerbücher

des Bistums Speyer 14G4-17G8, in: Zeitschrift für die Geschichte des Oberrheins (1948) SS.55-195.

141 Das war kein neues Problem, sondern hing mit der territorialen Verflechtung der Territorien des deutschen Südwestens zusammen. Siehe FOUQUET, Gerhard, Ritterschaft, Hoch- und Domstift Speyer, Kurpfalz: Zu den Formen politischer, sozialer und wirtschaftlicher Verflechtung in einer spätmittelalterlichen Landschaft an Mittel- und Oberrhein, in: Zeitschrift für die Geschichte des Oberrheins 137 (1989) S. 189-233; LAMM (Bistum). Auch die Kurpfalz nützte ihre Lage am Rhein aus. Siehe SCHWARZ, (Rheinkran).

142 DENZ (Schiffahrtspolitik, S. 52).

143 FENDLER, Rudolf, Ein Zollstreit zwischen Kurpfalz und dem Bistum Speyer um 1600. Errichtung eines Kurpfälzischen Zollstocks im Modenbachtal - Die Zolltarife im Jahr 1663, in: Pfälzer Heimat 19 (1968) S. 10-12.

144 BASSERMANN-JORDAN (Weinbau, S. 162f.).

145 ROEGELE, Otto B., Wendelin Thierry. Bruchsaler Chronik 1581-1797. Aus dem Archiv der Stadt Bruchsal, in: Zeitschrift für die Geschichte des Oberrheins 96 (1948) S. 337-414, hier S. 368.

146 Siehe den Bericht des Wieslocher Bürgermeister Pfeffer vom 14. Oktober 1753 (GLA 204/1G43); LAMM (Bistum).

147 Quellennah wird dieser Vorgang bei BRUNN (Schriesheim, S. 126) behandelt.

148 Die Verwaltungsorganisation in den Oberämtern links des Rheins wird behandelt bei BOLLE (Beamtenstab).

149 Vergl. SCHAAB, Meinrad, MORAW, Peter, Territoriale Entwicklung der Kurpfalz (1156-1792), Pfalzatlas, Textband 1 (Speyer 1964) S. 421.

150 Der Hörfaut war der »Vogt der Hörigen«. Er vertrat die Interessen des Landesherrn im Umgang mit den Leibeigenen. In Neustadt loste er im 18. Jahrhundert den Hühnerfaut ab. Siehe KARST (Oberamt Neustadt, S. 118-126).

151 MORZ, Stefan, Die letzte Kurfürstin. Elisabeth Augusta von der Pfalz (Stuttgart 1997); KARST, Theodor, Die Oberschultheißerei Oggersheim. Pfalzgräflich-kurpfälzische Territorialpolitik und Verwaltung im Gebiet von Stadt und Kreis Ludwigshafen (Speyer 1968).

152 BREUCHEL, Philipp J.: Umständliche und gründliche Beschreibung des edlen Weinstocks nach der Bauart des Kernes der Kurpfalz, als

nämlich Neustadt, Gimmeldingen, Haardt, Mußbach und Königsbach (Frankfurt 1781). Der Gimmeldinger Breuchel, der es bis zum kaiserlichen Rat brachte, beschreibt darin die Einteilung des Rebgeländes, die unterschiedlichen Düngemethoden, die für den Weinbau nötigen Instrumente und auch den damaligen Umgang mit dem Unkraut.

153 Zur Baugeschichte des Oggersheimer Schlosses, die auf die zwanziger Jahre des 18. Jahrhunderts zurückgeht, sei verwiesen auf MÖRZ (Elisabeth Augusta, S. 121 ff.). Seit den zwanziger Jahren finden sich Rechnungen über Oggersheimer Fronfuhren. Erst 1768 kaufte Karl Theodor das Schloss von seinem Neffen. Der Kurfürst schenkte es seiner Ehefrau, blieb aber den Kaufpreis von 140 000 Gulden lange schuldig. Erst 1777 kam es zu einer Einigung mit seinem Neffen. Karl Theodor nahm bei einem Schweizer Bankhaus ein Darlehen auf, dem als Sicherheit die Einkünfte des Oberamts Bretten und der Kellerei Weingarten zugesagt wurden. Siehe MÖRZ (Elisabeth Augusta, S. 71).

154 Zum Aufgabenbereich des Neustadter Amtskellers, der die Finanzverwaltung vertrat, siehe ebd., S. 80 ff.

155 Die Mannheimer Sehenswürdigkeiten im Jahre 1770, in: Mannheimer Geschichtsblätter 1908, S. 6–18.

156 WALTER (Mannheim S. 136). Dort wird auch erwähnt, dass bei den Huldigungen die Vereidigung der »Officianten«, der kurfürstlichen Beamten, gesondert von den Untertanen erfolgte.

157 Vergl. die Einleitung von MÖRZ in dem von ihm herausgegebenen ND des »Kurpfälzischen Hof- und Staats-Kalender auf das Jahr 1777« (Mannheim 2000) S. 3–8.

158 MÖRZ (Kalender, S. 75).

159 Die Darstellung des Folgenden orientiert sich an diesem Protokoll (GLA 204/1643).

160 GLA 204/1643.

161 SCHMITT (Territorialstaat); Bolle (Beamtenstab); HOFERICHTER, Karl, Das Oberamt Alzey im letzten Jahrhundert seines Bestehens in der kurpfälzischen Landesstatistik, in: Alzeyer Geschichtsblätter 11/12 (1976) S. 89–154.

162 FENDLER, Rudolf, Das Geleitswesen im kurpfälzischen Oberamt Alzey bis zum Untergang in der Französischen Revolution, in: Alzeyer Geschichtsblätter 11/12 (1976) SS. 59–88.

163 GLA 204/1643.

164 Vergl. WIDDER (Beschreibung, Band 3, S. 151–153).
165 GLA 204/958.
166 Die Darstellung orientiert sich im Folgenden vor allem am Aktenbestand GLA 204/958.
167 In den Hofkalendern der vierziger und fünfziger Jahre werden sechs Burgvögte auf folgenden Schlössern aufgezählt: Heidelberg, Mannheim, Düsseldorf, Bensheim, Benrath und Hambach. Die Rolle des Heidelberger Burgvogts war damals nicht mehr so bedeutsam wie in den Jahren, als das Schloss noch die Residenzfunktion unter Karl Ludwig erfüllte. Aus den Jahren Karl Ludwigs liegt eine »Instruktion und Ordnung« für den Burgvogt, auch Burggraf genannt, vor, die deutlich macht, dass dessen Kompetenzen zur Aufrechterhaltung der Ordnung bei weitem umfassender waren als die des Hofkellers. Siehe GLA 27/1265.
168 Zitiert nach PFAFF, Dieter, Heidelberg und Umgebung (Heidelberg 1910) S. 270.
169 HOFFMANN, Wilhelm W., Franz Wilhelm Rabaliatti (Heidelberg 1934).
170 GLA 204/62.
171 GLA 204/58.
172 GLA 204/55.
173 Nach LOHMEYER, Carl, Geplante Umbauten und Verlegungen des Heidelberger Schlosses in der Barockzeit, in, Mitteilungen zur Geschichte des Heidelberger Schlosses 4 (Heidelberg 1912) S. 1–22, hier S. 19 war erst jetzt »das Schloss zur völligen Ruine geworden«.
174 PFAFF (Heidelberg, S. 270).
175 Solche Sparmaßnahmen betrafen auch erheblich prestigeträchtigere Arbeiten, an denen Verschaffelt beteiligt war. Er geriet zum Beispiel mit der Hofkammer in eine zähflüssige Auseinandersetzung über die Verwendung einiger Nägel. Vergl. BERINGER, Joseph A., Kurpfälzische Kunst und Kultur im 18. Jahrhundert (Freiburg 1)07) S. 50f.
176 GLA 204/54.
177 GLA 204/63.
178 Über die Beamtenproblematik mit ihrer Ämterkäuflichkeit, Ämterhäufung und Ämtervererbung siehe von HIPPEL (Kurpfalz, S. 222f.).
179 SEYFRIED (Heimatgeschichte, S. 152).

180 Siehe das Kapitel »Die Eisfässer« bei LANDRY, Walter, Das Faß. Vom Römerfaß zum Barrique (Bad Friedrichshall 1999) S. 82 ff.
181 BASSBRMANN-JORDAN, Ludwig von, Historische Fass-Schnitzereien im Weinmuseum, in: Mitteilungen des Historischen Vereins der Pfalz 58 (1960) S. 350–371.
182 Eine Auseinandersetzung um Kompetenzen, die im Umfeld der absolutistischen Höfe üblich war. Vergl. BAHL, Peter, Der Hof des Großen Kurfürsten. Studien zur höheren Amtsträgerschaft Brandenburg-Preußens. (Veröffentlichungen aus dem Archiv Preußischer Kulturbesitz Beiheft 8) (Köln – Weimar – Wien 2001) S. 346–348.
183 Zum Schütthaus siehe FEDER, Heinrich von, Geschichte der Stadt Mannheim nach den Quellen bearbeitet, Band 1 (Mannheim, Straßburg 1875) S. 301. Das Schütthaus war Magazin für die Kameralfrüchte und zugleich Keller für die Zentweine. Unter dem Dach des Schütthauses befand sich auch das Waffenarsenal der kurpfälzischen Armee. Seit Ende der 1750er Jahre wurde das Schütthaus durch den Leiter des Mannheimer Dekorationswesens Lorenz Quaglia in ein Theater umgewandelt. Siehe WALTER, Friedrich, Bauwerke der Kurfürstenzeit in Mannheim (Augsburg 1928), S. 67 ff. Siehe auch BEIERBACH, Herbert: Vom Quadrat B 3 zum Goetheplatz. Geschichte des Nationaltheatergebäudes, in: WELCK, Karin von (Hg.), Schriften zur Mannheimer Theater- und Musikgeschichte, Band 1: Mannheim und sein Nationaltheater (Mannheim 1998) S. 368–383, hier S. 369 ff.; HOMERING, Liselotte, Zwischen absolutistischem Machtanspruch und bürgerlicher Aufgeklärtheit – Kurfürst Karl Theodor und das Theater, in: WIECZOREK, Alfred, PROBST, Hansjörg, KÖNIG, Wieland (Hgg.), Lebenslust und Frömmigkeit. Kurfürst Carl Theodor (1724–1799) zwischen Barock und Aufklärung. Handbuch (Band 1) zur Ausstellung (Regensburg 1999) S. 305–323, hier S. 312.
184 Zur Einordnung dieses Amtes in die Hofstäbe und in die Staatsbehörden siehe MÖRZ (Absolutismus, S. 451).
185 Zur Veranschaulichung sei die Aufstellung im Hofkalender von 1765 (S. 108 ff.) im Groben wiedergegeben: Gefällverweser, Hofkeller in Heidelberg, Kastenmeister, Küchenschreiber und Hühnerfaut, Kranenmeister, Herrenfischer, Zollschreiber in Neckargemünd, Beseher, Umgelder, Akziser, Keller zu Schwetzingen und Wersau, Keller

zu Schwarzach und Minneburg sowie Keller und Obereinnehmer in Weinheim.

186 Babel war einer der 15 Hofkammerräte, die unter dem Präsidenten und dem Direktor der Hofkammer standen. Insgesamt hatte die Mannheimer Hofkammer in den 1760er Jahren 82 Mitglieder. Hierzu gehörten zum Beispiel der Mannheimer Zollzeichenverwahrer, 5 Sekretäre, 3 Revisoren, 14 Kanzlisten und 3 Renovatoren. Siehe Kurpfälzischer Hof- und Staatskalender von 1765, S. 99ff.

187 Siehe MÖRZ, Stefan, Verwaltungsstruktur der Kurpfalz zum Zeitpunkt des bayerischen Erbfalls, in: Mitteilungen des Historischen Vereins der Pfalz 84 (1986) S. 419. Siehe auch das Kapitel »Die Verwaltung der Kurpfalz« bei DISTLER, Uwe, Franz Albert Leopold von Oberndorff. Die Politik Pfalzbayerns (1778–1795), Kaiserslautern 2000, S. 69–79.

188 Zollfrevel waren in der Kurpfalz weit verbreitet. Oft kam es zu Kumpaneien zwischen den Beamten und den Schiffsführern. Zu den Missständen führte auch die ungenügende Ausbildung der Zöllner, deren schlechte Bezahlung und unklare Bestimmungen. Noch 1776 wurde beklagt, dass es des Schreibens unkundige Zolleinnehmer gebe. Die inkonsequente Buchführung stellt die Forschung bis heute vor große Probleme. Siehe DENZ (Schiffahrtspolitik, S. 79ff.).

189 GLA 204/958.

190 GLA 204/958.

191 Der Erwerb von Anwartschaften war damals in der Kurpfalz weit verbreitet. Oft wurden schon Minderjährige in bestimmte Ämter eingekauft. Auch waren in vielen Fällen die Anwärter, die »Adjuncten«, schon vor dem Ruhestand ihres Vorgängers tätig. So entstanden viele Rivalitäten Lind Reibereien. Siehe MÖRZ (Verwaltungsstruktur, S. 418).

192 Das Gutachten umfasste 10 Seiten (GLA 204/958 vom 28. November 1767).

193 GLA 204/958.

194 PIETSCH, Gerhard, Muster deutscher Forstwirtschaft: Johann Peter Kling und der Pfälzer Wald, in: Pfälzisches Heimatblatt 1 (1953) S. 34.

195 TICHY, Franz, Die kurpfälzische Waldstandortskartierung von 1783 (mit 2 Karten), in: Berichte zur deutschen Landeskunde, Band 20

(1958), S. 321. In diesen Jahren lässt sich nicht nur eine neue Qualität der Waldkarten feststellen, sondern damals machte auch die allgemeine Landvermessung große Fortschritte. Siehe PROBST, Hansjörg, Seckenheim (Mannheim 1981) S. 522 ff.
196 Die Karte gehört zum Bestand des Staatlichen Forstamts Heidelberg. Bei Herrn Oberforstrat Fritz Kilian möchte ich mich für den entsprechenden Hinweis und für eine ganze Reihe von wertvollen Gesprächen zur Forstgeschichte der Region bedanken.
197 GLA 204/958. Einige Passagen seien zitiert: »Es ist bereits zwey monath, wo wir ... einen ohnmaßgeblichen überschlag und accord plan über ein neu zu erbauendes großes faß dahier zu Heydelberg unterthänigst ... vorgestellt haben; wann nun Euer Churfürstliche Duchlaucht dieses in allen Weltteilen schon binnen drey hundert Jahr höchst berühmte faß nicht in abgang kommen zu lassen, sondern solches viel mehr anwiederum baldmöglichst in seiner völligen ziert hergestellt wissen, diesem nach dem von uns unterzogenen unterthänigst überreichten überschlag und accord plan zu genehmigen gnädigst geruhen wollen, so ergehet unser unterthänigst bitten die hohe gnade zu haben, dero höchste Willens Meynung hierüber gnädigst zu eröffnen, allermaßen die zeit zu fällung des darzu erforderlichen gehölzes herannaht.« Der Hinweis auf die knappe Zeit musste ernst genommen werden. Das Fällen der Bäume geschah im Winter, bevor die vegetative Entwicklung im Frühjahr einsetzte.
198 Leider liegt diese Entscheidung nur in einer Kopie in den Akten der Hofkammer vor.
199 Dieses Schreiben an die Heidelberger Hofkellerei sei im Wortlaut wiedergegeben: »Nach höchster Bedeutung vom 1. März seyend Ihro Churfürstl. Durchlaucht nicht gemeinet, eine neue errichtung des heydelberger faßes zu genehmen, sondern bewilligen nur, daß das dermalen obhandene mittelß der zum bloßen schein dienender äuserlicher Unterhaltung mit wenigsten Kosten beybehalten werde, solch höchste willens meinung wird sohin tit. Dörn und tit. Friedrich mit der auflag hiermit wissend gemacht, gestalten die herstellung besagten faßes mit dem in vorigen Jahr annoch auf 1 jahr beybehaltenen kieferknecht ohn absonderliche kosten dergestalten zu bewenden, daß solches hierdurch hinwiederum scheinbar gemacht werde.« (GLA 204/958).

200 Aus protokollarischen Gründen enthielt das Schreiben wie viele der in dieser Arbeit zitierten Quellen jedoch die Anrede »Durchlauchtigster Churfürst, gnädigster Herr«.

201 Nachweis im Hof- und Staatskalender von 1777, im ND herausgegeben von der Universitätsbibliothek Mannheim, eingeleitet von MÖRZ (Hofkalender, S. 49).

202 Ebd., S. 171.

203 MERZ, Ludwig, Durch das Karlstor in den Kraichgau, in: Kraichgau – Beiträge zur Landschafts- und Heimatforschung 1 (1981) S. 11.

204 WEIS, Markus, Die Alte Brücke als Baudenkmal, in: BRÜCKNER, Helmut (Hg.), Die alte Brücke in Heidelberg. 1788–1988 (Heidelberg 1988) S. 62–74.

205 WERNER, Eva-Maria, Die militärischen Ereignisse in der Kurpfalz 1792–1815 und ihr Niederschlag in der zeitgenössischen Graphik, in: KOHNLE, Armin, ENGEHAUSEN, Frank, HEPP, Frieder, FUCHS, Carl-Ludwig (Hgg.), ... so geht hervor ein' neue Zeit. Die Kurpfalz im Übergang an Baden 1803 (Heidelberg – Ubstadt-Weiher – Basel 2003) S. 57–72, hier S. 57 f.

206 GLA 204/57.

Das große Fass auf der Festung Königstein

1 WEBER, Dieter, Vom Riesenfaß, in: Festung Königstein (Leipzig 1964). Siehe auch BASSERMANN-JORDAN (Weinbau S. 734); ERMISCH, Hubert, Matthes Daniel Pöppelmann, in: Sächsische Lebensbilder. Hg. von der Sächsischen Kommission für Geschichte, Band 2 (Leipzig 1938) S.324–339.

2 TRAUBE, Angelika, Festung Königstein (Leipzig 2000) S. 23 ff.

3 WOLFF, Johann Benjamin, Deutschlands Dreyfaches Denkmal. Das ist die gründliche Beschreibung, der drei Grossen Wein-Fässer nebst ausführlicher Relation von der Berg-Vestung Königstein wie auch der

vornehmsten Städte und Schlösser des Churfürstentumbs Sachsen, der Churpfalz und des Churfürstentum Halberstadt (Magdeburg 1717). Für BASSERMANN-JORDAN (Weinbau, S. 138) gehört das Werk zu den wichtigsten Grundlagen seiner eigenen Forschungen.

4 WOLFF (Dreyfaches Denkmal, S. 65).
5 Siehe BUNZ, Enno, Das Ende der Klöster in Sachsen. Vom »Auslaufen« der Mönche bis zur Säkularisation (1521–1543), in: Glaube und Macht. 2. Sächsische Landesausstellung, Torgau, Schloss Hartenfels 2004. Sachsen im Europa der Reformationszeit, Aufsätze (Dresden 2004) S. 80–90.
6 FIEDLER, Martin, Der landesherrliche Weinbau in Sachsen seit der Mitte des 16. Jahrhunderts bis zum 19. Jahrhundert (Diss. Leipzig 1924) S. 2.
7 Sächsisches Hauptstaatsarchiv: 10036 Finanzarchiv 1 Loc. 26010, Rep. VIII, Pirna Nr. 36.
8 FIEDLER (Weinbau, S. 132 ff.).
9 WOLFF (Dreyfaches Denkmal, S. 66). 10 Ebd., S. 109.
10 Ebd., S. 149.
11 Ebd., S. 109.
12 LEHMANN, August, Das große Weinfass auf dem Königstein, in: Über Berg und Tal. Organ des Gebirgsvereins für die sächsische Schweiz, Band 6 (1898–1901). Zitiert wird im Folgenden nach einer maschinenschriftlichen Abschrift dieses Beitrages. Die Identität der beiden Fassungen wurde vom Autor überprüft.
13 August der Starke ist bis heute in der sächsischen Landesgeschichtsschreibung umstritten. Es sei nur auf einige Biographien verwiesen, in denen die Kontroversen deutlich werden: GURLIZT, Cornelius, August der Starke. Ein Fürstenleben aus der Zeit des deutschen Barock (Dresden 1924); HAAKE, Paul, August der Starke (Berlin – Leipzig 1926); PILTZ, Georg, August der Starke. Träume und Taten eines deutschen Fürsten (Berlin 1986). Auch in der Gegenwart provoziert die Einschätzung des Kurfürsten und Königs von Polen strikte Urteile. So insbesondere von Karlheinz BLASCHKE, der das »polnische Abenteuer des Kurfürsten Augusts 1. als völlig abwegig als sinnlose Vergeudung der Kräfte und als ein für den geschichtlichen Auftrag Sachsens nutzlosen Irrweg« bezeichnet. Die »sächsisch-polnische Verbindung von 1697 bis 1763« sei »der große Unfall der sächsischen Ge-

schichte in der Frühen Neuzeit« gewesen. Sie sei »von untauglichen Menschen betrieben« worden, »die den Auftrag Sachsens nicht begriffen haben.« BLASCHKE spielt eine sozial- und politikgeschichtliche Betrachtungsweise gegen die kunstgeschichtlichen Würdigungen Augusts des Starken aus. Siehe ders., Sachsens geschichtlicher Auftrag. Zum 100. Jahrestag der Gründung der Sächsischen Kommission für Geschichte, in: Neues Archiv für Sächsische Geschichte 71 (1998) S. 277-312.

14 Zum kursächsischen Regierungssystem siehe DÜRICHEN, Johannes, Geheimes Kabinett und Geheimer Rat unter der Regierung Augusts des Starken in den Jahren 1704-1720. Ihre Verfassung und ihre politische Bedeutung, in: Neues Archiv für sächsische Geschichte und Altertumskunde 51 (1930) S. 68-134.

15 Zum Verhältnis zwischen dem Herrscher und den Ständen siehe HELD, Wieland, Der Adel und August der Starke. Konflikt und Konfliktaustrag zwischen 1694 und 1707 in Kursachsen (Köln – Weimar – Wien 1999) S. 6 ff. Zur Rolle des sächsischen Adels siehe KELLER, Karin, Der Hof als Zentrum adliger Existenz? Der Dresdner Hof und der sächsische Adel im 17. und 18. Jahrhundert, in: ASCH, Ronald G. (Hg.), Der europäische Adel im Ancien Regime. Von der Krise der ständischen Monarchien bis zur Revolution (1600-1789) (Köln – Weimar – Wien 2001) S. 207-234.

16 HECKIMANN, Hermann, Mathäus Daniel Pöppelmann. Leben und Werk (München – Berlin 1992); MAY, Walter, Der Bauherr August der Starke, in: Saxonia. Schriftenreihe des Vereins für sächsische Landesgeschichte, Band 1: August der Starke und seine Zeit. Beiträge des Kolloquiums vom 16./17. September 1994 (1995) S. 61-71; ERMISCH, Hubert Hans Georg, Matthes Daniel Pöppelmann, in: Sächsische Lebensbilder. Hg. von der Sächsischen Kommission für Geschichte, Band 2 (Leipzig 1938) S. 324-339.

17 Zur Organisation des Bauwesens in diesen Jahren siehe PILTZ (August der Starke, S. 234 ff.).

18 Vergl. TAUBE, Angelika, Festung Königstein (Leipzig 2000) S. 41 ff.

19 Ebd., S. 106.

20 PILTZ (August der Starke, S. 333).

21 Sächsisches Hauptstaatsarchiv: Acta 36010. Finanzarchiv vorn 28. Oktober 1721

22 Ebd., vom 16. April 1722.
23 Ebd., vom 18. April 1722.
24 Sächsisches Hauptstaatsarchiv: 10036, Loc. 36008, Rep. VIII, Pirna Nr. 16
25 DIETRICH, Heinrich, Die Verwaltung und Wirtschaft Baden-Durlachs unter Karl-Wilhelm 1709–1738 (Diss. Heidelberg 1911).
26 Bei einer Überprüfung der Verteidigungsbereitschaft der Festung im Jahre 1704 hatte eine Kommission auf dem Königstein festgestellt, dass anstelle der vorgesehenen Mannschaft von 431 Soldaten nur 45 präsent waren. Von den 66 Artilleristen hielten sich nur sieben auf dem Königstein auf. Anstatt von 10 800 Kugeln lagerten nur knapp 5000. Siehe TRAUBE (Königstein, S. 103).
27 Sächsisches Hauptstaatsarchiv: Finanzarchiv Loc. 36010, Rep. VIII, Pirna Nr. 32. 1. November 1722
28 LEHMANN (Königstein, S. 5).
29 Ebd., S. 6.
30 Ebd., S. 12.
31 Auch bei LEHMANN (Königstein) findet sich kein entsprechender Hinweis.
32 Vergleiche den Überblick zur sächsischen Weingeschichte bei WAGNER, Andreas, Zwischen Rückzug und neuem Engagement. Sächsischer Weinbau 1900–1932, in: Neues Archiv für sächsische Geschichte 73 (2002) S. 151–170, hier: S. 151 ff.
33 Schon im Spätmittelalter gehörte diese Kellerei neben denen in Dresden, Meißen, Leipzig und Wittenberg zu den sächsischen Hauptkellereien. Vergl. WEBER, Karl von, Zur Geschichte des Weinbaus in Sachsen, in: Archiv für sächsische Geschichte 10 (1872) S. 38.
34 ZIEGENBALG, Fritz, Friedrich Wilhem von Kyau, Kommandant der Festung Königstein (1654–1733). Herkunft und Leben des Festungskommandanten auf Königstein, in: Mitteilungsblatt des Festungsverein Königstein, Sonderausgabe April (2003).
35 Vergleiche WEBER (Weinbau, S. 23): »Mit seinen 250 000 Litern Inhalt faßte es noch 27 000 Liter mehr als das Heidelberger Faß (Inhalt des größten Fasses: 3709 Dresdner Eimer; 1 Eimer = 72 Kannen = 13,5 Stübchen = 67,36 Liter Also hatte das Faß einen Inhalt von 2498 Hektolitern oder 249,938 Litern)«.
36 Wie bereits in früheren Jahrzehnten hatte der Hauskeller auch die

Aufsicht über die sächsischen Weinberge. Vergl. WEBER (Weinbau, S. 21).
37 Staatsarchiv Dresden: Finanzarchiv 10036, Loc. 25191.
38 Vergl. FIEDLER (Weinbau, S. 137 ff.).
39 Sächsisches Hauptstaatsarchiv: Finanzarchiv 10036, Loc. 25191.
40 Das Kammerkollegium war damals neben dem Landesherrn die entscheidende »weisungsberechtigte Instanz«. Vergl. VOLKMAR, Christoph, Die kursächsischen Kreishauptleute im 18. Jahrhundert. Wandel und Kontinuität einer Beamtengruppe im Spiegel landesherrlicher Instruktionen, in: Neues Archiv für sächsische Geschichte 70 (199)) S. 245–260. Auch nach dem Rétablissement von 1762/63 und der Neugründung der Landesökonomie-, Manufaktur- und Commerziendeputation behielt das Kammerkollegium seine Zuständigkeit für das Fass. Hierzu EBELING, Theodor, Die Landes-Oeconomie-Manufactur und Commercien-Deputation in Sachsen. Diss. Leipzig 1925.
41 Sächsisches Hauptstaatsarchiv: Finanzarchiv 10036, Loc. 25191.
42 LEHMANN (Königstein, S. 9).
43 FIEDLER (Weinbau, S, 141 f.).
44 Die folgenden Ausführungen stützen sich zum großen Teil auf den im Sächsischen Hauptstaatsarchiv vorhandenen Faszikel »Die Abziehung und Wiederanfüllung des großen Weinfasses auf der Festung Königstein, und was dem anhängig«. Finanzarchiv 10036, Loc. 251191.
45 FIEDLER (Weinbau, S. 98 f.).
46 Obwohl die bäuerliche Bevölkerung unter den »relativ günstigen Bedingungen« der mitteldeutschen Grundherrschaft lebte, gab es gerade in der Phase des barock-absolutistischen Staatsausbaus unter August dem Starken vielfältige Belastungen, Abgaben, Spann- und Handdienste. Vergl. GROSS, Rainer, Geschichte Sachsens (Leipzig 2001) S. 139.
47 Mit den hier angeführten Quellen und Aussagen kann auch nicht im Geringsten ein Beitrag zur kursächsischen Wirtschaftsgeschichte im Absolutismus geleistet werden. Vergleiche hierzu SCHIRMER, Uwe, Wirtschaftspolitik und Bevölkerungsentwicklung in Kursachsen (1648–1756), in: Neues Archiv für sächsische Geschichte 68 (1997) S. 125–156. Schirmer weist in diesem Beitrag vor allem auf den Widerspruch zwischen wirtschaftspolitischen Reformkonzeptionen und realer Durchführung hin. Des Weiteren betont er den Gegensatz zwischen

einer »aktiven Gewerbe-, Handels- und Manufakturpolitik« und einer »wachstumsfeindlichen Steuerpolitik«.
48 FIEDLER (Weinbau, S. 159).
49 Sächsisches Hauptstaatsarchiv: Acta 36010. Finanzarchiv, Schreiben an den Rat zu Görlitz vom 28. Oktober 1725.
50 Sächsisches Hauptstaatsarchiv: 10036, Loc. 25191.
51 LEHMANN (Königstein, S. 11).
52 Ebd., S. 13.
53 Zitiert nach LEHMANN (Königstein, S. 14). 54 Ebd., S. 17.

DIE GESCHICHTE HEIDELBERGS

»Die ganze Stadt ist abgebrannt«
Heidelbergs zweite Zerstörung im Pfälzischen Erbfolgekrieg 1693
von Roland Vetter

240 Seiten, 20 Abbildungen, 2 Karten
Format 12,5 x 19 cm, gebunden
ISBN 978-3-7650-8517-8

Kleine Geschichte der Kurpfalz
von Armin Kohnle

208 Seiten, 26 Abbildungen, 6 Karten
Format 12,5 x 19 cm, gebunden
ISBN 978-3-7650-8329-7

G.BRAUN BUCHVERLAG   www.gbraun-buchverlag.de

fundiert und kompakt

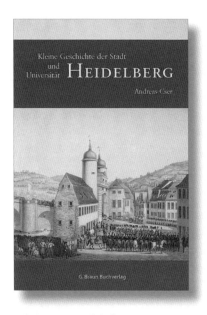

**Kleine Geschichte
der Stadt und Universität
Heidelberg**
von Andreas Cser

384 Seiten, 85 Abbildungen, 2 Karten
Format 12,5 x 19 cm, gebunden
ISBN 978-3-7650-8337-2

www.gbraun-buchverlag.de   G. BRAUN BUCHVERLAG

Abbildungsnachweis

Generallandesarchiv Karlsruhe: S. 108
Historisches Museum der Pfalz (Fotograf: Kurt Diehl): S. 153
Institut für mittelalterliche Realienkunde, Krems: S. 82
Kurpfälzisches Museum Heidelberg: Einbandabbildung, S. 18, 21, 24, 54, 66
Landesmuseum Württemberg: S. 135, 136
Staatliche Kunsthalle Karlsruhe, Kupferstichkabinett: S. 114/115
Stadtarchiv Eberbach: S. 47
Stadtarchiv Heidelberg: S. 12/13, 68, 104, 150, 169, 170
Stefan Wiltschko: S. 10

Abb. S. 34 und 51 sind entnommen aus: Carl Wilhelm Rösling, Der wohlerfahrene Küfer oder Büttner, Ulm 1838, Tab. VII und X.
Abb. S. 43 ist entnommen aus: Johann Conrad Axt, Tractatus de coniferis et pice conficienda, allisque ex illis arboribus provenientibus, Jena 1679.
Abb. S. 60, 61 und 62 sind entnommen aus: Balthasar Sprenger, Vollständige Abhandlung des gesamten Weinbaues ..., Bd. 3, Stuttgart 1778.
Abb. S. 111 ist entnommen aus: H. R. Schinz, Beyträge zur näheren Kenntnis des Schweyzerlandes, 2. Heft, Zürich 1784, Tab. IV.

In einigen Fällen konnte der Rechteinhaber nicht ermittelt werden. Hier ist der Verlag bereit, nach Anforderung rechtmäßige Ansprüche abzugelten.